認認真真講歷史

天涯社区人气佳作

东晋风云

【全五卷】卷三

孙峰·著

中国文史出版社

图书在版编目（CIP）数据

东晋风云. 卷三 / 孙峰著. -- 北京 : 中国文史出版社, 2019.7
（认认真真讲历史）
ISBN 978-7-5205-1058-5

Ⅰ. ①东… Ⅱ. ①孙… Ⅲ. ①中国历史—东晋时代—通俗读物 Ⅳ. ①K237.209

中国版本图书馆CIP数据核字(2019)第066562号

责任编辑： 刘　夏
封面设计： 陈欣欣

出版发行：中国文史出版社
社　　址： 北京市海淀区西八里庄路 69 号　**邮编：** 100036
电　　话： 010-81136606　81136602　81136603（发行部）
传　　真： 010-81136655
印　　装： 北京温林源印刷有限公司
经　　销： 全国新华书店
开　　本： 1/16
印　　张： 21.5　　**字数：** 371 千字
版　　次： 2019 年 8 月北京第 1 版
印　　次： 2019 年 8 月第 1 次印刷
定　　价： 59.50 元

目 录

第五部 氏族崛起

二〇一 谢氏家族 /003
二〇二 升平五年（一）/007
二〇三 升平五年（二）/010
二〇四 升平五年（三）/013
二〇五 升平五年（四）/016
二〇六 桓温之心 /020
二〇七 洛阳陷落 /024
二〇八 道安南下 /028
二〇九 梁州之变 /032
二一〇 安定关中（一）/035
二一一 安定关中（二）/038
二一二 智取秦州 /041
二一三 太宰之死 /044
二一四 平定内乱（一）/047
二一五 平定内乱（二）/050
二一六 桓温伐燕（一）/053
二一七 桓温伐燕（二）/056
二一八 桓温伐燕（三）/059
二一九 桓温伐燕（四）/062
二二〇 桓温伐燕（五）/065
二二一 吴王奔秦（一）/069
二二二 吴王奔秦（二）/072
二二三 王猛灭燕（一）/075
二二四 王猛灭燕（二）/078
二二五 王猛灭燕（三）/082

二二六　王猛灭燕（四）/084
二二七　王猛灭燕（五）/087

第六部　淝水之战

二二八　平定寿阳 /093
二二九　废黜海西 /096
二三〇　剪除异己（一）/100
二三一　剪除异己（二）/103
二三二　度日如年 /106
二三三　孝武继位 /109
二三四　桓温之死（一）/113
二三五　桓温之死（二）/116
二三六　平定秦陇（一）/119
二三七　平定秦陇（二）/124
二三八　治理秦国 /127
二三九　吞并梁益 /132
二四〇　宁康年间（一）/136
二四一　宁康年间（二）/140
二四二　宁康年间（三）/143
二四三　宁康年间（四）/147
二四四　宁康年间（五）/151
二四五　讨灭西凉 /155
二四六　北灭拓跋（一）/160
二四七　北灭拓跋（二）/165
二四八　拓跋谜云 /168
二四九　太元初年 /173
二五〇　应对策略 /178
二五一　南下襄阳（一）/182
二五二　南下襄阳（二）/186

二五三　南下襄阳（三）　/189
二五四　君川大捷　/193
二五五　苻洛之变　/197
二五六　散氐四方　/201
二五七　出师西域　/204
二五八　决策伐晋　/209
二五九　桓冲伐秦　/214
二六〇　淝水之战（一）　/218
二六一　淝水之战（二）　/223
二六二　淝水之战（三）　/227
二六三　淝水之战（四）　/231
二六四　淝水之战（五）　/234
二六五　放虎归山　/238
二六六　翟斌反秦　/243

第七部　慕容复国

二六七　慕容叛秦　/249
二六八　北攻邺城　/254
二六九　居功不赏　/258
二七〇　初攻邺城　/263
二七一　关中再乱　/267
二七二　丁零再叛　/272
二七三　幽冀缠斗（一）　/276
二七四　幽冀缠斗（二）　/279
二七五　围困长安（一）　/283
二七六　围困长安（二）　/287
二七七　苻坚之死（一）　/291
二七八　苻坚之死（二）　/295
二七九　弃守邺城　/299

二八〇　吕光据凉（一）/303
二八一　吕光据凉（二）/307
二八二　吕光据凉（三）/311
二八三　苻丕之死（一）/316
二八四　苻丕之死（二）/319
二八五　苻丕之死（三）/323
二八六　谢安之死 /327
二八七　建立后燕 /332
二八八　战略收缩 /336

第五部　民族崛起

二〇一 谢氏家族

说到了谢安，那么，就让我们将这门对于东晋中期政局产生了重大影响的家族，做一个简要的介绍。

据说，谢氏出自姜尚（姜子牙）。姜尚的幼子姜佐被册封于申（今河南省南阳市），他是申侯的始祖。据《竹书纪年》记载，到西周后期，即周宣王七年（公元前 821 年），申侯长子申伯（名字叫姜诚），因协助大臣尹吉甫征伐猃狁（犬戎，古代居住在陕西一带的少数民族）有功，被封到谢邑（今河南省南阳市宛城区谢营村），姜诚也改姓谢，成为中华谢氏的始祖。

春秋中期，申国被楚国灭亡，申侯的后裔谢氏在楚国历任要职，延至两汉，谢氏代有人才，但官位不显。

江南谢氏公认来源于陈郡阳夏县谢家堂村（今河南省太康县老冢镇谢家堂村），一世祖为谢缵，在曹魏时期为职位不高的典农中郎将，其子谢衡，为西晋太子少傅，跨入中央政界。谢衡生三子：谢鲲、谢裒、谢广。

谢鲲，就是我们熟悉的那位“折齿”大名士，二子一女，即谢嵘、谢尚，女儿谢真石。

谢裒，六子，分别为谢奕、谢据、谢安、谢万、谢石、谢铁。

谢广子嗣不详。

先说谢鲲大门这一支。谢鲲的女儿谢真石，就是褚裒的妻子，生女褚蒜子，嫁给晋康帝，即褚太后。谢尚我们熟知，不再赘述，只是谢尚娶了同郡袁耽的妹妹袁女正，只生下两个女儿：谢僧要和谢僧韶，后来，谢尚将堂弟谢奕的次子谢康过继为子。谢尚的长女谢僧要嫁给庾亮的幼子庾龢，生子庾恒，后为尚书仆射；谢僧韶嫁给了殷浩的堂弟、殷融的儿子殷康，生子殷顗，殷顗还有弟弟殷仲堪、殷仲文、殷叔献，《晋书》中都有传，其中，殷仲堪是东晋中后期一时的风云人物。据《世说新语·轻抵》记载：“殷顗、庾恒同是谢镇西外孙。殷少而率悟，庾每不推。尝俱诣谢公，谢公熟视殷，曰：‘阿巢故似镇西。’于是庾下声语曰：‘定何似？’谢公续复云：‘巢颊似镇西。’庾复云：‘颊似，足作健不？’”说的是，谢安的这两个堂外孙相互瞧不起，一次，殷顗、庾恒一起去拜见谢安，谢安说：“殷顗长得像我堂哥谢尚。”庾恒有点不乐意，追问道：“他哪里像？”谢安说：“脸颊。”庾恒接着说：“脸颊像就一定有出息吗？”

然后，我们再说一说谢裒的这一支。

长子谢奕，就是我们熟知的那位桓温的方外司马。《晋书》称其有三子：谢渊（小字川、末）、谢靖、谢玄。谢渊早亡，生子谢焕，谢焕生子谢诲。谢靖二子谢肃、谢虔。谢玄，小字羯，为淝水之战主将之一，立下大功，他生子谢瑍，愚钝且早死，谢瑍生子谢灵运。谢灵运天生聪明，辞藻华美，爷爷谢玄感到不可思议，他曾说：“我尚且生下谢瑍，谢瑍怎能生下灵运！”谢奕仍有女儿若干，其中长女就是大名鼎鼎的谢道韫，嫁给王羲之的儿子王凝之；幼女谢道辉，嫁给桓温三弟桓豁的儿子桓石民。

再说谢安的二哥谢据。

谢据早死，生子谢朗、谢方、谢允。谢朗，小字“胡”，隆安元年为东阳太守，因此，也被人称为“谢东阳”。《世说新语·文学》“恨不使朝士见”条记载：“林道人诣谢公，东阳时始总角，新病起，体未堪劳。与林公讲论，遂至相苦。母王夫人在壁后听之，再遣信令还，而太傅留之。王夫人因自出，云：‘新妇少遭家难，一生所寄，唯在此儿。’因流涕抱儿以归。谢公语同坐曰：‘家嫂辞情慷慨，致可传述，恨不使朝士见！’”谢朗生子谢重，谢重为会稽王司马道子长史，谢重生谢瞻、谢晦等五子，其中谢晦在刘宋初年最知名。谢方早死，无子，过继谢安儿子谢琰第三子谢混为子。谢混的文章号为江左第一，娶妻孝武帝女晋陵公主．后因党附刘毅被杀，这是后话，暂且不提。谢允生子谢裕、谢纯、谢甝、谢述。谢裕的女儿嫁给了宋武帝刘裕的二儿子、庐陵王刘义真。谢述之孙就是谢朓。也就是说，“大谢”谢灵运是“小谢”谢朓的宗叔。

这是谢安的二哥谢据一家。

再说谢安一家。

谢安有两个儿子、三个女儿，儿子是谢瑶、谢琰；三个女儿分别嫁给太原王坦之的儿子王国宝、琅邪王洽（王导第三子）的二儿子王珉、陈郡文士袁质。谢瑶早死，生四子：谢该、谢模、谢澹、谢璞。谢琰，在淝水之战中与堂兄谢玄一起，以八千精兵大破前秦军队，十余年后，在与孙恩交战中失败，被部下所杀。谢琰共生三子，分别为谢肇、谢峻、谢混（过继给堂兄谢方为子）。

再说谢安的四弟谢万家。谢万有子谢韶，小字"封"，四位出类拔萃的谢家子弟"封、胡、羯、末"，谢韶位列首位，是谢家子弟中最优秀者，因此，但这四人中，谢渊（末）、谢朗（胡）、谢韶（封）都早死，只有"羯"即谢玄以功名善终。谢韶的儿子谢恩（《南史》称"谢思"），曾做过武昌太守，其子谢曜、谢密，在刘宋时期均历显位。

谢安五弟谢石，字石奴。童谣曾称："谁谓尔坚石打碎。"因此，桓豁将自己的儿子们都以石头为名以邀功。淝水之战中，虽然真正临战的是刘牢之、谢玄、谢琰，但当时谢石为晋军都督，因此，人们普遍认为是谢石应了谶言。谢石的儿子谢汪早死，以从兄谢翀的儿子谢明惠为继子，谢明惠在孙恩之乱中被杀。

谢安幼弟谢铁，有三子：谢邈、谢翀、谢胜，谢邈、谢翀均在孙恩之乱中被杀。

东晋一朝，最顶尖的大族依次是琅邪王氏、高平郗氏、颍川庾氏、陈郡谢氏、太原王氏以及最后代晋而立的刘裕家族。谢氏十分重视与其他大族的联姻，甚至谢安本人对各个大族之间的关系都十分清楚。《世说新语》就曾记载，谢朗做著作郎，曾经撰写《王堪传》，却不知道王堪的渊源，就去询问谢安。谢安回答说："世胄亦被遇。堪，烈之子，阮千里姨兄弟，潘安仁中外。安仁诗所谓'子亲伊姑，我父唯舅'。是许允婿。"由此可见，谢安对于门阀之间的关系了然于心。在谢鲲一代，谢鲲与中山刘氏（刘琨家族）联姻，而中山刘氏又与太原郭氏、范阳卢氏、清河崔氏、河内司马氏联姻，这就为谢家逐渐靠近上层铺平了道路；到谢安一代，谢氏又与太原王氏、琅邪王氏、陈郡袁氏、高平郗氏、河南褚氏、沛郡刘氏、琅邪诸葛氏、泰山羊氏、长乐冯氏等大族联姻。《世说新语·方正》"诸葛恢嫁女"，说的就是，谢裒想为儿子娶诸葛恢的小女儿，诸葛恢看不上谢家，直到诸葛恢去世，谢裒才为儿子谢石娶到了诸葛恢的小女儿诸葛文熊，这我们在以前也曾提及。

这种重视门第的婚姻，为谢氏登上权力的顶峰创造了便利条件，但也造成了与谢氏结婚的士族仅限于同郡的袁氏和太原王氏、琅邪王氏、颍川庾氏等有限的几个大族，因此，中表亲、异辈婚等错综复杂的婚姻关系也大量存在。

谢衡	谢鲲	谢嵘			
		谢尚	谢康		
	谢裒	谢奕	谢渊	谢焕	谢诲
			谢靖	谢肃	
				谢虔	
			谢玄	谢瑍	谢灵运
		谢据	谢朗	谢重	谢绚
					谢瞻
					谢晦
					谢嚼
					谢遯
			谢方	谢混（继子）	
			谢允	谢裕	
				谢纯	
				谢虘	
				谢述	
		谢安	谢瑶	谢该	
				谢模	
				谢澹	
				谢璞	
			谢琰	谢肇	
				谢峻	继子谢密（弘微）
				谢混	
		谢万	谢韶	谢恩	谢曜
					谢密（弘微）
		谢石	谢汪	谢明惠（继子）	
		谢铁	谢邈		
			谢翀	谢方明	
			谢胜		

二〇二 升平五年（一）

升平五年是公元 361 年，继去年前燕慕容儁去世之后，东晋年仅十九岁的晋穆帝司马聃也于此年驾崩了。据《宋书・五行志》记载，此年，建康城内的儿童们突然间都唱一种叫作《阿子闻》的歌谣，每阕都以“阿子汝闻不？”作为结尾。晋穆帝驾崩以后，悲恸欲绝的皇太后褚蒜子哭着说：“阿子汝闻不？”她哭着说，儿子啊儿子，你能听到母亲的哭声吗！？

司马聃没有儿子，皇太后褚蒜子只好下令，以成帝司马衍长子、琅邪王司马丕为帝，并改封司马丕的弟弟、东海王司马奕为琅邪王，东晋的帝系又从康帝这一支回到了康帝之兄成帝这一支上了，东晋的历史也进入了持续仅三年左右的哀皇帝司马丕时代。

晋穆帝在位的最后这一年，我们不妨回过头来对这一时期的东晋政局和周边各个势力的状况做一个简要的回顾。

无疑，在升平年间，东晋政权最大的敌人是曾经以忠义自诩的燕国。东晋政权趁着石赵灭亡、中原混乱之机，基本上占据了黄河以南地区，并以洛阳、荥阳、陈留、泰山为依托，自西向东沿着黄河构建了一线防御地带。东晋豫州、徐州部队曾与前燕军队进行过殊死搏斗，泰山太守诸葛攸还一度率军渡过黄河，威胁到邺城的东部地区，但终因力量悬殊、没有后援而功亏一篑，由于这次东阿之战惨败，东晋黄河防御的东线出现松动，诸葛攸再也无力与前燕军队争锋。截至升平五年，前燕帝国占据了青州大部地区，并以青州为支撑，开始向西南方向，即中原地区渗透，占领了许昌、谯郡、颍川、沛县等地。前燕帝国远距离包围洛阳的手法，与刘聪、石勒等人孤立洛阳，然后再趁机夺取的策略，几乎如出一辙，占领许昌后，前燕切断了东晋豫州军队西上和荆州部队北上的通道，旧都洛阳陷入岌岌可危的境地。

对于东晋豫州部队而言，自寿阳而谯郡，而汝南，经许昌，而洛阳；对于荆州军队而言，自襄阳，而南阳，然后是许昌和鲁阳，而洛阳。因此，东晋要想确保洛阳的安全，就必须牢牢地控制住许昌，从而保证北上通道的畅通。

在升平五年四月，桓温任命三弟桓豁为都督沔中七郡军事、建威将军、新野义成二郡太守［沔中七郡分别是指：魏兴郡（今陕西省安康县）、上庸郡（今湖北省竹山县）、襄阳郡（今湖北省襄阳市）、义成郡（今湖北省襄阳市）、竟陵郡（今湖北省钟祥市）、江夏郡（今湖北省云梦县）］。然后，他命令桓豁率军北上许昌，而自己则率领大军驻屯在南阳，遥为桓豁的声援。桓豁一举击破了前燕大将慕容尘（《晋书》称“慕容屈尘”），东晋又重新拿回了许昌，桓豁因此被晋封为右将军。

此时，东晋的朝局也发生了一些微妙的变化。

本来，自谢万于升平三年十月被废黜之后，桓温二弟、江州刺史桓云被朝廷加都督司豫二州军事、领镇蛮护军、西阳太守、假节，桓温的势力已经伸至谢氏老巢豫州，然而，天有不测风云，桓云仅仅加督豫州不足一年，就因病去世了。与此同时，徐州方面也发生了变故，北中郎将、都督徐兖青冀幽五州诸军事、徐兖二州刺史郗昙，也在升平五年的一月因病去世，东晋朝廷打算以东阳太守范汪接任。

我们知道，范汪是新野庾氏的外甥，与颍川庾氏家族有着千丝万缕的关系，因此，在庾亮盘踞西藩之时，范汪很受重用，被任命为荆州别驾，后来转为鹰扬将军、安远护军、武陵内史。庾翼死后，桓温入主荆州，范汪又被延聘为安西将军长史，桓温入蜀，曾将荆州后方托付给范汪全权负责。桓温平蜀之后，意欲吞并江州，但当时桓温诸弟名望均较浅，因此，他曾多次请求范汪担任江州刺史。然而，范汪毕竟是有庾氏家族背景的人，范汪之女又嫁给了扬州刺史王述的儿子王坦之，所以，坚决推辞，并要求离开荆州，回到京师，请求做一个东阳太守。范汪江州刺史不做，却宁愿回到朝廷做一个太守，这一举动无疑是向桓温表明自己心向朝廷的立场，这令桓温很没面子，也十分恼火，大约也是在十分无奈的情况下，桓温只好选择了与桓氏有一定渊源的徐宁做了江州刺史，作为自己兄弟们入主江州的一个过渡。

司马昱当然知道范汪与桓温水火不容的关系，因此，他才决定将朝廷赖以依靠的徐州军队，交给了范汪，升平五年二月，东晋朝廷正式任命范汪为都督徐州、兖州、青州、冀州、幽州五州诸军事，兼徐州、兖州二州刺史，统率徐州兵。（《晋书·本传》所称官职为：都督徐衮青冀四州扬州之晋陵诸军事、安北将军、徐衮二州刺史、假节。而《晋书·晋穆帝本纪》则称："以镇军将军范汪为都督徐衮青冀幽五州诸军事、安北将军、徐衮二州刺史。"）

范汪统率徐州劲旅让桓温如鲠在喉。

同年，桓温提出将要实施北伐，命令范汪率军北上梁国。这一招依然是桓温永和年间屡试不爽的借刀杀人之计，即：借前燕军队之手，消耗徐州、豫州军事实力，从而达到自己一支独大的目的。过去，桓温借此一一拿下了谢尚、谢万、荀羡、郗昙等人，此时，又将此计用到了范汪的身上。徐州、兖州，也包括豫州的军队在升平年间一直在与前燕主力决斗，并屡屡失利，损失惨重，这一点从桓云加督豫州军事之后，一心扩兵就可以看出，而桓温目前仍严令范汪实施北伐，范汪没有听命，于是，在升平五年十月，也就是范汪接任徐兖二州刺史八个月后，即被桓温弹劾"失期"，被朝廷废为庶人。

空下来的豫州刺史和徐州刺史的位置，东晋朝堂上又将怎样进行新一轮的博弈呢?

第二年，即晋哀帝隆和元年（公元362年）二月，司马昱任命吴国内史庾希为北中郎将、徐州兖州二州刺史，镇守下邳；以龙骧将军袁真为西中郎将、监护豫州、司州、并州、冀州四州诸军事，豫州刺史，镇守汝南，两人均假节。

庾希就是前宰相庾冰的长子。庾冰七个儿子，分别为：庾希、庾袭、庾友、庾蕴、庾倩、庾邈、庾柔。晋哀帝司马丕的奶奶庾文君是庾希的姑姑，所以，庾希兄弟又是司马丕的表舅；庾希的妹妹又嫁给了司马丕的弟弟司马奕为妻，因此，庾希兄弟又是司马丕弟媳的戚属，与帝室有着十分亲密的关系。这还不是问题的关键，最重要的是，虽然桓温的发迹与庾希叔叔庾翼的赏识有一定的关系，但桓温取代庾翼为荆州刺史之后，对待庾氏家族却采取了打压的政策，将庾翼的两个儿子均安置在了豫章，等同于废弃，因此，庾氏家族对桓温自然不会亲近。袁真，《晋书》无传，不过，我们知道，他是庾翼的旧将。

此时，司马昱起用庾希和袁真，与其任用范汪的出发点是一致的：那就是试图寻求一个能够抗衡桓温的平衡力量，利用庾氏家族残余的影响力，与咄咄逼人的桓温做着最后的抗拒。

二〇三 升平五年（二）

在东晋朝局发生微妙变化的同时，中原形势也发生着微妙的变化。

永和十二年桓温在第二次北伐姚襄的时候，收复了旧都洛阳。如今，旧都洛阳作为东晋全体臣民的精神支柱，回归东晋已经五年之久。到了这一年的年初，驻守在野王（今河南省沁阳市）的前燕河内太守吕护再次投降了东晋，被东晋政府任命为冀州刺史。此时，曾经投靠吕护的高昌已经死去，吕护兼并了高昌的部众，纠集着冯鸯的残余势力，企图联合东晋军队，趁着慕容儁去世，前燕帝国陷于空前的混乱之际，偷袭邺城。

这也是桓温北上南阳，命令桓豁进攻许昌的另一个原因。

野王位于黄河北岸，属于司州的河内郡，它往东北可以作为进攻邺城的出发点，往北通过天井关可以进入上党地区，往西北可以经过陉关进入河东郡，往西南渡过黄河就是洛阳。如果前燕掌控野王，在国内局势安定之后，可以随时威胁洛阳；而假如东晋占据野王，不仅能够有效屏护洛阳，可以以此为跳板威胁邺城，因此，前燕帝国要想确保邺城安全，就必须趁东晋军队尚未北上之时，将吕护这颗钉子拔掉。

前燕太宰慕容恪比桓温北上的步调更快。在桓温出兵许昌前一个月，即升平五年三月，慕容恪即亲自率领五万大军，另外命令冠军将军皇甫真率军一万，合击吕护。

燕军抵达野王以后，吕护坚守不战。前燕护军将军傅颜建议迅速组织攻城，以节省军费。慕容恪又拿出他五年前诛灭青州段龛时的老办法，他说："吕护老贼饱经沧桑，见多识广，我观察了野王的守备，发现吕护准备得很充分，我方短时间不易攻下。前不久，我们强攻黎阳的高昌就没有得手，士卒死伤很多，自取其辱。如今，吕护城内粮草不多，城外又没有援兵，我军可以深沟高垒，重重围困，一面休养将士，一面离间敌人，不战而屈人之兵，不出百日，我们一定能够拿下此贼，又何必要死伤将士，以贪图一日之功呢？”他下令燕军构筑工事，将野王团团围住。

从升平五年的三月一直到七月，前燕军队把野王整整围困了三个多月。吕护命令将领张兴率众出战，燕军护军将军傅颜临阵将张兴斩杀，城内守军士气更加不振。燕军冠军将军皇甫真告诫自己的部将们说：“吕护如果突围，一定会选择薄弱之处，我部兵士不强，军械不精，更应该严加防备。”他命令部下准备了大量的长枪和盾牌，挡在壕沟的外侧，皇甫真本人还在夜间亲自巡查值班将士，加强警戒。

野王城内断粮了，吕护无计可施，只好放手一搏。他亲自率领城内的全部精锐部队，打开城门突围，他们果然朝皇甫真所部阵地杀来，怎奈皇甫真早有准备，双方展开一场殊死搏斗，吕护的突围部队始终无法在燕军阵地撕开一个缺口。

慕容恪闻讯，率领大军从四面八方朝这里压来，受到前后夹击的吕护部队几乎被燕军斩杀殆尽。

吕护丢下了老婆孩子，与亲信卫士拼死杀出了一条血路，投奔东晋荥阳而去，野王城内余众全部投降了慕容恪。

攻下野王以后，慕容恪采取了怀柔政策，他下令供给城内的饥民粮食，将城内的将帅和士人都迁往邺城，并任命吕护的参军梁琛为中书著作郎，其余民众恢复旧业。

慕容恪的这种怀柔政策，促使投降东晋的吕护，在数月之后，又从荥阳逃回了前燕；慕容恪赦免了吕护的罪过，任命其为广州刺史——不过是一个虚衔。

一波刚平一波又起。

并州的张平在永和七年（公元 351 年）投降了前秦，被前秦任命为大将军、冀州牧，第二年，当他看到前燕灭掉了冉魏之后，为了自保，又表示归顺前燕，并接受了前燕的并州刺史的官职，可是，到了升平元年（公元 357 年），他又派出使者投降了东晋，同样被东晋拜为并州刺史，第二年年初，苻坚亲自征讨张平，铜壁之战大破张平，张平再次投降，被前秦任命为右将军。前燕不能坐视并州被前秦所得，在同年九月，前燕慕容评也出兵并州，占领了并州大部地区，张平率领三千残兵败将逃往平阳（今山西省临汾市），并再次向前燕表示投降。

到了本年年初，平阳人驱逐张平，投降了前燕。前燕慕容恪任命建威将军段刚为平阳太守，并派遣都护韩苞率兵与段刚共同防守平阳。到了九月，张平率众偷袭平阳，杀掉了段刚和韩苞二人，再次占领平阳。

如果平阳在前燕之手，致力于内政的前秦尚有所顾忌，不愿与前燕直接发生冲突，如今，平阳又回到了张平之手，前秦决心趁机除掉河东郡这一威胁，于是，前秦开始对平阳发起了进攻。

张平无力抵抗，向前燕帝国求救。慕容恪对这个反复无常的张平再无一点信心，另外，前燕此时如果发兵救援张平，势必要与前秦一战，而一旦与前秦交手，燕国将面临两面作战的危险，为了一个张平，不值得，慕容恪遂拒绝发兵。

就这样，张平被苻坚所灭，至此，前赵残余军阀的割据势力完全被消灭。

二〇四　升平五年（三）

升平年间是中原各个势力激烈角逐的五年，而同样地，在遥远的凉州也发生着惊天动地的激变。

永和十一年（公元355年），前凉大乱，河州刺史张瓘和骁骑将军宋混合力诛杀了前凉主张祚，立张祚弟弟、原凉主张重华的小儿子张玄靓为主，由于张玄靓年仅七岁，张瓘掌握了西凉大权。也就是在这一年，原属于凉州的秦州地区脱离了前凉的统治，陇西人李俨使用东晋年号，宣布独立。第二年，张瓘以张玄靓的名义接受了前秦的官职，前凉在名义上臣属于前秦帝国。

张瓘大权独揽，猜忌刻薄。有人劝说他，他却恶狠狠地回答："老虎生下来三天就会吃肉，用不着人教！"因此，前凉人心离散。张瓘因张玄靓年少，密谋取而代之，只是担心宋混、宋澄兄弟忠直，所以，他策划将境内数万军队都集中在姑臧，想借机将宋氏兄弟杀掉，然后，再废黜凉王张玄靓。

升平二年（公元358年）五月，姑臧城东苑一个大坟墓突然塌陷，变成池塘，方圆几丈的地上发出火光。执法御史杜逸对张瓘说："此兆预示的灾难很重，要将此不祥转移到其他家族头上。"于是，张瓘决定除掉宋混家族。宋混得知张瓘阴谋之后，先发制人，他与弟弟宋澄一起率领壮士杨和等四十余人，飞马闯入南城。宋混等人向各个大营宣布："张瓘谋反，接太后令诛杀张瓘！"不一会儿，就集合了两千多人。

张瓘听到风声，率军出战，却被宋混击败。战斗中，张瓘麾下将领玄胪持枪直刺宋混，枪尖却没有刺破宋混的重甲，反被宋混擒获，张瓘部众全部投降，张瓘及弟弟张琚均自杀。宋混诛灭了张氏宗族。

时年十二岁的张玄靓任命宋混为使持节、都督中外诸军事、骠骑大将军、酒泉郡侯，代替张瓘辅政，宋混请求张玄靓除去凉王的称号，对外仍然称为凉州牧。

宋混对玄胪说："你刺我，万幸没有伤到我，如今我作为辅政大臣，你害怕吗？"玄胪回答："玄胪受到张瓘厚恩，当时只恨没有刺伤大人，我内心并无惧怕！"宋混十分欣赏玄胪的侠义，将其作为心腹看待。

宋混仅仅大权独揽一年多就得了重病。四月，凉州牧张玄靓与祖母马氏（张骏之妻、张重华之母，曾与自己的庶长子张祚通奸的那位）前去看望宋混，对宋混说："将军万一有个好歹，我们孤儿寡母的，能依靠谁呢？以您的儿子宋林宗接任将军职务，怎么样呢？"宋混说："我儿子宋林宗年龄太小，不能担当起这个重任。殿下如果不嫌弃我们宋家，我的弟弟宋澄处理政务的能力比我强，只是反应迟钝，不会应变，只要殿下督促着他，还是可以的。"稍后，宋混告诫宋澄以及自己的儿子们："我们宋家受国家厚恩，应当以死报国，千万不能自恃高位而对人傲慢。"又勉励朝臣们要忠贞为国。宋混很快就去世了，凉州百姓听到噩耗，路人都为之落泪。张玄靓以宋澄为领军将军，代宋混辅政。

四个月之后，凉州的右司马张邕厌恶宋澄专权，起兵将其诛杀，并将宋氏灭族。张玄靓即以张邕为中护军，任命自己的叔父、时年十六岁的张天锡为中领军，由二人共同辅政。

张邕党同伐异，多所刑杀，并且十分淫乱，又与张玄靓的祖母马氏私通。张天锡的亲信刘肃、郭增二人都十八九岁，睡觉的时候，二人对张天锡说："国家之事难以安定！"张天锡吃惊地问道："你们说的是什么意思？"二人说："张邕的行为就像往日的张祚！"张天锡大惊："我也早有怀疑，但不敢出口，你们说应该怎么办？"刘肃说："正应该除掉他！"张天锡说："到哪找这样的人呢？"刘肃回答："我就是此人。"张天锡说："你还太小，还是找一个更合适的人选。"刘肃说："赵白驹和我两个人就足够了。"

十一月，也就是在张邕诛杀宋澄两个月以后，张天锡带领四百卫士与张邕一起上朝，赵白驹与刘肃都拔刀出鞘，跟随着张天锡。在宫门见到张邕，刘肃上前就砍，没有砍中，赵白驹接着又砍，还是没有砍中。两人惊吓之余，赶紧与张天锡一起逃进宫中，张邕趁机逃脱。张邕脱身之后，带领三百甲士反攻宫门，张天锡登上屋顶，大喊："张邕凶残无道，宋氏有什么罪过，他却诛灭了宋氏三族，现在还想倾覆社稷。这是我们自己的家务事，诸位将士世代都是凉州臣子，怎能忍心相互残杀！今天，只诛杀张邕一人，其他全不追究。天地神灵，我不会食言！"张邕的部众全部溃散，张邕自杀而死。

张玄靓任命张天锡为使持节、冠军大将军、都督中外诸军事、辅政。张玄靓不仅年幼，而且性格仁慈懦弱，凉州的事务都由张天锡一人做主，本年十二月，张天锡决定接受东晋年号，东晋政府任命张玄靓为大都督、督陇右诸军事、凉州刺史、护羌校尉、西平公。

又过了一年，到了晋哀帝兴宁元年（公元 363 年），张玄靓的祖母马氏去世，于是，他尊庶母郭氏为太妃。这个郭太妃又与张钦等人密谋，企图杀掉张天锡，结果事情败露，反被张天锡所杀。

张天锡一不做二不休，顺便又将自己的侄儿张玄靓诛杀，对外宣称得急病而死，时年十八岁的张天锡自称使持节、大都督、大将军、凉州牧、西平公，尊母亲刘氏为太妃，并将东晋派来的御史俞归送回建康，请求东晋政府的任命。

二〇五 升平五年（四）

在升平五年这一时间节点上，我们有必要梳理一下周边其他小的势力的发展情况，以便于我们的记忆。

先说一说仇池杨氏。

我们知道，仇池杨氏来源于略阳的杨氏，东汉时期，略阳杨驹为了躲避战乱，最先居住于仇池。到杨驹的孙子杨千万，被曹魏封为百顷王；杨千万的孙子杨飞龙时期，由于社会安定，加上部众数量大增，仇池容纳不下，又返迁回了略阳。杨飞龙收养自己的外甥令狐茂搜为子，到西晋惠帝元康六年（公元 296 年）的十二月，杨茂搜（令狐茂搜）为了躲避关中齐万年之乱，再次率领部众回到了仇池，自此，开始了长达数百年的仇池半独立状态。

二十一年后，东晋元帝司马睿建武元年（公元 317 年），杨茂搜（令狐茂搜）去世，他的两个儿子杨（令狐）难敌、杨（令狐）坚头分领仇池部众，其中，杨难敌称左贤王，屯下辨；杨坚头号右贤王，屯河池。

又过了十七年，到晋成帝咸和九年（公元 334 年），杨难敌去世，儿子杨毅自立为龙骧将军、左贤王、下辨公；任命叔父杨坚头之子杨盘为冠军将军、右贤王、河池公，并开始向东晋朝廷称臣。

三年之后，到晋成帝咸康三年（公元 337 年），杨毅的族兄杨初袭杀杨毅，兼并部众，自立为仇池公，杨初背叛了东晋，转而向石赵王国称臣。

桓温灭掉蜀国之后，杨初为了自保，在向石赵称臣十一年之后，于晋穆帝永和三年（公元 347 年），再次向东晋称臣，被东晋政府封为使持节、征南将军、雍州刺史、仇池公。

时隔七年，到永和十一年（公元 355 年），仇池公国再次发生内讧，原仇池公杨毅的弟弟杨宋奴，指使他的姑家表弟梁式王刺杀了现任仇池公杨初；杨初被杀后，杨初之子杨国又诛杀了杨宋奴和梁式王二人，摧毁了杨毅家族的复辟图谋，杨国自立为仇池公，桓温上表朝廷任命其为镇北将军、秦州刺史。此年，正是凉州张祚被杀、前秦苻生继位、慕容儁讨伐段龛之时。

仅仅过了一年，到永和十二年（公元 356 年），仇池公国再次发生变乱，杨初的弟弟杨俊诛杀了自己的侄儿杨国，东晋朝廷又以杨俊为仇池公，而杨国的儿子杨安只好投奔了前秦。

四年后，升平四年（公元 360 年），杨俊去世，儿子杨世立为仇池公。面对复杂的局势，杨世采取了同时向前秦和东晋称臣的策略，东晋以杨世为秦州刺史，以杨世的弟弟杨统为武都太守；前秦也以杨世为南秦州刺史。

这是截至东晋中期仇池公国的概况。

然后，我们再理一理拓跋部、铁弗部和与之相关的前秦政权这些年来的发展脉络。

我们说过，匈奴右贤王刘猛于西晋武帝泰始七年（公元 271 年），叛逃出塞，第二年，被何桢（东晋宰相何充之祖）设计诛杀，其子刘诰升爰代领部众，居住于并州北部的新兴（今山西省忻州市），与鲜卑别部白部鲜卑杂居，大约刘诰升爰娶了一位鲜卑女子，生下了刘虎，因此，等刘诰升爰去世之后，刘虎继位，自称自己的部族为铁弗氏。

永嘉之乱中，刘虎的铁弗部与白部鲜卑均臣服于刘汉帝国，与西晋并州刺史刘琨为敌。为了剪除刘渊的羽翼，刘琨于永嘉四年（公元 310 年），联合鲜卑拓跋部的拓跋猗卢击破刘虎和白部鲜卑，刘虎被迫迁居朔方的肆卢川。自此，拓跋部与铁弗部展开了长达数十年的恩恩怨怨、分分合合。

在长达数十年的较量中，铁弗部始终败多胜少，处于下风。

东晋元帝太兴元年（公元 318 年），经过八年休养生息之后，刘虎从朔方进攻拓跋部，拓跋部拓跋郁律再次大破刘虎，刘虎单身匹马逃出了塞外，他的堂弟刘路孤率领残余部众投降了拓跋部，拓跋郁律将女儿嫁给了刘路孤为妻；其后，拓跋部内乱中衰，但到晋成帝咸康四年（公元 338 年）拓跋什翼犍即位代王之后，拓跋部又重新崛起，晋成帝咸康七年（公元 341 年）十月，刘虎又一次进攻拓跋部的西部，代王拓跋什翼犍率军迎击，再次大破刘虎。此役之后，刘虎去世，儿子刘务桓继位。刘务桓继位之后，派出使者请求和解，拓跋什翼犍将自己的女儿嫁给了刘务桓，双方结为亲家，不过，不久刘务桓又投降了石赵，被石虎封为平北将军、左贤王。此后，拓跋什翼犍将本部称为拓跋部（南方人称其为索头），将其他归顺部族全部称为乌桓，他自己统领本部，将归顺部族一分为二，由弟弟拓跋路孤统领北部，儿子拓跋寔君统领南部。

到了永和十二年（公元 356 年），铁弗部大人刘务桓在继位十五年之后去世，刘务桓的弟弟刘阏头继位，刘阏头打算背叛拓跋部。当时，刘务桓的儿子刘悉务祈等十二人都在拓跋部，代王拓跋什翼犍得知这一重要的信息之后，为了离间铁弗部，将刘悉务祈兄弟十二人全部放还铁弗部，之后，永和十二年二月，代王拓跋什翼犍率兵西巡，抵达黄河岸边，刘阏头害怕了，请求投降，此年正值桓温北伐姚襄之际。

升平三年（公元 359 年），铁弗部刘阏头部众纷纷叛离，刘阏头担心被杀，渡河往东，准备投靠拓跋部。部众乘着黄河结冰之时渡河，可是，等到部队渡过一半的时候，河冰却融化了，没有渡过黄河的部众全部归顺了刘务桓的儿子刘悉务祈，刘阏头投奔代王拓跋什翼犍后，拓跋什翼犍对他依然很好。

第二年，刘悉务祈去世，他的弟弟刘卫辰诛杀了他的儿子，自立为大人。拓跋什翼犍的第二个慕容妃十分聪慧，深得代王的宠爱，生嫡子拓跋寔、拓跋翰等。当代王将刘悉务祈兄弟们送回铁弗部的时候，慕容妃作为刘悉务祈名义上的外婆，对刘悉务祈说："你回到部落之后，千万要提防你的弟弟刘卫辰，刘卫辰奸猾，最终会灭了你的。"至此，慕容妃的话果然成真。到升平四年（公元 360 年），刘卫辰派出使者投降前秦，请求在黄河河套地区居住，允许春来秋返，前秦天王苻坚同意了。同年四月，前秦云中都护贾雍派遣司马徐赟率领骑兵偷袭铁弗刘卫辰部，掳掠了大批部众。苻坚得知以后，十分震怒，他说："朕正要以恩义和诚信结好夷狄，但是你却贪图小利破坏我的计划，为什么要这样！！"将贾雍废为平民，暂时还由他统领部队，并严令将俘获的铁弗部众返还，厚加安抚，自此，铁弗刘卫辰部开始入居河套地区，臣服了前秦。同年六月，拓跋什翼犍的第二个慕容妃，即慕容皝的女儿去世，七月，刘卫辰去代国参加葬礼，借机向拓跋什翼犍求婚，代王将自己的女儿嫁给了刘卫辰，于是，刘卫辰和他的父亲刘务桓均成为代王拓跋什翼犍的女婿。第二年，也就是本年度，刘卫辰抢掠前秦五十多户边民作为贡献的奴婢献给苻坚，苻坚派人责备刘卫辰，让其将掠夺的人口释放。刘卫辰十分不满，自此，背叛了前秦，一心投靠了拓跋部。

到下一年，即晋哀帝隆和元年（公元 362 年）十一月，前燕新君慕容暐请求与拓跋部结婚，拓跋什翼犍将女儿嫁给了慕容暐，同时，也请求慕容暐将前燕宗室之女嫁给自己，慕容暐也同意了。自慕容廆时代，他们两个部族之间互通婚姻，但是，如今前燕日渐强大，尤其是它在塞北的不断扩张，直接与拓跋部的利益产生了冲突，第二年，即到了晋哀帝兴宁元年（公元 363 年），代王拓跋什翼犍也亲率大军大破高车部，虏获一万多人口，马、牛、羊一百多万头。一年以后，到了晋哀帝兴宁三年（公元 365 年），刘卫辰再次背叛代王，向东渡过黄河，代王拓跋什翼犍提兵迎击，刘卫辰害怕退还。

代王拓跋什翼犍性格宽厚，雄才大略，具备了成就一番大业的基本素质，郎中令许谦曾经偷了两匹绢（代地并不生产绢，因此，绢在代地是贵重之物），拓跋什翼犍知道以后，对左长史燕凤说："我不忍心看到许谦，千万不要外泄。如果许谦羞愧自杀，大家将以为我是因为爱财而诛杀了士人。"他曾经去西部平叛，在战斗中被流矢射中了眼睛，后来，抓获了射箭之人，群臣要求将其寸割以泄愤，而拓跋什翼犍却说："各为其主，他又有什么罪过呢？"就将那人释放了。

虽然如此，拓跋什翼犍却是生不逢时。在他实力尚不十分强大的时候，石赵帝国瓦解，慕容部慕容儁却继承了父祖数十年经营的成果，又有聪明睿智的弟弟慕容恪、慕容垂辅佐，抢先拿下了河北，让拓跋什翼犍只好屈居于北部边陲；等到拓跋部日益强大以后，他又遇到了千载难逢的前秦圣主苻坚，在即将到来的较量中，拓跋部还将遇到前所未有的危机。

二〇六　桓温之心

我们暂且将拓跋部、前秦的事情放在一边，也姑且不说一直以来我们没有机会提及的吐谷浑，还是将目光回到我们一直关注着的中原局势上来。

晋哀帝隆和元年（公元 362 年），消灭了野王吕护的前燕政权，又将进攻洛阳纳入议事日程。一月，前燕豫州刺史孙兴对慕容恪建议攻下洛阳，他的理由是："东晋将领陈祐率领数千疲惫之卒，困守孤城，很容易夺取！"慕容恪同意了孙兴的请求，他任命屡屡背叛的吕护为宁南将军，驻屯河阴（洛阳东北），为进攻洛阳做最后的准备。

二月，吕护率军对洛阳进行试探性进攻。三月，河南太守戴施南逃南阳，陈祐向东晋朝廷告急。五月，东晋征西大将军桓温命令北中郎将庾希与竟陵太守、邓岳之子邓遐率领三千水军北上，协助陈祐防守洛阳。邓遐，勇力绝人，被当时的人们看作军中的樊哙，号为名将，襄阳城北沔水中曾有大蛇，经常伤人，邓遐拔剑跃入水中，大蛇缠绕邓遐之足，邓遐将其斩为数段而出。七月，经过激战，吕护退守小平津，此战，他被流矢射中，死于军中，前燕将军段崇收拾残兵，北渡黄河，回到野王，邓遐则进屯新城。庾希部将何谦与前燕刘则在檀丘交战，击败了刘则。八月，西中郎将袁真进兵汝南，向洛阳运送了五万斛大米，以接济洛阳守军。

在此情况下，桓温再次向东晋朝廷提出了迁都洛阳的要求，而这一次，桓温更是提出，要将永嘉之乱（即公元 307 年）以来南渡江南的所有士族民众，全部迁回豫州，以充实黄河以南地区。桓温此举不仅将自己放在了东晋朝廷的对立面，而且，也将自己放在了整个东晋士族、全体流民的对立面。永嘉之乱以来，已经过了整整五十六年的时间，渡江的世家大族在江南求田问舍，圈占了大量的土地，也拥有了为数可观的庄园、奴仆和财富，让这些人舍弃既得利益回到满目疮痍的河南地区，无疑比登天还难；而且，半个世纪过去，当初渡江流民的父祖辈大多也已故去，坟墓就地选址，社会关系已经重新建立，人民已经将他乡做了故乡，此时强行将整个国家几乎一半多的民众，全部迁往对于他们来说十分陌生而又充满危险的豫州，无疑会引起极大的混乱。

那么，桓温为什么要这样做呢？

有一件事可以从侧面解释一下他的动机。《晋书·习凿齿传》记载：桓温有废立大志，在此前后，他将蜀地一个通晓天文的术士召到荆州，深夜握着术士的手，询问国运的长短。术士回答："国运长远。"桓温揣测术士是因为不好开口没说实话，就假装说："假如真像你说的那样，不仅是我的福分，更重要的是万民之幸。但是，今天就你我两人，要开诚布公，国家肯定是会有点小小的厄运的，这也要和盘说出。"术士说："太微星、紫微星、文昌星三宫的星象显示的就是这样，肯定是没有问题的。只是过了五十年以后，就不好说了。"隆和元年，桓温已经五十岁了，他听了这话十分不快，过了几天，送给术士一匹绢和五千文钱。术士赶紧找到习凿齿说："我家在益州，受到征召远来荆州，如今，将军让我自杀，无从送回骸骨。大人仁爱，请求您在棺木上做个标记。"习凿齿问为什么，术士说："赐绢一匹，是让我自杀，赏钱五千，是让买棺材呀。"习凿齿说："你几乎误死！这不过是以绢来戏弄你，将钱作为你的路费，是让你回家啊。"术士大喜，第二天就去向桓温道别，桓温问咋回事，术士将习凿齿的话给桓温复述了一遍，桓温笑着说："凿齿担忧君错误地死去，君一定是错误地活了下来。不过，看了三十年的儒家经典，还不如去一趟习主簿那里。"这则故事当然是为了渲染习凿齿的聪明，但我们也从一个侧面窥探出桓温不是没有觊觎之心。这一点，建康的老百姓也看得一清二楚，据《宋书·五行志》记载，当时有童谣唱："升平不满斗，隆和哪得久！桓公入石头，陛下徒跣走。"晋哀帝听了以后，十分厌恶，第二年就将年号改为兴宁，可是，民谣又出来了："虽复改兴宁，亦复无聊生。"

有了这个心，我们就不难解释桓温的一系列举动：桓温灭蜀之后，相继发动了两次北伐，但是，在他第二次北伐姚襄、收复洛阳之后，自己一直按兵不动，却一再督促豫州、徐州的部队与前燕主力部队缠斗。这一时间达五六年，而这五六年，正是前秦政权由粗定到安定、前燕政权一直疲于奔命之时，尤其是在升平四年慕容儁死去，前燕政权更是危机四伏，而桓温的注意力却更多地放在如何攫取更大的权力上，并没有真正将收复中原作为己任。接下来的事情，更能说明这一点。

桓温上书要求迁都洛阳之后，以司马昱为首的朝中大臣都以为此事不可行，但又都畏惧桓温的势力，不敢提出异议。只有我们曾经说过的那位名盛一时的名士孙绰，此时为散骑常侍兼著作郎，他上书朝廷反对匆忙迁都。孙绰的理由主要是：江东政权建立以来，之所以能够存续至今，主要还在于划江而守。到如今流民在江东已经经过了几代人了，昔日流民大都已经谢世，只剩下年长的儿子或者长孙在世，江东的流民后裔虽然还偶尔有故乡之思，但他们对埋葬在跟前的父祖辈们的感情更深。民众数十年来安居的生活一旦被打乱，把他们从安乐之乡驱逐于荒芜危险之地，让他们离开父祖的坟墓，抛弃养生的家业，辛勤购置的田产和房屋将无法卖掉，也难以攒下远行的盘缠，还要在泥泞的道路上辗转飘零，将很少能抵达目的地的。这不仅是仁爱的人不应该做的，而且，这样下来还可能会引发社会动荡！如果迁都，中兴以来的元帝建平陵、明帝的武平陵、成帝的兴平陵、康帝的崇平陵、穆帝的永平陵都将会抛在江南，迁都之后，以常理推测，现在的洛阳不会那么平安，而皇上还将为怀念祖先而烦恼。为此，他建议：应该选择有威名、有实力的将帅先行镇守洛阳，扫平许昌和梁国（今河南省商丘市）一带，在黄河以南地区完全平定、运河粮道打通以后，豫州新开垦的土地所积攒的粮食也充足了，敌人远远逃窜，中原基本自给，然后，再商议迁都的事宜。最后，孙绰说：为什么要舍弃百战百胜的常识，而要将天下一扔了之呢！

孙绰的话无疑说中了桓温的心中之病，而司马昱选择孙绰站出来说话，也是经过深思熟虑的。在这种情况下，选择一位名气很大的文士说话，既有中立色彩，模糊了不同政治阵营之间的对立性，并且，由于文人拥有一定的话语权，桓温又拿孙绰没有办法。因此，当桓温看到孙绰的奏疏之后，虽然很不高兴，但也无可奈何，只是说了一句："告诉他孙绰先生，为啥不去找出自己写过的那篇《遂初赋》好好研读，来管人家的国家大事做什么！"孙绰是扬州刺史王述的亲家，而司马昱的妻子王简姬则是王述堂叔王遐的女儿，也就是说司马昱是王述的堂妹夫，虽然在永和四年，王简姬由于未能取得司马昱的欢心而被幽废，继而去世，但毕竟有了这层关系，可以说，王述是司马昱的得力助手。在这种关键时刻，孙绰及时出现，极有可能是王述的主意，而孙绰奏疏中所说的那位先行镇守洛阳、有威名、有实力的将帅，暗示的就是桓温本人，美美地将了桓温一军。王夫之在《读通鉴论》中评价桓温请迁都洛阳一事也说："然温岂果有迁都之情哉！……温果有经略中原之志，固当自帅大师以镇洛，然后请迁未晚。惴惴然自保荆楚而欲天子渡江以进图天下，夫谁信之！”

在朝廷将孙绰的奏疏传给桓温的同时，就免去了桓温都督交州、广州军事的职务，而将都督并州、司州、冀州三州加到了桓温的头上，司马昱的用意很明显：你桓温想以迁都洛阳为手段恐吓朝廷，将皇帝置于险境，继而控制朝廷，甚至别有用心，那么，现在就由你自己先去险境，为国扫清豫州吧——司马昱将皮球又委婉地踢到桓温的一边。

桓温的算盘打得很精明，他怎能不知司马昱的用意？如果接受了都督三州的职务，接下来，豫州刺史或者司州刺史的头衔也会接踵而至，加诸自己头上，到那时，镇守洛阳或者许昌的责任就无法推脱，自己的荆州军队将直接与前燕对决。这当然不是桓温愿意看到的结局，数年前，他北伐姚襄之后，也没有就势担任豫州刺史、镇守洛阳前线，而是鼓动朝廷让谢尚担任都督北方诸军事，此时，他更不会接受，坚决推辞都督三州诸军事的职务——也就是说，中原地区的安危不属他桓温管。

在朝廷的反击下，桓温迁都之议再次流产。不过，为了安抚桓温，弥合双方之间的嫌隙，朝廷再次选择了妥协，晋哀帝兴宁元年（公元 363 年），东晋朝廷加封桓温为侍中、大司马、都督中外诸军、录尚书事、假黄钺，自此，桓温成为东晋军队的总司令。

二〇七　洛阳陷落

晋哀帝司马丕，字千龄。

他继位之后，司马丕将穆帝之妻、自己的堂嫂何法倪（何充弟弟何准之女），安置于永安宫；册立太原王家、名士王濛之女王穆之为皇后，至此，太原王家的地位发生了根本性的变化——同为太原王家的扬州刺史王述，不愿意儿子王坦之将女儿嫁给桓温的儿子，除了门第观念以外，政治阵营当是另外一个重要因素吧。

虽然司马丕继位时已经成年，但是，东晋皇室微弱由来已久，如今，外有强臣，内有贵戚，据《建康实录》记载："帝虽据尊位，而政不由己，军事权于桓温，机务在于会稽，天子不得自由。"因此，晋哀帝兴宁年间的童谣称："虽复宁转，后无聊生。"而且，司马丕素来沉迷于黄老养生之学，辟谷炼丹，无心也无力过问政事，于是，东晋政治依然在门阀大族之间的博弈中艰难前行，到了兴宁二年三月，晋哀帝更是因为服药过多而中毒，不能亲政，司马丕的婶娘、太后褚蒜子再次临朝摄政。

而此时，前燕已经从慕容儁去世之初的混乱中逐渐安定了下来，慕容恪主导下的前燕政权依然实施着与东晋争夺豫州的计划。前一年，慕容恪派遣吕护等人对洛阳进行了一次试探性的攻击，结果，吕护败归并中箭而死。到了本年度，前燕政权开始发动了一系列对洛阳周边地区的蚕食行动。晋哀帝兴宁元年（公元363年）四月，前燕宁东将军慕容忠率军进攻洛阳东面的荥阳据点，东晋荥阳太守刘远战败，南逃至鲁阳（今河南省鲁山县）。五月，前燕军队跟踪追击，攻下了密城（今河南省新密市东南），刘远再次远逃到江陵。

前燕对豫州展开攻势，东晋政府也不甘示弱，司马丕在任命桓温为大司马的同时，又任命西中郎将袁真为都督司州、冀州、并州三州诸军事，北中郎将庾希为都督青州诸军事，显示了与前燕争夺黄河以南地区的决心。

同年九月，桓温率军北伐，十月，驻守许昌的前燕镇南将军慕容尘，率军东出，攻击东晋陈留太守袁披，双方在长平（晋朝设置长平县，当在河南省周口市淮阳县境内）交战，东晋汝南太守朱斌则乘虚奔袭许昌，再次拿下了许昌。

晋哀帝兴宁二年（公元364年）二月，慕容暐派遣太傅慕容评和龙骧将军李洪率领大军渡过黄河，展开了对黄河以南地区的大规模争夺战，而此战的核心就是攻下许昌，切断江东与洛阳的联系。四月，前燕龙骧将军李洪率军进攻许昌、汝南，在悬瓠（汝南郡治所，在今河南省汝南县。《水经注》称："悬瓠城，汝南郡治也。城之西北，汝水支别左出，西北流，又屈西东转，又西南会汝，形如垂瓠，因以名城。"）与东晋军队展开了一场大战，颍川（今河南省禹州市）太守李福战死，汝南太守朱斌败退到寿阳（今安徽省寿县），陈郡太守朱辅退守彭城（今江苏省徐州市）。东晋大司马桓温派遣西中郎将袁真等人率军防守淮河一线，而桓温则亲自率领水军驻扎在合肥，作为后援。前燕军队攻下许昌、汝南、陈郡后，将此地的一万多户居民全部迁往幽州和冀州地区，又留下镇南将军慕容尘驻守在许昌。

再度拿下许昌之后，慕容恪步步紧逼，他为了显示南下的决心，派遣侍中慕舆龙前往龙城，将慕容皇室宗庙以及留守龙城的百官全部都迁往了邺城。此后，慕容恪先派人四处招降洛阳周边地区的民众，洛阳四周的坞堡纷纷投降，在做好上述准备工作之后，慕容恪才派遣司马悦希率军进抵孟津（今河南省孟州市西南黄河上），豫州刺史孙兴进抵成皋（今河南省荥阳市汜水镇西），再加上许昌的慕容尘、密城的慕容忠，从北、东、东南、南四面完成了对洛阳的远距离包围。

此时的洛阳城仅有东晋冠军将军陈祐率领的不足两千人马，还有冠军将军长史、沈充之子沈劲自行招募的一千多义勇。洛阳西面是前秦军队，其他方向均为前燕军队，外无援军，内无粮草，已经陷于绝地，而就在这种困境中，沈劲依然以少击众，多次击败敌军。到了这一年的九月，洛阳主将陈祐自忖不能坚守，他以解救许昌为名，将洛阳少得可怜的守军带走东出，陈祐离开洛阳之后，才听说许昌已经陷落，就逃奔了新城（今湖北省房县，《晋书》称：其逃往"崖坞"）。

陈祐只留给沈劲五百士兵，以区区五百之众要防守偌大的洛阳城，无异于痴人说梦。然而，沈劲深知此次必死无疑，但是他却毫不畏惧，反而暗中庆幸自己终于有机会为国捐躯，以洗刷家族的耻辱，他十分高兴地说："我的愿望就是能够以死报国，今天总算可以实现了。"沈劲信心十足地在等待着他即将来临的命运，而前燕的司马悦希却并没有急于立即发动对洛阳的进攻，而是分军先将黄河以南的各个小城逐一占领。

慕容恪当然没有把洛阳那区区五百守军看在眼里，他之所以十分谨慎，还在于他从不打无准备之仗，他在为拿下洛阳以后前燕可能面临的局面做着充分的准备。洛阳作为东晋收复中原的标志，一旦易手，即便是从道义上讲，也极有可能引发东晋政府的强烈反应，这是其一，更为重要的是，洛阳紧邻前秦边境，如果苻坚火中取栗，出兵东进，而洛阳周边尚有为数众多的异己势力，再加上东晋可能发动的进攻，那后果将不堪设想。

在做好了上述准备之后，兴宁三年（公元 365 年）二月，前燕太宰慕容恪与吴王慕容垂亲自率领大军围攻洛阳。这一次，慕容恪对众将说："你们总是埋怨我不让你们攻城，如今，洛阳城墙很高，但兵力却十分薄弱，很容易攻克，这回你们可不要畏惧不前！"于是，前燕军队抵达洛阳城下以后，即展开了进攻。经过数日的进攻，三月，前燕军队终于攻克洛阳，东晋宁朔将军竺瑶逃往襄阳，东晋冠军将军长史、扬武将军沈劲被活捉。沈劲被带到慕容恪的面前，他面对大名鼎鼎的慕容恪毫无惧色，举动自若，慕容恪暗暗称奇，将要宽恕沈劲，这时，帐下的中军将军慕容虔说："沈劲虽然是位奇士，但观察他的态度，最终不会被我所用。今天如果赦免了他，以后必将成为我等之患。"慕容恪下令将沈劲诛杀。慕容恪占领洛阳之后，分军西上略地，一直占领了崤山（今河南省洛宁县西北六十里，西接河南省陕县，东连渑池县）和渑池一带，前秦天王苻坚亲自率军东出陕城（今河南省陕县）防守。

此时的慕容恪并无转兵西上关中的打算，他此举除了增加洛阳的战略纵深，另一个目的不过是恐吓一下前秦而已。顺利达到目的以后，慕容恪任命左中郎将慕容筑为洛州刺史，镇守金墉城；任命吴王慕容垂为都督荆州、扬州、洛州、徐州、兖州、豫州、雍州、益州、凉州、秦州十州诸军事，征南大将军，荆州牧，领兵一万，镇守鲁阳。然后，慕容恪凯旋而归，回到邺城之后，他从容对慕容晞说："前平广固，我不能让辟闾蔚生还，今定洛阳而又杀了沈劲，实在是有愧于四海。"

沈劲被杀的消息传来，东晋政府追赠其为东阳太守。后来，他的儿子沈赤黔官至大长秋，孙子沈叔任，在义熙中为益州刺史。沈劲的父亲沈充因为党附王敦谋反，与王敦一起被视为乱臣贼子，而沈劲却被收入《晋书·忠义传》中，他最终以死洗刷了家族的耻辱。

我们会问，东晋朝廷为何没有北上救援洛阳？

答案是：忙着内讧。

去年四月，前燕夺取许昌之后，前燕部队即从淮河北岸撤走，外患稍稍消除，桓温就想继续他的夺权之路。五月，东晋朝廷将扬州刺史王述提拔为尚书令，而将桓温任命为扬州牧、录尚书事，这一次，司马昱彻底屈服，将扬州也让给了桓温，在这种情况下，东晋朝廷两次征召其入朝参政，八月，桓温抵达赭圻（今安徽省芜湖市繁昌县）。然而，桓温与东晋中央之间的嫌隙怎能片刻消融？桓温担心入京以后被害，所以，他率领大军一起前往，而桓温领军南下，又让整个东晋政府尤其是司徒司马昱十分担心，他赶忙派出前桓温幕僚、尚书车灌前去制止，于是，桓温就地安营扎寨，驻在了赭圻。为了理顺关系，桓温让出了录尚书事的头衔，仅仅接受了扬州牧的任命，也就是说，内政之权桓温暂时还没有要，仅仅接受了地方实权。

据《元和郡县图志》的记载，桓温下镇赭圻半年之后，赭圻发生了火灾，于是，桓温又移驻建康近郊的姑熟（今安徽省当涂县）。到年底的时候，陈祐撤守洛阳的消息传到了建康，东晋司徒司马昱急于与桓温就协防洛阳进行商议，第二年二月，双方在洌洲（今安徽省当涂县长江中的小岛）举行会议，决定北伐事宜。这次洌洲会议的具体内容我们无从得知，但是内容应该十分重大，大约是就桓温全面接收豫州、徐州军队以及安排荆州、江州刺史进行讨价还价，甚至还包括北伐后勤支援等问题做一个全面的协商。也就是在洌洲会议前后，桓温的三弟、右将军桓豁被朝廷任命为监荆州、扬州之义城、雍州之京兆诸军事，领南蛮校尉，兼荆州刺史；加封桓温五弟、江州刺史桓冲监江州，荆州之江夏、随郡，豫州之汝南、西阳、新蔡、颍川六郡诸军事，南中郎将，江州刺史，领南蛮校尉，两人均假节，朝廷为使桓温出兵，做出了很大的让步。

然而，不幸的是：洌洲会议之后，重病将近一年、在位三年有余的晋哀帝一命呜呼，国遭大丧，解救洛阳的计划也就此搁置，洛阳也在晋哀帝司马丕去世不久就陷落了。

二〇八　道安南下

在洛阳陷落前后，东晋一代另外一位名僧释道安就率众南下了。

道安和尚，本姓卫，是常山扶柳县人（今河北省衡水市冀州区西南六十里）。他出生于西晋永嘉六年（公元312年），去世于东晋孝武帝太元十年（公元385年），享年七十四岁。道安七岁的时候，父母双亡，被外兄孔氏收养，开始读书，这一年司马睿建立东晋；十二岁出家为僧，（《名僧传抄》称其十八岁出家）由于他长相又黑又丑，所以不被师父重视，将其打发到田里劳动；数年之后，道安请求师父授予经书，师父随意给他一本五千多字的《辩意经》，道安在田间看了一天，晚上的时候，去师父那里退还经书，师父十分惊异说："早上刚给你一本，现在就要看其他的吗？"道安回答："这本我已经全部会背了。"师父于是又给他一本一万多字的《成具光明经》，道安阅读了一天，凭借着惊人的记忆力又全部会背了，晚上的时候又去师父那里还书，这次师父把书本拿来测试，道安果然一字不差地背诵下来，自此，师父大为惊讶，授予道安具足戒，并准许他外出游学；后来，道安游学到邺城，并拜佛图澄为师，并一直追随佛图澄，直至他去世，其间，道安经常代替佛图澄解答问题，并赢得了"漆和尚，惊四邻"的美誉。

道安在邺城十余年，佛图澄去世之后，他来到山西省临汾市境内躲避兵灾，不久，又北上雁门郡的飞龙山（今河北省涿鹿县境），在飞龙山他与僧光讨论"格义"问题。佛教刚刚传入的时候，为了便于理解，僧人们将佛经术语与中国哲学术语相类比，虽然"格义"的方法便于国人理解佛教教义，但是却无法准确传达佛教的真实内涵，因此，道安此时已经抛弃了这种方法。

永和十年（公元354年），四十三岁的道安在恒山传教，名声很大，这一年桓温第一次北伐前秦，也就是在这一年，道安收慧远为徒。此后，山西"天灾旱蝗，盗贼纵横"，道安带着弟子们南下王屋女林山，不久又渡过黄河暂居于陆浑县（今河南省嵩县境内）。

晋哀帝兴宁三年（公元365年）四月五日，当前燕军队开始进攻河南之时，襄阳的习凿齿给时年五十三岁的道安写信，劝其带领众弟子南下襄阳弘扬佛法。道安再次带领弟子南下，来到了河南省南阳市新野县。在这里，道安命令法汰带领昙一、昙二等四十多个弟子前往扬州，命令法和去四川弘法，而自己则带领慧能等四百多弟子前往襄阳。也就是在这一年，中国著名的田园诗人陶渊明诞生了。

佛教传入中国以后，在很长一段时间内被看作与道术没有多少差别，而当时的传教者也多以幻术、术数等吸引民众，佛图澄即是如此。虽然这种手段可以让基层民众甚至石勒、石虎等君王，对佛教的法力深信不疑，但此类方术的最大弱点，就是不能取信于士大夫文人阶层，也限制了佛教的进一步发展。而道安大师则顺应了社会上盛行的玄学风气，不以幻术吸引人的眼球，而是大力研究和宣传大乘佛教的般若学说，在襄阳十五年左右的时间里，他每年都要讲《放光经》两遍，《高僧传》说“四方之士，竞往师之”。晋荆州刺史桓豁、朱序等人对道安都十分敬重，郗超也曾经给道安送来一千斛米，“修书累纸，深致殷勤”。听说道安来到襄阳以后，习凿齿前往求见，见面之后，习凿齿说：“四海习凿齿。”道安回答：“弥天释道安。”当时被称为名对。后来，习凿齿给谢安写信说：“来此见释道安，故是远胜，非常道士，师徒数百，斋讲不倦。无变化技术可以惑常人之耳目，无重威大势可以整群小之参差，而师徒肃肃，自相尊敬，洋洋济济，乃是我由来所未见。”（见《高僧传》卷五）

道安大师以严谨的治学态度，对传入中国的佛经进行整理，开创了纯正的佛学研究方法，创立了中国佛教“六家七宗”中的本无学派，并使之成为魏晋时期最有影响的一个学派，他是禅学和般若学两大思想体系的集大成者，成为佛教中国化的第一个里程碑。

道安十分注重扩大佛教影响，他所建立的僧团有数百人，他通过“分张徒众”，使得佛教影响从黄河流域扩大到长江流域。他还制定了寺院僧尼戒规，创设了寺院修行、吃住、说法、集会等方面的戒律，成为中国寺院规则的先行者。在魏晋初期，和尚多以各自师父的姓为姓，而道安则认为“大师之本，莫尊释迦”，因此，改姓释氏，道安的这一说法得到了全体僧众的认可，并一直沿用至今，这种统一僧众姓氏的做法，强化了僧众之间的心理认同，在僧众之间起到了“四海之内皆兄弟”的效果，对于佛教的发展起到了很重要的作用。

道安在中国佛教发展史的另一个重大贡献就是对佛教经典的整理，当时，佛教的各类经典杂乱无章，他将东汉灵帝到东晋孝武帝近两百年的汉地所有佛经，全部加以收集整理，于东晋孝武帝宁康二年（公元374年）编纂成一部完备的佛经目录——《综理众经目录》，确定年代、注明译者、辨别真伪、简评优劣、开创体例，成为后世佛教目录学发展的奠基之作。除此之外，道安还致力于佛经的翻译工作，他主持翻译的佛经约有十四部一百八十三卷，并注释佛经二十多卷。在翻译佛经的过程中，他提出了“五失本”“三不易”的译经思想。“五失本”是指五种改变或失去原经本来表达方式的情形，主要是指：一是梵文的词序是颠倒的，译时要改从汉语语法，容易丧失原意；二是梵经质朴，而汉文喜欢华美，译文进行修饰，容易丧失原意；三是梵经中同一意义，往往反复再三，译时不得不加以删削，因此，与原文不同；四是梵经于结尾处，要作一小结，将前文复述一遍，译时也得删除，而与原文不同；五是梵经中话已告一段落，将要另谈别事时，又把前话简述一遍，然后再开始下文，译时删除，造成与原文不同。“三不易”是指三种使译者很难表达佛经原意的情形，即一是圣人按照过去的习俗说法，而时代不同，翻译者要准确表达圣人原意很不容易；二是圣人与普通人智商相差很多，将千年之前圣人的微言大义让普通人体会，很不容易；三是佛祖释迦牟尼之后，迦叶主持第一次结集，阿难诵出佛经，五百罗汉审定，尚且小心谨慎，今天从事翻译的人要以自己的领会转达佛意，十分不易。道安主张直译，但也允许在特殊的情况下，进行一定的修饰。他总结的这一译经原则，对后世的佛典汉译产生了深远的影响，成为后来译者所共同遵守的译经准则。

道安在当时的声望很高，后来，到了晋孝武帝太元四年（公元379年），前秦军队攻陷襄阳，道安、习凿齿与襄阳守将朱序一起被前秦所获。由于习凿齿是个跛足，因此，苻坚给尚书仆射权翼说：“我以十万之众攻取洛阳，结果只得到一个半人。”权翼问是谁，苻坚回答：“安公一人，习凿齿半人也。”苻坚还对各个方面大员发布正式通告说：“过去西晋灭吴，在于得到了陆机、陆云二人；今日攻破汉水之南，才得到一个半士人而已。”一天，苻坚出游，让道安与他同坐一车，权翼劝谏，以为道安是“毁形贱士”，不能与天子同车。苻坚很恼火，他说：“朕与道安同车，不是道安的荣耀，而是我这个做皇帝的荣耀。”并命令权翼亲自搀扶道安上车。

道安在孝武帝太元十年（公元385年），也就是淝水之战之后、前秦政权瓦解之际去世。早在襄阳陷落以后，道安的弟子慧远带领部分徒众南下庐山。道安去世之后，慧远创立了净土宗，对于佛教的中国化做出了重要的贡献。

二〇九　梁州之变

晋哀帝司马丕去世的时候，年仅二十五岁，没有子嗣，褚太后下诏以司马丕的弟弟司马奕承继大统，这就是东晋的晋废帝，史称海西公。司马丕去世前两个月，他的皇后王穆之已先他而去了，到司马奕继位后，于兴宁三年三月壬申日，将两人一并安葬在安平陵，而洛阳，也仿佛是在为晋哀帝殉葬，四天之后就陷落了。七月，东晋朝廷改封司马昱为琅邪王，而以司马昱的儿子司马曜为会稽王，并册立庾冰之女庾道怜为皇后。

兴宁三年，当东晋朝廷进行一系列人事安排的时候，这一年的六月戊子日，使持节、都督益宁二州诸军事、镇西将军、益州刺史、建城公周抚也去世了。周抚自永和三年（公元347年）桓温灭蜀之后就一直镇守益州，至今已经十九年，如果再加上在灭蜀之前，他接替毌丘奥监巴东诸军事的十年左右，周氏在益州及其周边地区将近三十年，因此，周家在益州享有很高的威望。

东晋梁州刺史司马勋驻节汉中，由于汉中地区地域狭小，并且紧邻前秦，饱经战乱，司马勋本人能耐不大，在与前秦的数次较量中，均没有取胜，可此人野心却不小，对益州早有觊觎之心，常想占据蜀地自立为王，只是因为忌惮周抚而不敢动手。司马勋为政残暴，州内的治中别驾等高官以及州里的豪强，谈话的时候，稍不如意，司马勋在座上就命人斩杀或者亲自弯弓射杀，梁州人士都对其十分不满。桓温早就听说了司马勋的种种暴行，然而，国难当头，桓温只有隐忍不发，一直以来对司马勋采取安抚策略，还将他的儿子司马康任命为汉中太守。

但司马勋夺取益州的计划已经成形，再无回头。当他听说周抚去世的消息以后，十一月即率兵攻入剑门关。梁州别驾雍端、西戎司马隗粹一起劝谏，司马勋将二人双双诛杀，于是，他自称为梁益二州牧、成都王。

司马勋进入剑门之后，立即发起了对涪城（今四川省三台县境）的进攻。东晋涪城守将毌丘暐无力抵抗，弃城而逃。十一月十五日，司马勋的部队就将成都城内的周楚包围了起来。周楚，字元孙，是周抚的儿子、周访的孙子。他随父亲周抚入蜀，被拜为鹰扬将军、犍为（今四川省眉山市彭山区东十里）太守。其父周抚死后，东晋朝廷以周楚为监梁州、益州诸军事，假节。

得知司马勋叛乱的消息，大司马桓温立即命令鹰扬将军、江夏相朱序为征讨都督，率军西上解救周楚。朱序，字次伦，其父朱焘，以才干被拜为西蛮校尉、益州刺史，朱序本人也是一员战将，不过，他最闪光的时候，还是在八年后的淝水之战中的表现，此时暂时不提。

朱序的援军西上以后，成都的局势开始朝有利于政府军的方向转化。与此同时，荆州刺史桓豁派遣都护桓罴进攻汉中，直插司马勋的老巢。桓罴其人身世不详，在王敦第一次叛乱的时候，即永昌元年（公元 322 年），桓罴曾是王敦的参军，被派往湘州说服谯王司马承未果，但是，如今已经时隔四十五年，可能并非同一人。桓罴率军进入汉中以后，魏兴人毕钦举兵响应桓罴。

到第二年，即海西公太和元年（公元 366 年）五月，在里应外合下，周楚、朱序合力进击司马勋，并将叛军击破，朱序生擒司马勋以及司马勋的儿子司马陇子、长史梁惮、司马金壹等人，一并将他们送交桓温，桓温命令全部斩杀，将头颅送到建康示众。

自此，持续半年多的司马勋之乱被平定。朱序因功被拜为征虏将军、封襄平子爵；周楚则进号为冠军将军。

东晋朝廷虽然平定了司马勋的叛乱，但是，这次内乱与东晋晋哀帝驾崩以及洛阳的沦陷一起，对接下来整个局势的影响却十分巨大。太和元年七月，就在东晋刚刚讨平司马勋之后，前秦天王苻坚即命令辅国将军王猛、前将军杨安、扬武将军姚苌等人，率领两万军队越过武关南下，进攻东晋荆州北部边境的南乡郡（今河南省南阳市淅川县）；八月，东晋荆州刺史桓豁率军北上，驻军新野。前秦军队将汉水以北的居民掳掠了一万多户而去。到这一年的十二月，东晋南阳都护赵弘、赵亿等人又发动叛乱，将南阳太守桓澹赶跑，以南阳城投降了前燕，桓澹逃往新野。前燕慕容恪命令驻守鲁阳的南中郎将赵盘率军进驻南阳，前燕势力第一次深入到了南阳盆地。于是，东晋与前燕围绕着南阳的归属，展开了激烈的争斗：有了南阳作为依托，前燕军队就可以轻松地南下襄阳，所以，到了太和二年四月，前燕慕容尘亲率军队南下，攻击襄阳以南的竟陵，东晋竟陵太守罗崇击退了慕容尘；在这种情况下，东晋荆州刺史桓豁要想确保荆州的安全，就必须夺回南阳，一个月后，桓豁与罗崇合力一举攻下南阳，东晋降将赵亿仓皇北逃，前燕将领赵盘则往原驻地鲁阳撤退，东晋军队跟踪追击，在南阳北部的稚城（今河南省南阳市南召县东南），追上了败退中的赵盘，将其活捉；然后，桓豁在南阳留下守军而还。

东晋朝廷接二连三发生的变故，让桓温真的产生了觊觎之心。

《资治通鉴》在这一阶段写及桓温的时候，称呼他为“大司马温”，只称官位和名，而不称姓，胡三省注曰，（他与东晋中央之间）“坚冰至矣”。不过，桓温内心的斗争当然也是十分激烈的。有些时候，他躺在床上对着幕僚说：“像这样一直默默无闻，将被文帝、景帝所笑！”说完，突然站起身来，说：“既然做不到流芳百世，难道就不能遗臭万年吗？”当时，有一个远方来到姑熟的尼姑，身怀道术，尼姑洗澡的时候，桓温偷窥，他看到尼姑赤裸身子，先用刀将肚子切开，然后，又自行砍断了双脚。桓温看后，心里很厌恶，等尼姑洗完澡，桓温问及此事，尼姑说：“你如果想当天子，结果也是如此。”桓温曾经过王敦墓，他遥望坟墓，说：“真是个可意人儿！真是个可意人儿！”据《晋书》记载，王敦是在芜湖的时候病死的，又据《芜湖县志》记载：“王敦墓，《图书集成·职方典》云，在县东北周村有大冢，父老传为敦墓，盖敦尝屯兵芜湖，病梦天降白犬啮之，俄卒葬于此。”因此，桓温历繁昌到当涂，看到王敦墓也是可能的。桓温此时已经卡住了建康的南门，几乎与当年王敦、庾亮如出一辙。不过，据《太平寰宇记》卷一百零三引《舆地记》的记载：“赭圻下流十许里有战鸟圻，孤立江中，本名孤圻山。昔桓温驻赭圻，恒惧掩袭。此圻宿鸟所栖，中霄鸣惊。温谓官军至，一时惊溃。既定，乃群鸟惊噪，故相传谓战鸟山。”在此驻守的桓温心里一定也很担心，而让他内心惶恐不安的就是京口的徐兖军和此时在寿阳、合肥的豫州军。

二一〇 安定关中（一）

升平四年投降前秦的不仅仅是匈奴刘卫辰部，到了这一年的十月，乌桓的独孤部和鲜卑的莫奕干部（《晋书·赫连勃勃载记》记作：“莫奕于”）各自率领数万部众也都投降了前秦。苻坚第一时间想到的是像对待刘卫辰那样，也将他们安置在长城以南的内地，不过，苻坚的弟弟、阳平公苻融却建议：“戎狄人面兽心，不知道仁义，他们如今投降，仅仅是因为贪图塞内肥沃的土地，并非是感念我们的宽厚；他们不敢进犯边境，也不是因为感恩，而是害怕我们强大的军队。如今将他们安置在塞内，与国民混居在一起，他们一旦侦察到了我内地的虚实，一定会成为大患，不如还是将他们迁徙到塞外为好。”苻坚听从了。

在处理好异族关系的同时，苻坚把注意力更多地关注在内政方面，他下令让各地地方官推荐孝悌、廉直、文学、政事突出的优秀人才，所推举的人选名不副实的，要严厉处罚推荐者；名实相符的，予以奖励。因此，没有官员敢于徇私舞弊，也没有人需要去行贿，王国境内根本不存在买官卖官的现象，即使是宗室近亲，如果没有才能，苻坚也坚决不用。当时的前秦政府官员称职，关中民风好转，田地开辟，仓库充实，盗贼绝迹。

苻坚登基才五年左右，正是由于他勤于政事，治国有术，前秦王国在乱世中迅速崛起，究其原因，办法其实很简单：那就是依法治国。他任用法家王猛，采取迅猛的手段将樊世等人诛杀，扫清了特权阶层脑袋里固有的特权思想，然后，以平等的办法选择各级治国理政的人才，有了这些人才，就保障了王国政府工作的高效运转，国家自然很快就奇迹般地出现了“太平盛世”的局面。而恰恰是有了这些合格的各级官吏，苻坚其实很轻松，他开始广修学堂，将郡县能够学通一经的学生，都充实到太学里，到了晋哀帝隆和元年，苻坚开始每月亲临太学，与博士们一起讨论儒家经典，亲自出题考试太学的学生，从这些学生中选拔出优秀人才，予以公开表彰，并授予官职——与此相反，数年前，东晋殷浩竟然以北伐缺乏资金为由，将太学关闭，从此，东晋中央在很长一段时间里不再设立太学。苻坚命令各个公国可以按照过去西晋的规定，设置国内的郎中令、中尉和大农，只有郎中令由中央任命，其他属官由公国自行延聘。结果，各个公国竞相延聘富商作为自己的属官，这与苻坚选拔任用真正有才能人士为官的理念，完全背道而驰，这些富商穿金戴银，车马仆从，与王侯相当。苻坚大怒，他下诏：对于选拔任用富商等不通经书、不懂治国的，严加惩处，并且，将公国属官的任命权全部收归中央；另外，前秦王国内，除了政府官员以外，所有的人（主要是为了限制富人）均不得享有乘坐车马的待遇；长安方圆一百里以内，从事工商业的、政府的下级吏员以及妇女们，均不得戴金银饰品，穿锦绣衣服，如果违反，一律斩首示众。苻坚的这一措施，除了中国轻商观念的影响，更主要的是，要树立政府官员的尊荣感，鼓励全国士子勤奋读书，参与到国家管理中来。

在苻坚和王猛、苻融等一班人的治理下，前秦王国出现了蒸蒸日上的景象，到晋穆帝升平五年（公元 361 年），苻坚已经继位五年，在这一年的九月，凤凰出现在皇宫东门的望楼之上，苻坚决定大赦境内，百官各升一级。由于担心一些作奸犯科之人利用大赦为非作歹，所以，政府何时进行大赦是严格保密的，这一次也是一样。在大赦前，苻坚与苻融、王猛三人在甘露堂内秘密商议，周围再无他人。苻坚亲自撰写赦文，王猛、苻融二人供应纸笔伺候。在符坚撰写赦文的时候，一只大苍蝇从窗外飞来，嗡嗡作响，在笔端盘旋，赶跑又来。一会儿，长安街巷中就传出谣言说，朝廷将要大赦，有关部门上报给苻坚。苻坚吃惊不小，对身边的王猛和苻融说：“深宫之中绝无偷听之人，此事怎么能泄露出去呢？”于是，严令有关部门彻查，调查的结果是，当时的长安市民都看到一个穿着黑衣服的小人，在闹市中大喊：“朝廷将要大赦。”不一会儿就不见了。苻坚叹息说：“是刚才的那只苍蝇吗？声音和形状不同寻常，我心里本来就很厌恶。谚语说过：‘若要人不知，除非己莫为。’声音再低，也会有人听见；事情未发生，也会有人能觉察，就是说的这个吧。”

这只是一个小小的插曲——也许这仅仅是苻坚威慑苻融、王猛二人的一个小伎俩罢了。

尽管苻坚治理下的前秦日趋强盛，但是，一些不尽如人意的事情，就如同那只黑苍蝇一样依然存在，这主要是指王国内的不稳定因素，具体而言，主要有三，那就是：一是五公问题；二是刘卫辰问题；三是秦州的李俨问题。

所谓的“五公”，就是指苻生的五个亲生兄弟。他们分别是淮南公苻幼、晋公苻柳、魏公苻廋、燕公苻武、汝南公苻腾。苻坚在发动政变之后，并没有将苻生一门兄弟诛杀，也没有将他们的兵权剥夺，而是依然委以重任，这当然也是氐族部众人数较少、苻坚欲消弭皇族内部矛盾的无奈之举。苻坚的父亲苻雄与苻生的父亲苻健，兄弟关系亲密，苻雄也为前秦政权的建立立下了汗马功劳，按照常理推测，苻坚兄弟与苻生兄弟之间的关系也十分融洽，据《晋书·苻坚载记附苻融传》的记载，苻坚的弟弟阳平公苻融在苻生生前，就深得苻生的爱赏，经常紧随苻生左右。苻法、苻坚兄弟二人诛杀苻生以后，王猛曾对苻坚说：“不去五公，终必为患。”但苻坚并没有采纳。之所以如此，他可能出于如下考虑：一是前秦王国建立不久，再经不起折腾。二是从史料上看，苻坚兄弟不多，苻坚继位时加封的兄弟只有长兄苻法、弟弟苻融、小弟苻双，而苻坚继位之时年仅二十岁，册封的儿子仅有四个，长庶子苻丕年仅四岁，太子苻宏才两岁。因此，苻坚还需要依靠堂兄弟们的支持。三是不牵连苻生的其他兄弟们，是为了造成一种影响，即：发动政变，诛杀苻生，只是被逼无奈的孤立事件，绝不会牵连到他人。

然而，到了晋哀帝兴宁二年（公元 364 年），苻坚的一系列改革措施无疑也触动了包括“五公”在内的旧贵族的利益，在这一年的七月，“五公”之一的汝南公苻腾率先谋反，被苻坚诛杀。苻腾谋反事件发生以后，苻坚依然控制着事态，没有进一步扩大化，因为，此时的前燕正企图进攻东晋的洛阳，而燕国占领洛阳之后居心叵测，前秦政权尚不敢有丝毫的懈怠。

二一一 安定关中（二）

值得庆幸的是，兴宁三年（公元365年）前燕占领洛阳之后，并没有立即发起对前秦的进攻。

然而，到了这一年的七月，原来投降前秦的匈奴左贤王刘卫辰，却联合右贤王曹毂在河套地区发动了叛乱，直接威胁到前秦北部的安全。

刘卫辰的反复无常，只能加速自己的失败。数年前，刘卫辰本来两属于前秦苻坚和代王拓跋什翼犍，在晋穆帝升平五年（公元361年）的时候，代王拓跋什翼犍还将自己的女儿嫁给了刘卫辰，然而，正如代王的慕容王妃所说的那样，刘卫辰天生奸猾狡诈，难以理喻。他先是因掳掠前秦居民，又送给苻坚做奴婢而受到苻坚的责备，因此，“专附于代”。三年之后，他又再次背叛代王，被代王拓跋什翼犍击破，此后，走投无路的他又投降了前秦。刘卫辰再次投降前秦数月之后，这次，又联络匈奴右贤王曹毂来进攻秦国的城池。

八月，匈奴右贤王曹毂率军两万，进攻长安北面的杏城（今陕西省黄陵县西南）以南郡县，军队屯于马兰山。马兰山，在陕西省白水县西北六十里，在这里居住的羌族因此被称为马兰羌，对此我们并不陌生，在西晋惠帝元康六年（公元296年）匈奴郝度元之乱中，马兰羌曾与卢水胡一起发动叛乱，也就是在这场叛乱中，西晋御史中丞、建威将军周处力战而死。

刘卫辰的这次叛乱，准备得很充分，他不仅联络了曹毂，而且还联络了索虏乌延等同时背叛苻坚。“索虏”的索，是指发辫，《宋书》有《索虏传》，专指拓跋部，称之为“索头虏”，这里大约是拓跋别部，也有可能是杂胡。

此时，叛军已经进抵今陕西省铜川市、白水县一线，这里是黄土高原与渭河平原的接合部，如果叛军拿下杏城等地，长安北部将无险可守，形势十分严峻。

前秦天王苻坚决定前往讨伐，他命令卫大将军李威与左仆射王猛二人辅佐太子苻宏驻守长安，而他自己则亲率中外精锐部队，以前将军杨安、镇军将军毛盛等人为前锋都督，北上迎战。八月，匈奴右贤王曹毂命令弟弟曹活率军接战，双方在同官川［《长安志》：同官川水在同官县（即今铜川市）北五十里，自宜君县界来。今同官川出铜官县东北］展开了一场你死我活的激战。

前秦前将军杨安率领前秦军队在此战中大破匈奴部队，临阵斩杀了曹活，斩杀匈奴士兵四千多人，曹毂恐惧投降，苻坚将匈奴右贤王部落中的六千多户豪强全部迁到长安城内。收降曹毂之后，前秦军队继续扩大战果，进击乌延部，又将乌延斩杀，然后，前秦猛将、建节将军邓羌率众继续北进，前往讨伐刘卫辰，并在木根山（今内蒙古自治区境河套内鄂尔多斯界，胡三省注：大木根山，在云中河之西）将刘卫辰活捉。

九月，前秦天王苻坚从骢马城（今陕西省米脂县东北）出发，向西北进入朔方郡，安抚当地的各族民众。东汉时期在河套地区共设置了五郡，分别为朔方郡、五原郡、云中郡、河西郡和上郡，朔方郡在今内蒙古自治区鄂尔多斯杭锦旗南部、鄂托克前旗一带，五原郡在今内蒙古自治区达拉特旗和准格尔旗的北部一带，云中郡在今内蒙古自治区准格尔旗东北部地区，河西郡在今内蒙古自治区东胜市、伊金霍洛旗和准格尔旗西南部一带，上郡在今内蒙古自治区伊金霍洛旗南部和乌审旗一带。苻坚分封曹毂为雁门公，刘卫辰为夏阳公，仍旧让他们分别统领各自的部众。此次苻坚北巡，还向拓跋部派出使者，代王拓跋什翼犍于第二年四月，派出左长史燕凤前往长安朝贡。到了第二年，曹毂去世，苻坚将匈奴右贤王的部落一分为二，贰城（今地不详）以西的两万部落封其长子曹玺为骆川侯；贰城以东的两万多户部落归其幼子曹寅，封其为力川侯，因此，号称为东、西两曹。

就在苻坚率领全部精锐部队前去安抚朔方郡的时候，到了这一年的十月，征北将军、淮南公、苻生的另外一个弟弟苻幼，率领杏城之众乘虚南下进攻长安，驻守长安的卫大将军李威率军迎击，将苻幼斩杀。此时，正是东晋梁州刺史司马勋密谋进攻益州之时。

苻坚一举安定了北部地区，然而，西部地区却又生出了麻烦。

本来，在晋哀帝兴宁元年（公元 363 年），十八岁的张天锡诛杀了自己的侄儿张玄靓自立为凉州牧后，对前秦称臣，第二年六月，他被前秦天王苻坚封为大将军、凉州牧、西平公。但是，在张天锡自立之后，也同时将东晋的使者俞归放回了建康，请求东晋朝廷授予自己官爵。由于路途遥远，到了海西公太和元年（公元366年）二月，张天锡才收到东晋任命其为大将军、大都督、都督陇右关中诸军事、护羌校尉、凉州刺史、西平公的诏书，同年十月，张天锡派出使者到前秦边境，表示与前秦绝交。与张天锡此举相配合，割据秦州的李俨，原来也曾以秦州归顺前秦，此时也背叛前秦，投靠了张天锡。一时之间，陇右地区全部从前秦的势力范围内分割出去。更有甚者，张天锡和李俨的这一投降东晋的行为，立即引发了连锁反应，到了这一年的十二月，略阳（今甘肃省秦安县）羌族人敛岐率领四千多家羌族部众，向李俨称臣。李俨开始在秦州分别委派郡守、县令，并与西面的张天锡和东面的前秦同时绝交。

李俨自晋穆帝永和十一年（公元355年）即盘踞秦州，至今已经十二年之久，在这十余年里，李俨势力并没有得到很大发展，而且，我们从其与东西两面同时绝交这一点来看，此人并不高明，李俨这一疯狂的举动，立即招来了毁灭性的打击。

海西公太和二年（公元367年）二月，前秦辅国将军王猛、陇西太守姜衡、南安太守邵羌、扬武将军姚苌等率领一万七千部众，西上讨伐敛岐。紧接着，到了三月，凉州刺史张天锡也同时发起了对李俨的进攻，他以别驾杨遹为监前锋军事、前将军，向金城推进（今甘肃省兰州市），以晋兴相常据为使持节、征东将军，兵向左南（今青海省民和县境黄河北岸），命令游击将军张统率军向白土（今青海省化隆县境）挺进，张天锡本人则亲率三万大军进驻苍松（今甘肃古浪县西），作为诸军的后援。

二一二　智取秦州

先说秦州东部的战局。

略阳敛岐的羌族部众过去都是姚苌父亲姚弋仲的手下，此次听说姚苌亲来，纷纷投降秦军，王猛没有费多大力气，就攻克了略阳，敛岐逃往白马（今甘肃省成县），大约去依附了仇池清水氐族杨氏了吧。讨平略阳敛岐之后，苻坚任命姚苌为陇东太守，镇抚秦州东部地区，治所在陕西省陇县。

与此同时，西线的张天锡所部也渡过黄河，顺利地攻下了李俨的大夏（今甘肃省临夏县东南）和武始（晋狄道郡，今甘肃省临洮县）两郡，常据在葵谷（今甘肃省永靖县）击败了李俨的主力军队，张天锡率部推进到左南。

李俨恐惧，退守枹罕（今甘肃省临夏县西南），并派遣自己的侄儿李纯东去前秦谢罪，并请求救兵。此时，王猛刚刚平定略阳，苻坚增派前将军杨安、建威将军王抚率领两万骑兵，会合王猛的军队，一起西上解救李俨。王猛分出一部军队给南安太守邵羌，命其向南追击敛岐，另外，命令建威将军王抚驻守侯和（今地不详），陇西太守姜衡驻守白石（甘肃省清水县有白石城，甘肃省临夏县西有白石县，据上下文大约是指清水县的白石城），王猛与杨安则率军前去解救枹罕。

张天锡命令前将军杨遹前往迎战，双方军队在枹罕东面展开了一场大战，王猛大破西凉军队，斩首一万七千级（《晋书·苻坚载记》称：此战“猛不利”。不知何者为是），于是，前秦军队遂与西凉军队相持于枹罕城下。

前秦军队经过连续作战，又前来与张天锡对垒，如果再与张天锡决战，王猛并无必胜的把握，劳师远征，旷日持久，粮草不济，前秦军队后果不堪设想。所以，王猛给张天锡写信称：“我受诏前来解救李俨，并没有命令我与凉州交战，因此，今天将深挖壕沟，等待天王接下来的指示。不过，旷日持久，我想我们两家都捞不到好处，不是个好办法。如果将军撤退的话，我也将李俨抓获，率军东下，而将军你则掳掠臣民西去，这不是很好嘛！”

张天锡得信后说：“王猛说的就是这样，我本来是讨伐叛贼，也不想与前秦交战。”于是，率军西去。

其实，王猛的信是有疑问的。首先，王猛说我是来解救李俨的，而没有让我与西凉军交战，这话本来就不成立。王猛明知张天锡进攻李俨，你是来救李俨的，怎能不与西凉交战？还要等待接下来的命令？其次，王猛在预设了一个根本不成立的前提之后，又对张天锡说自己要深沟高垒，旷日持久，这其实正是王猛本人害怕的结果，而他这样说出来，正应了兵法中所说的“能而示之不能，不能而视之能”的故技；最后，既然你要来解救李俨，为何最后又说要将李俨抓获带走呢？那李俨的故地究竟由谁占领呢？王猛并没有道明。

此时，如果张天锡足够聪明，就应当将王猛的书信射入枹罕城内，李俨得信之后，一定会转投张天锡，张天锡将不战而瓦解李俨与前秦的联盟，两家里应外合，王猛必败无疑；即使李俨不转投张天锡，那么，张天锡撤回之后，李俨也不会轻易被王猛擒获——毕竟，对张天锡而言，在家门口留下一个较弱小的李俨总比有一个强大的前秦要好。

然而，二十二岁的张天锡还不是四十四岁的王猛的对手，他竟然听信了王猛的一派胡言，寸土未得，卷旗撤军了。

看着张天锡北去之后，王猛肯定笑了。然而，枹罕的城门却并未对其打开。

枹罕城内的李俨部将贺肫对李俨建议说：“大人神武，将士骁勇，为何要听命于人？王猛孤军远来，士卒疲惫，并且，因我请求他救援，如果趁着他懈怠，出城偷袭，一定能够成功。”而李俨却说：“求救于人来免除灾难，灾难过去，又反过来攻击人家，天下人将如何看待我！不如固守城池，王猛自会撤退。”

可是，王猛却并没有撤退，而是请求与李俨相见。

李俨不好拒绝，只好同意，当然，王猛给李俨说自己仅仅带数十个随从入城。

到了见面的这一天，王猛并未食言，只见他穿着白色的平民衣服，坐着软轿，身边真的只带着数十个随从，于是，李俨打开了枹罕的城门。

就在王猛及其随从慢慢腾腾入城的时候，意想不到的事情发生了。前秦营中的大队人马飞也似的从营中冲出，顺势涌入城中，李俨毫无准备，瞬间被控制住，而李俨的士兵见到主将被俘，也都放下了武器。

王猛在自身十分危急的情况下，以智谋转危为安，数日之间，就将两个大敌，一个俘获，另一个骗退；在王猛取得战果的同时，略阳的敛岐也被前秦南安太守邵羌抓获，送到了长安。

兵不厌诈。

这世界上没有永远的朋友，只有永远的利益。李俨所为既不想投降前秦，又不愿消灭王猛，仅仅关闭城门，无疑是鸵鸟之举。更有甚者，当王猛拿下李俨之后，责备其为何迟迟不开城门，李俨竟然委过于人，将贺肫的建议说给了王猛。

王猛绝非宽厚之人，当他听到贺肫的建议之后，不是将贺肫引为军中谋士，而是将其斩首。

王猛占领枹罕之后，苻坚任命立忠将军彭越为平西将军、凉州刺史，镇守枹罕，前秦势力至此完全占有秦州，推进到了陇西，隔黄河与凉州的张天锡对峙。李俨为自己的无能找到了一个替死鬼，他被送到长安以后，苻坚任命他为光禄勋，赐爵归安侯。唯一让我们遗憾的是：如果张天锡和李俨任何一方不掉入王猛的圈套之中的话，枹罕之战也许会成为王猛的噩梦，即使双方僵持下去，也许还会出现变数。

二一三　太宰之死

太和元年（公元366年）以来，前燕自从前一年占领了洛阳以后，就一直对东晋政权保持着进攻的态势。

太和元年，前燕抚军将军下邳王慕容历率军进攻东晋的兖州地区，他先围困梁父（当为梁父山，在今山东省泰安市南一百一十里、新泰市西四十里），切断山涧之水，东晋泰山太守诸葛攸被迫逃往邹山（今山东省邹县东南二十里，本名峄山，亦曰邾峄山），燕军相继攻下了高平（今山东省巨野县）、鲁（今山东省曲阜市）等山东西南部好几个郡县，并在此设置郡县守令，然后北还。西线，我们说过，南阳都护赵亿也投降了前燕。此时，东晋的徐州、兖州刺史正是庾冰的长子庾希。虽然庾希的姐妹、海西公皇后庾道怜于丈夫刚刚登基数月之后，就于太和元年五月去世了，但庾希兄弟作为皇帝的戚族，依然成为桓温夺取最高统治权的障碍，庾希本人身为徐州、兖州刺史，掌握着来自京口的精锐部队，这支部队长期以来就一直是保持东晋朝局平衡的有力力量，在荆、扬之争中始终站在中央一边；另外，庾希的四弟庾蕴为广州刺史，与哥哥一样假节；三弟庾友为东阳太守；五弟庾倩为太宰司马昱长史；六弟庾邈为会稽王司马昱参军；七弟庾柔为散骑常侍。只有二弟庾袭，也许是因为曾经借过公家的十匹绢，而被父亲庾冰杖责，因此禄位不至。从庾氏兄弟的官职上，我们就可以看出庾氏与司马昱之间的关系，因此，要想让司马昱俯首帖耳，就必须将庾氏家族打压下去。于是，桓温开始借高平和鲁郡失守大做文章，朝廷被迫将庾希免职。

庾冰在世的时候，郭璞曾经给庾冰占卜后说："子孙必有大祸。只有用三阳才能留下后代。"这句预言在庾氏家族中人人皆知，因此，庾希接任徐州刺史之后，就请求将治所转移到山阳（今江苏省淮安市），以弟弟庾友为东阳太守，并将家安置在了暨阳（今江苏省江阴市东），凑够了三阳之数，然而，此时他又被免官，三阳中少了一阳。为防不测，庾希在免官之时，将北中郎将军用仓库（北府）中的大量军用物资盗取出来。免官之后，朝廷又很快任命其为护军将军，但庾希对于自己被免职一直耿耿于怀，坚决推辞；就在庾希推辞的过程中，桓温再次暗示有关部门弹劾庾希盗取军用物资的行为，朝廷以庾希犯罪而彻底将其罢免不用，庾希就住在了暨阳。不过，庾氏家族不仅在暨阳有府邸，而且在京口也有府邸，因此，在京口地区仍然有很大的势力，一时之间难以铲除干净，于是，大司马桓温想到了在京口一带更具影响力的郗氏家族，太和二年（公元 367 年）九月，东晋朝廷以郗鉴长子郗愔为都督徐州、兖州、青州、幽州、扬州之晋陵诸军事，徐州、兖州二州刺史，镇守京口——毕竟，郗愔一向以“冲退”著称，暂时能够让桓温放心。

就在前燕对东晋保持攻势的时候，前燕太宰慕容恪却走到了他生命的尽头。慕容恪为将，从来不以威严压服他人，只以恩德和信义笼络将士之心，治军抓大放小，从来不苛察部队的细节来劳累士兵们。军士有犯法的，慕容恪总是偷偷将其释放，而将罪犯或者俘虏斩首，来号令三军。军营之内管理十分松散，似乎容易被敌人偷袭，但实际上却戒备森严，敌人难以近前。慕容恪的治军类似汉飞将军李广，散而不乱，终无丧败。

太和二年四月，也就是王猛智取秦州之时，慕容恪病重，他感到燕主慕容暐年纪尚轻，而太傅慕容评却是个小心眼，担心大司马这一职务没有合适的人选，于是，他将慕容暐的哥哥乐安王慕容臧叫来，对他嘱咐道：“如今，南方还有残留的东晋，西边有强盛的秦国，两个国家一直以来怀有攻击我国的计划，只是我们没有给他们机会罢了。国家的兴盛衰败，关键在政府首脑。大司马是全国军队的总司令，不可以所用不得其人，我死之后，按照亲疏关系，这一职务将会落到你或者你弟弟慕容冲的身上。然而，你们两个虽然才能足以担当此任，但毕竟年轻，没有经历过磨难。吴王慕容垂天生英杰，智慧才略超过世人，你们如果能将大司马一职让给吴王，一定能够统一天下，更不用说抵御外来入侵了。千万不要贪图利益，而忘记了危害，不将国家的利益放在首位啊！”同时，又将这些话谆谆告诫慕容评。临终之时，燕主慕容暐亲自到慕容恪的府上询问后事，慕容恪说：“臣听说报恩再没有比推荐国士更重要的了。过去，即使是奴隶尚能被任命为宰相，更何况是国家的近亲呢！吴王文武双全，是管仲、萧何一类的人才，陛下如果能够委任于他，国家就会平安。不然，臣下恐怕两国将会觊觎我国！”说完这句话，一代雄杰慕容恪就去世了。慕容恪的去世，对前燕的影响是巨大的。

听到慕容恪去世的消息，不仅秦王苻坚顿生伐燕之心，而且代王拓跋什翼犍的腰板也陡然硬了起来。长期以来，前燕一直采取以战养战的政策，多次出兵塞北，掳掠敕勒部众和马匹，以保持军用战马对东晋的优势。就在庾希被免官后，太和二年二月，前燕抚军将军下邳王慕容历、镇北将军宜都王慕容桓还偷袭敕勒，到了七月，慕容历等又一次穿越代王统治区，击破敕勒，俘获马牛数万头。长期以来，代王拓跋什翼犍也将敕勒等塞北各族，作为自己可以随意掠夺的财富来源，因此，前燕帝国对敕勒的攻击，直接与代王的利益发生了激烈的冲突，在晋哀帝兴宁二年十月，代王拓跋什翼犍也曾趁着敕勒躲避严冬南下，而大破敕勒，俘获一万多人口，俘获马牛羊一百多万头；第二年十一月，代王又讨伐没歌部，获牛马羊数百万头。前燕和代国如同一块草原上的两个猎手，势必会为争夺猎物发生冲突，而如今慕容恪已经死去，代王就借口前燕军队经过代地的时候，践踏了代国的庄稼，于太和二年八月，率军南下进攻云中（今内蒙古自治区托克托县），此时的云中守军是前燕平北将军、武强公慕容埿和振威将军慕容贺辛率领的幽州兵，在代国军队的猛烈攻击下，前燕慕容埿弃城而逃，慕容贺辛战死。

代王拓跋什翼犍占领云中之后，又计划着讨伐隔河相望的匈奴刘卫辰部。我们知道，刘卫辰是代王的女婿，但由于在两年前，秦王苻坚将其活捉于木根山之后，他又投靠了前秦。太和二年（公元367年）十月，代王正式讨伐刘卫辰，当时，黄河虽然结冰，但河面并没有完全合拢，代国军队无法渡过黄河。拓跋什翼犍命人用苇草编成粗大的绳索放到河面上，缠绕流动的巨大冰块，不一会儿，河冰就粘连在一起了，但还不很坚固。代王又命人将苇草撒在冰面上，冰与草又很快粘连起来了，霎时间，黄河之上形成了一座由冰草铸成的浮桥，于是，代国军队顺利地通过了黄河，进入河套地区。铁弗部刘卫辰没有料到代军竟然通过了黄河天险，因此毫无思想准备，在代军的打击下，他只好与亲近宗族狼狈往西逃窜，代王拓跋什翼犍将其部落大部俘获，得胜而归。刘卫辰又从朔方逃回长安，苻坚派兵又将其送回，并留下部队戍守在那里。

二一四 平定内乱（一）

太和二年的前半年，对于秦王苻坚来说，十分顺利。

王猛智取秦州，让前秦王国一下子辟地千里，紧接着，前燕太宰慕容恪去世，这也让秦王苻坚顿生进攻燕国之心。然而，事情总让人大喜大悲。毫无征兆的，代王拓跋什翼犍就渡过了黄河，几乎全歼了刘卫辰。而这还仅仅是个开始，因为，很快地，苻坚将面临他登基以来最大的一次生死考验。

这次生死考验还是来自王国内部的“五公”。

我们知道，苻生的弟弟“五公”中的汝南公苻腾、淮南公苻幼分别于晋哀帝兴宁二年（公元364年）七月和晋哀帝兴宁三年（公元365年）九月谋反被诛杀，两人为何要谋反，史书没有明确说明。但是，以王猛的性格和为人，他一旦要做的事情，即使是苻坚不同意，他也会设出种种计谋来达到目的（这从以后他对待慕容垂父子的作为上，我们就能够看得出来，现在暂且不提），而王猛在苻生被杀之后，就曾建议苻坚诛杀苻生的这些个兄弟，因此，我们推测，也许两人的谋反与王国最有权势的大臣王猛有关——只不过，慕容垂的遭遇因其本人后来成为后燕皇帝而不容史家忽略，而“五公”死了也就死了吧？

据说，淮南公苻幼在前年趁着苻坚北巡谋反的时候，征东大将军、并州牧苻柳以及苻坚的亲弟弟、征西大将军、秦州刺史、赵公苻双也参与到这场阴谋中。不过，提醒大家的是，当时留守在长安的有两个人：一个是李威，另外一个是王猛。李威是苻坚的表舅，又是苻坚母亲的情人，苻坚以对待父亲的礼仪对待李威，而李威与王猛关系甚好，王猛将李威看作自己的兄长。然而，此时的史书上却仅仅提到卫大将军李威讨平了苻幼，仿佛同在长安城内的王猛却置身事外，那么，王猛此时又做了些什么呢？这种刻意的模糊，反而让人感到了他的幽灵般的无处不在。而苻柳、苻双与苻幼同谋之说，又来自何方呢？苻幼已死，死无对证，极有可能是李威和王猛二人将苻幼激变之后，企图将苻生的兄弟们一网打尽所作的诬陷之词，同时，李威和王猛还没有忘记一箭双雕，将苻坚的弟弟苻双也牵扯到其间，目的是根除苻坚幼子们的潜在威胁。这一做法，我们十分熟悉，不过是苻坚刚刚继位时苟太后和李威合谋诛杀苻坚哥哥苻法的翻版而已。然而，当兴宁三年年底，苻坚从北方回来之后，因苻双是自己的同母弟弟，而苻柳则是伯父苻健最爱的儿子，对二人并没有追究。

可是，到了东晋海西公太和二年（公元 367 年）九月，也就是在王猛从枹罕前线回到长安四个月后，苻生的弟弟晋王苻柳、苻坚的弟弟赵王苻双与镇东将军、洛州刺史魏公苻廋，安西将军、雍州刺史、燕公苻武等四人却阴谋作乱了。苻廋的主簿姚眺对苻廋劝谏说："大人与天王骨肉至亲，身处周公召公之任，国家有难，应当全力平定，怎么能自己作乱呢？"苻廋没有听从。这"四公"作乱打出的旗号是什么，为什么连一向被苻坚称为"长者"的苻廋，竟然也不听姚眺的劝说一意孤行呢？由于史书都是胜利者所书写，我们已经不得而知了，但是，可以确定的是，这里面一定有连"长者"也不能容忍的事情在。

苻坚也微闻此事，遂征召四人入朝。苻坚的举动更加速了四人的反叛行动，到了这一年的十月，也就在代王拓跋什翼犍渡河讨伐铁弗部刘卫辰的时候，前秦晋公苻柳占据蒲坂（今山西省永济市），苻双占据上邽（今甘肃省天水市），苻廋占据陕城（今河南省陕县），苻武占据安定（今甘肃省泾川县北泾河北岸），同时发动叛乱，准备一起合攻长安。可以说，这四镇是前秦王国的四个大门，上邽是西大门，为秦州的统治中心；安定是西北门，扼守西北进入关中平原的要道；蒲坂是东北门，关乎关中地区的安稳；而陕城则是王国的东大门，屏护着潼关的安全。

苻坚没有想到四处军镇同时背叛，他亲自咬了四颗梨子，交给使者前往四镇，传出话来："我对待你们四人，恩义备至，何苦要谋反！如今我也不征召你们了，你们各自罢兵，恢复原样。我咬梨作为凭据！"但是，开弓焉有回头箭，四人均不听从，阻兵坚守。

东晋海西公太和三年（公元 368 年）正月，苻坚命令后将军杨成世、左将军毛嵩等人率军前往讨伐上邽的苻双和安定的苻武；派遣辅国将军王猛、建节将军邓羌进攻蒲坂的苻柳；派遣前将军杨安、广武将军张蚝出关进攻陕城的苻廋。苻坚采取各个击破的办法，他命令东方之军即进攻苻柳和苻廋的军队，暂时采取守势，离城三十里安营扎寨，等到杨成世和毛嵩平定苻双和苻武之后，再合军一处，展开攻击行动。苻坚的这一计划，当然是正确的，但我们一看统军将领，就知道这里面的问题，那就是：苻坚用于西线的并非精锐部队，而用于东部防守的却是王国的精锐之师。这又是为什么呢？

因为，在当时社会上有一种预言书上说："燕马当饮渭水。"苻坚深恐前燕趁机进攻前秦，因此，将王国的全部精锐都用在了东面防御，而没有使用在西线。苻坚的策略不是没有道理，驻守在陕城的魏公苻廋已经投降了前燕，并请求前燕发兵救援，一时间，前秦王国立即处于风雨飘摇、岌岌可危之中。

此时，燕国前太宰慕容恪已经去世近一年，前燕皇帝慕容暐现年十九岁，慕容恪去世后，前燕大司马的职位一直空缺，直到这一年的二月，慕容暐以自己的弟弟慕容冲为大司马。慕容暐自有自己的"主见"：当初，李绩曾在慕容儁的面前说自己喜欢打猎和音乐，让自己很没面子，慕容暐刚刚登基，慕容恪遵照先帝的嘱托，要重用李绩，然而，当时才十一岁的慕容暐就顶撞了慕容恪说："军国全部的事物，我都可以交给叔父你全权处理，只有李绩一人，我要自己做主。"当时，小皇帝就将李绩贬为彰武太守，李绩很快死去。即使慕容恪生前，慕容暐尚且如此，何况是他的遗言！如今，慕容暐当然要将大司马的职位交给自己的弟弟，怎能让一个自己父母一直以来都十分戒备的吴王慕容垂来做呢？

面对苻廋的求援，前燕君臣又会做出什么样的决定呢……

二一五　平定内乱（二）

前燕君臣召开会议共同研究是否援救苻廋。

魏尹范阳王慕容德以为："先帝的志愿是平定天下，统一中国，陛下继位之后，应该将其继承下来，完成先帝的遗愿。如今，苻氏骨肉相离，国家一分为五，向我们投降的络绎不绝，这是上天将秦国赏赐给我们。上天给予的，如果不接受，反而一定会受到灾祸，春秋时期吴国和越国之间的往事，就说明了这一点。应该命令皇甫真率领并州和冀州的部队直接兵发蒲坂，吴王慕容垂率领许昌、洛阳的部队驰援苻廋，太傅慕容评率领京师的精锐部队作为两军的后援，向长安地区发出檄文，说明祸福利害，公开设置悬赏，前秦臣民一定会望风响应，那么，统一的日子就不远了！"

当时前燕群臣多数都请求救援陕城，继而，图谋关中。而太傅慕容评却因为接受了前秦天王苻坚的贿赂，持反对意见，他说："秦国，是一个大国，今天虽然有难，但要消灭它却并不容易。圣上虽然英明，但超不过先帝，我们这些人的能力也超不过太宰，因此，我们是灭不了秦国的。我们只用保境安民，至于说灭掉秦国，那不是我的事情。"

苻廋知道慕容评无雄才大略，担心前燕援军不来，他又给皇甫真和慕容垂写信说："苻坚和王猛，都是人中的豪杰。他们长久以来，就阴谋吞并燕国。如今如果不趁机出兵灭掉秦国，我担心前燕君臣将像吴国夫差一样被擒杀。"慕容垂得到苻廋的书信之后，私下给皇甫真说："如今将要给我们带领灾难的正是秦国，主上年纪很轻，尚未留心政事，你看太傅的见识和气度，怎能与苻坚和王猛相抗？"皇甫真回答："是啊，这正如秦国绕朝曾经说过的话：'我的计谋不见采用，我又能怎么样呢？'"

在太傅慕容评的坚决阻挠下，前燕片甲未动，眼睁睁地看着苻坚从容平叛。

太和三年（公元 368 年）三月，前秦讨伐赵公苻双和燕公苻武的军队均出师不利，其中，杨成世被苻双部将苟兴击败，而毛嵩也被燕公苻武打退。败报传来，秦王苻坚看到燕军不出，暂时没有东顾之忧，他派遣武卫将军王鉴、宁朔将军吕光、将军郭将、翟傉等人率领三万本来用于防御前燕的精锐部队，西上讨伐；又派遣左卫将军苻雅、左禁将军窦冲率领七千精锐羽林骑兵作为后援。

四月，苻双、苻武以苟兴为先锋，将军队乘胜推进到榆眉（今陕西省千阳县东）。

王鉴想速战速决，吕光说："苟兴刚刚取胜，气势正盛，应该持重对待，他的军粮吃完，自然会撤退，等其后撤再实施攻击，一定能够得手！"于是，秦军坚守不战。

果然，二十天之后，叛军开始后撤，前秦诸将不知该如何对付，吕光说："我预计敌人的阴谋是一定会进攻榆眉，如果敌人占领了榆眉，军粮就又充足了，我们将十分不利，应该迅速发起进攻。如果苟兴攻城，更应该全力解救；如果他要逃跑，说明他的粮食已经吃完，更应该一举消灭了他。"于是，秦军开始追击，将撤退中的苟兴所部击败。击败苟兴之后，秦军乘胜进击苻双和苻武，又大破叛军主力，共斩杀一万五千多级，苻武丢弃安定，与苻双一起逃往上邽，王鉴等军又追到上邽。

大约晋王苻柳也听说了苻双、苻武兵败的消息，他为了减轻西线的压力，主动率军出城挑战，而王猛却始终闭营不战。苻柳以为王猛害怕自己，五月，他留下世子苻良防守蒲坂，自己亲率二万大军乘虚进攻长安。苻柳的这支大军刚刚离开蒲坂一百多里，邓羌率领七千精锐骑兵趁夜偷袭，将苻柳击败，苻柳只好率领残兵败将往蒲坂方向撤退，在他撤退过程中，王猛又在前方率军拦击，将苻柳之军几乎全部俘获，苻柳本人与数百贴身骑兵仓皇逃回蒲坂城内。

王猛、邓羌成功地挫败了苻柳的这次偷袭行动，西线王鉴包围上邽的部队也捷报频传，七月，王鉴等人攻陷上邽，当场斩杀了苻双和苻武二人，并宽恕了他们的妻妾儿子。苻坚任命左卫将军苻雅为秦州刺史，镇守上邽，第二月，又任命庶长子长乐公苻丕为雍州刺史。

西线战役宣告结束，苻坚将王鉴等人又调回东线，发起了对东线的总攻。在东线战场上，前秦军队仍然采取各个击破的办法，不慌不忙地先打相对弱小的敌人，然后再说其他。如今，蒲坂的苻柳经过大败实力大损，因此，苻坚命令王猛、邓羌先发起对蒲坂的攻击，九月，王猛等人攻陷了蒲坂，斩杀了晋公苻柳及其妻妾儿子们。

攻下蒲坂之后，王猛自己屯军在那里，而派遣邓羌与王鉴等人合攻陕城，开始收拾苻廋。

陕城之战从九月开始打响，一直持续了三个月，也许前线战事并不顺利，最终，王猛也带领蒲坂之军加入进攻陕城的战斗序列中来，直到这一年的十二月，王猛等人才最终攻下了陕城，活捉了魏公苻廋。这次，苻坚没有让前线将领擅自诛杀苻廋，而是将其送到了长安，苻坚问苻廋为什么要谋反，苻廋回答："臣下本来没有反心，但是，由于兄弟们屡屡反叛，臣下担心被陛下诛杀，所以，才谋反了。"苻坚哭着说："你素来是位德高望重的长者，我本来就知道这不是你的本心啊，高祖苻健不能没有后代啊。"于是，赐苻廋死，而赦免了他的七个儿子，以其长子袭爵魏公，其他儿子都被封为县公，过继给苻生和苻生其他没有子嗣的兄弟们做后代。苻坚之所以授权前线将领诛杀苻双等人，可能是担心自己的母亲苟太后会出面干涉，也是为了树立自己仁厚的形象，果然，此时苟太后出面说话了，她说："苻廋和苻双一起谋反，而独独不允许苻双有后代继承，这又是什么道理？"苻坚回答："秦国天下，是伯父高祖苻健建立的，因此，高祖之子不能没有后代。至于苻双，作为我的亲弟弟，不顾母亲太后，竟然阴谋危害宗庙社稷，天下之法，不可以徇私情！"

苻坚顺利平定了"四公"之乱，让前秦王国又一次渡过了一场危机，之后，他任命范阳公苻抑为征东大将军、并州刺史，镇守蒲坂；任命邓羌为建武将军、洛州刺史，镇守陕城；提拔曾经劝谏苻廋的姚眺为汲郡太守。

二一六 桓温伐燕（一）

当我们在读魏晋历史的时候，总是感到魏晋时期的贵族豪强都极其奢侈，不知他们的钱财都来自何方。

答案当然是来自剥削。

汉代的租额为十五税一，或者三十税一，到了魏晋时期，十税五六为正常，劳动人民的负担加重了许多，而对于依附于大户的穷苦百姓来说，则负担更重。到了东晋时期，战乱频仍，劳动力锐减，政府和大族更是千方百计加重剥削，抢夺人口。在江南，由于赋税、劳役过重，致使编户纷纷逃亡，这一点可以从王羲之等人的诸多议论中得到证实。

为了制止这一现象，增加政府的收入，一方面，东晋政府也曾经降低田租，如在晋哀帝隆和元年正月，就曾下令将田租由原来的一亩三升减少为一亩收二升；另一方面，东晋政府进行了数次“土断”，即在人口普查的基础上，将流民按照目前所在地确定为本地的编户，与原有住户一样纳税、服役。第一次是发生在晋成帝咸和三年苏峻之乱，将全国的户口底册烧毁以后，这次“土断”可以从《陈书·高祖本纪》称，（陈霸先祖上）“咸和中土断，故为长城（今江苏省长兴县）人”中得到印证。第二次是发生在晋成帝咸康七年，即公元341年，东晋政府开展了一次大规模的人口普查活动；时隔二十多年之后，在晋哀帝兴宁二年（公元364年）三月，晋哀帝下令再次大规模地进行一次人口普查，这次普查不仅是土断侨民，而且还清查豪强贵族隐瞒的人口，并制定了严格的法律，对于敢隐瞒人户的，严肃处理。由于这一年三月一日是庚戌日，因此也被称为庚戌制，或者叫“庚戌土断”。“庚戌土断”时，桓温虽然没有在京师建康，但是，人们普遍认为，这次“土断”是在他的主导下进行的。据《晋书·彭城穆王权传附司马玄传》的记载，正是在这次“土断”当中，彭城王司马玄违反了不得人户的规定，隐藏了五户人家，被桓温上书弹劾，打入大牢。

这次“土断”是继桓温在隆和元年（公元362年）要求迁都洛阳之后的第二次大规模行动，他的目的当然是为北伐做准备：增加兵员、增加财政收入，不过，桓温也因此得罪了上上下下的一大批人，这些人不只是高门大族，还包括普通百姓，经过“土断”，东晋朝廷的财政收入得到了改观，后来刘裕就曾说到“财阜国丰，实由于此”。但很多百姓的负担也是进一步加重了。

与东晋政权相同，新建立的前燕政权也面临同样的问题。

前燕入主河北之后，虽然战争不断，但丝毫没有阻挡住鲜卑贵族迅速腐化，生活奢侈，这从前燕左光禄大夫乙逸父子们的表现，即可见一斑。当时，乙逸被慕容儁征召为左光禄大夫，夫妻二人从龙城去邺城，千里迢迢，乘坐的却是独轮手推车，而到邺城后，他看到迎接他的儿子乙璋衣着光鲜，数十随从都是骑着大马。乙逸大怒，严厉责备儿子。到邺城后，他经常担心儿子会因为骄奢失足，可是，乙璋反而步步高升，乙逸叹息道：“我从小严于律己，遵守道德，才仅仅能够免罪。可我的这个儿子偏偏骄奢，却反而位居高位，这不是乙璋个人侥幸，实在是社会风气败坏了啊！”乙逸的话充分说明了前燕占据河北之后，鲜卑贵族迅速腐败的现状。

为了保障奢侈生活，他们广占田庄，隐匿农户，致使国家的户口竟然少于贵族们隐藏的农户，财政也面临枯竭的窘境，国家的各项支出难以为继。在东晋兴宁二年“庚戌土断”四年以后，前燕政府也开始进行了一次户口清查活动。尚书左仆射、广信公悦绾对慕容暐建议说：“如今三方鼎足对峙，都有吞并对方之心。太宰在世的时候，为政崇尚宽和，国家有不少黑户，《左传》说：‘只有有德之人才能以宽和之法得到大众的拥护，除此之外，不如用严猛的法制为政。’我们国家法制不健全，豪强贵族骄横恣肆，以致国家的农户被掠夺殆尽，财政收入不继，官吏俸禄发不下去，军士军粮补助无从筹措，政府无奈只好向外借贷以维持正常的运转，这一现状既不能让敌国知道，也不是治国的长久之计。应该将形形色色的豪强荫户撤销，充实到各个郡县，严明纪律，使四海安定。”慕容暐同意了悦绾的请求。于是，前燕帝国也打响了与大族争夺劳动力的战争，悦绾本人具体负责核查荫户，清查出二十多万户隐瞒的人户。

然而，这场对内的战争，无疑打得十分艰苦，它毕竟触动了前燕统治阶层的根本利益，引起了所有贵族的怨恨，尤其是太傅慕容评，对此十分不满。悦绾原先就有疾病，在处理这件事情的时候，他勤勤恳恳，事必躬亲，结果病情加重，于同年十一月病逝。（《晋书·慕容暐载记》称，悦绾是被慕容评派人暗杀的。）

就这样，前燕帝国的户口清查活动，因悦绾的死而不了了之，不过，毕竟清查出了那么多的荫户，为帝国的发展奠定了基础。然而，东晋朝廷和前秦政权并没有给予前燕继续发展的机会。就在前燕帝国没有出兵援助前秦“四公”叛乱、悦绾进行户口清查的时候，前秦天王苻坚顺利地平定了叛乱，虎视眈眈地待机而动；也就是在此时，东晋政府业已完成了人户清查，做好了北伐的各项准备工作，同年年底，东晋朝廷加封给大司马桓温以特殊的待遇，位列诸侯王之上。

太和四年（公元 369 年），时年五十八岁的东晋大司马桓温将要发起他生平中的第三次北伐行动——讨伐前燕了。

二一七　桓温伐燕（二）

桓温曾推崇王敦为“可人儿”，《晋书》也将二人列在一起，除了二人都存有觊觎之心之外，他们两个在一些生活细节上，也的确有不少十分相似之处。比如，《晋书》称王敦：“务自矫励，雅尚清谈，口不言财色。”而桓温也是生活节俭，宴会的时候，只给客人们上七盘茶果点心而已。两人看似雄心勃勃，但处事又十分谨慎。虽然桓温也曾经说过“不怕遗臭万年”的豪言壮语，然而，纵观其处事，却一直相当小心。比如，长期以来，桓温不断高唱北伐老调，但却总是引而不发，如果说开始的时候是因为司马昱担心他功高震主，那么，到后来，桓温就是顺水推舟，任由东线徐州、豫州部队拼消耗；他一直以来想要得到徐州、豫州兵权，但又没有选择以武力强行夺取，而是利用政治手段，借弹劾徐州、豫州军事长官丧师失地，让朝廷穷于应付，逐渐让自己取得了对徐州、豫州更大的影响力，并最终成为军国的第一人，位列诸侯王之上。

此时的桓温，可以说是志得意满，虽然豫州尚在袁真的手中，但袁真也久附于桓温。《太平御览》卷六百五十四引《世说新语》曰：“桓宣武之诛袁真也，未当其罪，世以为冤焉。袁在寿阳，尝与宣武一妾妊焉，生元（玄）。既篡，亦覆桓族，识者以为天理之所至。”这则故事可以说明这一点；而徐州、兖州二州刺史郗愔，则笃信天师道，本无心于政治，本人也非将才，对桓温无任何威胁，桓温以其代替庾希，不过是利用郗家在京口地区固有的影响力，作为一个过渡而已。《世说新语·排调》“郗司空拜北府”条记载，王羲之的儿子王徽之听说自己的舅舅郗愔被任命为二州刺史之后前去祝贺，王徽之到郗愔家中后，嘴里却只是反复吟咏“应变将略，非其所长”这句话，以示嘲讽。郗愔的次子郗融（小字仓）很不满，他对弟弟郗超说：“父亲今天拜官，王徽之言语不逊，决不能允许。”郗超打圆场说：“这句话是陈寿对诸葛亮的评价，人家将父亲比作诸葛武侯，你还有什么可说的呢！”

王徽之，字子猷，曾历任桓温的参军和桓温弟弟桓冲的骑兵参军，是个名士做派十足的人，喜欢声色，遗落世事。桓冲曾经问他：“你主管哪个部门？”他回答：“好像是马曹。”又问：“管了几匹马？”回答：“不知道是不是管马，更不用问马有多少了。”又问：“马死了多少？”答：“不知生，焉知死！”一次，他随从桓冲出外，天上突降暴雨，王徽之从自己的马上下来，挤入桓冲的车内，说：“大人怎好意思一个人独霸一辆车！”此人名气很大，又酷爱竹子，曾令家人种竹，说：“怎可一日无此君！”著名的《雪夜访戴逵》故事也发生在此人身上。说的是，后来王徽之闲居山阴（今浙江省绍兴市），夜雪初停，月色清明，四顾一片洁白，王徽之独自拿了一壶酒，吟咏着左思的《招隐诗》，突然想起了百里之外剡县（今浙江省嵊州市）的名士戴逵，就坐上小船前往，经过一夜奔波，到天明的时候，小船才划到戴逵的家门前，然而，他却命人将船掉头返程，不见戴逵而回。有人问是什么原因，他说了一句流传千年的名言：“我本乘兴而行，如今兴尽而返，何必要见到戴逵？”

那么，如今前来祝贺的王徽之当着郗愔的面为何要反复吟咏陈寿的那句话呢？

考察王徽之和郗超的言论，结合二人均在桓温幕府中的事实，也许王徽之到郗愔家中祝贺，是身负桓温的使命的，王徽之的话点到为止，是在告诫郗愔此职并不适合您老长久占据，而对此，极其精明的郗超洞若观火，又不好对自己的哥哥郗融明说罢了。

《世说新语·言语》记载，桓温与司马昱一同入朝，相互谦让，最终桓温走到了前头的事，这也正是如今两人真实关系的写照。经过十余年的政治博弈，司马昱终于甘拜下风。尽管如此，桓温还是对豫州和徐州的部队放心不下，《世说新语·捷悟》就曾记载：“郗司空（郗愔）在北府，桓宣武恶其居兵权。”该条注引《南徐州记》曰：“徐州人多劲悍，号精兵，故桓温常曰：‘京口酒可饮，箕可用，兵可使。’”《晋书·郗超传》也记载：“时愔在北府。徐州人多劲悍，温恒云：‘京口酒可饮，兵可用’，深不欲愔居之。”《太平御览》引《郡国志》云：“润州遏陂，有湖名龙目湖。京口出好酒，人习战，故桓温云：‘京口土瘠人窭，无可恋，唯酒可饮，兵可用耳。’”桓温所说的“京口兵”，就是以郗鉴组织的兖州、青州、徐州流民为基干的流民军，素来以骁勇善战著称。

接下来，桓温就开始借北伐之名，要将徐州、兖州、豫州的军队置于自己的直接指挥之下。

海西公太和四年（公元 369 年）三月，桓温上书朝廷，要求徐州、兖州刺史郗愔，江州刺史桓冲与豫州刺史袁真等人与自己一起实施北伐。这次北伐是当年东晋朝廷最大最重要的事件，桓温出师之日，百官前去送行，整个建康万人空巷。在出师之前，会稽王司马昱再次与桓温举行会晤，田余庆先生在《东晋门阀政治》一书中，就曾怀疑，这次秘密会晤，也许就是两人就豫州军队和徐州军队纳入桓温序列而进行的一次交易。然而，豫州刺史袁真却没有参透桓温的用意，他接到桓温命令之后，即誓师北伐，率军渡过了淮河，相继攻克了谯郡和梁国等地。而徐州、兖州刺史郗愔也不明白桓温的真实用意，当他接到桓温让其率领所部北伐的书信之后，他给桓温写下回信，表示将与桓温一起尽忠王室，率领所部进抵黄河岸上，修复皇家陵墓。

郗愔的儿子郗超担任桓温的参军，深得桓温喜爱。当时，王恬的儿子王珣是桓温的主簿，郗超是个美髯公，王珣是短胡子，因此有人说："髯参军，短主簿，能令公喜，能令公怒。"当时就有人将郗超与前秦天王苻坚相比，这样一位聪明绝顶的人怎能不知道桓温心中的所思所想？郗超的性格豪爽轻财，《世说新语·俭啬》记载："郗公（郗愔）大聚敛，有钱千万。嘉宾（郗超）意甚不同，常朝旦问讯。郗家法：子弟不坐。因倚语移时，遂及财货事。郗公曰：'汝正当欲得吾钱耳！'乃开库一日，令任意用。郗公始正谓损数百万许，嘉宾遂一日乞与亲友、周旋略尽。郗公闻之，惊怪不能已。"

郗愔的回信送到桓温那里，当时郗超正出门在外，在路上听说父亲的信使来到，他赶紧回来，将父亲的书信撕开看，看完之后，一寸一寸撕毁，然后，又模仿父亲的笔迹，重新写了一封回信，信中以父亲的口气自称年老多病，不堪军旅之事，请求给自己安排一个闲适的差事养老，并劝说桓温一并统领自己的军队。

桓温得到这封回信以后，不禁大喜，立即任命郗愔为冠军将军、会稽内史，而桓温则自己兼任徐州、兖州二州刺史，自此，桓温将一直以来垂涎欲滴的徐州、兖州军队正式纳入到了自己的手中。

太和四年四月，桓温率领五万步骑从姑熟（今安徽省当涂县）出发，正式开始了他的第三次北伐。

二一八 桓温伐燕（三）

桓温率领大军从姑熟顺江东下，先抵达兖州治所的京口（今江苏省镇江市），《世说新语·言语》记载："桓公北征，经金城（今江苏省句容市北），见前为琅邪时种柳，皆已十围，慨然曰：'木有如此，人何以堪！'攀枝持条，泫然流泪。"《晋书》《资治通鉴》将此事记作桓温第二次北伐姚襄时的事情，但从晋军的行军路线上看，应为这次北伐中发生的事情，对此，前人也都进行了考证。

桓温这次北伐的计划是：主力大军从这里沿长江淮河之间的河道湖泊，进入淮河下游的泗口，再由泗口沿泗水北上，直达黄河南岸；而以豫州刺史袁真从寿阳沿着淮河上游的颍水和涡水一线北上，配合主力占领谯郡（今安徽省亳州市）和梁国（今河南省商丘市），保护大军的侧翼安全，同时，再沿着汴水往西进抵石门（今河南省荥阳市北），开挖石门，引黄河水入睢水，将江南的粮草沿着睢水运入黄河，以接济大军。

这里，涉及淮河中下游的多条支流，必须逐一说清楚。

首先就是泗水。它发源于山东省的泗水县陪尾山，因有四个源头而得名。《水经注》称："泗水南经下邳县故城西，东南注沂水注焉，泗水又东经角城北而注于淮。"《禹贡班义述》"角城在今清河县东南，"清河，即今淮阴，是泗河入淮处，在今淮阴、涟水之间；在两晋时期，泗水在彭城（今江苏省徐州市）附近注入汴水。汴水，又被称作汴渠，上游即古代的"荥渎"，又叫南济，在荥阳被称作"蒗荡渠"，从河南省郑州市附近，东流开封、商丘北境，经彭城合泗入淮，元代时期为黄河所夺。

再有一个就是睢水。睢水自河南省杞县流经睢县北，又东经河南省的宁陵县、商丘市、夏邑县、永城市以及江苏省萧县，又经安徽省宿县、灵璧进入江苏省境，经睢宁至宿迁县南入泗水，在睢水注入泗水的地方，被称为清睢口。

在泗水以北，又有汶水和清水。

汶水正源，被称为大汶河，发源于山东省莱芜县东北原山，西南流经泰安县东，在此，石汶水、牟汶水、北汶水等诸水来汇，流至东平县，又与入黄河的大清河、小清河合流相汇，又西至汶上县，西南入运河。

清水，也称作北清河，即古济水，自山东东平县分汶河之水北出，流经历城县，称作大清河，又合小清河，东北至利当县，入于海。（但《水经注》卷九又有出自河内之清水，不知孰是。）

那个著名的地理坐标——石门，《水经注》记载："荥渎受河水，有石门，谓之为荥口，石门地形殊卑，盖故荥波所道，自此始也，又汉灵变于敖城西北垒石为门，遏浚仪渠口，谓之石门，故世亦谓之石门水，门广十余丈，西去河三里，水北有石门亭。"浚仪渠，即蒗荡渠。

桓温这一整体的作战计划，关键就在于粮运。因此，郗超告诫他说："路途遥远，而汴水又浅，恐怕粮运难以为继。"但桓温不听。六月，桓温大军抵达了金乡（今山东省金乡县）。

在北上的途中，桓温坐在战舰之上，遥望满目疮痍的中原大地，不禁感慨良多，《世说新语·轻抵》记载："桓公入洛，过淮、泗，践北境，与诸僚属登平乘楼，眺瞩中原，慨然曰：'遂使神州陆沈，百年丘墟，王夷甫诸人，不得不任其责！'袁虎率尔对曰：'运自有废兴，岂必诸人之过？'桓公凛然作色，顾谓四坐曰：'诸君颇闻刘景升不？有大牛重千斤，啖刍豆十倍于常牛，负重致远，曾不若一羸牸（母牛）。魏武入荆州，烹以飨士卒，于时莫不称快。'意以况袁。四坐皆骇，袁亦失色。"说的是：当时桓温与众幕僚一起登上船楼，桓温感慨地说："清谈家们竟然让神州沦陷，百年以来变为荒丘废墟，王衍等人难辞其咎。"袁宏素来自视甚高，且性格倔强，他轻率回答："国运自有兴衰，难道必定就是王衍等人的过错吗？"说得桓温一时之间无言以对，他的脸立即沉了下来，对大家说："大家都听说过刘表的事情吗？他有一头重达千余斤的大牛，吃的草和豆比平常的牛要多十倍，可是，论起干活却连一头羸弱的母牛都不如。曹操进入荆州以后，先将这家伙煮了给大伙吃，当时人们无不拍手称快。"桓温的意思是将袁宏比作那头大牛，众人无不替袁宏担心，袁宏本人也吓得面如土色。

对于桓温来说，袁宏当时就是一头大牛。在桓温北伐的时候，袁宏刚刚写了《北征赋》予以歌颂，当时，王珣、伏滔均在场，桓温让袁宏朗诵，读到"闻所传于相传，云获麟于此野，诞灵物以瑞德，奚授体于虞者！疚尼父之洞泣，似实恸而非假。岂一性之足伤，乃致伤于天下。”到此便要改韵，可王珣说：“此处似乎还没有写尽。”伏滔说：“加一句写字韵的话，可能会更好。”袁宏应声答道：“感不绝于余心，愬流风而独写。”王珣吟咏很久，赞叹着对伏滔说：“当今天下文章之美，当共同推举此人。”

再说说抵达金乡以后的桓温。

天公不作美。这一年偏偏赶上了大旱，水路断绝，无奈，桓温命令毛宝之子、冠军将军毛虎生（即毛穆之），率军在巨野（今山东省巨野县）开凿三百里的运河，（大约也可以理解为开凿巨野泽，将巨野泽的水引出）将汶水引入清水中。然后，桓温的舰队这才由清水进入黄河，东晋大军的舰队绵延数百里，十分壮观。

然而，参军郗超却又一次看出了危机，他对桓温说：“从清水进入黄河，粮草的运输十分困难。如果敌人拒不交战，运输线又断绝，因粮于敌再难以成功，这就十分危险了。”为此，郗超提出了两个解决方案，供桓温选择：一是不如率领全部军队渡过黄河，直接进抵邺城城下，敌人畏惧大人的威名，必然会望风而逃，北归辽西故乡。如果他们敢于出战的话，那么，胜负立即就决了出来；如果他们打算坚守邺城，在此盛夏季节，我们攻城较为困难，然而，邺城周围的百姓也将成为我方所有，那么，易水之南的郡县必定会纷纷投降我们。在说出这一条计策之后，郗超继续说出了下一条，他说：“我恐怕大人会认为这一计有点冒险，难以确保胜利，想要稳扎稳打，那么，最好的办法是：将部队驻扎在黄河和济水一带，囤积粮草，等到粮草充足，到明年夏天再发起总攻，虽然行动有点迟缓，但能够确保成功。丢掉这两条计策，现在就发兵北上，进攻如果不能速战速决，撤退的时候必定会狼狈不堪。敌人如果再行拖延时间，等到到了秋冬季节，河水流量将更小，并且北方气候寒冷，三军将士棉衣很少，恐怕到那时，让人担忧的将不仅仅是粮食问题了。”

然而，不知道为什么，桓温又没有听从。

二一九　桓温伐燕（四）

桓温此次北伐，开始进展十分顺利。

他没有听从郗超的建议，归根结底还是想求得完胜。因为，按照郗超提出的第一种办法直接进攻邺城的话，后方不少地方还在前燕的掌握之中，在桓温看来，不逐一拔除后方这些钉子，将难以保证粮道的安全。他命令建威将军檀玄进攻与金乡咫尺之遥的胡陆（湖陵县，今山东省鱼台县东南六十里），檀玄攻下了胡陆，并活捉了前燕宁东将军慕容忠；紧接着，到了太和四年七月，前燕皇帝慕容暐任命下邳王慕容历为征讨大都督，率领步骑二万，在黄墟（今河南省开封、兰考一带）迎战东晋军队。黄墟之战，是东晋军队与前燕大军的第一次正面交锋，一战下来，东晋大军取得了决定性的胜利，大败慕容历的军队，慕容历单人匹马逃归了邺城。九月，桓温部将邓遐、朱序在林渚（今河南省新郑市北），与前燕将军傅末波（傅颜）相遇，东晋军队再次击败燕军（此处《晋书·桓温传》记作：暐将慕容垂、傅末波等率众八万距温，战于林渚，温击破之，遂至枋头）；前燕皇帝慕容暐派遣哥哥乐安王慕容臧，率军前往抵挡东晋大军，然而，东晋军队气势如虹，慕容臧无力抵御，大败而去。

在东晋大军节节胜利下，前燕高平（今山东省巨野县）太守徐翻率郡投降；兖州刺史孙元，本为流民帅，此时也率领宗族部曲，起兵响应桓温。

九月戊子日，也就是在林渚之战后的第十天，桓温抵达了枋头（今河南省淇县淇门渡口）。前燕君臣一片恐惧，慕容暐前此已经向前秦派出散骑常侍李凤求救，前秦方面却无任何消息。慕容暐与太傅慕容评商议，计划放弃邺城，逃归和龙（今辽宁省朝阳县）。吴王慕容垂却说："不行。臣请求率军抗击，如果不能取胜，再迁都不迟。"慕容暐只得任命慕容垂代替哥哥慕容臧为使持节、南讨大都督，任命叔叔慕容德为征南将军，率领五万大军抵御桓温，慕容垂请求申钟之子、司徒左长史申胤，封放之子、黄门侍郎封孚，尚书郎悉罗腾随从大军，与此同时，慕容暐再次派出散骑常侍乐嵩为使者，向前秦王国求救，并答应将虎牢关以西的土地割让给前秦。

秦王苻坚与众臣在东堂商议是否发兵援救前燕。

前秦群臣都说："过去桓温讨伐我们，兵至灞上，前燕却坐视不救；如今，桓温伐燕，我们为何要救？前燕不向我们称臣，我们凭什么要救他！"王猛秘密对苻坚建议："燕国虽然强大，慕容评却不是桓温的对手。如果桓温占领了崤山以东地区，进屯洛阳，收拢幽州冀州之兵，运来并州、豫州之粮，兵临崤山、渑池，那么，陛下将大势已去。如今不如与燕军一起共同对付桓温，桓温退去以后，燕国也将实力大损，然后，我们趁着他们疲惫之时，取而代之，这不是很好吗？"苻坚表示同意。就在前燕与桓温鏖战之时，前秦派遣将军苟池、洛州刺史邓羌率领两万步骑，从洛阳出发，东进到颍川（今河南省禹州市），又派出散骑常侍姜抚前往燕国回信，并晋升王猛为尚书令。

然而，前燕大军并没有如王猛盘算的那样，立即与桓温的东晋军队进行一场大规模的对决。前燕军中的封孚对申胤说："桓温部队士马精强，而如今却只是占据高岸，逡巡不进，看不出他能取胜的苗头，不知道事态将如何发展？"申胤说："以桓温今天的声势，似乎能有所作为，但以我判断，必然不会成功，为什么呢？晋室衰弱，桓温专权，晋朝君臣未必与他同心。桓温如果北伐成功，这是大家所不愿意看到的，肯定有人要设置障碍，暗中破坏。桓温依仗他人多势众，骄傲自满，并不敢应变，率领大军深入敌境，有可以利用的良机不利用，不立即出兵夺取胜利，反而在黄河中游来回逍遥，打算以持久来谋取全胜；如果他军粮消耗殆尽的话，形势将发生逆转，肯定会不战自败，这是显而易见的道理。"

果然，形势开始慢慢变得对桓温不利起来。桓温以前燕投降的段思为向导，悉罗腾与晋军交战，生擒了段思；桓温让过去的石赵帝国将领李述招徕河北中部和河南北部，悉罗腾又与虎贲中郎将染干津一起将李述击斩，东晋军队士气受到了一定程度的打击。

本来桓温的计划是让豫州刺史袁真所部打开石门，将黄河水注入睢水，以运送粮草，但是，前燕范阳王慕容德与刘佩之子、兰台治书侍御史刘当却率领一万五千骑兵，抢先占据了石门，袁真无法拿下，更不要说开挖石门注水了，因此，桓温的这一计划落空；而与此同时，前燕豫州刺史李邽率领五千地方部队，插入晋军的后方，切断了桓温大军的粮道；慕容德又命令将军慕容宙（慕容垂侄儿）与晋军交战，慕容宙率领一千骑兵为先锋，他说：“晋人轻浮急躁，当与敌人对阵的时候，没有人敢于进攻，而对手失败的时候，却个个勇于争先杀敌，看我设计引他上钩。”慕容宙以二百骑兵作为诱饵，将其他骑兵设下三路埋伏，担任引诱任务的二百鲜卑骑兵还未与晋军交手，就假装仓皇败退，晋军开始猛追，结果中伏，死伤很多。

二二〇 桓温伐燕（五）

桓温在枋头与前燕军队多次交手，却频频失利。

此时，他的大军粮草已尽，又听说前秦朝豫州中部派出了援军，企图切断自己的归路，如果再不撤退，将有全军覆没的危险，于是，在他抵达枋头后的第八天，即下令全军缓慢撤退，在撤退之前，由于河水无法承载船只，只好将全部战舰统统烧毁、将多余的辎重也都扔掉，从陆路南撤；又任命毛穆之为都督东燕（今河南省延津县东北）等四郡诸军事，兼东燕太守。

桓温的大军从东燕（今河南省延津县东北）出发，向仓垣（今河南省开封市西北）缓慢撤退，艰难跋涉了七百多里，部队不敢喝河水，以免中毒，沿途打井取水。前燕诸将纷纷请求追击，吴王慕容垂却说："不可，桓温撤退之初，肯定十分惶恐，一定会严加戒备，挑选精锐部队断后，我们现在发动攻击，不见得能够成功，不如再等一等。等到他走远之后，发现后面没有追兵，肯定会暗自庆幸，昼夜兼行，然后，我们等待他的部队跑得气力全无之时，再行攻击，没有打不败他的道理。"仅仅派出八千骑兵远远地跟随在桓温大军身后，果然，东晋军队开始昼夜兼行南撤。

这样又过了几天，慕容垂对众将说："可以攻击了。"

前燕军队快马加鞭，火速追击，在襄邑（今河南省睢县）追上了桓温的大军。而原来在石门的范阳王慕容德此时也率领四千精锐骑兵先期抵达了襄邑，埋伏在襄邑东面的山涧之中，此时，发现桓温大军，慕容垂与慕容德两支骑兵开始发起了总攻。襄邑之战，是一场残酷的杀戮，此战桓温大败，东晋军队被斩杀的就有三万多人。

桓温狼狈继续南逃。

等到东晋的残兵败将逃至谯郡（今安徽省亳州市）的时候，又遭到前秦苟池所部的打击，又被斩杀了一万多人。原前燕兖州刺史孙元占据武阳（今山东省莘县西南），抗拒燕军，前燕左卫将军孟高前去讨伐，将其生擒。

到太和四年十月二十二日，桓温收集散兵游勇，驻屯在山阳（今江苏省淮安市）。这次惨败，让桓温“望实俱损”，他辛苦经营的精锐部队几乎全部丧失殆尽，他的个人威望也降到了历史上的最低点。桓温将此战的责任归咎于袁真，说袁真没有及时开通石门，奏免袁真为平民，同时，又忌惮冠军将军邓遐骁勇，将其罢官，不久，邓遐就去世了。

袁真不服朝廷的处分，上书朝廷控诉桓温的罪状，但朝廷置之不理。愤怒的袁真遂以寿阳反叛，向前秦和前燕分别派出使者，请求援军。桓温以毛穆之为淮南太守，防守历阳。

前燕皇帝慕容暐派大鸿胪温统拜袁真为使持节、都督淮南诸军事、征南大将军、扬州刺史，封宣城公，但是，温统没有渡过淮河，就去世了。

虽然桓温大败，但虚弱的东晋朝廷还是派出侍中罗含，带着牛和酒前往山阳犒劳，到了这一年的十一月二十五日，司马奕命令会稽王司马昱与桓温在涂中（今安徽省全椒县）会面，此时的东晋朝廷担心的是，桓温会恼羞成怒，行废立大事，因此，司马奕频频向桓温示好。这次会面的成果是：加封桓温的世子给事桓熙为征虏将军、豫州刺史、假节。紧接着，桓温的妻子南康公主去世，海西公又下诏赠予桓温治丧财物布千匹，钱百万，桓温推辞不受，同时，桓温还上书称儿子桓熙要服丧三年，并且，年少不堪担当大任，请求辞掉豫州刺史的职务，司马奕下诏不许。

桓温在山阳屯驻不久，又继续南撤到更为安全的长江北岸广陵，征调徐州、兖州百姓修筑广陵城（今江苏省扬州市）。当时，各种劳役很多，加上暴发了传染病，被征调的百姓死去将近一半，人人不满怨恨。秘书监孙盛撰写《晋阳秋》直书当代之事，桓温看到书中记载枋头战役之后，不禁大怒，他将孙盛的儿子叫来，威胁道：“枋头之战固然失利，但何至于像你家老爷子写的这样！如果这本史书流传下来，那可是关乎你家满门的大事！”

桓温的恼火是有理由的：当年，孙盛曾在桓温手下做从事中郎，因随从桓温讨伐姚襄，以功升为长沙太守，可是，孙盛因为家贫，到长沙任职以后，为政不清廉，后来被桓温派出从事调查，以囚车征回，但因其名声很大，桓温没有处理他，不过，二人之间就有了过节。

此时，孙盛已年老退休，本情方正严厉，孩子们虽然有的也长出了白发，但孙盛对待他们却更加严厉。听了桓温的威胁，孙盛的儿子们回到家中，一起伏地叩头，请求父亲为了家里一百多口性命，将史书加以删改。孙盛大怒，坚决拒绝修改。无奈，他的儿子们只好瞒着老父，擅自将原本删改了。谁知，孙盛在写好《晋阳秋》之后，已经另外抄录了一份，寄给了燕主慕容皝。等到后来东晋孝武帝司马曜的时候，才从辽东人那里购得了那个版本，内容与东晋流传的版本不同，从此，两个版本同时流传。

虽然史书上记载，司马昱与桓温在涂中的会面是商讨进一步北伐的可能性，然而，实际上，桓温的北伐就此终结了。反思他三次北伐，其实并非原来想象的那样有多大的作用，对东晋而言，更多的作用则是一种以攻为守的效果。究其失败的原因，大约有如下几点：一是北伐的指导思想不正确。桓温的北伐更多地带有以此赢得地位和名声的色彩，而不是为了收复失地，驱除异族。这就决定了他伐秦不敢渡过灞水，伐姚襄后不愿驻守洛阳，伐燕未直抵邺城城下。二是桓温本人能力问题。历史上有太多的人因为一言或者善于宣扬自己而名垂青史，也有太多的人不善于渲染自己而一直不被后人重视，桓温就属于前者。我们记住了他不少耐人寻味的话，然而，纵观他的数次军事行动，尤其是在伐燕之时的举动，他的确不能称为是一流的名将，为将的智慧、勇敢、仁义、理智、信用，也都没有达到一定的层次，特别是对郗超的明智建议，他竟弃之不顾，并最终导致了惨败，可以说，这主要是个人的悟性和能力使然。三是东晋的综合实力。虽然王羲之所云不无危言耸听的意思，但也道出了当时江南社会的些许实情。以偏安一隅之地与中原争锋，即使在前燕政治黑暗时期，也不具备绝对的优势，在势均力敌的情况下，将帅个人的能力也许就起到了决定性的作用，而很显然，桓温不是慕容恪和慕容垂的对手。四是没有一个统一的计划。在北方大乱之时，东晋桓温的荆州部队主要的打击对象是前秦，而徐州、豫州部队的打击对象则是前燕，并且，相互之间缺乏协同，打击点十分分散，无法形成有效的战果。五是机会的把握问题。正如吕思勉先生说的那样，晋穆帝、晋哀帝和海西公时代，北方形势已经与咸和末年庾翼北伐时期大不相同了。那时候，虽然石勒刚刚去世，但石虎依然居于全盛之势，而从永和五年（公元 349 年）石虎去世之后，到太和四年（公元 369 年），在这长达二十年的时间里，北方大乱：冉魏昙花一现，前秦粗定关中，前燕四处狼烟，前秦与前燕的军事实力也实在是十分有限的。令人痛惜的是，在此期间与之周旋的，却仅仅是东晋的偏师，因此，如果说是敌国在逐渐强大，倒不如说是东晋在喂养寇仇，而“养寇之责，则桓温实尸之”。假如我们结合以后桓温平定寿阳对郗超说的话，我们就可以得出，北伐也好，内战也罢，只要是能够让自己的威望提高、权势增大，在桓温的心中，其实是没有太多差别的。

二二一 吴王奔秦（一）

柏杨先生在他的《中国人史纲》中说过一句话："自从盘古开天辟地，到十九世纪为止，中国伟大的政治家，可怜兮兮的只有六位：管仲、公孙鞅、诸葛亮、王猛、王安石、张居正，王猛是其中之一。他们对国家的贡献是：特权阶级受到抑制，贪污腐化减少，行政效率提高，社会由紊乱而有秩序，国家由弱而强。"这话说得虽然有点绝对，但是，对于王猛和苻坚来说，却说得十分正确。

永和七年（公元 351 年），苻健正式建立前秦，次年继位为帝，共在位四年多，其间前秦政权中间经历司马勋的打击、张遇的叛乱、桓温的北伐，一直局促于长安附近很狭窄的地域；到永和十一年（公元 355 年），苻生继位，虽曾派人说服西凉臣服，但紧邻关中的秦州地区仍在李俨的统治之下，前秦势力未能踏出关中半步，而西逃而来的姚襄又与苻生展开了一场殊死搏斗，前秦一直无暇西顾，扩大自己的战略纵深。正是到了升平元年（公元 357 年），苻坚弑杀堂兄苻生自立以后，前秦政权才从各个方面步入正轨。在经过十余年的精心治理，苻坚东平并州张平，北服铁弗部刘卫辰，西并秦州李俨，更为重要的是建立了各种规章制度，轻徭薄赋，平等用人，限制豪强，从而激发起王国民众空前的凝聚力，也让王国逐渐从弱小走向了强大。由于前秦政治开明，臣民纷纷上书言事，据《十六国春秋别传》记载，雍州秀才段铿对策第一，被苻坚拜为吏部郎中，孝廉通经者十余人，全部被任命为地方官员。京兆尹王攸上书，献十略：一是尹道宜明；二是臣尚忠敬；三是子贵孝养；四是民生在勤；五是教无偏党；六是养民在惠；七是延聘耆贤；八是惩恶扬善；九是伐叛讨逆；十是易简弘大。苻坚也一并采纳，并提拔王攸为谏议大夫。

与此相反，本来十分强大的燕国却逐渐走向衰落。

前燕经过慕容廆、慕容皝两代人的艰辛努力，从辽西一个弱小的部落，逐渐剪除段氏、宇文氏、扶余、高句丽，进而南下夺取幽州、冀州，这里是石赵帝国的政治经济中心，人口众多，经济发达，然而，前燕在争夺这一地区的过程中，也面临了巨大的挑战，付出了很大的代价。前燕太宰施政崇尚宽容，使得帝国上层贵族私欲膨胀，国家法律制度形同虚设，慕容恪死后，慕容暐年纪尚轻，太后可足浑氏干预朝政，太傅慕容评则以贪婪著称，前燕财政已入不敷出，面临着空前的危机，在桓温的打击下，未经大战，上层统治者竟要弃邺城北返，可见当时的燕国内政已经处于十分危险的境地。史书称："是时，可足浑氏侵挠国政，太傅评贪昧无厌，货贿上流，官非才举，群下怨愤。"前燕尚书左丞申绍上书说："地方官是治国的根本所在。如今的地方官大多不称职，或者是出身行伍，或者是贵族公子，既不是乡里选举出的人才，又没有在朝廷工作的经历；加上赏罚不明，贪婪和懒惰的官员不担心有刑法的处罚，而廉洁高尚的又得不到朝廷的奖赏，这就是造成百姓困难、盗贼充斥、纪律松弛、无人负责的原因。并且，'吏多则政烦'，官员衙门太多，多过以往任何朝代，国家的公务和百姓的私事也都被搞得乱七八糟，骚扰无穷无尽。我们大燕的户口超过前秦和东晋的总和，部队的战斗力也超过四方任何一个势力，但是，一遇到战斗就往往败北，关键就是因为地方官员对老百姓分派差役不公平，剥削不止，出征的与耕田的都非常贫困，没有人替国家卖命，兵不在多，而在于临阵拼命。后宫的宫女高达四千多人，宦官之类的奴仆又十倍于此，一天的花费就高达一万斤黄金，军士没有一丝积蓄，而王公贵族却骄奢淫逸，上行下效，百姓也日渐奢靡，人家秦国和东晋尚能将国家治理得井井有条，常有兼并之心，而我国却上下因循，没有规矩。我国政治腐败，可正是他们的愿望啊！所以说，应该精心选择地方官，减少官员数额，优待军人家属，让国家和百姓都感到满意；要厉行节约，有功必赏，有过必罚，这样，桓温和王猛就能被我们诛杀，而前秦和东晋就能被我们消灭，更不用说仅仅保境安民了。另外，拓跋部的拓跋什翼犍已经衰老，昏庸狂悖，虽然拒绝向我们朝贡，但不足为虑，因此，将部队派往遥远的云中，毫无益处，不如将部队转移到并州地区，则西可以控制到黄河，南可以巩固壶关的防守，北可以捍卫晋阳，前秦从西面进攻，则可以防守，如果他们军队经过该地区东去，则可以切断他们的后路，这比远远屯守在塞外荒凉之地要好得多！"申绍的奏疏暴露出前燕帝国的真实情况，也提出了可行性建议，不过，昏聩的前燕当权者根本虑不及此，申绍上书后，就如同石沉大海，前燕朝廷无动于衷。

在这些当权者看来，他们有更紧迫的事情要做，那就是：怎么去对付那位击败桓温、力挽狂澜、声望日隆的吴王慕容垂。

这位被慕容恪称为才能高过自己十倍的吴王慕容垂，被哥哥慕容儁忌惮由来已久，如今，他力挽狂澜，襄邑之战打得桓温惨败，不仅化解了前燕空前的危机，而且，也打破了桓温二十年来树立的威名，这让太傅慕容评深为嫉妒。慕容垂上书请求对于襄邑之战中孙盖等立功将士给予特殊的赏赐，而慕容评担心慕容垂借此拉拢军心，因此，一直按下不赏，慕容垂为此多次向慕容评讨说法，而慕容评却总是推脱，两人最后发展到在朝堂之上公开争吵，矛盾就此激化。

太后可足浑氏将自己的妹妹强嫁给慕容垂，而慕容垂却不喜欢，而喜爱死去的大段夫人的妹妹小段夫人，这令可足浑氏十分不满，也开始诋毁他的战功，并与慕容评商议诛杀慕容垂。

慕容恪的儿子慕容楷和慕容垂的舅舅兰建听到了风声，二人向慕容垂报告，并说："先发制人，只要诛杀了慕容评和主上的哥哥乐安王慕容臧就可以，其他人不足为虑。"

慕容垂说："骨肉相残，以我为首，我就是去死，也不忍如此。"

不久，两人再次前来报告说："他们二人已经决定了，不可不早点动手。"

慕容垂坚持说："果真不能消除裂痕，我宁可逃奔在外，其他办法全不在我考虑的范围。"

这件事情，慕容垂连自己的儿子们都没有告诉。慕容垂世子慕容令（《晋书》也有记作"慕容全"）是大段后所生，聪明而又勇果，堪比慕容恪，他从父亲满脸的愁容看出了一丝端倪，他对父亲说："父亲近日满脸忧愁之色，莫非是主上年幼，太傅嫉贤妒能，父亲功劳越大，威望越高，越是被人猜忌吗？"

听了儿子的话，慕容垂只好如实回答："是啊。我竭尽全力拼命打退敌人，目的只是为了保卫国家，怎料想大功建立之后，却让自己无容身之地。你既然知道了，那你给我出个什么主意呢？"

慕容令回答："主上暗弱，委任太傅，一旦大祸临头，将快如闪电。如今要保全家族，又不失大义，最好的办法是逃往龙城，然后，用卑微的言辞谢罪，来等待主上的明察，就仿佛周公住在东方那样，也许能够让他们感悟，这是最幸运的结果。如若不能，则巩固燕代地区，安抚各族民众，把守住卢龙要塞，以求自保，这是第二条路。"

慕容垂说："好！"

二二二 吴王奔秦（二）

太和四年（公元369年）十一月初一，也就是在慕容垂击败桓温后一个多月，在邺城的他请求前往大陆泽打猎。大陆泽在河北省任县东北，与巨鹿、隆尧二县接界，古又名广阿、巨鹿、泰陆、大麓、沃川，古时泽地很广，与宁晋泊相连为一，后世淤断，一分为二，俗以宁晋为北泊，大陆为南泊，今已成为洼地。

得到许可之后，慕容垂一家整装逃出了邺城，将要逃奔龙城。一家人走到邯郸的时候，慕容垂的小儿子慕容麟素来不被慕容垂所爱，竟然中途逃回邺城，向朝廷告发，慕容垂的不少随从也在半路逃跑。太傅慕容评立即向皇帝慕容暐报告了这一消息，慕容暐下令西平公慕容强率领精锐骑兵前去追赶，一直追到范阳（今河北省涿州市），终于追上了慕容垂，骁勇的慕容令亲自率众断后，慕容强不敢逼近。

正好天色已晚。

慕容令对父亲说："本来计划去据守东都龙城，保全一家，如今事情败露，原订计划已无法实施。秦主苻坚正招揽四方豪杰，不如前去投奔。"

慕容垂说："事已至此，除此别无他法了。"

于是，众人四下散开，沿着太行山麓重新南下，秘密返回了邺城附近，隐藏在石虎的假陵寝显原陵一带。众人喘息未定，只见数百骑打猎者从四面八方朝这里狂奔而至，此时，逃已经无路可逃，打又不足以抵抗，慕容垂一时之间面如土色，不知如何是好。就在千钧一发之时，猎者的猎鹰皆高飞而去，猎人随猎鹰很快走远。慕容垂将白马杀死祭祀上天，感谢让自己得以转危为安，同时与随从之人盟誓。

慕容令对父亲提出了一个建议，他说："太傅慕容评嫉贤妒能，事情发生后，人人对其怨恨。如今，邺城之内没有人知道大人身在何方，各族民众如同婴儿思念母亲一样，如果能够顺应民心，攻其无备，得到邺城易如反掌。事成之后，革除弊政，匡正朝廷，辅佐主上，既安定国家，又保全全家，这是最大的功业。如今天赐良机，不可失去，只用给我几名骑兵，就足以办成此事！”

慕容垂说：“按照你的计划，成功的话，自然是最好的了。如果失败，后悔也来不及了。不如西去，是万全之策。”

慕容垂的另外一个儿子慕容马奴打算偷偷逃归邺城，慕容垂将其杀死，然后，一行人往西南而去。等到抵达河阳（今河南省孟州市南）渡口的时候，被驻守渡口的官吏制止，于是斩杀了渡口官吏，强行渡过了黄河，抵达洛阳。

这一行人包括慕容垂、慕容垂的小段夫人、世子慕容令、慕容令的弟弟慕容宝、慕容农、慕容隆、慕容恪的儿子慕容楷、慕容垂的舅舅兰建以及吴王的郎中令高弼，王妃可足浑氏却留在了邺城。慕容垂等人从洛阳通过的时候，一泉坞的坞主吴归率众一路追击，在阌乡（今河南省三门峡市灵宝市境）追上了他们，慕容令将其击退。

秦王苻坚听说慕容垂前来投奔，不禁大喜，亲自到长安郊外迎接慕容垂，见到慕容垂之后，他握着慕容垂的双手，说：“天生的豪杰之士，必然会聚在一起共同成就一番大事，这是自然之理。我将要与你一起去平定天下，届时，将成功在泰山禀告上天，然后，把你送归故乡，世世代代封在幽州，让你离开国家也不失为人子之孝，效忠于我也不失为对故主尽忠，这不是很好嘛！”

慕容垂回答：“流亡之臣，能够免死，就已经万幸了，能回归故土的尊荣，是不敢奢望的。”

苻坚还十分欣赏慕容令、慕容楷的才华，赏赐上万，每次二人觐见，苻坚都忍不住凝神审视，关中之民素来听说过慕容垂的威名，对其父子也十分仰慕。

王猛对苻坚说：“慕容垂，是燕国的皇亲，世代雄踞东方，宽和仁爱，恩结百姓，在燕赵民众中间很有威望，都愿意立其为主。我观察此人的才能韬略，智慧无双，并且，他的几个儿子们都坚强而有才能，这是人中的豪杰啊。蛟龙猛兽，不是可以驯化之物，如果借给其风云，终将难以驾驭，不如趁早将其除去。”

苻坚回答：“我正要用大义来收揽英雄豪杰，以荡涤四海，为何要杀掉！况且，人家刚来的时候，我已经推心置腹收留了人家，即使是平民百姓，尚且不能说话不算数，更何况是万乘之君呢，人们又将如何看我！”苻坚任命慕容垂为冠军将军，封宾徒侯（胡三省注：宾徒，汉县名，属辽西郡），食华阴县五百户，封慕容楷为积弩将军。

慕容垂的叛逃事件，对于前燕帝国的打击无疑是十分沉重的。一位刚刚立下大功的帝国元帅，不见容于本国，竟然逃奔他国，这对前燕帝国上下的震动是非常巨大的。不仅如此，前燕太傅慕容评还进行了一系列清除慕容垂党羽的行动，他将平素与慕容垂关系较好的魏尹（京师邺城市市长）、范阳王慕容德、车骑从事中郎高泰（慕容垂为车骑将军，即慕容垂的主任参谋）等人，均予以免职，这使得事态更趋于复杂，造成邺城统治阶层人心惶惶，更加怨恨。申绍对慕容评建议说："吴王叛逃，人们议论纷纷，将矛头都指向了您，应该起用吴王幕僚中的才能之士，这样多少能减少一些诽谤。"慕容评问："提拔谁合适呢？"申绍回答："高泰是他们中间的头儿。"就将高泰任命为尚书郎。

据《晋书·慕容廆载记附高瞻传》《北齐书·神武本纪》记载，这位曾经在慕容垂手下任职的高泰，就是北齐开国皇帝高欢的高祖。永嘉之乱中，高瞻与高欢的六世祖、高瞻的堂叔高隐一起率领数千家从老家渤海蓨县（河北省景县，汉代周亚夫封地），迁往幽州，投靠王浚，继而转投东夷校尉崔毖，后归于慕容廆。高隐生子高庆，与高瞻是堂兄弟；高庆生子高泰，即此处所说之人；高泰生子高湖；高湖第三子高谧，《魏书》均有传；高谧长子高树（《魏书》记作"高树生"），高树即高欢之父，也就是说南北朝时期的一代枭雄高欢正是高泰的玄孙。

二二三 王猛灭燕（一）

王猛像

桓温败退之后，前燕和前秦结为友好邻邦，使者多次在两国之间穿梭。

在此之前，前有燕散骑常侍李凤率先前往秦国求救，继而，散骑侍郎乐嵩又去请救，并答应将虎牢关以西的土地割让给前秦，后来，前燕的散骑侍郎郝晷、给事黄门侍郎梁琛等人也相继出使秦国。乐嵩出使之时，唯恐秦国不出兵，只说晋军强盛，如果秦国再不出兵，晋军灭了前燕，击败秦国将易如反掌；郝晷入秦之后，发现秦国政治清明而本国则内政不修，他与王猛早先就十分熟识，为了自身前途，偷偷向王猛泄露了燕国的一些真实情况；只有梁琛不卑不亢，当他抵达长安的时候，秦王苻坚正在万年（今陕西省西安市临潼区）打猎，传话让梁琛去打猎场相见。

梁琛回话："秦国使臣到我们燕国，燕国君臣洒扫庭院，身着朝服，正式接见。如今秦王想在荒郊野外接见我，我不敢从命。"在梁琛的一再坚持下，双方作出妥协，由秦王苻坚在打猎场设置行宫，并将百官从长安召来，然后再请梁琛前往接见。

接见礼仪结束之后，苻坚设下便宴招待梁琛，问道："东朝的名臣都有哪些？"

梁琛举出了太傅慕容评和慕容垂的例子，而此时，前秦已经从郝晷的口中探听到了燕国的虚实，苻坚与王猛的计划是：趁着前燕政治黑暗，并且被桓温打击之后，一举将其消灭。秦国已经在陕城以东囤聚了大量的粮食等军用物资，做好了对燕国发起进攻的一切准备工作，不过，梁琛举出的慕容垂却的确让苻坚有些忌惮，因此，苻坚没有下达作战命令。

由于前秦君臣对伐燕举棋不定，梁琛被滞留在秦国一个多月。在此期间，梁琛也掌握了前秦大量的军事情报，王猛主张就此扣留梁琛不放。前秦如果悍然扣留梁琛，必定要与前燕翻脸，就此拉开与前燕的战争，此时，苻坚还没有下定决心，因此，他没有同意王猛的建议，答应将梁琛放回。从长安出来后，梁琛昼夜兼程，一口气奔回了邺城。梁琛在秦国对苻坚所说的话还言犹在耳，就在梁琛匆匆返程的途中，慕容垂却叛逃到了秦国。慕容垂投奔秦国，对于苻坚而言可以说是雪中送炭，苻坚的幸喜之情当然是可想而知了。

在秦国一个多月的时间里，梁琛从秦国君臣的种种迹象中得出了一个准确的判断，那就是说：秦国居心叵测，两国之间的友好关系不能持久。这让他心急如焚，也是他匆忙归国的直接原因。抵达邺城之后，他立即向太傅慕容评汇报说："秦国人每天都进行军事演习，并且在陕城东面囤聚了大量粮草，以我判断，和平不能持久。如今，吴王又投奔了他们，秦国一定有侵略的图谋，应该早做战争的准备！"

而昏聩的慕容评却说："秦国怎能接受叛臣而破坏两国的友谊呢！"

梁琛进一步解释说："邻国之间相互吞并，这种事情由来已久，我国与秦国分据中原，过去就有相互吞并的计划，况且两国都称尊号，难以俱存。桓温讨伐我国的时候，秦国出兵相救，并非是因为喜爱我国，而是基于计算得失之后才做出的决定。如果我国有可乘之机，秦国怎会忘记它原本的计划呢？"

慕容评接着说："秦王苻坚是何等样人？"

梁琛说："英明而又善于决断。"

慕容评又问到王猛，梁琛回答："名不虚传。"

梁琛又说："苻坚与王猛二人君臣相得，可以说是千载一时，桓温不足为虑，终将给我们带来灾祸的，大概只有王猛一人吧？"

听了梁琛的话，慕容评均不以为然。

梁琛又将自己的担忧向皇帝慕容暐做了系统的汇报，而慕容暐也不相信。无奈，梁琛只好找到太尉皇甫真，皇甫真听了感到十分忧虑，他亲自上书说："苻坚虽然派来的使节不断，但不是因为仰慕我上国的文化，实际是来侦察我国的虚实，不会长久地坚守盟约。前不久，秦国军队进入洛阳地区，后来，秦国使者相继而至，我国的险阻虚实，秦国已经侦察清楚。如今，吴王慕容垂又投靠了他们，充当秦王的智囊，伍子胥曾带来的灭亡母国的灾祸，不可不提前防备。洛阳、太原、壶关，都应该选择良将，增加军队把守，以防患于未然。”

针对皇甫真的建议，燕主慕容暐将太傅慕容评召来商议，慕容评说：“秦国国小力弱，依赖我国的援助，并且，苻坚这人还比较善良，肯定不会听信叛臣之言，来破坏两国之间的友好关系。不应该轻率行动，以免给对方入侵的借口。”

因此，燕国并没有对皇甫真和梁琛的警告当真。

不过，为了吓阻秦国可能的入侵，前燕太傅慕容评也作出了相应的对策。当秦国使者黄门郎石越来到邺城的时候，慕容评为了夸耀燕国的富庶，接待的规格极尽奢华，在他看来，这就足以让苻坚断了念想。

尚书郎高泰和太傅参军刘靖对慕容评说：“石越言辞荒诞，眼睛四处张望，并非是来和好的，而是来侦察我们虚实的。应该向其展示我们的军力，挫败他们的图谋，如今却展示奢华，这会让他们更加瞧不起我们。”慕容评拒不听从，于是，高泰提出辞职，回家闲居。

也许，此次石越访邺，不仅仅是为了侦察虚实，而且，可能还带有向前燕帝国索要虎牢关以西之地的使命。想当初，乐嵩曾经答应苻坚，等击败桓温之后，将虎牢关以西的洛阳地区割让给前秦。然而，桓温退去之后，前燕统治者却认为，前秦答应救援之后，秦军并没有与晋军交战，只是远远地坐壁上观，而真正挫败东晋军队的，主要还是燕军；前秦军队不仅没有出上什么力，而且，还在这场战争中趁机捞到了便宜——在燕军襄邑之战击败桓温之后，又截击了桓温。在这种情况下，燕国还要将洛阳之地划归秦国，的确于心不甘。于是，燕国开始耍赖，他们对秦国的使者说：“完全没有这回事，是使者说错了话，这完全是一场误会。有国有家的人，相互之间帮忙解救灾祸，这很正常。”

话说得漫不经心、轻描淡写，然而，后果却很严重。秦王苻坚听了使者的汇报，不禁勃然大怒，立即翻脸，他迅速调兵遣将，要夺取承诺给他的土地。于是，晋海西公太和四年（公元 369 年）十二月，也就是在东晋桓温败退之后两个多月，前秦天王苻坚命令辅国将军王猛、建威将军梁成、洛州刺史邓羌率领步骑三万，怒气冲冲地向洛阳杀来。

二二四　王猛灭燕（二）

此时，驻守在洛阳金墉城的，是前燕荆州刺史、武威王慕容筑。

在王猛的内心深处，困守洛阳孤城的慕容筑，难以抵御自己养精蓄锐的三万大军，洛阳似乎已经是秦国的囊中之物，不足深虑，而让他真正担忧的却是身在长安、咄咄逼人的慕容垂父子。王猛与慕容垂是同龄人，王猛还比慕容垂年长一岁，然而，两人又是那么的不同：王猛虽然身怀济世安邦的韬略，但他是一介平民，如果不是遇到天下大乱，在当时南北两地均重视出身门第的背景下，恐怕只能挣扎在社会的最底层，即便是遭遇到了乱世，如果不是遇到了千载难遇的明主苻坚的话，王猛也有可能淹没在芸芸众生之间或失足于险恶的政治旋涡之中；慕容垂呢，生来贵为王子，年少时候就勇冠三军，威震敌国，虽然命运多舛，但他一直以来都是身处前燕帝国的最上层，享有大名已久。

奇特的是，曾为一介平民的王猛如今却成了秦国的第一宠臣，而曾经叱咤风云的慕容垂则沦为落难来投的降将！不过，慕容垂的到来，也让王猛产生了一丝的危机感。虽然王猛深得苻坚的宠信，被苻坚乃至后世的人们将二人的关系比作是刘备与诸葛亮一般，实际上，苻坚与王猛的关系同刘备与诸葛亮之间还是有差别的：一是截至目前，苻坚对于王猛并非言听计从。比如，在处理“五公”问题上就是如此，究其原因，还在于秦王苻坚的个性与王猛有一定的冲突，那就是，苻坚心胸宽广，更加仁厚，而王猛则更趋于法家的严猛。二是王猛出山之时也与诸葛亮迥异。刘备三顾茅庐，请得孔明出山，而王猛则是借助于吕婆楼引见，投怀送抱。

如今，文武双全的慕容垂前来，苻坚竟能亲自到长安城外迎接，这的确非同小可，而且，一见之下，苻坚发现慕容垂父子果然不同寻常，尤其是他对慕容令、慕容楷等人更是宠爱有加，这一切无论于公于私都让王猛感到一丝不安。

于是，就在王猛从长安出发之前，他引慕容垂的世子慕容令为参军，表面上的理由是让其随军作为向导。

慕容令随着先头部队业已出发，王猛稍后也将离开长安，临别之际，他特意前往慕容垂的府邸拜望，与慕容垂饮酒话别。酒席间，王猛从容对慕容垂说："如今即将远别，你将以何物赠送给我，让我睹物思人呢？"仓促之间，慕容垂实在是没有心理准备，他只好脱下身上的佩刀赠送给了王猛，宾主尽欢而散。

太和五年（公元370年）一月，王猛完成了对于洛阳的攻击准备，他将主力部队集中在洛阳城下，而派出部将杨猛率军东进荥阳，驻守石门，以阻击前燕可能到来的援军。布置妥当之后，王猛给金墉城内的慕容筑送去书信，他在信中说："我国已经占领了虎牢关险阻，断绝了从孟津南下的通道，秦王将率领百万雄师，从轵关直取邺城，金墉城旦夕可破，外无救兵，洛阳城下的军队，将军亲眼所见，岂是你三百多疲惫之卒所能抵挡的呢！"

此时，前秦军队出兵洛阳的消息也第一时间传到了邺城，前燕帝国皇帝慕容暐命令乐安王、卫大将军慕容臧率领十万精锐部队南下，解救洛阳之围，前燕军队进展迅速，同月即抵达了荥阳，并在石门击败秦军，活捉了秦将杨猛，于是，慕容臧率部推进到了荥阳。

在这种情况下，王猛命令建威将军梁成、洛州刺史邓羌率领一万精锐部队，秘密撤围东进，这支精锐的突击部队轻装前进，昼夜兼程，一举击败刚刚得胜、疏于戒备的乐安王慕容臧，斩杀燕军一万多人，慕容臧被迫撤退到石门，一时之间，两军在石门形成了僵持。

秦军大胜之后，慕容筑真正害怕起来，决定投降，王猛在金墉城外陈列队伍，接受了慕容筑的投降。

顺利拿下洛阳之后，王猛即开始着手实施他的另外一个计划。

他以重金收买了慕容垂身边的亲信金熙，令其假装成慕容垂的使者来到军营，给慕容令带来了父亲的口信："我父子来到此地，本为逃脱一死。如今，王猛对我们父子像仇敌一样憎恶，日复一日地挑拨离间，诽谤陷害。秦王虽然表面上对我等优厚善待，但其内心尚不可知。大丈夫逃命不成，反被诛杀，将为天下人所耻笑。我听说燕国君臣也开始悔悟，主上和太后相互埋怨。我现在已经出发了，特地派人告知你一声，你接信之后，要立即动身。因担心走漏风声，不敢用书信，特以金刀为凭。"金熙带来这样一个惊天的消息，让慕容令措手不及：不信吧，这的确是父亲随身携带的佩刀，相信吧，父亲的决定却是如此突兀，没有半点预兆，而按照父亲说的，他已经离开了长安，自己即使怀疑此事有诈，也无从查证。慕容令就这样眉头紧锁，满腹狐疑，踌躇了一整天，到最后，他终于决定赶紧离开这一是非之地，于是，他假装出外打猎，带领身边的亲信骑兵，快马逃奔乐安王慕容臧驻守的石门。

看着慕容令远去的背影，王猛立即给长安的符坚上书，报告了慕容令叛逃的消息，同时，他又让人把这一消息不经意地传到了慕容垂的耳中。慕容垂大惊失色，他担心因此而被诛杀，狼狈逃出长安，当其逃至蓝田的时候，被苻坚派来追赶的骑兵抓获。

王猛的“金刀计”如行云流水，让慕容垂百口莫辩，被押解回长安的慕容垂一家人，人人想到的是面临被诛杀的结局，远在洛阳的王猛心中大约也是同样的预测。然而，让所有的人都瞠目结舌的是：秦王苻坚第一时间将慕容垂接到了东堂，温和地安慰他说：“你的故国失去和谐，你以身投奔朕躬。你的贤子没有忘本，依然眷恋着故乡，这也是人各有志，不足深究。可是，燕国将要灭亡，不是一个慕容令所能存续的，只可惜他再入虎口了啊！《尚书》不是说了吗：‘父父子子，无相及也。’即使他有罪，父子兄弟，也罪不相及，你又为何担心过度而如此狼狈逃窜呢！”苻坚恢复了慕容垂的爵位，仍然像往常一样对待他。

逃归燕国的慕容令却没有父亲那样的好运气。

燕国人认为他的父亲为秦国所宠遇，在大敌当前之时，慕容令来此，极有可能是来做间谍的，遂将其流放到龙城东北六百多里的沙城。被流放到沙城的慕容令担心自己终究会被燕国诛杀，他密谋起兵，对戍守沙城的数千将士均厚厚安抚，到了这一年的五月，慕容令率众诛杀了沙城牙门将孟妫。沙城城主涉圭担心被杀，请求自效，慕容令将其作为亲信，时常追随左右。他率众袭击东面的威德城（宇文涉夜干曾居之城），诛杀了守将慕容仓，然后，派人四处招降附近的营垒，诸堡垒卫兵纷纷响应。

慕容令计划奔袭龙城，然而，他的弟弟慕容麟再次向龙城守将、镇东将军、渤海王慕容亮告密，慕容亮闭城固守，慕容令的偷袭计划归于失败。涉圭发生动摇，他趁着值班之机，袭击慕容令，慕容令单骑而逃，余党全部溃散。涉圭紧紧追赶，一直追到薛黎泽（今地不详），将慕容令擒获杀死，带着慕容令的人头去龙城向慕容亮自首。慕容亮为慕容令将涉圭诛杀，将慕容令的尸体收葬。

在王猛实施“金刀计”的同时，秦军将领梁成率军又击败了石门的燕军，斩杀了三千多级，生擒燕军将领杨璩。慕容臧看到洛阳已经被前秦攻陷，就从石门北撤，在新乐（今河南省新乡市）筑城，留兵戍守，然后回到了邺城（《资治通鉴》称，慕容臧先构筑新乐城，而后才去解救洛阳，不合逻辑，今从《晋书·慕容暐载记》）；而王猛则留下邓羌驻守金墉城，以自己的辅国将军司马桓寅为弘农太守，代替邓羌驻守陕城，然后凯旋而归。

王猛得胜回京之后，苻坚任命他为司徒、录尚书事，封平阳郡侯。王猛坚决推辞，他说：“如今燕国和吴国尚未平定，战车才刚刚启动，我军只得到一座城池，就受到三样的重赏，以后我平定了两方敌人，陛下您又将对我如何封赏呢！”

苻坚一听也觉得有理，说道：“如果不暂时抑制朕的旨意，又将如何显示爱卿你的谦让之美呢？已经下诏暂时听你的，但给予你的爵位，你要接受！”

二二五 王猛灭燕（三）

洛阳之战，仅仅是一次前秦试探性的进攻，然而，这次较量显然激发了前秦君臣一举灭亡燕国的野心。

在此之前，前秦军队并未与燕军进行过真正的交手，此次洛阳之战师出有名，而且，王猛仅仅出兵一月即拿下了洛阳，并击退了慕容臧的十万精兵，让前秦摸清了燕军的真实实力。如今前秦势力已经抵达荥阳地区，全据洛阳地区，不仅能够有效地屏护关中的门户潼关，确保关中安全，而且，也与黄河北岸的河东地区连成一片，形成了一种有利的进攻态势。

到了太和五年（公元 370 年）三月，苻坚再次命令王猛都督镇南将军杨安、虎牙将军张蚝、洛州刺史邓羌、屯骑校尉苟苌、游击将军郭庆、将军徐成等十员战将，发兵六万，拉开了灭亡燕国的大战。

六月十二日，秦王苻坚亲自到长安东面的灞上给王猛壮行。他对王猛说："今天授予爱卿精锐部队，委以重任，你可以先夺占壶关（一说在山西省长治市东南，一说在山西黎城县东北二十八里太行山口吾儿峪），回身平定上党郡，然后，沿着浊漳河谷地一路向东攻击前进，这是一条捷径，正所谓的'迅雷不及掩耳'。我会率领大部队跟着爱卿的脚步，我们在邺城相见。我已经命令有关部门筹措了粮草，水陆一起进发，你只用操心破敌，不要有后顾之忧。"

王猛回答："臣下只是一介毫无根基的平庸书生，操守也不高尚，蒙陛下厚爱，成为近臣，在内则侍从身边，出外则统率全军，凭借着宗庙之灵，依靠陛下的神机妙算，荡平残余的胡人，如秋风之扫落叶。但愿不用麻烦陛下亲自出马，沾染霜露尘埃。只请求速速命令有关部门安排好投降鲜卑贵族的住所。"

苻坚闻言大喜。

秦军兵分两路，一路由镇南将军杨安率领，负责北上进攻晋阳（今山西省太原市），以解除大军东进以后的侧翼威胁；主力部队则由王猛率领进攻壶关，切断并州地区与燕国腹地的联系，占领壶关之后，既可以回过头来慢慢解决上党、晋阳，又能够威胁邺城，进可攻，退可守。

王猛大军一举攻下了壶关，活捉前燕上党太守慕容越，前秦军队所经郡县全部投降。打下壶关之后，王猛留下屯骑校尉苟苌率军戍守壶关，关上了并州地区与外界联络的口子。而此时，前燕慕容暐也征集了四十多万精锐部队，命令太傅慕容评西上解救壶关和晋阳二城，但是，慕容评却惧怕王猛，驻军于潞川（浊漳河上游，流经山西省黎城县南），不敢向前推进。如果此时的慕容评强攻壶关，那么，王猛所部立即陷于前有强敌、后有晋阳牵制的不利局面，一旦壶关被攻陷，前秦的攻击行动极有可能归于失败，因为，此时的晋阳还在前燕之手。

王猛敏锐地发现慕容评并没有立即向壶关发起进攻的打算，他在命令苟苌驻守壶关之后，立即亲率主力大军北上，协助杨安进攻晋阳坚城。

史称“晋阳兵多粮足”，杨安进攻了很久都没有攻下。这也说明了，前燕的最高层在洛阳之战前后，已经做了大战前的准备工作，我们还记得，申绍曾经说过要将云中之兵调往并州的话，也许，洛阳之战前后，前燕帝国的确增加了晋阳的兵力；在洛阳之战中，前燕帝国调集了十万精锐部队，而这次，又很快征集到了四十万兵力，在沙亭（今河北省大名县东）尚有宜都王慕容桓率领的一万多兵力，作为慕容评的后援，这一切迹象都表明前燕当局在战前的确并没有闲着——然而，他们却没有对壶关的重要性引起高度的重视。

王猛主力部队抵达晋阳之后，进攻晋阳的形势立即发生了逆转，王猛命令部队从城外挖掘通往城内的地道，地道挖进城内之后，他派遣猛将、虎牙将军张蚝率领数百壮士，从地道里偷偷突入城中，他们进入晋阳以后，即狂呼呐喊，斩开城门，引领王猛大军攻入城中。九月十日，王猛、杨安进入晋阳城，抓获了前燕并州刺史、东海王慕容庄。

就在慕容评屯兵潞川、迟迟不进的时候，王猛巧妙地打了一个时间差，使得前秦军队顺利地拿下晋阳，解除了后顾之忧。十月十日，王猛留下将军毛当镇守晋阳，自己则统领大军再次回到了壶关，并从壶关东出潞川，与慕容评的大军遥遥对峙。

两国之间的生死对决，即将开始……

二二六 王猛灭燕（四）

前燕太傅慕容评久经沙场，并非全不知兵。

在慕容评看来，王猛前秦军队悬军远入，利在速战速决，而作为主军，则利在持久，且，客军在异国他乡作战，置之死地，而主军在家乡作战，人人皆有顾家之心，军心不稳。这也许正是慕容评坚守不战的主要原因，然而，任何事情均无一定之规，军事更在于见机而作，在王猛左右失据之时，正是燕军取胜的良机，而慕容评却让王猛从从容容地拿下了晋阳，然后，合兵一处，与自己对垒——不过，当时的慕容评应该不会知道王猛大军已经北上了吧。

慕容评的大军离开邺城之后，前燕各地盗贼蜂起，邺城之内出现了很多怪异的现象。燕主慕容暐忧愁恐惧，束手无策，他把出使过前秦的使者们召来，问道："秦国军队战斗力到底如何？如今大军已经出发,王猛等人究竟能否与我一战？"

有人说："秦国小兵弱，怎能是我军的对手，王猛不过平庸之人，又无法与太傅匹敌，不用多虑。"

黄门侍郎梁琛、中书侍郎乐嵩却说："不对。兵法的要义是，预料到敌人能与我匹敌，那就该以计谋战胜他。如果寄希望于敌人不与我交手，那不是万全之策。因此，胜败的关键在于谋略，而不在军队人数的多少。秦军远来侵略，怎能不战？"

慕容暐听了很不高兴。

前燕黄门侍郎封孚问司徒长史申胤说："事态将会怎样？"

申胤回答："我国必被灭亡，我们如今将成为秦国的俘虏了。不过，春秋时候岁星在越，而当年越国却被吴国灭亡，最终吴国反受其祸；今年，岁星在燕，而秦来讨伐，秦国虽然能成功一时，但燕国必定能够中兴，距此不会超过十二年吧。"

慕容评的大军九月抵达潞川，一直坚守不战。

慕容评本人十分贪婪，由于此地只有浊漳水一条河流，于是，他下令将河水和附近的山岭严密封锁起来，不论是百姓或是士兵，要想烧饭、喝水，均需要向他纳税，到河里取二石水，需要拿一匹布来买，上山砍柴也是如此。“卖水鬻薪”这件事，目前我们能在《水经注》《太平御览》引崔本《十六国春秋》《晋书》和屠本《十六国春秋》中看到，应该是真实的，其中《水经注》“浊漳水、清漳水”条上说：“余案《燕书》，王猛与慕容评相遇于潞川也。评障锢山泉，鬻水与军，入绢匹，水二石，无他大川，可以为浸，所有巨浪长湍，唯漳水耳。故世人亦谓浊漳为潞水矣。县北对故台壁，漳水径其南。本潞子所立也，世名之为台壁。慕容垂伐慕容永于长子，军次潞川，永率精兵拒战，阻河自固，垂阵台壁，一战破之，即是处也。”一个多月下来，慕容评囤积的财帛如同小山一样，而全军将士无不切齿痛恨，毫无斗志。

慕容评“卖水鬻薪”的事情传到了王猛的耳中，他忍俊不禁，笑出声来说：“慕容评真是个奴才！这样的主帅，即使有亿万之众尚不用害怕，何况是数十万部队呢？这下，我一定能击败他！”他派出游击将军郭庆率领五千骑兵，从小路绕到燕军的背后，将燕军囤积的军粮全部烧毁，熊熊的大火在邺城都能看到。

此时，燕主慕容暐也听说了“卖水鬻薪”的事情，他派侍中兰伊前往慕容评的军中，责备说：“大王是高祖的儿子，首先应该考虑的是国家社稷，为什么不安抚战士，竟然专心做起贩卖河水、柴火的生意来？国库的钱财宝贝，我与大王共同享用，你何至于会担心贫困！如果敌人攻来，国家灭亡，大王带着那么多钱财，又能逃到何方呢？皮之不存，毛将焉附。钱财要散发给三军将士，你要以战胜敌人为面前的头等大事！”

听了皇帝的严厉指责，慕容评心里非常恐惧，他赶紧按照皇帝的命令将搜刮来的钱财全部赏赐给将士们，并向秦军统帅王猛下达了定期决战的战书。

十月二十三日，正逢甲子日，王猛陈兵渭源（今地不详）誓师，他对全体士兵们说：“我王猛受国厚恩，肩负重任，如今，我们深入敌人国境，都要竭尽全力死战，此举有进无退，一起成就大业，来报效国家。在圣明君主的朝廷里接受爵位，在故乡向父母敬酒，不是很美的一件事嘛！”全军将士将锅碗全部砸碎，扔掉了全部辎重，个个喊声震天，士气高昂地进入了预设阵地。

然而，当进入预设阵地之后，王猛看到黑压压的燕军，心头还是不禁掠起了一丝不安，因为，燕军的人数实在是太多了。他对猛将邓羌说：“今日大战，除非将军你出马，不能击破强敌。成败之机，在此一举，将军，加油！”

邓羌说：“战后如果能任命我为司隶校尉的话，今天的事情，大人你就不用操心了。”

王猛说：“这我说了不算，但我一定能让你做安定太守，封万户侯。”

邓羌听了一脸的不高兴，怏怏而退。

不一会儿，两军接战。

王猛派人召唤邓羌，传令官回报说，邓羌正在自己的大帐中睡觉，拒不前来。心急如焚的王猛亲自骑马来到邓羌大营，当场答应了他战后当司隶校尉的要求。邓羌大喜，当即从床上一跃而起，在帐中开怀猛饮了很多碗美酒，然后，他与张蚝、徐成等猛将一起跨上战马，挥舞长矛，径直冲入燕军阵营之中，杀入杀出，旁若无人，这帮天神一般的人在燕军阵营来回穿梭了四五次，共杀伤燕军数百人。据《太平御览》记载，这位徐成相貌奇丑无比，丑得天下无双，身高不满六尺，但却是一员异常勇猛的猛将。

双方一直鏖战到中午，燕军大败，死伤五万多人，燕军主将慕容评单骑逃回，秦军乘胜追击，又俘虏、斩杀了十万多人。

十月二十六日，秦军将邺城团团围住。

二二七 王猛灭燕（五）

王猛第一时间向秦王苻坚汇报了潞川大捷的消息。

接到王猛的报告，苻坚立即留下自己的表舅李威辅佐太子苻宏镇守长安，并命令弟弟苻融镇守洛阳，他自己则亲自率领十万精锐部队向邺城进发。从长安出发之后，只用七天时间，苻坚的军队即抵达了安阳（今河南省安阳市），在苻坚年少的时候，曾长期在此生活，这次他探访曾经熟悉的旧巷，摆下盛宴热情款待祖父苻洪时代的长辈们，谈及祖父在世时的种种往事，不禁泪眼婆娑，当晚，苻坚就留宿在了安阳。

当夜，王猛离开军营，偷偷前往安阳拜谒苻坚，苻坚说："过去，汉文帝去周亚夫的军营，周亚夫不出军营迎接，将军你却为什么在大敌当前之时，擅自离开部队来迎接朕呢？"

王猛回答："臣每每读书读到周亚夫这件事，书上说周亚夫以此而成为名将，臣并不以为然。如今，臣按照陛下正确的指挥，攻击即将灭亡的敌人，如同摧枯拉朽，前线没有什么可以忧虑的！只是太子年纪尚小，而陛下大驾离京来此，一旦出现变故，将追悔莫及！陛下难道忘记了我在灞上给您说过的话了吗？"

十一月七日深夜，前燕散骑侍郎余蔚率领滞留在邺城的扶余国、高句丽国以及上党军团的人质们，共计五百余人，他们打开了邺城的北门，迎接秦军进城。当晚，前燕皇帝慕容暐、太傅慕容评、乐安王慕容臧、定襄王慕容渊、左卫将军孟高、殿中将军艾朗等人仓皇朝龙城方向逃去。十一月十日，前秦天王苻坚进入邺城皇宫，查阅户籍档案，共得到157个州郡，1579个县，2458969户，9987935人。秦王苻坚将前燕宫中数千宫女、财帛都赏赐给将士们，并下诏大赦天下。邺城附近在王猛的前秦军队尚未到来之时，盗匪纵横，社会治安极差，等前秦军队到来之后，由于前秦军队纪律严明，各地盗匪也都销声匿迹，百姓安居乐业，人们看到前秦军队，相互说："没有想到又见到了太原王慕容恪！"王猛叹息说："慕容恪真是位奇士啊！有古人爱民之风。"以太牢的规格（牛羊猪各一），来祭祀慕容恪，此时距前燕太宰慕容恪去世仅仅三年半的时间。

潞川之战时，前燕宜都王慕容桓率领一万余众驻屯在沙亭（今河北省大名县东），作为慕容评大军的后援，慕容评潞川惨败的消息传来，慕容桓引兵进驻安阳东面的内黄（今河南省内黄县）。苻坚抵达邺城以后，派遣大将邓羌北攻信都（今河北省衡水市冀州区），眼看秦军已经北上，大势已去，在秦军攻陷邺城的前一天，宜都王慕容桓只带上军中的五千鲜卑人逃奔龙城。

由于前燕政治黑暗，加上全国的绝大多数军队全部在潞川之战中覆灭，地方上的兵力少得可怜，因此，前秦政权在接下来的时间里，几乎没有遇到任何有力的抵抗，前燕各地的郡守、县令以及六夷酋长全部都投降了苻坚。目前，对于苻坚和王猛而言，就是直捣龙城，捉拿前燕皇帝慕容暐。苻坚占领邺城之后，即命令游击将军郭庆率领精锐骑兵北上追击。

燕国皇帝慕容暐离开邺城之时，尚带领一千多护驾禁卫骑兵，然而，刚刚出了邺城，随从将士由于顾及家眷均纷纷逃散，慕容暐的身边仅剩十几个随从将士。道路泥泞难行，左卫将军孟高扶持着慕容暐，殿中将军艾朗护卫着乐安王慕容臧、定襄王慕容渊二王，除了道路泥泞之外，路上的盗匪也不时出没，一行人转斗而前，就这样走了几天。

一日，他们来到福禄（今地不详），大家靠着一座大坟墓歇息，突然，从丛林中蹿出二十多个劫匪，手持大刀弓箭，包抄过来。左卫将军孟高拔出佩刀，奋勇向前与匪徒搏斗，斩杀了几个人，然而，此时孟高已经数天未进一粒米，全身再无一点力气，他自忖必死无疑，拼尽全力上前抱住一人，将其猛摔在地，高呼道："男儿尽力了！"其他劫匪从旁边将其射杀。

殿中将军护送慕容暐等人前行之后，看到孟高独自一人与敌人搏斗，又反身杀来，结果，与孟高一起被杀。

匆忙间，慕容暐顾不得上马，只能艰难往北步行前进，被前秦将军郭庆的军队在高阳（今河北省蠡县南十五里）追上。郭庆部将巨虎将要捆绑慕容暐，慕容暐怒斥道："你是何等小人，竟然敢捆绑天子！"

巨虎回答："我梁山巨虎，接受皇帝命令前来抓贼，还说什么天子！"

将慕容暐捆绑着押回了邺城，面见苻坚。

苻坚询问慕容暐为何不降，慕容暐回答："狐狸死时，尚且头向自己家所在的土丘，我只是想回到祖先的坟墓那里去死啊！"

苻坚听了慕容暐这句凄凉的话，心头一阵悲怆，当即下令将其释放，命其回到邺城皇宫内，率领前燕的百官举行正式的投降仪式。慕容暐向苻坚称道孟高和艾朗的忠勇，苻坚命人收殓安葬，并将二人的儿子拜为郎中。

前秦游击将军郭庆一直推进到龙城。业已逃到龙城的宜都王慕容桓杀死了龙城守将、镇东将军慕容亮，将慕容亮的部队兼并，一起逃到辽东，辽东太守韩稠此时已经投降了前秦，慕容桓抵达辽东（今辽宁省辽阳市）之后，无法进城，强行攻城不拔，郭庆闻讯之后，派遣将军朱嶷率军前往，一举击败了慕容桓，并将其诛杀。而慕容评则从龙城又东逃到高句丽，高句丽虽为前燕属国，然而与前燕有血海深仇，高句丽将慕容评抓获，将其送给了秦国。

秦王苻坚在邺城停留了一个月，在此期间，他听说前燕尚书仆射悦绾忠心耿耿，可惜悦绾已死，就拜其子为郎中；此外，他任命王猛为使持节、都督关东六州诸军事（即前燕全国）、车骑大将军、开府仪同三司、冀州牧，晋封爵位为清河郡侯，将慕容评府邸中的全部财物都赏赐给了王猛，另赏赐王猛美妾五人，上等妓女十二人，中等妓女三十八人，马一百匹，车十辆，王猛坚决推辞；赏赐杨安爵位为博平县侯；任命邓羌为使持节、征虏将军、安定太守，赐爵位为真定郡侯；任命郭庆为持节、都督幽州诸军事、扬武将军、幽州刺史，镇守蓟城，赐爵位为襄城侯，其余将士均有封赏。同时，苻坚还赦免了前燕的文武百官，并予以封赏，除了封韦钟为魏郡太守，彭豹为阳平太守之外，前燕各地的地方官一律不变；任命前燕常山太守申绍为散骑侍郎，让他配合前秦散骑侍郎韦儒，担任"绣衣使者"，一起巡视前燕各地，鼓励农业生产，赈济贫苦农民，表彰有节操的人士，前燕诸多弊政全部废除。

十二月，秦王苻坚离开邺城，将燕主慕容暐以及前燕的后妃、王公、百官和四万户鲜卑都迁到长安，又将关东的豪杰以及各族部众共计十万户（《资治通鉴》称十五万户，疑是将鲜卑的四万也计算在内），也全部迁往关中，把乌丸杂类安置在冯翊郡和北地郡，将丁零翟斌安置在新安，将陈留、东阿一万户迁往青州。其他因为动乱流亡的，如果想回到故乡，全部允许。

苻坚从邺城抵达枋头，设宴款待当地的父老乡亲，将枋头改为永昌县，免除该县人民的赋税。十二月十四日，秦王苻坚回到长安，行"饮至之礼"，大宴群臣，歌颂《诗经·劳止》，“民亦劳止，汔可小康，惠此中国，以绥四方……”久久地在王国的宫殿上空回荡，也在全体朝臣心中激荡，它显示了秦王苻坚以民为本的思想和平定四海的勇气。此后，苻坚又举行了大规模的祭拜孔子活动，王国太子以及全部朝臣的世子均参与祭拜，其后，他加封慕容暐为新兴侯，任命为尚书；封慕容评为给事中；皇甫真为奉车都尉；李洪为驸马都尉，都加“奉朝请”的头衔，可以参加御前会议；任命李邽为尚书，封裕之子封衡为尚书郎，慕容德为张掖太守，平叡为宣威将军，悉罗腾为三署郎（中级警卫官）。

慕容暐共在位十一年，如果从慕容廆在西晋武帝太康六年称公开始计算，至今已经四世，共计八十五年。

第六部 淝水之战

二二八　平定寿阳

在王猛讨伐前燕的同时，东晋大司马桓温也在讨伐寿阳的叛将袁真。

桓温很早以前对皇位就怀有觊觎之心，他曾经问过术士杜炅自己的官职如何，杜炅回答："明公位极人臣。"桓温听了很不高兴，他本来是想在伐燕中立下大功，然后，回来就接受九锡之礼，进而进行禅让。然而，事与愿违，越是想要得到的东西，越是小心翼翼唯恐失误，越是横生枝节，难以得到。桓温伐燕正是如此，他生怕失败，再无二十年前伐蜀之时的那种冒险精神，结果，反而大败而归，颜面尽失。襄邑惨败（史书上也说是枋头之败），让桓温失去了问鼎的政治资本，而桓温委过于人的做法，又逼反了豫州刺史袁真，因此，当务之急就是将眼皮底下的袁真消灭。

太和四年（公元 369 年）十月，晋豫州刺史袁真被逼投降了前燕和前秦，让东晋朝廷面临了一次真正的危机：当时，桓温将东晋的精锐部队几乎全部输光，而豫州刺史袁真就在淮河南岸的寿阳，如果，前秦与前燕不曾发生战争，任何一方派兵进驻寿阳的话，又有袁真作为向导，东晋是否还能残存尚难预料。然而，历史又一次给了东晋政权一个机会，前秦和前燕发生了大规模的战争，谁也无暇顾及寿阳的袁真，到了第二年的二月二十八日，袁真病死，陈郡太守朱辅立袁真的儿子袁瑾为建威将军、豫州刺史，并派遣自己的儿子朱乾之和司马爨亮前往邺城，请求前燕帝国的任命。前燕帝国任命袁瑾为扬州刺史，朱辅为荆州刺史。

听说袁真病死的消息，东晋大司马桓温即开始部署对寿阳的攻击，而此时，也正值前秦王猛刚刚结束洛阳之战，也是前秦发起灭燕总攻的间隙，因此，前秦和前燕均向寿阳派出增援部队，企图解救袁瑾。桓温命令都护竺瑶、矫阳之等人，率领水军前去阻击，燕军先到，竺瑶等人在武丘（今河南省沈丘县东南，曹魏甘露三年，司马昭平定诸葛诞之后，魏庭将此地改名为武丘，一说是在河南省商丘市东北）击败燕军。与此同时，桓温命令自己的侄儿、宁远将军、南顿太守桓石虔，率领各军加紧对寿阳的围攻，攻克了寿阳南城。到了这一年的八月，当前秦王猛猛攻壶关的时候，东晋桓温从广陵率领二万人马西上讨伐袁瑾，他在西上之前，为了预防万一，命令建威将军、淮南内史刘波率领五千人马驻守石头城，保卫京师。

刘波是刘隗的孙子，刘隗在王敦之乱中北逃石勒，后死去，孙子刘波曾任石虎冠军将军王洽的参军，等到石虎死后，王洽以寿阳投降了东晋，刘波也随之归顺，晋穆帝时被任命为襄城太守，后升任桓冲的中军咨议参军，因此，刘波应该是属于桓温的人，桓温以他镇守石头城，一方面说明了此时的桓温已经牢牢地控制了建康，能够调动建康的城防；另一方面，桓温此举也是为了防备京师异己势力趁着自己与袁瑾交战，而可能出现的不测情况，因为，桓温深知，袁瑾内心并不反对东晋朝廷，而仅仅反对的是他桓温。

桓温的主力部队抵达寿阳之后，袁瑾曾经出兵与之交战，结果战败，退回城内固守待援，而桓温则将寿阳城团团包围。前燕再次派出援军南下解救袁瑾，这次领军主将就是那位左卫将军孟高，孟高的精锐骑兵已经抵达了淮北，但是，听说前秦大举伐燕的消息，孟高接到回师邺城的命令，又快马折返了邺城。

于是，前秦与前燕两国均无暇顾及淮南的袁瑾了。即便如此，桓温大败之后，元气远远没有恢复，因此，他依然不敢实施强攻，只好构筑壕沟将寿阳围住，就这样，把寿阳牢牢地围困了四个多月。到了第二年，也就是东晋简文帝司马昱咸安元年（公元 371 年）正月，寿阳城内的袁瑾、朱辅再次向秦王苻坚求救，此时，前秦已经灭亡了前燕，苻坚有工夫腾出手来解救袁瑾。他任命袁瑾为扬州刺史，朱辅为交州刺史，并派遣武卫将军王鉴、前将军张蚝率领步骑两万前往救援。秦军抵达寿阳城近郊之后，王鉴屯兵于洛涧（源出安徽省合肥市界，北流经定远县西九址里与寿县接界，又北流至怀远县西南七十里入淮，谓之洛口），张蚝屯兵在八公山（寿阳城东北部）。

王鉴、张蚝先派遣五千精锐骑兵进屯于淝水以北地区，桓温命令桓宣侄儿、淮南太守桓伊，南顿太守桓石虔等率领全军将士，趁夜在淮河与淝水之间的石桥偷袭前秦这支先头部队，遂大破王鉴、张蚝军，（《晋书·桓宣传附桓伊传》还称谢玄也参加了此战，但结合《晋书·谢玄传》的记载，谢玄似尚在闲居）秦军退屯到淮河北岸、寿阳西北的慎城（今安徽省颍上县）。

击退了前秦援军，桓温开始加紧攻城的步伐，一月十七日，桓温的军队终于攻陷了寿阳，生擒袁瑾、朱辅等人，并将袁氏宗族数十人全部送往建康，斩于建康集市。攻下寿阳之后，桓温还下令，将袁氏收养信用的数百“乞活军”全部活埋，将他们的妻子都赏赐给有功将士，这些“乞活军”均为敢死能战之士，可惜没有死于北伐的前线，而成为桓温与东晋朝廷内争的牺牲品。

桓温因平定袁瑾之功，被加班剑十人，东晋朝廷还在桓温军队回军的路上进行犒劳，随军有功将士都分别予以了赏赐。

桓温又一次立了“大功”，他对郗超说：“这次寿阳大捷，是否足以洗刷枋头之败的耻辱呢？”

郗超回答：“还不足以让有识之士满意。”

不久，郗超去与桓温住在一起，半夜的时候，他对桓温说：“明公有忧虑没？”

桓温问：“你有什么话要说吗？”

郗超说：“明公既然高居大位，肩负重任，天下所有的责难都将归于大人啊。如今，如果不能行废立大事、实行伊尹、霍光做过的，就不足以树立威望、镇抚四海，这难道不是值得深思的吗？”

桓温本来早就有废立之心，郗超此言正合他的心意，于是，一场废黜海西公、另立司马昱的阴谋开始紧锣密鼓地展开了。

二二九　废黜海西

海西公司马奕，自兴宁三年二月继位以来，已经在位六年有余。

在这六年多的时间里，前秦政权逐渐强大，苻坚相继占领了秦州、收降了匈奴曹毂和铁弗部刘卫辰、平定了“四公”之乱，并最终消灭了前燕；在这六年里，东晋丞相司马昱彻底丧失了一切抵抗能力，原来本属于朝廷的豫州、徐州、兖州部队，此时也收归桓温所有，在此期间，东晋大司马桓温也在太和四年发起了伐燕之战，但却以惨败收场，这也是桓温废黜司马奕的直接原因。

据《建康实录》《晋书·五行志》记载，司马奕在继位之初，有野鸡集于相风殿，当时又有童谣说：“青青御路杨，白马紫缕缰。汝非皇太子，哪得甘露浆？”《宋书·五行志》又记载，海西公生下皇子，百姓歌唱说：“凤凰生一雏，天下莫不喜。本言是马驹，今定成龙子。”这些童谣民歌，有的有预言的意味，但也不排除是别有用心的人为了达到自己的目的所为，而当海西公生下皇子之后，建康城内的这一歌谣就极有可能是桓温一伙故意编造的。那么，桓温为什么要这样做呢？

这是因为，司马奕一向小心谨慎，对桓温礼遇有加，从未有什么过失，桓温手里没有行废黜大事的把柄，他认为皇帝床笫之间的事情，外人难以查证，容易污蔑，于是，就向民间散播说：“司马奕本来就身患阳痿，引来佞臣相龙、计好、朱灵宝等人，与田氏、孟氏两个美人交媾，生下了三个皇子，企图要建立皇储，暗中转移皇祚。”建康城内的民歌，正与桓温散播的谣言相一致，暗指虽然名义上是司马氏的子嗣，但却有着相龙的血统。

在舆论制造出来之后，太和六年（公元 371 年，也是简文帝咸安元年）十一月九日，桓温率军从广陵进驻白石（今安徽省当涂县采石矶西南）。十一月十三日，桓温抵达建康，他派人暗示皇太后褚蒜子，请求废黜司马奕，改立丞相会稽王司马昱为帝。时年四十八岁的崇德皇太后褚蒜子，经历了人生太多的风风雨雨，可以说她目睹了桓温一步一步地羽翼丰满，进而开始逼迫皇室：作为晋康帝的皇后，康帝死后，她抱着一岁多的儿子晋穆帝司马聃继位，也就是在永和元年，称雄西藩的庾氏家族最后一位族长庾翼去世后，是她同意了何充的建议，让桓温接任荆州刺史；然而，她的儿子却在十九岁的时候因病去世了，她只好让哥哥晋成帝的儿子司马丕继位，司马丕在位三年即死去，弟弟司马奕继位，就是目前的海西公。对于司马丕和司马奕而言，褚蒜子毕竟是他们的婶母，因而被称为崇德太后，而如今，桓温却让褚蒜子的堂叔司马昱继位，这将置褚蒜子于何地呢？褚蒜子能爽快地同意吗？假如褚蒜子不同意，那将会把桓温置于一个十分尴尬而又为难的境地：没有皇太后的懿旨，桓温如果强行废黜司马奕，整个行动形同篡逆，将失去法理上的正当性；而如果此事半途而废的话，桓温无论如何也是难以继续在司马奕的手下为官。因此，此事只能成功，不允许失败。

当桓温的奏表送入宫中的时候，褚蒜子正在佛堂烧香，内侍启奏："外面有紧急奏报。"

此时的褚蒜子早已不再过问政事，当听说有给自己的奏报之后，她马上就明白了是怎么回事。她从佛堂内走出，倚着窗户看了几行桓温的奏表，说了声："我本来就怀疑是这件事。"

看过一半，就不再往下看了。

她从容地命人拿来笔，在奏表上写道："寡妇我又经历此难，想到死去的，挂念活着的，此时我心如刀绞。社稷大计，大义不容我不同意，面对着这张纸，我悲痛哽咽，不知道该说些什么。"（后一句据《建康实录》补）

桓温在刚刚呈送上奏表之后，担心太后不同意，吓得浑身发抖，以致汗流不止，惊恐之色显现在脸上，等见到太后的批示，他不禁大喜。

十一月十五日，桓温召集朝廷百官，正式举行废黜仪式。

其实，海西公早就知道这一天终将到来，过去，他就曾召来术士扈谦占卜，卦成之后，扈谦回答："晋室有磐石之固，陛下有出宫之象。"今天，竟然成真。然而，废立大典究竟该如何举办，没有人知道。尚书仆射王彪之昔日曾经是司马昱的死党，桓温在姑熟的时候，各地郡县派去拜见桓温的都是郡守的高级助手，而唯独王彪之派去的是一般人员，然而，此时的他也明白大势已去，立即投入桓温的怀抱。《世说新语·容止》篇的一则故事，恰恰能够说明王彪之的这一变化：

"简文做相王时，与谢公共诣桓宣武。王珣先在内，桓语王：'卿尝欲见相王，可住帐里。'二客既去。桓谓王曰：'定如何？'王曰：'相王作辅自然湛若神君。公亦万夫之望，不然，仆射何得自没？"这则故事大约就是发生在桓温行废立大事前不久，虽然文中主要是描述司马昱的从容娴雅的风度，但是，我们从王珣的话中，可以看出此时的王彪之连陪同司马昱一起都不敢了。不过，此时的琅邪王氏人才凋零，王彪之也是无奈之举。王彪之在行动上与司马昱划清了界限之后，又主动在桓温面前表现出一些亲近的姿态，他对桓温说："大人辅佐皇室，前代自有可以遵循的规矩。"他让人拿来《汉书·霍光传》，按照上面的礼仪，一会儿就安排好了，桓温叹息说："做重臣的不应该这样吗？"于是，宣布皇太后令，废司马奕为东海王，以丞相、会稽王司马昱继承大统，百官进入太极前殿，桓温命令都护竺瑶、散骑侍郎刘亨将皇帝的玉玺收缴。

司马奕穿着白色单衣，头戴平顶帽巾，从西堂步行走下太极殿的台阶，乘坐牛车，出了皇宫的西门神虎门，百官跪拜辞别，无不叹息，门外，侍御史、殿中监率领一百名士兵，将二十四岁的司马奕送到了东海王府邸。之后，桓温率领百官，带着天子的仪仗队，前往会稽王司马昱的府邸迎接，五十二岁的司马昱在朝堂上换上与司马奕同样的服装，面东流泪，接受了玉玺。当天，司马昱继位，史称简文帝，改元咸安，大赦，也就是说这一年的前十一个月还是司马奕的太和六年，而十一月十五日以后，则是简文帝的咸安年号。

司马奕被废后的第四天，桓温下令将司马奕的田美人、孟美人以及两人所生的三位无辜的皇子，均用马缰绳残忍地勒死。我们注意到，《晋书·海西公本纪》记载，就在这一年的四月戊午日，海西公还大赦天下，赏赐给穷苦之人一人五斛米。这次大赦并没有特别的原因，史书也没有详细的交代，但我们推测，这次大赦极有可能与司马奕皇子的诞生有关，如果真是这样的话，被勒死的皇子才是一个或者三个年仅半岁的婴儿！千载以降，我们似乎还能听到年轻母亲撕心裂肺的哀号，感受得到她们难逃厄运时的恐惧和悲凉。

一个多月之后，也就是到了第二年的正月，司马奕就被司马昱从东海王降为海西公，食邑四千户，（《资治通鉴》称，桓温本欲将司马奕废为庶民，皇太后不同意，要求封为王，但桓温又坚持说封为侯，最终，双方都进行了妥协，封为公）四月，又将他从建康迁往吴县，并派刁协之子、吴国内史刁彝负责监视，后又派遣御史顾允督查。太和末年，童谣唱道："犁牛耕御路，白门种小麦。"至此，吴县的农民在司马奕的门前耕种小麦——可见司马奕是经常闭门不出的。

简文帝死后，天师道的卢悚派弟子许龙到吴县，称有太后密诏，请司马奕复辟，司马奕有些心动，但最终还是听从了保姆的话，坚决拒绝了。许龙说："大事可成，为何听从女人的话！"司马奕说："我犯罪被废黜到此，幸而受到朝廷的原谅，怎敢妄动！况且，如果真的有太后的诏书，就会有官员前来，为何只让你一人前来？你肯定是想趁机作乱！"下令左右抓他，许龙脱身而逃。

其实，卢悚并没有欺骗司马奕。

十一月五日清晨，卢悚带领三百多名弟子进攻皇宫北门广莫门，声称司马奕驾到，宫中卫士惶恐不知所为，卢悚一伙人一直从云龙门进入到正殿，夺取武库中的武器。毛宝的二儿子、游击将军毛安之听说以后，率领甲士从云龙门进入，双方短兵相接，不久，左卫将军殷康、中领军桓秘从止车门进入，将卢悚等人全部诛杀。

经过此事之后，司马奕深恐被诛杀，就堵塞聪明，什么也不想，过一天是两晌，整天喝得烂醉如泥，沉溺女色，但由于桓温曾造谣说过司马奕是阳痿，且为了避免被当权者忌惮，司马奕甘于屈辱，妻妾们生下孩子，司马奕都不敢养育，全部溺死。当时的人们听到此事，都心生哀怜，也正是因此，司马奕才得以善终，他被废黜后又活了十几年，到了孝武帝太元十一年十月甲申日，死于吴县，终年四十五岁。

二三〇 剪除异己（一）

司马昱登基了，他对于被废的司马奕来说，是强者；但当他面对桓温的时候，又变为了弱者。

据《世说新语·尤悔》记载，桓温在司马昱面前，总是显得口拙。废黜司马奕以后，按照礼仪，桓温应该对新皇帝解释说明之所以如此的原因，于是，桓温预先让人给自己准备了几百字的稿子，陈述废立的理由。但是，他见到司马昱的时候，司马昱却止不住只流眼泪，弄得桓温既同情又愧疚，始终张口结舌，说不出一个字来。

继位以后的司马昱整日提心吊胆，深恐某一天发生在侄孙司马奕身上的事情，就会突然降临到自己的头上。长期以来，司马昱与桓温的关系对立多于合作，虽然双方表面上维持着一团和气，但是，司马昱知道这一点无论如何都是靠不住的。因为，桓温册立司马昱做皇帝，与庾冰兄弟当年提出册立司马昱的意图完全不同。庾氏兄弟当初提出册立司马昱，是基于乱世之中册立年长之君，完全是出于公忠之心；而桓温册立司马昱则是为了威震朝廷，攫取更大的权力，所以，桓温在将司马昱扶上皇帝宝座之后，立即就开始布置了一场大规模的屠杀行动，目的就是彻底铲除司马昱身边的力量，让司马昱自己孤零零地坐在朝堂之上，做一个名副其实的傀儡。

就在司马昱登上皇帝宝座之后，桓温立即着手处理司马昱身边的异己势力。他首先是要拿司马氏的皇族开刀，彻底铲除新皇帝可能会培植起来的羽翼。东晋司马氏皇族历经数次政治斗争，一直十分弱小。

在此，我们不妨回顾一下，截至司马昱继位之时，司马氏皇族究竟还有几个有影响的人物。我们知道“五马渡江”的传说，通过过去的分析，东晋时期渡江的司马氏皇族其实并非五人，而是十二人，他们分别是：琅邪王司马睿、西阳王司马羕、南顿王司马宗、汝南王司马祐、彭城王司马雄、高密王司马纮、梁王司马翘、河间王司马钦、谯王司马承、章武王司马滔、通吉侯司马勋、司马流。先撇开司马睿这一支不提，我们逐一说说其他几支的命运：西阳王司马羕、南顿王司马宗、汝南王司马祐同出于汝南王司马亮这一支，咸和年间，因参与苏峻之乱，与庾亮对决而遭到沉重打击，虽然晋成帝对舅舅的做法不满而在庾亮死后，赦免了三王的子嗣，但并没有恢复他们的王位，这一支的后嗣就此退出政治舞台；彭城王司马雄、高密王司马纮，本为兄弟，司马雄在苏峻之乱中投奔叛军，后被庾亮所杀，司马雄死后，由司马纮继任彭城王，但司马纮患有精神病，无法无天，被晋成帝免官禁锢，他有两个儿子，一个是司马玄，在数年前因为藏匿了五户人家，而被桓温弹劾，打入大牢；另一个是司马俊，也只是一个散骑常侍的闲职，这一支对桓温也构不成任何威胁。河间王司马钦为司马睿所封，东晋时期其后嗣官位不显。梁王司马翘死后无子，以司马昱的哥哥武陵王司马晞的二儿子司马缝为子。谯王司马承，在王敦之乱中被杀，儿子司马无忌长期在桓温手下做长沙相，并随同桓温一起伐蜀，永和六年死去，由儿子司马恬嗣爵，此时，桓温欲实施大规模的诛杀行动，亲自率兵驻守中堂，在皇宫中桓温军队鼓角齐鸣，御史中丞、谯王司马恬上书弹劾桓温大不敬，要求有关部门治桓温的罪，桓温说："这小孩竟然敢弹劾我，真是后生可畏啊！"这当然有初生牛犊不怕虎的因素，也有作秀的成分，估计也有司马无忌父子素来与桓温关系良好的原因，司马恬自忖没有性命之忧吧。章武王司马滔，本来过继给新蔡王，南渡以后因与新蔡王妃关系不和而入继本宗，死后，儿子司马休在苏峻之乱中投奔苏峻并战死，弟弟司马珍年仅八岁，被庾亮赦免，后继承章武王爵位，死后没有儿子，河间王司马钦将自己的儿子司马范之过继给他，官至游击将军，后来，儿子司马秀嗣爵，他的妻子就是桓温的侄儿桓石虔的女儿。而我们说到的新蔡王爵，由于司马滔回到了本宗，司马睿又将汝南王司马祐的儿子司马弼过继给新蔡王，死后司马弼无子，又以司马弼弟弟司马邈为新蔡王，如今，司马邈已死，儿子司马晃嗣爵，位散骑侍郎。通吉侯司马勋，前此已经因反叛被杀。司马流早在苏峻之乱中被杀。

最后，我们说说司马睿这一支。司马睿共有六子，明帝这一支如今只剩下被废的海西公一人；明帝同母弟司马裒早死，无后；弟弟东海王司马冲早死，成帝本来是以二儿子海西公司马奕继承东海王的，司马奕继承皇位之后，东海王位空缺，司马奕被废为东海王后，很快又降为海西公，东海王位又缺；琅邪王司马焕早死，元帝以司马焕同母弟、如今的简文帝司马昱为琅邪王，咸和二年，成帝以弟弟康帝为琅邪王，将司马昱改封为会稽王，康帝继位，以成帝之子哀帝为琅邪王，哀帝继位，以弟弟海西公为琅邪王，海西公继位，又以司马昱摄行琅邪王，如今，司马昱继位，琅邪王国暂缺；目前，司马睿的这一支存世的除了时年五十二岁的司马昱之外，尚有一个时年五十六岁的司马昱的同父异母哥哥武陵王司马晞。司马晞，字道叔，穆帝时期，被封为镇军大将军、太宰，他没有学术，但却有武干，与弟弟司马昱可谓是相得益彰，长期以来，艰难地维护着东晋帝室仅存的一点尊严，因此，深为桓温所忌惮。司马晞还有三个儿子，长子司马综、次子司马缝（过继为梁王）、三子司马遵，桓温要想进一步削弱司马氏皇室，扫清自己前进中的障碍，首当其冲的就是司马晞，而其他宗室则对桓温全无一点威胁，不足为虑。

其次，桓温要将矛头对准了被废的司马奕的亲信、戚属，消灭旧皇帝死灰复燃的能力。司马奕的戚属主要是庾氏家族，桓温意欲打击的对象就集中在庾冰的儿子们身上。我们知道，庾亮兄弟五人，分别为庾亮、庾怿、庾冰、庾条、庾翼。庾亮三子此时均已经去世，孙子辈庾准、庾楷、庾恒均年幼；庾怿儿子庾统早死，孙子庾玄之也年幼；庾条死后子嗣不显；庾翼儿子早在二十年前桓温入主荆州之时，就已经被废。我们说过，庾冰共有七个儿子：庾希、庾袭、庾蕴、庾倩、庾邈、庾柔等，同时，司马奕的妻子庾道怜也是庾冰的女儿，虽然庾道怜在司马奕继位不久就去世了，但庾希兄弟毕竟是司马奕的内兄弟们。桓温在将司马奕扶上皇位之后，就开始对庾氏家族下手了，五年前，他已经借口庾希令高平等地陷落，而罢免了庾希徐州、兖州刺史的职务。虽然如此，庾氏家族的分量仍不可小觑。如今，庾蕴为广州刺史，庾倩为太宰司马晞的长史，庾邈曾为司马昱的参军，庾柔是散骑常侍，尤其是庾倩最有才能和器局，更是为桓温所忌惮。另外，桓温还想到了殷浩的儿子殷涓，殷涓也有美名，父亲殷浩去世后，桓温派人前去吊唁，殷涓既不答礼，事后也不去桓温那里拜谢，而与武陵王司马晞交往密切。

从以上分析，我们隐约可以看出，在朝中也已形成了一股以太宰、武陵王司马晞为核心的反对桓温的势力，他们以庾氏家族为中坚力量，笼络一些憎恨桓温的人士，这让桓温必欲除之而后快。

二三一　剪除异己（二）

简文帝咸安元年（公元 371 年）十一月十七日，也就是简文帝司马昱刚刚继位后的第三天，在桓温一手策划下的屠杀就不期而至了。

桓温的四弟桓秘，长期以来不受桓温的赏识，很长时间才被任命为辅国将军、宣城内史，他与其他兄弟们的职务无法相比：二哥桓云已死不提，三哥桓豁为监荆州、扬州、雍州军事，领南蛮校尉，荆州刺史，假节；五弟桓冲为监江州、荆州、豫州六郡诸军事，南中郎将，江州刺史，假节。此次，桓温命令桓秘去威逼新蔡王司马晃，让司马晃去朝廷揭发与武陵王司马晞之间的阴谋。也许是桓温以重赏为条件，才说动了弟弟桓秘，因为，也就是在此前后，桓秘才被提拔为散骑常侍、中领军。

十一月十七日，新蔡王司马晃战战兢兢地到桓温屯兵的太极殿西堂内，向桓温自首自己与武陵王司马晞及其儿子司马综、著作郎殷涓、太宰长史庾倩、太宰掾曹秀、太宰舍人刘强、散骑常侍庾柔等人谋反。桓温向刚刚继位的司马昱报告以后，司马昱何尝不知其中的委曲，他只是流泪，一句话也说不出来，于是，桓温命令将这些人全部逮捕，打入大牢。十一月十九日，桓温又下令诛杀了司马奕的田美人和孟美人以及她们的三个孩子。紧接着，第二天，御史中丞、谯王司马恬终于不再作秀，他在桓温的指示下，要求司马昱同意按照法律诛杀武陵王司马晞等人。想当初，司马恬的爷爷谯王司马承，以残破之长沙誓死不与王敦妥协，始终维护着皇室的尊严，而此时的司马恬却助纣为虐，甘心充当桓温的帮凶，这也实在可叹——桓温的思路就是“鼓动皇室斗皇室”，要让司马昱无话可说。

然而，此时一再流泪的司马昱终于说话了。

他深知桓温加诸于武陵王司马晞身上的都是一些捕风捉影之词，即便司马晞有所行动，那也是针对他桓温的，谈不上谋反。多少年来，司马昱和司马晞这两个老弟兄，相互配合，抵御着桓温咄咄逼人的压力，此时，桓温却让自己亲手杀死自己的哥哥，这让司马昱如何也无法接受，他已经退无可退了，于是，他在司马恬的报告上批复说："我心中悲痛无比，不忍听到此事，何况还让我下令！你们再认真研究！"驳回了司马恬的报告。在此期间，桓温征询刚刚投靠自己的尚书仆射王彪之的意见，王彪之借机替司马晞说话，他说："武陵王既是皇上的至亲，而且又辈分尊崇，不能仅仅因为猜疑就下手。大人拥立圣明之主，应当与武陵王一起共同辅佐皇室，这等大事，还望再议。"桓温不耐烦地说："你不要再说了，这事已经定下来了。"在司马昱驳回了司马恬的上疏之后，十一月二十一日，桓温只好从幕后第一次走到了前台，他上疏司马昱说："武陵王司马晞不能自珍自爱，遵从法度，纠结地痞流氓，藏匿亡命之徒，其子司马综性情残忍，对人暴虐。袁真反叛之后，司马晞等人与其有联络，这几天，他们内心恐惧，将要发动叛逆之举。"并说："应该割舍兄弟之情，保存长远的大计，如果除掉太宰父子，将没有后顾之忧。"因此，坚决要求司马昱下令将司马晞等人处斩。

在生死、荣誉、尊严这一紧要关头，司马昱没有选择退缩，如今，他名义上虽然富有四海，但是却什么也没有——除了自己内心坚守的尊严。他没有拖延，而是很快给桓温答复说："如果您认为晋朝的国祚还能长久，就请按照我说的去做，如果晋朝国运已去，那请允许我让贤。"司马昱为了保全哥哥已经索性什么也不要了。

一直以来，桓温认为司马昱不过是一个清谈家，不过是徒有其表而已，而此时，他才真正感受到了司马昱的坚韧。看到司马昱的手诏以后，他不禁脸色大变，双手颤抖，身上不觉流出汗来，只好退而求其次，他再次上书要求将司马晞及其三子全部废黜，全家迁徙到新安郡（今浙江省淳安县）。十一月二十二日，东晋朝廷将首先告发的新蔡王司马晃也废为庶人，迁往衡阳（今湖南省湘潭市西南），对此，司马昱大约没有意见，而桓温也达到了同时削弱皇室的目的。同一天，桓温下令将殷涓、曹秀、庾倩、庾柔、刘强全部满门抄斩。至此，庾氏家族面临了灭顶之灾：远在广州的庾蕴服毒自杀；庾希听到消息，与弟弟庾邈、儿子庾攸之一起逃亡到海陵（今江苏省泰州市）的偏僻荒村之中。只剩下庾希的三弟、东阳太守庾友，庾友与桓温的三弟桓豁是儿女亲家，庾友的儿子庾叔宣娶了桓豁的女儿桓女幼，（《晋书·庾冰传》作"桓秘女"）《世说新语·贤媛》对此有过生动的描述，当家门将要大祸临头的时候，桓女幼赤着脚请求见桓温，卫士不让她进门，她厉声喝道："你是什么小人！我伯父的家门竟敢不让我进！"说完，就冲了进去，对着桓温号啕大哭着说："庾友的脚才三寸那么长，走路都要靠别人搀扶，他能做强盗吗？"桓温听了，不禁释然而笑说："我的侄女婿还真是性急。"于是，就赦免了庾友一家——在东晋南北朝时期，南方的士大夫们由于经常不步行，致使很多人脚部发育不良，不堪走路，动辄就需要人搀扶。

不过，毕竟庾氏家族在广陵一带尚有影响力。

曾担任过青州刺史的武沈，是庾希的姨家表兄，庾希、庾邈等人逃亡以后，武沈偷偷给他们送去食物，到了第二年六月，桓温得知了这个情况，就派去军队前往抓捕。武沈的儿子武遵与庾希一起集合部众，抢掠长江北岸的船只，然后，渡过了长江，进入京口（今江苏省镇江市）。此时的京口、广陵一带，主要有郗氏家族、庾氏家族和刁氏家族几个势力，不过，刁氏家族自王敦之乱刁协被杀之后，大部分子弟均不再从政，转而经商，被称为"京口之蠹"，不足为患，而只有郗氏家族和庾氏家族还有很大的政治影响力，这也是桓温重用郗超、并在枋头败后，一直将广陵作为大本营的原因之一。然而，此时，桓温内镇姑熟，京口空虚，卞壶之子、平北司马卞耽只好逃往曲阿（今江苏省丹阳市），手下将士纷纷逃散。庾希将城内的数百名囚犯全部释放出来，分发武器，武遵则在京口城外设置堡垒，对外宣称接到了海西公的密诏，讨伐逆贼桓温，一时间，京师建康震恐，内外戒严，六门屯兵。然而，庾希并未牢牢地控制住京口地区，平北参军刘奭、高平太守郗逸之、游军都护郭龙等人聚众抗拒庾希，卞耽又与曲阿人弘戎征发各县的部队，拼凑了二千人驻屯在新城，庾希战败，闭城固守。桓温派遣东海内史周少孙（似为周访孙子辈）前往讨伐，七月一日城陷，庾希、庾邈及其子侄五人被送往建康斩杀，武遵及其党羽被杀。至此，庾氏家族庾冰这一支仅有东阳太守庾友一家和自杀的广州刺史庾蕴的儿子们得以保全，后来，庾友的儿子庾叔宣官至右卫将军，而庾蕴的儿子庾廓之又被任命为东阳太守，这不由得让人再次想起很多年前，郭璞曾说过的，庾冰子孙"唯用三阳可以有后"的谶言来。

二三二　度日如年

桓温行废立大事的消息也传到了前秦。

秦王苻坚对此做了如下评价，他对自己的群臣说道："桓温前有灞上惨败，后又有枋头大败，此人不能反省自己的过错，反而用废黜君王的办法来取悦自己，他都是六十岁的老人了，举动还是这样狂悖，将如何在天下存身！谚语说：'与妻子生气，却给父亲使脸色。'说的正是桓温这类人。"苻坚目光如炬，说的也切中肯綮，但他无法理解和感受简文帝司马昱度日如年的痛苦。

《世说新语》称："海西时，诸公每朝，朝堂犹暗；唯会稽王来，轩轩如朝霞举。"这个昔日气宇轩昂的会稽王，如今成了皇帝，但却再无"轩轩如朝霞举"的神情，而是惶恐不可终日。此时，简文帝的身边都是曾在桓温幕府的人，谢安，侍中、领右卫将军王坦之，中书侍郎郗超都是如此，散骑侍郎、中领军桓秘更是桓温的弟弟，游击将军、毛宝的二儿子毛安之也是桓温的人，宿卫禁中。

司马昱时刻提心吊胆，一次，桓温前去拜见司马昱，司马昱室内没有点灯，桓温问皇上在哪里，司马昱在黑暗之处，引用了孔子曾说过的话："某在斯。"这则故事记载在《世说新语·言语》里，面对炙手可热的桓温，司马昱不敢称"朕"，但又不知道如何自称才不失身份，只好引用了孔子的话，从这一件小事中，我们就能够看出司马昱的尴尬处境。

惶恐不安的还不仅仅是司马昱。

从咸安元年十一月十五日开始，到十一月二十二日，在这短短的七天之内，桓温废黜了司马奕，册立了司马昱，又剪除了武陵王司马晞，诛灭了殷氏、庾氏家族。这一系列举动，让他威震中外，以致桓温的前司马、侍中谢安见到桓温，也不由得远远地下跪叩头。

桓温吃惊地说："安石，卿有什么事情，竟然如此？"

谢安回答："哪有君王叩拜于前，而臣子却作揖于后的道理呢。"

谢安的表现让我们看到桓温一系列恐怖行动，在东晋各个士族中间造成的不安。桓温不敢、也不能得罪东晋的所有大族，这也促使他赶紧于十一月二十四日，实施大赦，下令允许天下百姓大吃大喝五天，给在位的官员全部晋升两级，给孝顺、忠贞、鳏寡孤独之人每人大米五斛。第二天，又由朝廷赏赐给桓温的三万军队，每名士兵一匹布、一斛米。后来，为了弥合双方的嫌隙，司马昱还下诏称，桓温的幕府经过了袁真之变，军用不足，特意给世子桓熙布三万匹，米六万斛，并以桓熙弟弟桓济为给事中。

大赦之后的第二天，司马昱下诏任命桓温为丞相，大司马如故，让其留在京师辅政，但是，桓温坚决推辞，仍然请求离开建康，回到本镇。十一月二十七日，桓温经由白石回到了姑熟（今安徽省当涂县）。

虽然桓温离开了建康，但建康城内的司马昱却并不轻松。在海西公被废的前一个月，火星进入太微星座，一个月后海西公就被废黜，到了这一年的十二月二十七日，火星再次逆行进入太微星座，一直到第二年的三月还没有退去。司马昱内心十分忧惧。《世说新语·言语》记载，当时，桓温的亲信郗超作为中书侍郎，正在中书省值班，简文帝将他召入，想探听一下消息，他对郗超说："上天赋予的命运是长是短，当然不是我所能考虑的。只是还会不会发生近日的废立之事呢？"郗超回答："大司马正要对外巩固国防，对内镇抚社稷，肯定没有废立的打算。臣以我全家老小的性命为陛下担保。"听了郗超的话，司马昱似乎感到郗超可以被感化，他随口吟咏着庾阐的两句诗："志士痛朝危，忠臣哀主辱。"声音非常悲怆苍凉。此时的郗超由于桓温的缘故，也炙手可热，谢安和左卫将军王坦之曾经去拜见郗超，天色已晚，仍然没有轮到被郗超接见，王坦之想回家，谢安说："难道就不能为了性命，再多忍片刻吗？"不久，郗超请假回乡看望父亲郗愔，司马昱还特意对郗超嘱咐道："请向令尊转达：国家的局面，竟然到了这步田地。全是因为我未能以正道来匡救、想方设法防患于未然所致。深深地惭愧叹息，难以用言语表达！"说完，眼泪沾满了衣衫。此时的郗愔是镇军将军、会稽内史、都督浙江东五郡军事，是东晋帝国境内唯一一个桓温色彩不浓的地方军政长官，我们不知道郗超是否将司马昱的话捎给了郗愔，即使郗超告诉了司马昱的话，"醉心于黄老之术"的郗愔又能怎么样呢？

知道了暂时没有被废黜的危险，司马昱稍稍放下心来。政事自然没有他的事情，他甘愿做个傀儡，只要能平安度日就成。《世说新语·言语》记载：“简文入华林园，顾谓左右曰：‘会心处不必在远，翳然林水，便自有濠、濮间想也，觉鸟兽禽鱼自来亲人。’”说的就是此时司马昱的心境。

然而此时却又发生了一件奇怪的事情。

据《建康实录》的记载，也就是在此时，殷浩的故吏、顾恺之的父亲顾悦之上书简文帝，请求给死去的殷浩恢复本官。虽然顾悦之曾为殷浩的下属，但他的儿子、大画家顾恺之却是桓温的大司马参军，“甚见亲昵”。顾恺之此人才气很高，性格却又十分开朗，喜欢开玩笑，与桓温父子关系都很好，桓温曾说他：“恺之身体内狡黠与憨痴各半，合在一起，正好持平。”因此，世人称其为三绝：才绝、画绝、痴绝。桓温的儿子桓玄曾经拿一片柳叶，对顾恺之说：“这片叶子是蝉隐蔽自己所用，人拿着藏在它后面，别人看不见。”顾恺之信以为真，后来，桓玄去找顾恺之，顾恺之拿着叶子藏了起来，桓玄径直走到他身边，装作看不见人一样，朝他身上撒尿。顾恺之以为是桓玄当时没有看到自己，更加相信这片叶子的神奇，对柳叶十分珍爱。据《京师寺记》记载，兴宁年间，瓦官寺刚开始入主僧众，设立法会，主持请求各位士大夫认捐钱财，当时认捐最多的人家没有超过十万的，而顾恺之素来贫困却认捐了一百万。等到寺庙落成之后，要求顾恺之兑现承诺，顾恺之说，只用给我准备一面墙壁。然后，他用了一个月的时间，画了一幅维摩画像，等到点眸子的时候，他对僧人说：“点眸子当天来拜的人，可以问他们要十万，第二天的要五万，三天以后无论多少。”等点好眸子之后，光彩照寺，人们慕名拜谒的络绎不绝，很快就凑够了一百万。瓦官寺的维摩画像也成为中国绘画史上的杰作。

那么，在殷浩的儿子殷涓刚刚被诛杀，顾恺之的父亲顾悦之就提出了给殷浩恢复本官的动议，这里面又能给我们透露出点什么样的信息呢？唯一的答案就是：桓温在试图清除大屠杀给东晋各大族带来的阴影，恢复死去的殷浩官职，是给活人看的。

简文帝无聊的日子很快过完，在他仅仅登上皇位八个月零十四天后，在咸安二年（公元 372 年）七月二十八日就病死了，时年五十三岁。

二三三　孝武继位

据《晋书·桓温传》的记载，在晋元帝、晋明帝的时候，郭璞就晋朝的国祚曾经说过很多谶言，比如："有人姓李，儿专征战。譬如车轴，脱在一面。"儿就是子，李去子，剩下了木，而车去轴，就是一个亘，合成"桓"字；郭璞还说过："尔来，尔来，河内大县。""尔来"的意思是"自尔已来"，也就是开始的意思，而桓温的字就是元子；温县就是"河内大县"。他还说："赖子之薨，延我国祚。痛子之陨，皇运其暮。"前一句的"子"是指元子，说的是因为桓温的死，而让晋室得以延续；后一个"子"，是指司马道子，司马道子虽然乱了东晋，但其死也是东晋衰亡的缘由。

咸安二年七月二十三日，司马昱感到身体不适，一日一夜向大司马桓温发出了四道诏书，请桓温入朝辅政，其中一道诏书称："吾遂委笃，足下便入，冀得相见。便来，便来！"司马昱的急切之情可见一斑，然而，小心谨慎的桓温却不敢入京，推辞不来。桓温上书推谢安、王坦之辅佐嗣主，并且说自己已经老朽年迈，不堪托付后事。桓温推脱一方面是故作姿态；另一方面也是在试探陈郡谢氏、太原王氏的态度，此时，司马昱有年仅十一岁的皇子司马曜和九岁的司马道子，但两人均未被立为太子，因此，桓温寄希望于简文帝去世之时，禅位于自己，即使不能这样，也能让自己按照周公那样，临朝居摄，代行皇帝职权。

而司马昱预见到了桓温有篡夺皇位的可能性，当然他又不希望出现这种局面，因此，他留下遗诏称："大司马温依周公居摄故事。"他底线是，让桓温居摄，在嗣君年幼之时，代行皇帝职权。但是，他又在遗诏中说："少子可辅者，辅之；如不可，君自取之。"也就是说，桓温所幻想的简文帝会禅位给他的可能性，是根本不存在的。至于桓温以后是否篡取皇位，那是他桓温的事情，司马昱绝不做对不起祖宗的事。然而，由于司马昱的病情来势凶猛，从发病到去世，仅仅六天时间，在这关键的六天内，桓温的亲信没有一个在皇帝的身边，而此时在皇帝身边的只有陈郡谢氏的代表人物谢安、太原王氏的代表人物王坦之和琅邪王氏的代表王彪之等人。在这一关键时刻，几家门阀士族在内外军权均归桓氏家族的时候，却拒绝接受桓温禅代的意图，也拒绝接受皇帝让桓温居摄的妥协意见，这一方面是因为桓氏家族社会影响还比较低；另一方面是东晋各个豪门大族还想继续维持士族与皇室共治的局面，不愿看到桓氏打破这一平衡。

当看到司马昱写给桓温的遗诏以后，侍中王坦之亲自拿着诏书，进入司马昱的房间，并当着病中司马昱的面将遗诏撕毁。

司马昱说："天下，是撞大运偶然得来的，卿何必如此不满意呢？"

王坦之回答："天下，是宣帝司马懿、元帝司马睿辛勤得来的天下，陛下怎能自作主张！（想扔给谁就给谁？）"

司马昱让王坦之将遗诏改为："家事、国事，完全按照大司马桓温的意思办，就像是诸葛亮辅佐刘禅、王导辅佐成帝的先例。"遗诏写就之后，司马昱就去世了。

司马昱的遗诏上当然先有册立的皇太子的话，但是，由于群臣惧怕桓温，不敢举行册立太子，进而举行太子登基大典，群臣的意思是，司马昱死后，要观望一会儿，等待着桓温是否自取，如果桓温不就此夺取天下，那再扶太子司马曜继位，他们说："应当等待大司马处分。"这时，尚书仆射、琅邪王彪之严肃地说："天子驾崩，太子当立，哪里容得了大司马再提异议！如果先当面咨询他，必然反被他所责备！"于是，朝廷才决定下来，当天，奉太子司马曜继皇帝位，大赦。

也就是在司马昱驾崩、司马曜继位的同一天，崇德太后褚蒜子从后宫传出命令，以司马曜年幼，并且在服丧期间，下令让大司马桓温依照周公居摄故事，代行皇帝职权。崇德太后的懿旨传到外廷，王彪之说："这是非同寻常的大事，大司马一定会坚决推辞。这样的话，不仅会耽误朝廷的公务，而且还将耽误先帝灵柩的安葬，因此，不敢接受这项命令，谨予退回。"于是，朝廷给桓温发去的是司马昱的遗诏，内容是请桓温像诸葛亮、王导那样，辅佐新皇帝。

此时的桓温虽然权倾内外，但他对于强行夺取皇位，尚有顾忌，枋头大败造成他"望实俱损"是一个重要的因素之一，因此，如果司马昱在临终之时自动禅让，当然是觊觎皇位的桓温最想看到的结果，它起码从法理上是正当的，由一个皇帝将皇位授予另一个血统之外的人，通过这种办法，可以将士大夫心目中的对立情绪降到最低。然而，这不过是桓温的一厢情愿，连输得什么都没有了的司马昱也不敢这样做，因为，将祖宗的基业在他的手里拱手让人，由此所承担的道义责任实在是太大了。那么，退而求其次，桓温对于如周公那样暂时行使皇帝职权，也是可以接受的，而司马昱和崇德太后的最初意见，也是如此，对于桓温而言，在登基之前有一段缓冲阶段，不仅可以稳定人心，从容布局，而且还有躲闪腾挪的余地，至于在适当的时候让小皇帝“失去做皇帝的资格”，应该不是一件困难的事情；而司马昱最初之所以提出这个意见，大约还是惧怕桓温的势力，此时，东晋皇室成为整个东晋时期最孱弱的阶段，而也是权臣势力最强盛的时期，司马昱希望在东晋国祚不在自己手上失去的前提下，尽最大可能满足桓温的要求，以便保全自己的子孙。而崇德太后随后的命令，应该是朝中的亲桓温派所作的最后努力罢了。那么，第二种以周公居摄的办法与第三种以诸葛亮、王导辅政的办法，又有什么本质的区别呢？

区别不言自明。

周公居摄，居摄者虽名义上为臣子，但却是临时皇帝，且这个临时皇帝的期限并不以小皇帝是否成年为限，而以小皇帝是否适合行使皇帝职权为准，然而，周公辅佐的是自己的亲侄子，如果此事成真的话，桓温辅佐的将是与自己毫无血缘关系的司马曜；而以诸葛亮、王导辅政的办法，虽然两人独揽大权，但名分上尚是臣，而不是君。如果他们废黜君主，那就要背负乱臣贼子的恶名。

在关键时刻，东晋门阀大族担当起了维护皇权、维护门阀既得利益的重任。虽然陈郡谢氏对此是支持的，但根据史书记载，真正担纲的却是太原王氏和琅邪王氏，陈郡谢氏的谢安却躲在了幕后。王坦之的父亲、前尚书令王述已经于海西公太和三年八月去世，在他生前就对桓氏十分看不起，经常以“大兵”称呼桓温，桓温想娶王坦之的女儿为儿媳，就遭到了王述的强烈反对，桓温只好将自己的女儿嫁给了王坦之的儿子，这我们过去就曾说过。而王坦之本人也与其他东晋士大夫志趣不同，史书称其“有风格”，尤其对于弥漫于整个东晋士大夫中间的那种放荡萎靡的风气，深恶痛绝，他曾经写下了一篇《废庄论》，提倡儒学，反对老庄哲学，由此可见，他是一位积极入世，希望有所作为，而且尊奉儒家规范的人，这一点，我们从《世说新语》中留下了多处王坦之看不起清谈家兼僧人的支遁的记载，也可以得到印证。而王彪之一直以来对于桓温都是排斥的，只是在桓温进京、京师一片恐怖气氛的情况下，他才暂时投靠了桓温，此时，他最终还是站了出来。

而谢安的态度就模糊得多，首先谢安与王坦之的脾气性情不同，谢安既是清谈家，又喜欢妓乐，过去，王羲之就曾劝诫他说：“虚谈废务，浮文防要，恐非当今所宜。”而谢安却反驳说：“秦国任用商鞅，二世而灭亡，这岂是清谈造成的？”其实，秦国正是任用了商鞅才国富兵强，兼并了六国，而秦国灭亡原因却非常复杂，绝不是秦国很多年以前任用商鞅的结果。从谢安过去的生活状态，我们能够看出他是一个很懂得生活的人，也很会调适自己的生存状态，而这种人也就恰恰对自己的生命十分珍视，这无可厚非。由此，我们也好理解为什么当桓温废黜海西公的时候，谢安能够对桓温行叩拜大礼，说得好听一点是懂得韬光养晦，难听一点就是奴颜婢膝。这也是在关键时刻，谢安不想或者不敢挺身而出的原因，而是王坦之、王彪之阻止了桓温可能居摄的后果。

桓温对此结果十分不满，他怀疑是王坦之和谢安从中作梗，怀恨在心，给弟弟桓冲写信埋怨道：“遗诏仅仅是让我依照武侯、王公故事罢了，王、谢二人在朝中处理大事，总让人愤愤不平。”其间，桓温曾经看到谢安写的给简文帝所上谥号的奏表，看罢就将其扔到一边，说：“这是谢安的小杰作。”（“此安石碎金”。见《世说新语》）

司马曜继位之后，为了安抚桓温，谢安、王坦之等人以司马曜的名义，再次给桓温下诏说：“先帝遗诏说：‘对待大司马，就像对待我一样。’”给予桓温以崇高的礼遇；又下诏称：“内外一起事务全部按照大司马的意见办。”并派遣谢安亲自前往姑熟，征召桓温入朝辅政，加仪仗队的羽葆鼓吹，虎贲六十人，桓温推辞不受。

二三四 桓温之死（一）

自咸安二年（公元 372 年）七月司马昱驾崩、孝武帝司马曜继位，一直到孝武帝宁康元年（公元 373 年）二月，在这半年多的时间里，桓温一直待在姑熟，冷眼旁观着建康城内的一举一动。

他是真如他奏表上所说的那样“朽迈疾病，惧不支久”，在姑熟生病了吗？当然不是。桓温曾经说过“既不能流芳百世，不足复遗臭万载”之类的豪言壮语，让我们记忆颇深，然而，我们考察他的行为，尤其是在他的晚年，却一直是非常小心谨慎。如今他权倾内外，不仅在名义上成为帝国的最高统帅，而且，在实际上也几乎掌握了东晋全部的军队，即使如此，他依然十分谨慎，不敢在建康久留。我们从《世说新语》的一则故事上，就能看出这一点：大约就是在此期间，有人问桓温王坦之与谢安之间的优劣。桓温开口想说，可是，话到嘴边却又咽了下去，笑着说：“你喜欢传话，我就不告诉你。”在这种小事上桓温就显示出如此的谨慎小心，更何况其他？性格谨慎，当属于第一个原因。

其次，形势使然。王坦之撕毁司马昱诏书，另外写就了让桓温按照诸葛亮、王导的故事辅政，一方面，司马昱死得突然，司马曜继位得迅速，桓温已经没有回旋余地，此时，时过境迁，他再想废黜司马曜，已经与他废黜司马昱的意义相同；另一方面，诸葛亮、王导是忠臣的楷模，以此故事，对于桓温而言不仅仅是一种规格，而且，也是一种无形的道德约束，又有谁天生就想遗臭万年，而不想流芳百世呢？

第三，顾及自己的后事。咸安二年，桓温已经六十一岁，此时，他与王敦末年的心境大约是相同的，我们还记得王敦末年，根本不愿与晋明帝对抗，究其原因，还是要为自己的家族留一条后路。桓温也是如此，东晋朝廷数十年来都是大大小小的门阀士族之间合作的产物，其间不乏争斗，但总体上维系着一种动态的平衡，要想打破这种平衡，除了拥有军队之外，还要争取各大族的支持，失去了这种支持，什么事情都办不成。另外，连年来的北伐行动，尤其是桓温的枋头之败，不仅使桓温威望降低，更重要的是东晋下层民众已经苦不堪言，如果再得不到大族们的支持，后果不堪设想。

在姑熟的半年时间里，也许是桓温一生中又一次最为煎熬的日子，一方面蠢蠢欲动，心有不甘；另一方面却又左右为难，无从下手。咸安二年十月，东晋朝廷将简文帝安葬在高平陵，桓温依然没有参加安葬仪式。第二月，建康城内就发生了道教徒卢悚进攻皇宫的事件，这一事件以迎立被废的海西公为号召，矛头当然是针对桓温而来，这一事件不仅意味着道教徒开始向东晋政权渗透，而且与二十年以后的孙恩起义有一定的联系，同时，也反映了日益尖锐的社会矛盾，特别是表现了下层士族不满上层士族对权力的把持、利用社会矛盾夺取政权的愿望。

在这种情况下，孝武帝宁康元年（公元 373 年）二月，桓温决定进京，对外宣称的是要拜谒先帝的陵墓。二月二十四日，司马曜下诏命令吏部尚书谢安、侍中王坦之前往新亭（今江苏省南京市江宁区南）迎接，桓温抵达之后，朝廷百官全部拜伏在道路两侧。当时，建康城内谣言四起，有人说桓温此举将先诛杀谢安、王坦之，然后登基称帝。《世说新语·雅量》对此有精彩的记载："桓公伏甲设馔，广延朝士，因此欲诛谢安、王坦之。王甚遽，问谢曰：'当作何计？'谢神意不变，谓文度曰：'晋阼存亡，在此一行。'相与俱前。王之恐状，转见于色。谢之宽容，愈表于貌。望阶趋席，方作洛生咏，讽'浩浩洪流'。桓惮其旷远，乃趣解兵。王、谢旧齐名，于此始判优劣。"说的是：桓温到后，大摆筵席，邀请朝廷众臣，当时朝臣中有名望的，都担心被杀，而王坦之更是惶恐不安，他问谢安说："现在怎么办？"而谢安却神色不变，说道："晋祚存亡，就在此行。"于是，二人一起前往，王坦之面露恐惧之色，满身是汗，手中的笏板都拿倒了，而谢安却一路走来，还用普通话吟咏着"浩浩洪流"的诗句。谢安坐定之后，对桓温说："我听说过诸侯有道的话，将为国防守边关，明公用不着在墙壁后面安排士兵吧！"桓温笑着说："这也是迫不得已啊！"就将预先埋伏的士兵撤去。这里是说的谢安的从容不迫。

其实，这里是有些疑问的：前不久还带头向桓温行跪拜大礼的谢安，何以有如此的转变？彼时桓温并没有杀谢氏家族的意思，谢安尚且如此，而此时，按照人们的风传，桓温已经有诛杀谢安的意图了，难道谢安真的不知道吗？

"反常则为妖"。疑点从司马昱驾崩之时就有了。

我们仔细研读这段扑朔迷离的历史，会吃惊地发现，在此期间，谢安正充分利用着桓温和王坦之最大限度地攫取自己的利益：一、王坦之修改诏书，当是与陈郡谢氏达成一致的结果，但谢安却没有出面；二、在王坦之修改好诏书之后，却突然来了崇德太后命令桓温居摄的命令，问题就出在这里，那么，崇德太后这一讨好桓温的命令出自谁的主意呢？考虑到崇德太后不问政事，可以排除她本人的意见，再结合谢安就是崇德太后褚蒜子的从舅这一点来看，这份命令又极有可能是在谢安的授意下出台的。那么，在皇帝的遗诏已经下发，朝中重臣已经达成一致，并且，皇帝已经继位的情况下，崇德太后的这个命令很有可能会被拒绝执行的。谢安指使褚蒜子出台一纸不可能得到执行的命令，目的只有一个：那就是向桓温示好，并将王坦之、王彪之等人当枪使，而使自己处于左右逢源的有利态势。

这也许就是谢安在孝武帝司马曜继位之初，就敢于前往姑熟面见桓温，并且在半年之后桓温举行的宴会上“从容不迫”的真实原因。前有对桓温的恭敬叩拜，后有谢氏家族背景的褚蒜子令桓温居摄的安慰，桓温怎能诛杀一个自己一向十分欣赏、此时又非常照顾自己的“亲信”呢？在这种情况下，谢安怎能惊慌？！

桓温在建康一共待了十四天，在此期间，他主要做了两件事，其一是追究卢悚入宫的责任。以此为借口，当然可以诛杀朝臣，《世说新语》对此有过精彩的记载：“桓宣武与郗超议芟夷朝臣，条牒既定，其夜同宿。明晨起，呼谢安、王坦之入，掷疏示之，郗犹在帐内。谢都无言，王直掷还，云：‘多！’宣武取笔欲除，郗不觉窃从帐中与宣武言。谢含笑曰：‘郗生可谓入幕宾也。’”《晋书·郗超传》对此也有提及。这则故事，就发生在此时，桓温与郗超连夜确定了诛杀名单，第二天清晨，传谢安和王坦之，将名单扔给二人看，此时的王坦之恢复了正直的本色，（在他的性格里或多或少地继承了父亲王述王蓝田的那种真率）他看后直接又扔回去，只说了一个字：“多！”而圆滑的谢安却一声不吭。桓温接到名单，拿着笔就要进行修改，而郗超不自觉地从床帐中探出头来，附耳与桓温私语，谢安发现后，不禁笑道：“郗超可谓是入幕之宾啊！”这既是戏谑，又是嘲讽，还起到了缓和当时气氛的效果。桓温遂以渎职之罪将陆玩之子、尚书陆始等多人打入了大牢，并将自己的弟弟、中领军桓秘也予以免职，史书称，因此而得罪的人很多，这说明虽然经过王坦之的努力，但桓温借此事处理的人仍然不少。不过，由于朝廷处理得体，桓温此次行动毕竟没有无限扩大化，也没有像不久前风传的那样诛杀谢安和王坦之，就此登基即位。

二三五 桓温之死（二）

在追究了有关责任人的责任之后，桓温开始拜谒司马昱的高平陵。

在拜谒的过程中，桓温身边的人明显地感觉他举动不太正常，口里不停地只说："臣不敢，臣不敢。"拜谒完毕，桓温登上了车子，这时，他才对随从说："刚才先帝的灵魂现身了。"说完，再不言语。过了一会儿，他又问："殷涓长得啥样？"随从回答："低低的、胖胖的。"桓温并没有见过殷涓，这时，他说："刚才也在先帝身边。"这次拜谒陵墓之后，桓温就得病了，三月七日，他就匆匆回到了姑熟。

从三月到七月，桓温一直卧病在床，病情也越来越重。桓温最爱赏的小弟桓冲，问他对谢安和王坦之将如何处置。桓温回答："二人不是你所能安排的人。"他深知谢安和王坦之二人，在他活着的时候，尚不敢有所作为，但等他死后，就不好说了，如今如果将二人诛杀，不仅对桓冲没有什么好处，而且还给自己留下诛杀朝廷贤臣、江东名士的恶名。在姑熟期间，桓温暗示朝廷给自己加九锡之礼，多次派人催促，而谢安和王坦之二人故意拖延，命令大名士袁宏起草。袁宏将草稿交给尚书仆射王彪之看，王彪之赞叹袁宏写得文采飞扬，看毕，他对袁宏说："你的才华出众，但怎能将这种文章留给世人呢！"谢安拿到草稿以后，又多次让袁宏修改，袁宏心照不宣，也将此事耽搁了下来。这样经过了很久，袁宏看实在是拖不下去了，只好去见王彪之问计，王彪之回答："听说此人的病情加重了，估计也将不久于人世，不妨再拖延几天。"

就在桓温病重期间，桓温内部阵营也发生了骚动：桓温共有六个儿子，桓熙、桓济、桓歆、桓祎、桓伟、桓玄。桓熙没有什么才能，桓温将桓熙所领之兵交给弟弟桓冲兼领，由于桓温的四弟桓秘一向不被桓温重用，好不容易混了个中领军，却因卢悚入宫事件，又被桓温免职，因此，桓秘怀恨在心。他趁着桓温病重期间，与桓熙和桓济一起密谋刺杀五弟桓冲，却被桓冲发现，桓冲先派遣勇士进入桓温的住宅，将桓熙、桓济兄弟抓获，遣送到了长沙，桓秘从此被废，居住在桓氏家族的墓地附近。在摧毁了兄侄的阴谋之后，桓冲这才进入与哥哥诀别。七月十四日，桓温去世，终年六十二岁。

崇德皇太后和孝武帝司马曜在朝堂之上，连续三天举行哀悼仪式；孝武帝下诏赏赐九命衮冕之服，朝服，衣服，东园秘器，钱二百万，布二千匹，腊五百斤，用于桓氏家族操办丧事。按照西晋太宰安平献王司马孚、西汉大将军霍光的规格，进行安葬，赏赐九旒鸾辂，黄屋左纛，缊辌车，挽歌二部，羽葆鼓吹，虎贲班剑一百人，增加食邑七千五百户，土地三百里，赐钱五千万，绢二万匹，布十万匹，并追赠其为丞相。

对于桓温的评价，在历史上可谓是众说纷纭，纵观桓温的一生，我们认为：桓温本人是很有才能的，起码在东晋士大夫中间，他是一个凤毛麟角的有为之士；同时，桓温是有功的，不论如何，他消灭了成汉帝国，进行了三次北伐，扩大了东晋朝廷的影响，这都是值得肯定的。不过，说到桓温的凤毛麟角，仅仅是与当时的东晋同时代的人相比，这并不能就此得出结论，说桓温是第一流的政治家和军事家，而只能说当时东晋的当权者们大多是窝囊废罢了。先说桓温的伐蜀，当时的成汉帝国有土崩之势，并且李势措置失当，即使是这样，在成都城下，东晋军队也曾面临全军覆没的危险，仅仅是传令官错把撤退的锣声敲成了进军的鼓声，而让桓温侥幸得手，建立了功名；再说第一次北伐前秦，驻军灞上，却迟迟不敢进抵长安城下，与敌决一死战，结果一败灞上，二败潼关；第二次北伐姚襄，算是全胜，将姚襄打败，但又不固守洛阳，将镇守前线的职责推给谢尚、王胡之等人；第三次北伐，在前燕一片惶恐中，还是不敢进抵邺城城下，最终，落得粮尽而返，一败于襄邑，二败于谯郡，可以说，桓温的灭蜀侥幸的成分很大，而他的三次北伐，失多得少，压根就是两场败仗，一次游行——不过，北伐失败的原因除了桓温本人才能并非一流之外，尚有很多其他因素，这我们前面都说过。

那么，对于桓温而言，建立功业与篡权何者为先呢？我们以为，在灭蜀之前，桓温的确是想要建立功业的，在他的心里并没有过多地考虑篡权的问题，当时，他也不具备这个条件。然而，身处门阀政治压力下的桓温，在荆州的作为和灭蜀之后树立的威望，让其他士族包括东晋皇室感到了前所未有的压力，这不仅仅是传统的荆扬之争，更重要的是桓温特立独行的作风，让东晋的清谈家们感到了收复河山等道义上的压力。因此，以司马昱、殷浩为首的东晋朝廷开始与桓温发生隔阂和摩擦，这也促使桓温将内争作为自己首先考虑的问题，这一思路也决定了他在处理北伐事宜上的策略：自己畏首畏尾，对待徐豫部队的数次北伐采取了隔岸观火的态度，其目的就是借刀杀人。经过桓温二十年的精心筹划，让其终于铲除了东晋其他门阀士族的军事影响力，从而，完全攫取了帝国的权力，让司马昱缴械投降，然而，这白白浪费的二十年所换来的代价也是惨重的，其间，前燕入主中原，前秦逐渐崛起，东晋政权很多次几乎要面临灭顶之灾，而桓温在达到权力的顶峰之时，最终，也不敢悍然强行自立，叛逆之心路人皆知，在相当长的时期内落下了骂名，而没有行其实。在司马昱病重期间，曾经一天四次发出诏书，请求桓温入京，如果桓温能去建康，当着司马昱的面接受遗诏，肯定能够挫败王坦之、谢安的阻挠，司马昱即使不将皇位让给桓温，但桓温居摄，当是确定无疑的。虽然桓温内心十分渴望篡位，然而，桓温由于内心的恐惧而不敢进京，就这一点而言，桓温也是一位悲剧性的人物。

桓温的悲剧就在于关键时刻，没有决心和勇气，过于谨慎小心。柏杨先生在评价桓温的时候，曾经引用克劳塞维茨说过的话："有人以为战争的理论常劝人选择最谨慎的，这是完全错误的，假如理论确实有所倾向的话，它也是教育人们去选择最具决定性的，也就是最大胆的。永远不要忘了：'没有胆量，绝不可能成为伟大的统帅。'"

因此，桓温不过是一位与王敦不相上下的跋扈军阀而已，说到英雄，王猛算，而桓温，我想有点勉强吧。

二三六 平定秦陇（一）

东晋的桓温去世了，我们再说说前秦的王猛和苻坚这两年来又做了些什么。

晋海西公太和五年十一月，王猛消灭了前燕，从这一年的年底到第二年年初，前秦一直在有条不紊地处理余下来的遗留问题。秦王苻坚除了任命王猛为都督关东六州诸军事之外，到了第二年的二月，他又擢升魏郡太守韦钟为青州刺史，任命梁平老之子、中垒将军梁成为兖州刺史，射声校尉徐成为并州刺史，武卫将军王鉴为豫州刺史，左将军彭越为徐州刺史，太尉司马皇甫覆为荆州刺史；同时擢升秦州刺史苻雅为使持节，都督秦州、晋州、凉州、雍州诸军事，秦州牧；任命吏部尚书杨安为使持节，都督益州、梁州诸军事，凉州刺史；屯骑校尉姜宇为凉州刺史；屠各王擢之子、扶风内史王统为益州刺史，并重新设立了雍州，治所设置在蒲坂，由庶长子长乐公苻丕为使持节、征东大将军、雍州刺史。三个月前，在刚刚灭亡前燕的时候，苻坚将燕国各个郡县的地方官都予以留任，由于前燕的地方官大多不称职，但苻坚之所以如此，不过是为了确保稳定而不得不采取的一种权宜之计，此时，他赋予王猛特殊的权力，允许他根据实际情况，选拔关东的才能之士递补前燕原有的地方官，由王猛任命，然后再由中央转正。王猛深知避嫌之道，数月之后，他上书苻坚称，刚开始的时候，因为刚刚平定燕国，形势逼迫，不得不及时处理，如今已经步入正轨，国家自有主管部门，怎能还单单任用愚臣我呢？况且，整个东部地区的事务，也不是我一个人所能处理好的，因此，请求天王选择亲贤之臣来代替我，我愿意只做一个州的刺史；徐州方面刚刚臣服，而淮河、汝南地区的防务任务很重，六州事务全由我一人负责，并让我选择地方官这样的重任，还是停下来的好。但是，苻坚不同意，他专门派侍中梁谠前往邺城，带去苻坚的诏书，他在诏书中对王猛说：“朕和卿之间的关系，从大义上讲是君臣，但是，我们之间的关系却比亲生骨肉还亲密，历史上虽然曾经有齐桓公与管仲、燕昭王与乐毅、刘备与诸葛亮的鱼水关系，但我自认为我们之间亲密程度要超过他们的。作为君主，主要精力是在于选拔真正的人才，等得到治国的能臣之后，君主自己就安逸了。将关东地区全部委托给你，朕就没有了东顾之忧，这不是为了尊崇你，而是朕私心想为了自己的安逸着想。夺取天下不容易，守住天下同样也很难，如果用人不当，忧患将随之而生，这不仅让朕操心，那也将是卿的责任，因此，我才没有让你回到中央，而是将你留在了关东。卿没有理解我的苦心，实在是让我有点失望。治理新的占领区，急需的人才，要迅速选拔，等到东部地区安稳之后，我自然会让你身着衮龙绣衣，荣归长安。”王猛这才继续正常办公。

将关东交给王猛打理之后,苻坚很快就将矛头对准了下一个目标——仇池(今甘肃省西和县)。

太和三年，仇池公杨世和弟弟杨统归顺了东晋朝廷，被分别封为秦州刺史和武都太守，但杨世兄弟又同时投降了苻坚，到了太和五年，杨世去世，继位的杨世之子杨纂与秦国断绝了关系，杨纂的这一政治取舍立即引发了仇池国的内讧，杨纂的叔叔、武都太守杨统，起兵与杨纂争夺最高统治权，仇池国一分为二。仇池国的统治范围大致在甘肃南部、陕西南部和四川北部地区，北可以威胁到秦州的上邽，南又是进入梁州、益州的通道之一，仇池地区在苻坚的手中，既可以确保秦州的安全，为西上进攻凉州做好铺垫，又是南出梁州、益州的跳板；而同样的，如果此地落到东晋之手，那就将成为东晋北进陇上、与凉州合势、进而威胁关中的桥头堡。因此，苻坚在灭燕之役刚刚尘埃落定之后，就趁着仇池内乱之际，发起了讨伐仇池之战。

晋简文帝咸安元年三月，也就是王猛灭燕后的第四个月，秦王苻坚命令秦州牧苻雅、梁州刺史杨安、益州刺史王统、并州刺史徐成以及羽林左监朱彤、扬武将军姚苌，共率领步骑七万讨伐杨纂。秦军驻扎在鹫峡（仇池北），杨纂率领五万部队前去迎战，东晋梁州刺史杨亮派遣都护郭宝、卜靖率领一千多骑兵前去增援。双方在鹫峡的深谷中展开激战，仇池与东晋联军大败，死伤将近一半，杨纂退回仇池。苻雅等率众进抵仇池，杨统率领他的武都部队投降了秦军，在这种情况下，杨纂阵营内部也发生了动摇，杨纂部将杨他派自己的儿子杨硕，秘密投降了苻雅，准备里应外合。杨纂看到再也无力抵抗，双手反绑着投降秦军，苻雅将其送往了长安。平定了仇池之后，苻坚任命杨统为平远将军、南秦州刺史，加授杨安为都督南秦州、益州、梁州诸军事，梁州刺史，镇守仇池。

自晋惠帝元康六年（公元296年）开始，这个一直处于半独立状态的仇池国，在经历了七十六年（如果再上溯到杨腾则更长）之后，至此被前秦王国在一个月时间里灭亡，史称“前仇池国”。

前秦王国的赫赫兵威，让周边的各个势力都感到了恐惧。

前秦在公元367年，已经由王猛夺取了枹罕（今甘肃省临夏市）之地，秦国任命立忠将军彭越为平西将军、凉州刺史，镇守枹罕，将触角伸至前凉和吐谷浑的家门口。此时，又一举消灭了仇池公杨纂，这让前凉的张天锡和吐谷浑的碎奚均感到震惊。我们知道，吐谷浑原本是辽东慕容鲜卑的一支，当初，吐谷浑离开辽东之时，仅仅带走了父亲涉归留给他的一千七百家部众，这支实力弱小的部落，从辽西一路西去，先至阴山，后南下陇山，再至枹罕一带，最后继续西行，“据有西零以西，甘松之界，极乎白兰数千里。”《后汉书·西羌传》记载：“河关之西南，羌地是也……地少五谷，以产牧为主。”河关，即今甘肃省兰州市，由此可知，吐谷浑所辖之地是羌族的原驻地，因此，在吐谷浑的发展中，逐渐形成了包括鲜卑、匈奴、氐、西域胡、高车等部族的多民族集合体，这从吐谷浑的姓氏上即可看出端倪：在吐谷浑中，仅鲜卑就有一那蒌氏、段氏、白部鲜卑的素和氏、阿若干氏、薛干氏、乞伏氏、乙弗氏等等，还有属于羌族的姜氏、钟氏、白兰羌、姚氏等；属于匈奴的赫连氏、沮渠氏；属于高车的翟氏等等。吐谷浑所处之地自然条件恶劣，因此，吐谷浑以游牧为主，产良马，称为青海骢，同时，白兰山盛产黄金、铜、铁等矿产，另外，吐谷浑正处于中西交通要道上，商业较为发达。

我们过去说过，吐谷浑作为部族之名来自吐谷浑的孙子叶延，叶延在位二十三年而死，其长子碎奚继位，此时，正值碎奚在位期间。碎奚性格仁弱，当他听说前秦消灭了仇池之后，内心十分恐惧，为结好前秦，他赶紧派出使者给苻坚送上了良马五千匹，金银五百斤，苻坚大喜，拜碎奚为安远将军、漒川侯；当时，羌族的钟恶地为碎奚的长史，与碎奚的三个弟弟发生了冲突，钟恶地对司马乞宿云说：“过去，郑庄公和秦昭王因为一个弟弟骄恣，社稷就险些覆亡，如今，主上的三个弟弟都胡作非为，国将不国。我和你作为国家的辅政大臣，如果去世以后，先王问及此事，我们将如何对先王交代！我已经决心除掉这三人。”乞宿云请求先请示一下碎奚，钟恶地说：“吾王优柔寡断，这事不能告诉他。”于是，趁着群臣面见碎奚之际，钟恶地命人将碎奚的三个弟弟全部处斩。事出突然，碎奚大惊失色，吓得昏倒在床上，钟恶地等人赶忙将其唤醒，说：“臣昨晚梦见先王告诉我说：‘他们三人将要谋反，你赶紧动手杀掉他们。’我是尊奉先王的命令才这样做的。”由此，碎奚受到强烈的刺激，得了重病，他对自己的世子视连说：“兄弟们竟然在我的手中被杀，我死后还有什么面目与他们相见！国事不论大小，全由你负责处理，残年余生，我不过做一个行尸走肉而已。”竟因忧愁悲伤而死，年四十二岁，在位二十五年。世子视连继承吐谷浑王。视连继位在公元 372 年到公元 376 年，在他执政的前期，大权仍然掌握在羌族钟恶地的手中，而视连则饮酒游猎，从不过问政事。

秦王苻坚一月左右就迅速解决了割据上百年的仇池王国，又未发一兵一卒就臣服了吐谷浑，随后，他对实力最强、距离又最遥远的西凉则采取了恩服的政策。在王猛解救秦州李俨之时，前秦军队就曾经与前凉军队交过手，那一战秦军活捉了凉州武将阴据以及凉州五千甲士，此时，苻坚将阴据和这五千凉州士兵一起送还凉州，另派著作郎梁殊和阎负一同前往说服凉州。梁殊和阎负曾经是苻生的弟弟苻柳手下的参军，二人在苻生执政时期就曾前往凉州，说服了当时凉州执政的张瓘臣服了前秦。凉州臣服前秦两三年，前凉和前秦各自的政局均发生了重大的变化：前凉张瓘被宋混兄弟所杀，继而宋混死去，其弟被张邕所杀，后张天锡又杀张邕，并废黜张宏靓自立；而前秦苻坚则杀苻生自立，相继又有“五公”之乱。而张天锡继位以后，接受了东晋政府的称号，并于晋海西公太和元年（公元366年）彻底断绝了与前秦的关系，至此，已经过去了五个年头，在这五年里，与秦王苻坚的勤政完全相反，西凉的张天锡却无所作为，整日里不理政事，游玩饮宴，过着神仙般的生活，校书祭酒索商上书劝谏，可张天锡却强词夺理地为自己辩驳说，我可不喜欢游玩远行，只是游玩远行有所收获才不得不如此。我看到清晨欣欣向荣的美景，就想到要提拔才能之士；我赏玩芳香的花草，就更加爱惜德行之士；我看到松树和竹子，就会反思贞操之人的贤德；到清澈的河边，就会陶冶我廉洁的品行；瞧见杂乱之草，就会轻视贪婪的官吏；遇到狂风，就会引起我痛恨凶恶之徒。张天锡的这一番话，几乎达到了商纣王的“智足以距谏，言足以饰非”的地步。于是，张天锡继续他的沉溺于酒色之中的生活，自他继位以来，凉州天灾人祸不断，连年发生地震，柳树变作了松树，泥地里生出了大火；劝说他废黜张玄靓的二位亲信梁景和刘肃，被他赐姓为张，作为自己的儿子，又将自己的世子张大怀废黜，另立庶子张大豫为世子，致使上下离心。

也就是在此时，秦王苻坚派来了特使梁殊和阎负，并给张天锡捎来苻坚的亲笔书信，书信是这样写的："张氏前辈曾经臣服于石勒和刘曜，就是审时度势的结果。今天，凉州的力量不如过去，而大秦的威德，非石勒、刘曜可比，可是，将军却与大秦断绝了关系，这恐怕不是张氏之福啊！大秦之威，震于四海，可以让弱水东流，也能够让长江黄河西去，关东也已平定，将转兵西上，大约不是凉州六郡所能抵抗得了的。东汉末年，荆州牧刘表自忖可以割据汉水之南，而将军如今也自以为凉州可以保全，是吉是凶，全在你自己决断，只是应该趋利避害，自求多福，不要让凉州六世的基业毁在你的手上。"看过苻坚的书信，张天锡十分恐惧，他连忙向秦国派出使者投降称臣，苻坚大喜，拜其为使持节、散骑常侍、都督河右诸军事、骠骑大将军、开府仪同三司、凉州刺史、西域都护、西平公。

二三七　平定秦陇（二）

我们知道，秦陇乃至凉州地区各民族杂居，情况十分复杂，比如，我们前述的秦陇地区的屠各匈奴有王擢、河西有张掖的临松卢水胡沮渠氏；羌族有原属姚襄的部众；氐族有仇池的杨氏等；鲜卑有青海的吐谷浑、河西地区有鲜卑秃发部、在陇西与凉州的接合部，即原秃发部游牧的东部地区，又有鲜卑的乞伏部。这些部族下属还分别又有很多小一点的部族，比如，我们说的乞伏部，最初的时候就是由如弗与斯引部、出连部、叱卢部和乞伏部四个联系松散的部族组成，后乞伏部首领成为四部酋长，西晋时期，乞伏部相继吞并了鲜卑鹿结部、鲜卑莫侯部，石勒灭掉刘曜之时，乞伏部首领乞伏傉大寒担心被石勒吃掉，将部众从苑川（今甘肃榆中县东北大营川，《水经·河水注》曾称，此地乃“龙马之沃土”。汉代马援曾在此地屯田）迁到了麦田（今甘肃省靖远县）的无孤山。乞伏傉大寒死后，儿子乞伏司繁继位，又迁到了麦田的度坚山（今甘肃省靖远县西）。

由于曾经割据秦州的李俨在秦陇各族民众，尤其是汉族民众中拥有比较高的威望，苻坚在招抚了吐谷浑和张天锡之后，于晋简文帝咸安元年（公元371年）七月，即以四年前归降的李俨为河州刺史，镇守武始（今甘肃省临洮县），同年九月，李俨去世，苻坚又让其子李辩继任。而屠各王擢也长期在秦州地区生活，因此，苻坚命令其子、益州刺史王统率军讨伐乞伏司繁。苻坚企图消灭乞伏部的用意，与他出兵仇池一样，都是采取先弱后强、各个击破的战略，趁着凉州张天锡臣服之际，先将秦州地区彻底安定下来，然后，再对张天锡下手。

王统率领秦军前去讨伐乞伏部，乞伏司繁听说以后，率领三万骑兵南下苑川（今甘肃省榆中县东北）抵御。然而，王统并没有与乞伏司繁正面交锋，而是率军长途北上偷袭了度坚山乞伏部的老巢，在王统的打击下，乞伏司繁根据地的五万部落部众纷纷投降。消息传到苑川，在前线的乞伏军队士兵听说自己的妻儿老小均投降了秦军，全无战心，纷纷投降。乞伏司繁见大势已去，对身边的人说："智慧不足以抵御敌人，德行又不能够安抚部众，两军未战而先败，部众四散而逃，如果逃往其他部落，势必不会收容，我将效仿呼韩邪单于投降秦国了。"于是，乞伏司繁也只好投降了王统。苻坚大喜，他封乞伏司繁为南单于，将其留在了长安，而任命其堂叔乞伏吐雷为勇士护军，以勇士堡（今甘肃省榆中县东）为中心，统领鲜卑乞伏部众。过了一年，到了晋孝武帝宁康元年（公元 373 年）鲜卑勃寒部劫掠陇西地区，秦王苻坚以乞伏司繁为使持节、都督讨西胡诸军事、镇西将军，前往讨伐，勃寒被迫投降，苻坚这才将其从长安放回，并命令他将乞伏部又迁回到了勇士川（苑川，今甘肃省榆中县东北大营川）。

苻坚收降了鲜卑乞伏部之后，陇西地区基本平定：在晋简文帝咸安元年这短短的一年时间里，秦王苻坚收获颇丰，先是消灭了仇池公杨纂、继而臣服了吐谷浑、张天锡，接着又纳降了鲜卑乞伏部。在这种情况下，苻坚想一鼓作气，将凉州的张天锡拿下。就在乞伏司繁归降后不久，苻坚就任命李俨之子、河州刺史李辩兼兴晋太守，将治所从武始（今甘肃省临洮县）迁往更西北的枹罕（今甘肃省临夏市），而命令凉州刺史张天锡将治所从姑臧（今甘肃省武威市）迁往金城（今甘肃省兰州市）。苻坚此举意在投石问路，也是在寻找与凉州作战的借口，他应该知道，张天锡是决不会主动离开自己的根据地，前往黄河以南的金城上任的。如果来到金城，那无疑是自投罗网，与到长安做人质没有什么区别。

后方也已稳固的苻坚给张天锡出了一道选择题：要么老老实实地归顺，做一个名副其实的下属，要么选择再次背叛，双方兵戎相见。

给出这道选择题的时间，仅仅距张天锡表示归顺数月之久。被迫无奈的张天锡十分忧惧，心有不甘的他只好选择了背叛，他在姑臧郊区设立祭坛，率领典军将军张宁、中坚将军马芮等人远远地与东晋三公盟誓，并派出从事中郎韩博、奋节将军康妙等人送上降表和给东晋大司马桓温的书信，约定第二年（晋简文帝咸安二年）的夏天会师上邽。韩博很有口才，桓温十分欣赏，曾经在一次大会上，桓温让司马刁彝调侃他，刁彝说："你是韩卢狗的后代吗？"刁彝的话取自《战国策》"淳于髡说齐王止伐魏"，说的是韩卢是天下矫健的狗，而东郭则是四海跑得最快的兔子，狗追兔，二者最后都筋疲力尽，结果，被农民毫不费力就将两个都捉住了，与"鹬蚌相争，渔人得利"的寓意相同，刁彝的话一方面是调侃韩博；另一方面也是说出了东晋朝臣对凉州此时投降的基本看法。韩博说："你才是韩卢狗的后代。”桓温笑着说：“刁彝因为你的姓是韩，所以才这样说；人家姓刁，怎么会扯上是韩卢的后代？”韩博说：“大人是忽略了一点，短尾巴的就是刁（貂）啊！”一座都十分叹赏。

不过，张天锡约定与东晋朝廷一起合击前秦，仅仅是他的一厢情愿。这是因为，彼时的桓温正在为朝中的事情纠结，而到了第二年的七月，东晋简文帝司马昱又突然去世了，这让东晋可能筹划的再次北伐计划也搁置下来，很快地，桓温在司马昱死后数月，也随之西去，谢安、王坦之等人正忙着处理桓温死后门阀利益的重新分配，根本不会理会两年前张天锡的号召。而没有外力配合，张天锡自保尚在未定之天，毋宁再提主动出击了。

因此，在双方约定出兵的晋简文帝咸安二年（公元 372 年），三方出现了少有的平静：张天锡依然惶恐不安地居处一隅，东晋忙着处理司马昱的丧事，而苻坚和王猛则忙着治理新近收复的土地。

二三八 治理秦国

从太和五年十一月灭掉燕国之后，王猛就一直被苻坚留在邺城。也就是说，平定仇池、威服吐谷浑、收降鲜卑乞伏部，王猛均没有参与，而是出自秦王苻坚本人的直接指挥。

到晋简文帝咸安二年六月，也就是简文帝病死的那一月，秦王苻坚任命王猛为丞相、中书监、尚书令、太子太傅、司隶校尉，特进、常侍、持节、将军、侯如故，以弟弟、阳平公苻融为使持节、都督六州诸军事、镇东大将军、冀州牧。王猛、苻融两人可谓是苻坚的左膀右臂，王猛自不待言，苻融也并不比王猛逊色。苻融，字博休，是苻坚的小弟，他是个美男子，苻生当政之时就因苻融的美貌而经常置于身边。苻坚继位之后，苻融对哥哥一直忠心耿耿，并且，苻融天生聪明，耳闻能诵，过目不忘，被当时的人们比作三国时期的王粲，不仅能文，苻融还武艺高强，臂力过人，史称“为百夫之敌”。其才能与王猛不相上下。苻融尤其善于断案，在他担任司隶校尉的时候，当时，一个京兆人董丰三年游学回家，当晚妻子被杀，妻子的兄长怀疑是董丰所杀，将其告官，董丰耐不住严刑拷打而自诬杀妻。苻融接到此案之后，顿生疑窦，他问董丰：“你回家前后遇到什么奇怪之事吗？”董丰答：“刚要启程的时候，梦见乘马向南渡河，又回头往北渡水，然后又往南，马停在水中不动。低头看水，水中有两个太阳，马的左侧是白色的，湿漉漉的，而右侧则是黑色，干燥的。当即我被吓醒，以为不吉祥。出发的当夜，又做了同样的梦，问占卜的人，说：‘有牢狱之灾，远避三枕和三沐。’回家的当夜，妻子让我沐浴，并给我枕头，我想到了占卜者的告诫，都拒绝了。当夜，妻子自己沐浴之后，枕着那枕头而睡。”

苻融听后就说：“我明白了。《易经》称：‘坎’卦为水，马代表着‘离’卦，梦见骑着马往南，又往北，当确定为‘坎’卦的‘离’。两个太阳，意味着两位丈夫。‘坎’卦又代表着执法官吏。马左而湿，湿，是水的意思，左边是水，右边是马，那是个冯字。两日为昌，杀人者，难道不是‘冯昌’吗？”结果，抓获一个叫“冯昌”的，询问之下，冯昌招供：“原本与董丰之妻合谋要杀董丰，以沐浴之后枕着新枕头为分别，却误杀了董妻。”苻融的断案均是这样出人意表，苻坚与前秦朝臣都很叹服。因此，苻坚将王猛调回中央，以苻融接替王猛，苻坚十分放心。

苻融将要东去，苻坚一直走到灞东给其送行。苻融是苟太后的小儿子，苟太后十分喜爱，曾三次去灞上看望，苻融临行当夜，苟太后又瞒着苻坚偷偷出宫到灞上。当夜，苻坚在前殿歇息，太史令魏延禀报：“天上后妃星不明，有后妃移动之象。”苻坚询问之下，果然发现母亲离宫去了灞上，他大吃一惊道：“天道与人事怎能如此相近！”从此，对星官十分重视。这一年，长安城内刮起了西南大风，一会儿天地昏暗，恒星在白天都能看见，在西南天际又出现了红色的星辰。魏延再次上奏说：“根据占卜表明，西南国家将要灭亡，明年一定能够平定蜀汉。”苻坚大喜，下令前秦的梁州、益州军队秘密做好战斗准备。除了做好进攻汉中、四川的准备工作之后，苻坚还与王猛一起做好秦国的内政。

一是选贤任能。秦王苻坚雄才大略，一直以来，他就高度关注选拔和任用人才，可以说是求贤若渴。首先，王猛管理关东六州的时候，苻坚就一再要求他为王国选拔原前燕境内的贤能之士，咸安二年二月，秦国将王猛推荐的燕国人才均授予高官，苻坚以清河房旷为尚书左丞，以房旷兄房默及清河崔逞、燕国韩胤为尚书郎，北平阳陟、田勰以及阳鹜之子阳瑶为著作佐郎，郝略为清河相。其次，苻坚在用人方面不拘一格，没有华夷之辨。除了前燕的宗室，苻坚都加以任用之外，其他屠各匈奴、羌族姚氏、卢水胡、鲜卑别部等等，均在前秦政权中担任显职。再次，苻坚用人不疑。这一点上我们从苻坚授予王猛的官职就可以看出，此时王猛几乎负责王国的各个方面的工作，咸安二年八月，王猛回到长安以后，苻坚又加王猛都督中外诸军事，此时的王猛既是前秦王国的丞相，又是王国总司令，王猛坚决推辞，而苻坚就是不同意。后又加封王猛为司徒，军国所有的事物全部归王猛处理，史书称，王猛“刚明清肃，善恶著白，放黜尸素，显拔幽滞，劝课农桑，练习军旅，官必当才，刑必当罪。由是国富兵强，战无不克，秦国大治”。苻坚曾下令太子苻宏和长乐公苻丕等诸子说：“你等侍奉王公，就与侍奉我一样。”最后，苻坚用人做到人尽其才。在潞川之战中，王猛曾经答应战后授予猛将邓羌司隶校尉的职务，后来王猛亲自向苻坚请求，而苻坚不同意，他特意下诏安慰邓羌说：“司隶校尉，总管京师重地，处理日常事务的工作量很大，不是用来优礼名将的。光武帝不让功臣们直接从事吏治，实际上是为了尊崇功臣们。邓羌有廉颇、李广之才，朕正要委任你以征伐之事，北平匈奴，南荡扬、越，这是邓羌之任务，司隶校尉之职怎能合适！特地进号为镇军将军，位特进。”

二是重视农业生产。苻坚在关中地区鼓励农民实行区种法，推广集约化的农业生产技术，采取精耕细作的办法，提高农作物产量，增强农业抗旱能力；为了抵御旱灾，他还下令征发官员和豪富之家的奴仆三万人，在泾水上游开山筑坝，修建水渠，用来灌溉地势较高的贫瘠土地。为了降低劳役对农业生产的影响，他还下令恢复魏晋时期的士族户籍，规范派发劳役制度，对于不符合规定的临时劳役，全部予以禁止。在关注农业生产的同时，他还节省宫中的用度，降低百官的俸禄，多次派出使者巡视各地，视察农业生产，抚恤贫民百姓。

三是提倡儒学。在苻坚、王猛的关注下，前秦政权内部的学习之风逐渐兴起。苻坚曾下诏：“关东之民学通一经，才成一艺者，在所郡县以礼送之。在官百石以上，学不通一经，才不成一艺者，罢遣还民。”他还经常深入太学，亲自主持对学生的考试，曾有一次一下子就将成绩优异的学生八十三人都任命了官职。苻坚还下令，禁止在国内宣扬老子、庄子以及图谶之学，他还规定京师禁卫各营的将士都要读书学习，还在内廷设置学官，教授宫女、宦官经书。同时，对政府的各级官吏进行考核，对于那些连一部经书都不懂的官员，一律罢免。

在苻坚和王猛的治理下，史书称，秦国“关陇清晏，百姓丰乐，自长安至于诸州，皆夹路树槐柳，二十里一亭，四十里一驿，旅行者取给于途，工商贸贩于道。百姓歌之曰：‘长安大街，夹树杨槐。下走砯轮，上有鸾栖。英彦云集，诲我萌黎。’”

前秦政权正在向它的鼎盛时期迈进。然而，就在这一进程中，也隐隐约约地透露出来一丝危机。前燕灭亡之后，前燕皇帝慕容暐的妹妹清河公主，时年十四岁，是一位绝世的美女，被苻坚纳为后妃，苻坚最为宠爱；清河公主的小弟、前燕中山王慕容冲，当时才十二岁，也是一位长相非常俊俏的美男子，也成为苻坚的同性恋人。清河公主姐弟二人整日陪伴苻坚，其他后宫嫔妃根本无缘见到天王。当时，长安就传出歌谣讽刺这件事：“一雌复一雄，双飞入紫宫。”由于二人鲜卑贵族的特殊身份，让所有的秦国老臣都对此十分担心，在王猛言辞激烈地劝说下，苻坚才让慕容冲离开了宫中。此后，长安又有歌谣："凤凰凤凰止阿房。"苻坚以为凤凰非梧桐树不栖息，非竹子不吃，因此在阿房宫种植了数十万棵竹子和梧桐树——而慕容冲的小名就叫凤凰，这一件巧合之事还留待很多年以后才能让我们看到。

鲜卑贵族不仅向苻坚献上了清河公主姐弟，而且，慕容垂还将自己的老婆小段氏夫人，也献给了苻坚作为情人。慕容垂之所以如此，是因为前秦政权要诛杀或者遣散鲜卑势力的声音很大，这种声音不仅仅来自王猛，而且来自前秦政权的几乎所有的旧臣。在王猛回到关中以后，这股势力更是强大起来，他们往往利用天象变化对苻坚进行讽谏，提出燕国将要灭亡秦国，请求苻坚诛杀慕容暐及其子弟。可是，苻坚不仅不听，反而任用慕容暐为尚书，慕容垂为京兆尹，慕容冲为平阳太守。苻坚的弟弟、阳平公苻融上书说："臣听说鲜卑拥有燕地，数十年之久，遇到石赵内乱，趁机占据了六州之地，称王称帝。陛下发兵征讨，经过一年的时间，他们才归顺本朝，其本心并非仰慕本朝的大义，而是受到武力的胁迫而不得不归顺。如今，鲜卑子弟不满朝廷，陛下对他们还十分亲近。臣以为猛兽不可以饲养，应该将其豪杰慢慢剪除，以消除天象的变化。"苻坚责备苻融说："你修德行善都还不够，名过其实。如今，四海未平，万民不宁，百姓应当慰抚，对待夷狄要强调和谐，我将要统一天下，将各族人民都视作我的赤子，你不要说了，不用耿耿于怀。天道助顺，修德就能禳灾，如果反求自身进行反省，就能够消除灾难。"后来，明光殿里有人大喊："甲申乙酉，鱼羊食人，悲哉无复遗。"苻坚命人去抓，但却没有抓到。鱼羊当然是指鲜卑，因此，又有人劝说苻坚诛杀鲜卑，但是，苻坚还是不听。

苻坚如此坚决的态度，自然与其本人一向的胸怀有关，但也不排除清河公主、慕容冲以及慕容垂小段氏夫人的功劳。小段氏夫人当时经常出入后宫，曾与苻坚坐在一辆车上，宦官赵整博闻强记，好直言劝谏，他看到小段氏夫人与苻坚同车，就唱歌道："不见雀来入燕室，但见浮云蔽白日。"虽然苻坚有个人的欲望，但是他纳谏如流，立即让小段氏夫人下车。苻坚的自律还可以从另外一件事上看出来，一次，苻坚到邺城附近打猎，打了十多天还不罢手，宫廷乐师王洛劝谏，继而王猛也劝说，苻坚自此不再打猎。

虽然苻坚保全鲜卑贵族可能有一点点私情的干扰，但是，我们不能以果推因，以成败论英雄，假如前秦王国没有此后的瓦解，那么，鲜卑贵族的有为之士自然还是秦国得力的大臣。此时慕容垂的表现也正是这样，在灭掉燕国之后，慕容垂就曾对苻坚建议说："我的叔父慕容评是燕国的恶来之辈，不应该让他再玷污了本朝，请求陛下将其诛杀。"而苻坚并没有听从慕容垂的话，而将慕容评任命为范阳太守。慕容垂的话自然有公报私仇的因素，甚至有向苻坚表示忠心的成分，但无论如何，慕容垂的建议对于秦国而言也是有利的。

二三九　吞并梁益

公元 373 年，是晋孝武帝登基之后第一个新年，当时东晋朝廷改元为宁康，因此，这一年也被称作宁康元年，此年，孝武帝司马曜十一岁。去年，简文帝司马昱去世，今年七月，大司马桓温又谢世，一直以来内讧多于外患的东晋朝廷，企盼着迎来一个康宁的时期，这大约是取了这个年号的原因之一吧。

然而，在东晋政府内讧不已的这两三年的时间内，前秦王国迅速消灭了前燕帝国、全取了秦陇地区，下一步苻坚已经将矛头对准了西凉的张天锡。张天锡预感到了危机，他在公元 371 年投降前秦数月之后，又发出了檄文，请求与东晋合力进攻秦州，由于东晋简文帝的驾崩和继之而来桓温的去世，让这一计划付之东流。不过，张天锡的这一动摇秦川的计划，立刻引起了秦王苻坚的警觉。秦州地区刚刚被秦国吞并，当地地形险恶，居民成分复杂，如果晋军走诸葛亮的老路，长途跋涉，与凉州军队一起进攻秦陇，会师上邽不是没有一点可能。因为，此时的关东地区人烟稠密，且被秦国征服的时间稍长，东晋仅凭自己的兵力单独打击，胜算并不大。那么，对于秦王苻坚而言，是全力攻取凉州，还是先行进兵汉中和益州、提前消除进攻凉州的侧后方安全呢？

在权衡再三之后，秦王苻坚决定率先攻取东晋的梁州和益州地区，据巴蜀之险，形成“进可攻、退可守”的良好战略态势。于是，苻坚暂时放弃了西上讨伐张天锡的计划，而在前一年就命令前秦的梁州益州部队秘密加强战备，做好随时出兵汉中盆地和四川的准备。

益州，自桓温永和三年（公元 347 年）灭掉成汉帝国，收归东晋帝国版图之后，迄今已历二十七年之久。然而，在这二十七年间，益州地区并不安定，《晋书·周访传附周仲孙传》称：“桓温以梁益多寇”，即可证明这一点，再加上东晋朝廷内斗不止，对于益州地区的经济社会发展无暇顾及，因此，益州并没有发挥其应有的作用。先是由范长生之子范贲自立，到永和五年（公元349年）被周抚与朱焘讨平；与此同时，萧敬文占据川北，自立为益州牧，一直到永和八年（公元352年），周抚在司马勋的协助下，才将萧敬文的叛乱平定。永和十年（公元354年），桓温第一次北伐前秦，协同桓温主力的只有梁州刺史司马勋的部队，而没有益州周抚的军队，其中最大的可能大约就在于益州局势不稳，益州部队实力不足。十年之后，到了晋哀帝兴宁三年（公元365年），周抚去世，梁州刺史司马勋又从汉中袭击益州，在荆州部队的帮助下，周抚之子周楚将司马勋平定。刚刚过去的太和五年（公元370年），广汉人李金银、李弘自称是成汉帝国最后一任皇帝李势的儿子，聚众一万多人，自立为王；与此同时，陇西人李高也自称是李雄的儿子，攻破了涪城（今四川省三台县西北），驱逐了东晋梁州刺史杨亮。这一年的九月，益州刺史周楚命令儿子周琼率兵讨伐李高，又派自己的孙子、李琼的儿子李虓讨伐李金银、李弘，均很快将这两起民变讨平。然而，从这两起民变上看，在成汉帝国灭亡二十余年之后，仍然有人假冒成汉皇室后裔起兵，并能迅速聚集了万余人，这起码说明，益州的最高统治者周氏为武力世家，他们对于益州的统治可能并无可取之处，让民众思念成汉尤其是李雄在位时期的宽和之政。在平定了这两处叛乱之后，周楚同年即去世了。［《资治通鉴》记作第二年（简文帝咸安元年）的三月］东晋朝廷又任命周光之子周仲孙为益州刺史。我们知道，周访有两个儿子，长子周抚，次子周光，而周抚是周楚的父亲，周光则是周仲孙的父亲，因此，周楚是周仲孙的堂兄。史书记载，周仲孙在兴宁年间为宁州刺史，“在州贪暴，民不堪命”。让这样的人接任变乱无常的益州，后果可想而知。梁州刺史杨亮在涪城失守之后，短暂失去了梁州刺史的职务，而梁州刺史一职则由在平定李高之乱中立功的周楚的儿子周琼接任，此时，面临蒸蒸日上的前秦帝国，身处“贪暴”周仲孙治下的益州民众，不少都是巴氐人，与前秦统治者是同族，因此，都有投奔前秦的想法。据《晋书·周访传附周琼传》的记载，过去，氐族人窦冲被东晋朝廷任命为东羌校尉，后来，窦冲反叛，将要进入汉中，安定人皇甫钊、京兆人周勋等人也阴谋接纳窦冲，周琼得知以后，将皇甫钊、周勋等全部斩杀。由此看来，在前秦的影响下，本不稳定的益州和梁州地区更是人心摇动。周琼接任梁州刺史不久即去世了，东晋朝廷又将杨亮官复原职。

这就是秦王苻坚准备进攻东晋梁州、益州之前的局势，而恰恰就在此时，东晋梁州刺史杨亮竟然首开战端。

晋孝武帝宁康元年（公元373年）八月，也就是东晋大司马桓温去世不足一个月，杨亮即派遣儿子杨广率领梁州部队，从汉中出发西上，奔袭仇池。此时，驻守仇池的是前秦梁州刺史杨安，杨广岂是前秦老将杨安的对手，两军交战，杨广大败，东晋沿着沮水两岸设置的堡垒守军，全部溃散。据胡三省注，“沮水出武都沮县东狼谷，东流合为汉水”。听到前方战败的消息，杨亮也吓得退守磬险（今陕西省洋县西）。

得胜之后的杨安随即展开了对东晋汉中地区的进攻，九月，杨安所部开始东下进攻汉中地区，而早已有了吞并梁州、益州的秦王苻坚也在次月命令益州刺史王统、秘书监朱彤率领二万军队，向汉中挺进，协同杨安所部扫清汉中地区；另外，苻坚还命令前禁将军毛当、鹰扬将军徐成率领三万军队直至剑门关，发起对东晋梁州、益州的全面进攻。

大败之后的东晋梁州刺史杨亮已经没有多少正规军可用，他凑来了一万多巴獠族人，抵抗秦军的进攻。这些从未受过严格训练的巴獠部族军队，对付训练有素的前秦军队，结果可想而知，双方在青谷（今陕西省洋县西北）决战，杨亮再次战败，往东逃奔西城（今陕西省安康市西北）固守。于是，朱彤率部回师攻克了汉中（今陕西省汉中市南郑区）。

与此同时，秦军的另外一支担任进攻剑门关的部队，也在鹰扬将军徐成的带领下，迅速攻陷了进入益州腹地的雄关——剑门关。剑门关一失，川北门户洞开，前秦军队长驱直入，杨安所部立即南下，进攻梓潼。而此时的东晋梓潼太守、周楚之孙周虓本人却并不在梓潼城内，而是在涪县（今四川省三台县西北）固守，他看到大势已去，在兵力极其缺乏的情况下，还分出数千步骑保护自己的母亲、妻子从汉水顺江而下，准备逃往江陵。（据胡三省注：“此汉水，盖蜀人所谓西汉水也，与涪水汇，至渝州入江，顺江而下，则达江陵。”）结果，这支行动缓慢的军队被朱彤截击，全部被俘获，涪县的周虓也随即投降秦军。周虓投降之后，梓潼城也于十一月被秦军杨安所部攻陷。

得知秦军大举入侵的消息，东晋荆州刺史桓豁命令江夏相竺瑶率军西上救援，竺瑶西上以后，却发现秦军进展迅速，益州腹地的广汉（今四川省射洪县）太守赵长也已战死，竺瑶吓得引军而退。

益州刺史周仲孙率领益州军队前往绵竹（今四川省德阳市北）阻击秦军，然而，秦军前禁将军马当却并没有与周仲孙的晋军正面交手，而是抛开周仲孙的大军，迂回直插空虚的成都，得知马当所部将至成都，周仲孙大惊失色，因为，一旦秦军迂回成功，不仅成都不保，而且自己的归路将被切断。周仲孙惶恐之下，率领五千骑兵狼狈南逃，回到了自己的老根据地南中（今云南省）。于是，前秦王国遂夺取了东晋的梁、益二州，邛（今四川省西昌市东南）、莋（今四川省汉源县东北）、夜郎（今贵州省关岭县）全部投降了秦国。秦王苻坚任命杨安为益州牧，镇守成都；任命毛当为梁州刺史、镇守汉中；任命姚苌为宁州刺史，驻屯在垫江（今重庆市合川区）；又以王统为南秦州刺史，代替杨安镇守仇池（今甘肃省西和县）。

秦军以数万之众，用了短短一个月的时间，迅速占领了梁州和益州，这不能不说是一个奇迹。尤其是益州刺史周仲孙在大敌当前之时，根本没有固守剑门关，利用关隘拒敌于国门之外，致使秦军进入益州腹地，如入无人之境。周仲孙因丢失益州而被免官，后征召为光禄勋，周氏家族——这个曾经显赫一时的江东家族，在陶氏家族式微数十年以后，也就此衰落了下来。周楚之孙周虓被俘以后，苻坚想用为尚书郎，周虓回答："蒙晋朝厚恩，因为老母被抓获，所以才失节在此。母子平安，这是你们秦国的恩典。即使授予我王公侯爷，也不足为贵，更何况是郎官呢！"从此之后，每次觐见苻坚，总是伸直两腿，直呼苻坚为"氐贼"。一次，周虓参加元旦集会，秦廷威仪严整，苻坚问周虓说："晋家的元旦集会与此相比如何？"周虓说："戎狄集会，就如同犬羊挤在一起，怎能与天子之会相比！"后来，周虓曾试图逃往汉中，又联络苻坚的侄儿苻阳刺杀苻坚，均失败，前秦群臣都劝说苻坚将其诛杀，苻坚不许，只是将他流放到太原，最后，周虓死于太原。

二四〇　宁康年间（一）

晋孝武帝宁康年号只用了三年，等到三年以后，司马曜十四岁的时候，就改元太元了。

东晋孝武帝司马曜，字昌明，他和他的同母弟弟司马道子两人，是简文帝司马昱仅存的两个儿子。简文帝司马昱的正室夫人是王坦之的堂姑王简姬，王简姬生子司马道生，被立为会稽王世子，然而，司马道生却粗疏急躁，行事无礼，被司马昱连同王简姬一起幽废，母子二人均死去，司马道生死时年仅二十四岁。史书对于这一重大的事件，语焉不详，考虑到当时复杂的政治形势，也许是司马道生冲动的个性，冒犯了桓温，致使司马昱将其幽囚而死。不过，这仅仅是一种没有根据的推测。司马昱在司马道生死前，也曾经有过三个儿子，不幸却都早夭了，而司马道生另外一个同父异母的弟弟司马郁也在十七岁的时候去世。会稽王府邸的女人们已经将近十年没有怀孕生子了，行将晚年、膝下无子的司马昱内心也非常着急，他找来占卜术士扈谦占卜，扈谦看了卦象之后说："后房中有一位女子，将生下两个尊贵的儿子，其中一个终将使晋室兴盛。"当时，司马昱宠爱的徐贵人生下了新安公主司马道福，因此，司马昱非常想让徐贵人再为他生下一位儿子，就经常到她的房中，可是一年有余徐贵人却不见动静。这时，正好一位名叫许迈的道士，大家都说此人深通道术，司马昱就此事向其询问，许迈谦虚地回答道："许迈我只是喜欢山水之人，根本没有什么道术，这种事情我怎能说清楚！但殿下您德行深厚，还是要听从扈谦之言，留意一下房中的其他女人。"司马昱觉得许迈说得有理，也往其他姬妾那里住，然而，又过了几年，这些姬妾们却依然没有生子。这下司马昱真是着急了，他又请来了一位精通相术的人到自己的府邸，一一查看自己的姬妾们，术士看过之后，却说这些人都不是扈谦所说的那位女子。于是，司马昱又将会稽王府内的所有丫鬟们都叫了出来，逐一让术士查看，而术士却还是连连摇头。后来，人们突然想到还有一位在王府织布的姓李的下等女仆，个子很高，长得又黑，被大家称作“昆仑”的。“昆仑”进来之后，术士大惊，脱口而出说：“正是此人！”这位黑“昆仑”，名字叫李陵容。司马昱看到这位黑“昆仑”，是一百个不愿意，但是，为了自己的后嗣，不得不将其召来侍寝，此后，李陵容多次梦见两条龙枕着自己的膝盖，太阳和月亮进入怀里，她偷偷地给同伴们说了此事，司马昱微闻此事，内心十分高兴，后来，李陵容相继为司马昱生下了两儿一女，他们分别是司马曜、司马道子和鄱阳长公主。司马昱过去曾经看过书中的谶言说：“晋祚尽昌明。”李陵容将要临产的时候，梦见有神人对自己说：“你生下男孩，要取名为昌明。”司马曜出生的时候，正值天色刚亮，于是，司马昱就给儿子起了个“昌明”的字，后来，司马昱突然想到了那句谶言，心中猛然醒悟，以致流下了眼泪。

孝武帝继位后的第一年，对于东晋皇室来说，可谓喜忧参半。喜的是：在这一年的七月，时时觊觎皇位的桓温被拖死，桓温在临终之前也没有得到他梦寐以求的九锡之礼，司马氏皇室总算保全了最后一点体面，也让一直以来担惊受怕的东晋各个门阀士族们顿时松了一口气；而忧的是：就在桓温刚刚去世不久，前秦军队即以神速动作，很快拿下了东晋朝廷统治二十余年的梁州和益州，东晋军队退守巴东，让东晋帝国的版图恢复到了它建国初期的状态，而此事东晋朝廷所面临的压力，却又与建国初期有天壤之别。在东晋建立初年，虽然版图与今相差无几，但北方的刘汉帝国仅仅局促在山西，石勒虽则纵横黄河两岸，可是，在北方尚有诸多尊奉晋朝正朔的集团与之角力，因此，来自北方入侵的压力尚小，如今的东晋将面临一个行将统一北中国的前秦政权，其压力可想而知。然而，东晋朝廷中的各个势力还无暇顾及这些，在桓温死后，他们还将为了权力展开新一轮的角逐。

桓温临死时的职务是：使持节、侍中、都督中外诸军事、丞相、录尚书事、大司马、扬州牧、平北将军、徐兖二州刺史；桓温三弟桓豁为右将军、都督荆、梁、雍州军事、领南蛮校尉、荆州刺史、假节，桓温幼弟桓冲为振威将军、监江州、荆州、豫州三州六郡诸军事，南中郎将，假节，江州刺史，领镇蛮护军，西阳、谯郡二郡太守。由此看出，桓温实际控制了扬州、徐州、兖州，桓豁控制了荆州，桓冲控制了江州、豫州，而桓温的子侄辈也多居太守一类的官职。我们说过，桓温一共有六个儿子，分别为桓熙、桓济、桓歆、桓祎、桓伟、桓玄。桓熙、桓济已经因为与小叔桓冲的矛盾而被废黜；桓歆被封为临贺郡公；桓祎是个傻子；

桓伟后来也做到荆州刺史；五岁的桓玄继承了桓温的家业，袭封为南郡公。桓温二弟桓云已死，儿子桓序为宣城内史。桓温三弟桓豁有子二十多人，著名的有桓石虔为宁远将军、南顿太守，桓石秀为鹰扬将军、竟陵太守，桓石民为卫将军谢安参军。桓温四弟桓秘与弟弟桓冲有矛盾，被废。桓温幼弟桓冲有子七人，分别为桓嗣、桓谦、桓修、桓崇、桓弘、桓羡、桓怡，此时官位尚不显。可以说，截至桓温去世，桓氏家族掌握了东晋核心区域的几乎所有的军政大权，那么，此时的东晋其他大族都有谁是朝廷中的持牛耳者呢？

尚书令王述在海西公太和二年（公元367年）八月去世，此后，尚书令一职似无人替补，中书令似乎也一直空缺；在简文帝以丞相之尊登基继位之后，见诸于史书的朝廷重臣，首先是尚书仆射琅邪王彪之；其次则是谢安，当时，谢安的官职是：侍中、吏部尚书、中护军，由于在简文帝临崩之时，桓温曾经上书建议由谢安辅政，因此，谢安此时在孝武帝司马曜的朝廷中居于十分重要的地位；最后，是太原王坦之，他的官位是侍中、兼左卫将军、本州大中正。不过，此时的朝中尚有一位桓氏家族的铁杆心腹——郗超，他的官职是中书侍郎。

宁康元年七月十四日桓温去世。桓温去世之后，有人曾劝说桓冲就势诛杀朝中的谢安和王坦之，独揽朝廷大权，但是，桓冲没有采纳，这种情况，不容谢安等人显示出丝毫排斥桓氏家族的意思。桓温之死，让其生前担任的扬州牧、徐州、兖州刺史的位置空缺，谢安等人当然想趁机夺回长期从属于朝廷的这三个州，但是，在谢安看来，目前当然还不是合适的机会。因此，在桓温去世后的第十天，即七月二十五日，东晋朝廷为了安抚桓氏家族，立即任命江州刺史桓冲为中军将军、都督扬豫江三州诸军事、扬豫二州刺史，镇守姑熟，将桓温生前控制的扬州给了桓冲；加封桓冲三哥桓豁为征西将军，在原有都督荆、梁、雍三州诸军事的基础上，又加督交州、广州诸军事；加封桓豁之子、竟陵太守桓石秀为宁远将军、江州刺史，镇守浔阳。

谢安主导的七月二十五日的诏书，表面上看是对桓氏家族的安抚，但却也可以说是一种投石问路之举——也就是说，将朝廷核心区域扬州和偏远的交州、广州都给予了桓氏家族，而故意留下了徐州、兖州的位置暂时不提，这绝不是无意的疏忽，而是有意为之。如果桓氏家族对此没有异议的话，谢安再慢慢将徐州和兖州给予桓氏家族以外的人，而假如桓氏家族对此反应强烈，那么，再从长计议。事态的发展，都要看目前桓氏家族最有实力的人物——桓冲的态度了。而桓冲此人却与大哥桓温截然不同，他尽忠王室，高风亮节：数天前，朝廷给予了桓氏家族大批财物，与其说是帮助办丧事，毋宁说是为了讨好整个桓氏家族，但桓冲坚决不予接受，他上书说，自己的哥哥桓温生前十分节俭清廉，而且，家中的财物足够办理丧事，请求将赠予的财物全部返还国库。朝廷不许，但桓冲说的是真心话，最终也没有接受朝廷的馈赠。另外，据史书记载，在桓冲接任桓温的官职以后，更是十分谨慎，过去，辖区之内死刑案件桓温从不上报朝廷批准，而桓冲则认为，生杀大权是皇上的权力，所有判决死刑的案件，都要先上报中央，等到中央批准之后才执行。

二四一　宁康年间（二）

桓冲的作为，让谢安看出了他尚属于“制度内”的人物，于是，谢安小心翼翼地开始了下一步的布局。

谢安要求崇德太后褚蒜子再次临朝称制，理由是，孝武帝司马曜年纪尚小，并且，国家刚刚死了大臣，局势不稳。我们知道，褚蒜子是晋明帝的二儿子晋康帝的遗孀，康帝驾崩之后，由于儿子穆帝年幼，褚蒜子曾经临朝称制十余年，不过，那是二十八年以前的事情了，等到晋哀帝时期，由于晋哀帝服药致病，不能理事，在哀帝兴宁二年（公元364年），褚蒜子再次以婶母的身份临朝称制。而如今，孝武帝已经十一岁，让褚蒜子再次临朝称制，多少有点勉强。因此，尚书仆射王彪之首先提出了反对意见，他的理由有二：其一，皇帝的年龄问题。他说，过去，皇帝在襁褓之中，母子一体，因此，皇太后才能临朝，而且，还不能裁决大事，要与朝廷重臣协商。如今的皇上已经十一岁了，马上就要结婚、加冠礼了，太后临朝不合适。其二，因为简文帝是司马睿最小的儿子，是晋明帝的小弟弟，那么，孝武帝司马曜与明帝之子晋康帝之间，就是堂兄弟关系，从辈分上说，褚蒜子是司马曜的堂嫂，以堂嫂代替小叔子临朝，可以说是旷古未闻的事情。不过，谢安自有谢安的理由，谢安所说的这些个理由，史书上没有明说，但大约会有这些：关于皇帝的年龄问题，虽说司马曜已经十一岁了，但毕竟还没到十四岁，还无法亲政；而褚蒜子在辈分上虽说与司马曜平辈，但年龄差距很大，并且，有丰富的执政经验，而且，如今的皇帝还在守孝阶段，后宫亟须有一个支持者，但是，司马曜的亲生母亲出身下贱，不足以担当此重任。

这当然是面上的话了。明眼人谁都知道，谢安这一步棋的真实用意，是在安抚住外边的桓氏家族之后，要攫取朝廷里的实权。这是因为，谢安之所以力排众议，再次推出褚蒜子，那是因为，褚蒜子就是谢安堂姐、浔阳乡君谢氏的女儿，谢安的堂兄谢尚是褚蒜子的亲舅舅，而谢安就是褚蒜子的堂舅。我们知道，陈郡谢氏能够成为东晋时期的高门大族，肇始于晋康帝、晋穆帝时期，也正是因为褚蒜子的缘故。此时，谢安将自己的堂外甥女推出来做“代理皇帝”，其目的就是要让自己完全掌握平衡朝中各个政治势力关系的实权。在这件事上，我们没有看到王坦之的态度，不过，王坦之的三儿子王国宝就是谢安的女婿，《晋书·王述附王国宝传》记载：“国宝少无士操，不修廉隅，妇父谢安恶其倾侧，每抑而不用。”由此看来，谢安是在真正掌握朝廷大权之后，才对王国宝“抑而不用”的。而此时，深谙官场角力之术的谢安，似乎以亲家之谊让王坦之保持了中立或者是支持的态度。因此，虽然王彪之的官位要比谢安等人高，但却说出了“诸公必欲行此，岂仆所能制，所惜者大体耳”这样无奈的话。由此可见，谢安的这一动议是得到了包括王坦之等人在内的很多人的支持的。在安排了桓氏家族数日之后，崇德太后褚蒜子开始了她的第三次临朝摄政。那么，将褚蒜子推出，是否会引起桓氏家族的不满呢？从桓冲的态度上可以看出，桓冲不愿参与到朝中的政治斗争中，他选择了息事宁人的态度，力图消除哥哥桓温在世时各个大族对桓氏的不满，另外，褚蒜子长期以来，也都是与桓温合作的，在废黜海西公一事上，可以说让桓温感激涕零，崇德太后这一尊崇的封号，正是桓温在事后为了表示感谢而给予褚蒜子的，因此，桓氏家族对此也没有过多地介意。

谢安的第二步棋又得手了。

接下来，经过了一个多月的观察和酝酿，到了九月十二日，朝廷下诏提升尚书仆射王彪之为尚书令，提升谢安为尚书仆射，共同执掌朝政。与此同时，提升吴国内史刁彝为徐州、兖州二州刺史，镇守广陵。刁彝，是刁协的儿子，曾做过桓温的司马，这一点我们可以从《晋书·张骏传附张天锡传》中看出，桓温在姑熟时期曾让刁彝调侃张天锡派来的使者韩博。后来，刁彝被任命为吴国内史，海西公被废之后，桓温还下令让刁彝负责监视海西公的举动。刁彝的经历与桓温有很多相同之处，其父、前尚书令刁协在王敦之乱中死去，而桓温之父桓彝也是在此乱中被杀，两人的父亲后来也都被平反昭雪，同为烈士之子的桓温与刁彝二人，也都在后来手刃了杀父仇人。因此，刁彝与桓温亲近是自然而然的事情。不过，刁彝毕竟不是桓氏家族的人，而且桓温对刁彝也并非完全信任，这从桓温让刁彝监视海西公以后，又特意派出了御史顾允巡视监察就可以看出。

谢安让刁彝出任徐州、兖州刺史的原因：一是不过多地刺激桓氏家族。毕竟刁彝与桓氏家族有过密切的关系；二是刁彝家族在广陵、京口地区有着很大的势力，这我们前面已经提过；三是尽管刁彝与桓氏密切，但他又并非桓氏家族的人，作为一个将徐州、兖州地区逐渐拉出桓氏家族范围的过渡人物，刁彝是最合适的人选。这种过渡性角色，我们在东晋历史上曾经看到过不少，徐宁、王羲之等都曾如此被利用过。将徐州、兖州刺史的位置空缺了一月有余，在这一个多月里，谢安的目的很明确，他是在揣摩桓氏家族的反应，仔细权衡这一步棋的利弊，如果在给予桓冲扬州刺史，而没有将桓温遗留下来的徐州、兖州刺史留在桓氏家族，将引起极大的抵制的话，谢安是会将伸出去的手再次缩回来的——然而，他多虑了，桓冲选择了妥协。接着，谢安又将王坦之任命为中书令，并且兼任丹阳尹。丹阳郡的太守，叫作丹阳尹，丹阳郡的治所在京师建康，其下辖建康、江宁、丹杨、于湖、芜湖、永世、溧阳、江乘、句容、湖熟、秣陵。由于丹阳特殊的地位，一般来说，其人选都是扬州刺史的亲信，而扬州刺史则是中央的重臣。然而，此时的扬州牧却是桓冲，谢安当然不愿看到桓冲的人插手中央，但又不能明目张胆地选任自己的人，毕竟桓冲就住在姑熟（湖熟），于是，他让朝廷重臣、桓温的亲家王坦之兼任了丹阳尹，这样一来，桓冲也无话可说。

而谢安将王坦之推出来做中书令，还有另外一层意思，那就是让王坦之直接面对郗超。郗超自然是桓氏家族的心腹，此时的郗超是中书侍郎，让王坦之做郗超的顶头上司，用心可谓良苦。我们还清楚地记得，数月之前，桓温在世之时，谢安和王坦之去拜见郗超，谢安还曾对王坦之说出："难道不能为了性命多忍耐一会儿？！"朝中中书令空缺，郗超的中书侍郎当然全权处理了中书省的事务，谢安将王坦之安置在郗超之上，一方面，是限制了郗超的权力；另一方面，也是将王坦之置于"火炉之上"，让其直接面对桓氏家族，而自己则又一次躲在了幕后，说得中听一点，是用心良苦，说得难听一点，可谓用心险恶。

桓氏家族接受了谢安对于桓温死后权力格局的分配：地方上让出了扬州刺史治下的丹阳尹和徐州、兖州；朝廷上则同意了谢氏背景的崇德太后摄政，这等于说同意了谢氏家族在朝中的主导权。十分凑巧的是，在刁彝担任徐州、兖州刺史四个月之后，到了第二年（晋孝武帝宁康二年，公元 374 年）的一月，这个过渡性的人物刁彝就因病去世了，东晋朝廷任命王坦之为都督徐兖青三州诸军事、徐兖二州刺史，镇守广陵，至此，在桓温去世八个月之后，东晋中央终于将长期以来就属于中央势力的徐州、兖州又收了回来——但是，尚未纳入谢氏的囊中。

二四二 宁康年间（三）

虽然谢安与王坦之在桓温时代同属一个阵营，而且是儿女亲家，然而，两人之间的关系却十分平淡。这一点，我们可以从《世说新语·赏誉》中得到印证，其中记载，谢安对王坦之的评价是："见之乃不使人厌，然出户去不复使人思。"之所以如此，主要是因为二人的性格志趣不同。王坦之尊崇儒教，忠心为国，敢于直言，同时，他对于东晋以来弥漫于士大夫中间那种终日清谈、无所事事的作风，十分不满，曾经写出一篇《废庄论》予以批驳；而谢安则以名士自诩，清谈、吃药、弄妓、游山等，东晋名士们做过的事情，谢安身上大抵都是有的。两人之间的不同，我们还可以从他们各自的朋友看出来，王坦之与支遁"绝不相得"，二人相互看不起，而谢安却经常与支遁来往。

《世说新语》记载，王坦之以为围棋是坐隐，而支遁则认为围棋是手谈，二人对围棋的称呼，自此成为围棋的别称。谢安喜好听女乐，这我们以前介绍过，等他做了宰相以后，更是变本加厉，对于家族姻亲中关系稍微疏远一点的人家出现丧事，谢安府上照常歌舞，这当然是违背传统礼教的，在他的带动下，东晋士大夫们也都形成了听妓乐的风俗，朝野上下也弥漫着一派歌舞升平之风。王坦之就此苦苦劝谏，但谢安就是不听。对于王坦之而言，离开中央一方面是为了躲避郗超；另一方面则是躲避谢安。而对于谢安而言，让王坦之接任刁彝则完全将桓氏的势力排出了徐兖二州，也便于让自己在朝中独揽大权。

在将王坦之调往广陵之后，朝廷就任命谢安以尚书仆射的身份，兼管中书省的事务。虽然谢安是尚书省的二把手，但是，尚书令王彪之此年（宁康二年，公元 374 年）业已七十岁，而谢安又很会协调与王彪之的关系，他曾经称赞王彪之说："大家不能决断的朝廷大事，去问问王公，没有不立即解决的。"从这里，也能够透露出王彪之并非主导朝廷的每一件事务，而此年五十四岁的谢安，身兼尚书省、中书省要职，自然成为实际的宰相。据《晋书·郗鉴传附郗超传》的记载，郗超的职务被“转司徒左长史”，这当然是一个闲职，也极有可能是在谢安主导中书省以后的事情，把郗超赶出了中书省，实际上是谢安主导朝廷大权之后，在中央清理桓氏势力的第一步。很快，郗超的母亲去世了，郗超辞职回家守孝去了。

面对谢安的攻势，桓冲并非一味退让。为了维护桓氏家族的利益，桓冲没有选择与谢安正面冲突，而是采取了结婚帝室的策略。简文帝司马昱除了徐贵人生下的新安公主司马道福、李陵容生下的鄱阳公主以外，还有一个女儿武昌公主。桓冲让自己的第三子桓修娶了武昌公主，做了驸马，桓冲此举当然也是为了桓氏家族的长远着想。因为，新安公主司马道福原来是桓温的次子桓济的妻子，桓济在桓温死后参与了哥哥桓熙企图刺杀桓冲的阴谋，因此被桓冲废黜长沙，司马道福因之与桓济离婚，桓氏家族尤其是桓冲失去了一条联系帝室的纽带，此时让儿子桓修结婚帝室，当然是为了将这条纽带再次接续上来。而与此同时，寡居之后的司马道福也在寻找着自己的意中人，她挑中了王羲之的小儿子王献之——当然，司马道福之所以能选中王献之，一方面，是王献之的名气；另一方面，不能排除谢氏的影子。没有证据证明司马道福与前夫桓济的关系恶劣，因此，我们只能假设双方关系一般，而桓冲却将司马道福的前夫废黜，促使双方离婚。对于司马道福及其母亲徐贵人而言，不可能对桓冲有亲近之感，这也是人之常情，那么，将谁安排为司马道福的丈夫呢，从而巩固后宫的势力呢？直接以谢氏子弟取代曾经的桓济，那不过是一步呆棋，而王献之作为谢安好友王羲之的儿子，实在是合适的人选。王献之，字子献，为当时的风流之冠。王献之很小的时候，与哥哥王徽之、王操之一起去谢安家，王徽之和王操之二人多说一些世俗之事，王献之则只是客套两句以后，一直沉默不语，听哥哥说话。三人走后，有人问谢安王家的三兄弟咋样，谢安说最年少的好。客人就问谢安原因，谢安说：“吉祥尊贵之人言语稀少，年少的那位话不多，因此知道。”考察王羲之的儿子们，大多比较风流放达，这大约与父亲王羲之的影响有关，我们过去说过的不知马匹数量的桓冲“马曹”王徽之，是这样，而王献之也是如此，除了父亲的影响之外，大约也是琅邪王氏逐渐没落的表现，这与尊崇儒教的太原王氏王坦之形成了鲜明的对比。王献之曾在书斋中歇息，夜里有小偷入室偷盗，将书斋里的东西都要盗走，王献之慢慢地说：“小偷们，那件青色的毯子是我家的传家之物，可以留下来。”小偷没有发现书斋里还有人，一时惊散。桓温曾经让王献之在扇子上写字，王献之一不小心毛笔滑落到了扇子上，就势在扇子上画了一头牛，结果，扇子上有画有字，十分好看。

寡居的司马道福当然愿意，她主要是相中了王献之的才华，然而，与王献之结为连理却存在障碍。

此时的王献之已经三十岁，家中也已经娶妻，他的妻子正是郗愔的弟弟郗昙之女、他的表姐郗道茂。王献之的母亲是被誉为“笔中女仙”的郗璇，正是郗道茂的亲姑姑，因此，王献之、郗道茂之间是姑家表姐弟关系。郗道茂比王献之年长一岁，两人从小青梅竹马，《法书要录》卷一〇载的《王羲之与高平郗公书》，就是王羲之生前为王献之求婚郗氏而写的王氏“祖宗职讳”。王献之和郗道茂婚后感情融洽，然而，在此时关乎个人前程的抉择下，王献之却选择做了一名负心汉。有人说，这是由于新安公主借助皇室的威逼，其实不然，此时的司马氏皇室代表，并非年仅十二岁的孝武帝司马曜，而是司马曜的堂嫂、谢安的堂外甥女崇德太后褚蒜子，因此，让王献之休妻，结婚帝室，应该是谢安所有布局中的一小步。我们知道，王羲之与谢家是亲家，王羲之的儿子王凝之娶的就是谢安大哥谢奕的女儿谢道韫，对于谢安而言，这样一来，不仅是对自己的老友、亲家王羲之的报答，而且也是巩固谢氏家族地位的重要一环。

王献之也曾抵抗过，他曾用艾草将自己的脚熏坏，但还是没能摆脱命运的安排。在王献之与新安公主司马道福结婚之后，因父亲郗昙已死，郗道茂寄居伯父郗愔门下，终身未嫁。此前，郗道茂曾为王献之生下一女，但不幸夭亡，自此再无生育，因此，郗道茂晚年的生活是相当寂寥和凄凉的，而王献之也时时念及自己的前妻，他曾经给郗道茂写信说：“虽奉对积年，可以为尽日之欢。常苦不尽触额之畅。方欲与姊极当年之匹，以之偕老，岂谓乖别至此！诸怀怅塞实深，当复何由日夕见姊耶？俯仰悲咽，实无已已，唯当绝气耳！”新安公主在与王献之结婚十年后，才给王献之生下一女，取名王神爱。王神爱也善于书法，同样也是一个悲剧性人物，后来她嫁给了集哑巴、傻子于一身的晋安帝司马德宗，没有生下子嗣，并在她二十九岁的时候死去。从史料上对新安公主的谥号上加一个“愍”字，似乎在生下王神爱不久，司马道福就去世了。

四十一岁的王献之又迎娶了妓女桃叶，桃叶称王献之为“团扇郎”，《乐府诗集·清商曲辞二·桃叶歌》中郭茂倩解题引《古今乐录》称：“《桃叶歌》者，晋王子敬所作也。桃叶，子敬妾名，源于笃爱，所以歌之。”《隋书·五行志》载：

“陈时，江南盛歌王献之《桃叶》诗，云：‘桃叶复桃叶，渡江不用楫。但渡无所苦，我自迎接汝。’”另外，《玉台新咏》收有四首《桃叶歌》：“桃叶复桃叶，桃树连桃根。相怜两乐事，独使我殷勤。”“桃叶复桃叶，渡江不明楫。但渡无所苦，我自来迎接。”“桃叶复桃叶，渡江不待橹。风波了无常，没命江南渡。”“桃叶映红花，无风自婀娜。春花映何限，感郎独采我。”桃叶还有四首答诗传世，其中，三首《答王团扇歌》：“七宝画团扇，灿烂明月光。与郎却暄暑，相忆莫相忘。”“青青林中竹，可作白团扇。动摇随郎手，因风托方便。”“团扇复团扇，持许自障面。憔悴无复理，羞与郎相见。”一首《团扇郎》：“手中白团扇，净如秋团月。清风任动生，娇声任意发。”如今南京秦淮河上仍有桃叶渡遗迹，在秦淮河与古清溪合流处附近，传说是王献之迎送桃叶之处，位列金陵四十八景之一。

据说，桃叶另有一妹桃根，同为王献之之妾，李商隐在他《燕台》一诗里就曾说：“当时欢向掌中销，桃叶桃根双姊妹。”王献之与桃叶姐妹之间的恋情，成为后代不少文人抒发浪漫情怀的一段佳话。

二四三 宁康年间（四）

王献之结婚帝室之后，官职从秘书丞上升为谢安的长史，立即接近了东晋中央的核心层。

不过，让谢安真正操心的还不是王献之的婚事，而是当今皇上司马曜的婚事。司马曜的婚事，难就难在选择谁家的女子作为皇后，当时，东晋皇室走访听取各个重臣的意见，作为皇室而言，这样做正是主弱臣强的无奈之举，谢安放出话来说："如果皇帝迎娶皇后，女子有父亲的，只有声望祖业如王蕴这样的才行。"王蕴是谁？何以谢安要选择王蕴之女呢？

对于王蕴，其实，我们在前面已经说过，他字叔仁，哥哥就是王修，即《世说新语》上所说的王苟子，他们的父亲就是大名士王濛，两人的妹妹王穆之嫁给了晋成帝的大儿子晋哀帝。史书称，王濛晚节"克己励行，有风流美誉，虚己应物，恕而后行"。在这种家教的影响下，王蕴性格平和。他曾为吴兴太守，爱民如子，因擅自开仓放赈受到朝廷处分，被降为晋陵太守。如果选择王蕴这样的人作为未来的皇后之父，谢安感到放心。《太平御览》卷二四三引《晋中兴书》亦谓谢安之言曰："王蕴地望，可与国婚。"而真正坚定谢安之心的，还有王蕴的儿子王恭。王恭，字孝伯，从小就有风流美誉，与同族的王坦之的小儿子王忱以及琅邪王家王导之孙王珣齐名。王恭长相俊美，《世说新语·企羡》记载："孟昶未达时，家在京口。尝见王恭乘高舆，被鹤氅裘。于时微雪，昶于篱间窥之，叹曰：'此真神仙中人！'"当时的人们称赏他为"濯濯如春月柳"。不过，王恭本人倒是道出东晋名士们的真实底蕴，他曾经说过："名士不必须奇才，但使常得无事，痛饮酒，熟读《离骚》，便可称名士。"王恭曾经拜访谢安，一见之下就深得谢安的喜爱，谢安常说："王恭人地可以为将来伯舅。"

不过，这仅仅是表面现象，而真实的决定因素则是谢安平衡、估量各个大族势力的结果。此时的谢安为何不选择立下大功、又是自己的儿女亲家的王坦之之女为皇后呢？

我们知道，王坦之与王蕴同属于太原王家渡江的两支，他们在门第上不分伯仲，而王坦之在简文帝和孝武帝初年，对东晋皇室的存续是立下了汗马功劳的，是他撕毁了简文帝临终的诏书，阻止了桓温企图禅代的企图；他与谢安齐名，但更多的时候，是他敢于站在前头，维护岌岌可危的朝局，况且，如今的王坦之还是徐兖二州刺史，从地位上要远远高于王蕴，按理说，以王坦之之女为皇后，可谓是顺理成章的事情。而太原王家的这两支之间又有矛盾。史书记载，王恭本来和王忱关系极好，一次王恭跟着父亲从会稽回来，带了一个六尺的席子坐，王忱见到以后，以为王恭有多余的，就向王恭索要。王恭将席子给了王忱，自己就没有席子可坐，王忱听说后大吃一惊，王恭说："我平生无长物。"可以说，王恭对于王忱是有求必应。但在此之前，王蕴就曾告诫儿子王恭，两人最终将会关系破裂，据《世说新语·识鉴》记载："王恭随父在会稽，王大自都来拜墓，恭暂往墓下看之。二人素喜善，遂十余日方还。父问恭：'何故多日？'对曰：'与阿大语，蝉连不得归。'因语之曰：'恐阿大非尔之友，终乖爱好。'果如其言。"不过，这是后话。王蕴是因为什么作出这一判断的，我们今天已不得而知，但谢安此时选择王蕴之女而拒绝王坦之之女作为皇后，其目的就是为了打压王坦之家族——不过，王坦之家族虽然没有结婚帝室，但后来却与司马曜的弟弟司马道子联姻，司马道子的王妃就是王坦之的侄女、王国宝、王忱兄弟们的从妹。其后，太原王家两支之间的恩怨，又与司马曜兄弟之间的矛盾交织起来，掀起了另外的波澜，这仍是后话，暂且不提。

在为司马曜选择皇后这一问题上，桓冲与谢安保持了高度的一致，《晋书·孝武定王皇后传》上记载了桓冲的上书，称："伏闻试守晋陵太守王蕴女，天性柔顺，四业允备。且盛德之胄，美善先积。"云云，桓冲之所以这样做，也是他以大局为重，不愿与谢安争执的结果。

到宁康三年（公元375年）的八月，东晋朝廷正式给虚岁十四岁的孝武帝司马曜迎娶王蕴之女、十六岁的王法慧为皇后。然而，王法慧被立为皇后以后，却并非像谢安等人所说的那样"天性柔顺"，反而"嗜酒娇妒"，既有酒瘾，又十分娇气，还非常嫉妒。这让司马曜苦不堪言，不得不将其父王蕴召来反映皇后的情况，让王蕴严加管教。王法慧在与司马曜结婚五年后，于太元五年（公元380年）

去世，享年二十一岁，没有给司马曜留下一男半女——不过，此时的谢安等人为司马曜择婚，本来就是为司马曜或者他们自己选择一场政治婚姻，原没有考虑司马曜的幸福。

就在司马曜结婚两个月前，即宁康三年的五月，王坦之去世了，临终之前，他分别给谢安和桓冲写信，还一直关心着国家大事，根本不提门户私事，王坦之谆谆告诫他们的大约是：只有将相和，才能抵御北方强盛的前秦。王坦之死时，年仅四十六岁，东晋朝野都十分痛惜。过去，王坦之曾经与一个叫竺法师的和尚关系很深，两人曾多次探讨阴阳之事，并约定先死之人要告诉生者是否存在阴间之事。过了几年，竺法师突然对王坦之说：“贫道已死，祸福之说都是真实的。”说完，就不见了，过了几年，王坦之也去世了。

王坦之死后，桓冲主动提出要让出扬州刺史的职位给谢安。让出扬州刺史，等于说桓氏家族彻底放弃朝中的影响力，退回到地方。桓氏家族的几乎所有的人都以为这不是一着好棋，没有不苦苦劝谏的，郗超也多次劝说，但是，桓冲主意已定，他坦然面对，统统拒绝。史书称：（桓冲）“忠言嘉谋，每尽心力”。东晋朝廷任命桓冲为都督徐州、豫州、兖州、青州、扬州五州诸军事，徐州刺史，镇守京口；而以谢安兼扬州刺史，并加侍中，并且皇太后下诏命令以一百甲士带着兵器护卫谢安一起上殿。谢安对待琅邪王氏，尽可能采取了拉拢的策略，他一方面称赞王彪之有决断之能；另一方面，对于自己决定了的事情，根本不允许王彪之插手，即使是王彪之表示反对，谢安仍然一意孤行，这一点从谢安推出褚蒜子等方面均能看出。久经宦海沉浮的王彪之不得不提出辞职，于是，朝廷将其转为护军将军、散骑常侍。当时，皇宫毁坏，谢安提出要修缮宫室，王彪之说：“中兴初年，皇上即位在平东将军府邸，条件十分简陋，但元帝和明帝也没有改变。与汉魏相比，是简陋了些，但还不至于太不像样，正处于中流，如今只用根据实际需要进行增加修缮就可以了。强寇还未消灭，正是休兵养士之时，怎能大兴土木，给老百姓添麻烦呢！”谢安说：“宫室不壮丽，后代的人会说我们无能。”王彪之回答：“担当天下大事，应当做到保卫国家、安定百姓、政事公平合理，哪有以修造房屋来显示自己的能耐呢！”说得谢安哑口无言，因此，在王彪之在世的时候，谢安暂时打消了修筑皇宫的打算。这是《晋书·王彪之传》的说法，然而，《晋书·谢安传》又有另外一种版本。尚书令王彪之等人虽然反对，但是，谢安最终独自决断了下来，并且说，宫室建成之后，上应天象，由于谢安处置得当，民工们也没有什么怨言。对比两传，有以下两个区别：一是谢安、王彪之因修筑皇宫一事发生争议的时间。《谢安传》上明确称其为尚书令，而《王彪之传》则将此事置于王彪之辞去尚书令之后；二是谢安修筑宫室的时间，《谢安传》只说新宫是谢安独自主导下建成的，没有指明具体的时间，而《王彪之传》则明确说，谢安在王彪之去世前没有采取行动。王彪之是在太元二年去世的，终年七十三岁，考察《晋书·孝武帝本纪》明确记载，三年春二月乙巳日，开始修筑新宫，孝武帝搬到会稽王府邸居住，并且到同年七月的辛巳日，孝武帝搬回新宫居住。这说明，《王彪之传》所称是比较翔实的。由此我们可以得出，谢安对于琅邪王彪之更多还是尊重，但那种尊重仅仅是暂时的妥协，目的是不愿树立更多的对立面，而当王彪之去世后，谢安仍然不会放弃自己原有的计划；同样地，王彪之在看到谢安利用褚蒜子确立了自己在朝中的主导地位以后，也尽量避免与陈郡谢氏发生不必要的冲突，以共同维护门阀士族之间的和谐。

在桓冲的大度退让和谢安的适可而止下，东晋朝廷在孝武帝初期维持了难得的“将相和”局面。

二四四 宁康年间（五）

桓冲的退让似乎与他试着摆脱“兵家”的名声有关。

《世说新语·贤媛》记载：“桓车骑不好着新衣，浴后，妇故送新衣与。车骑大怒，催使持去。妇更持还，传语云：‘衣不经新，何由而故？’桓公大笑，着之。”说的就是桓冲不喜欢穿新衣服的事，而我们由此得知，桓冲似乎也是与东晋其他名士一样，是服药的。因为，吃过五石散的人，皮肤会变得十分脆弱，穿着新衣服，皮肤会被划伤，人也感觉不舒服，不过，这仅仅是推测。

而真实的情况却是：东晋周边的时局也的确不容内部再出现倾轧了。前秦在消灭前燕以后，又在孝武帝宁康元年占领了原属于东晋的益州和梁州，这让东晋的荆州地区立即面临了来自北面和西面两个方向的压力，形势陡然变得紧张起来。到宁康二年，虽然东晋为了夺回益州曾经做出了努力，但终归失败。而这一次东晋与前秦之间的争夺，就源于这一年五月蜀地民众的起义。

宁康二年（公元 374 年）五月，蜀人张育和杨光起兵攻击前秦设立的郡守和军队，起义军有两万之众，张育、杨光二人起义以后，向东晋朝廷派遣使者请求支援。东晋益州刺史竺瑶、威远将军桓石虔率领三万军队西上益州，支援张育、杨光二人。东晋前锋军队进攻前秦宁州刺史姚苌驻守的垫江（今重庆市合川区），将其击败，姚苌一直退守到成都东北的五城（今四川省中江县东南）。竺瑶、桓石虔进驻巴东（今重庆市奉节县）。

与此同时，张育自称蜀王，联络巴獠首领张重、尹万等人合众五万多人将成都包围了起来。听到叛乱的消息，秦王苻坚命令镇军将军邓羌率领五万甲士，入川平叛。而到了七月，起义军内部却发生了内讧，张育与张重等人为争权而相互攻击，驻守成都的前秦益州牧杨安和前来平叛的前秦镇军将军邓羌，抓住了这一机会，出兵偷袭张育，一举击败了张育所部，张育和杨光率领残兵败将退屯到绵竹（今四川省德阳市）。八月，邓羌又在涪西（今重庆市合川区西）击败了晋军。前秦军队采取各个击破的战法，很快扭转了被动局面，如今只剩下成都南面的巴獠之众。到了九月，杨安又率军进攻巴獠之军，张重战死，巴獠军被秦军斩杀了二万三千余级。在消灭了巴獠之后，邓羌率军北上绵竹，将张育、杨光全部斩杀。经过五个月的平叛，益州叛乱最终被前秦平定，益州之地再次回到前秦的手中。十二月，邓羌得胜回朝以后，苻坚在东堂接见邓羌，他对邓羌说："将军的祖先邓禹，遇到了东汉光武帝刘秀；将军你现在又遇到了朕，为何姓邓的那么幸运啊！"邓羌回答："臣经常说那是光武帝刘秀遇到了邓禹，不只是邓禹遇到了光武帝。"苻坚笑着说："将军这是在说自己，不仅仅是将军你的幸运，也是朕遇到了你这样的贤才。"

然而，就在益州被前秦平定的第二年，也就是东晋王坦之去世的宁康三年（公元 375 年），在王坦之去世一个月后，到了这一年的六月，前秦丞相、中书监、尚书令、太子太傅、司隶校尉、都督中外诸军事、清河武侯王猛也身染重病，卧床不起。这是王猛被苻坚从关东召回、总统王国以后的两年零十个月，苻坚本来是爱惜王猛、重用王猛，才给予了王猛国王所能给予的最高的官位，让王猛拥有了前秦王国几乎全部的直接管理和裁决权，然而，让苻坚没有想到的是，在他给予王猛这些的同时，也托付给了王猛巨大的责任，加给他常人难以肩负的巨大工作量，而王猛本人又如同诸葛亮那样，兢兢业业，勤勤恳恳，事无巨细，躬亲为之。日夜操劳的王猛给前秦王国带来了"大治"的局面，而也让自己积劳成疾，这当然还与王猛的个性有关，史书记载，王猛性格属于刚明清肃，在善恶上特别计较，自己贫穷之时即使是一餐的恩惠，王猛就要给予厚报，即使是小小的摩擦，王猛也要报仇，这种快意恩仇的性格表面上固然潇洒，其实，这种斤斤计较对于自己的心灵也是一种负担，王猛的这种做派即使在当时也不免有小肚鸡肠之讥，不仅与忠恕之道相去甚远，甚至与石勒、韩信等人对待昔日仇人的大度也是不可同日而语的。

听说王猛得病以后，秦王苻坚亲自到南北郊、宗庙、社稷等处，焚香祷告为王猛祈福，并从长安派出各路使者到全国山川，请求诸神保佑王猛早日康复。王猛的病情稍微有所好转，苻坚就下令大赦天下死刑以下的罪犯，以示庆贺。然而，苻坚空欢喜了一场，很快地，王猛的病情又加重了。王猛自知来日无多，他在病中给苻坚写下奏疏，对苻坚给予自己的恩遇表示感谢，并不忘指出当前王国存在的问题，告诫苻坚予以注意。他说："我没有想到，陛下竟然为了挽回我的性命，而干预天地运行的法则，这是天地开辟以来，从来没有过的事。臣下听说报答恩德没有比进尽忠言更好的了，我谨以我将死之命，献上绝命的忠款。陛下威震八荒，声名教化点亮了宇宙，九州百郡，陛下已经占据了十分之七，平定燕国，安定巴蜀，像捡起一根荒草一样容易。但是，善于创造的人不一定能够守业，善于开始的也不一定能够善终，因此，古代的贤王先知，他们知道功业十分不易，整日战战兢兢，如临深渊，如履薄冰。请求陛下要学习先哲圣人，则天下幸甚！"苻坚看到王猛的奏疏，不禁悲从中来，放声大哭，身边的人们也都忍不住流下眼泪。等到王猛病危，苻坚亲自到王猛家中探望，并询问后事。王猛说："晋朝虽然蜗居在吴越之地，但毕竟是正朔所在。亲近仁爱、结好邻邦，这是一个国家之宝。臣死之后，请求不要图谋晋国。鲜卑、羌族，那是我国的仇敌，最终会成为大患，应该逐渐予以剪除，让社稷安稳。"说完这句话，王猛就去世了，年仅五十一岁。苻坚痛哭不止，等到大殓之时，苻坚三次到王猛的尸体前看望、道别、祭奠、痛哭，他悲伤地对太子苻宏说："老天不愿让我统一天下吗？你为何要那么快地将我的王景略夺走啊！"赠予王猛侍中、丞相如故，给东园温明秘器（古代显宦使用的棺材和随葬品），帛三千匹，谷物万石，由谒者仆射亲自负责料理丧事，葬礼按照汉朝大将军霍光故事，谥号为武侯，朝野上下在街巷痛哭三日。王猛死后半年，前秦王国还出现了一件十分奇怪的事情，也就是到了晋武帝太元元年正月癸巳日，高陆县县民挖井挖得了一只大龟，有三尺六寸那么大，龟背上有八卦文，苻坚下令在太卜池用粟米饲养。

王猛是中国历史上屈指可数的最伟大的政治家。他仅仅用十九年的时间，就让一个盘踞关中地区、危机四伏的前秦走上了强盛之路，统一了北中国主体区。这仅仅是我们看到的表面现象，其实，更重要的是，他让社会生活趋于稳定，让饱经战乱的、失去了价值追求的人们趋向文明，让这个社会走向正常，这里面注入了王猛大量心血。王猛去世后，秦王苻坚特意下诏，表示要偃武修文，并设置听讼观，苻坚每五天亲临一次处理案件，并在全国范围内尊崇儒教。据《初学记》记载，苻坚身边又设置了左右镇郎和拂盖郎三员贴身侍卫，左镇郎为乞活夏默、右镇郎为胡人护磨那、拂盖郎为阉人申香，这三个人均一丈八尺，多力善射，三个人一餐就要吃掉一石饭，三十斤肉。第二年即晋孝武帝太元元年（公元376年）二月，苻坚又一次下诏，关心老百姓的疾苦，他说："朕听说过，国君操心的事在于选拔贤能，得到人才治理国家之后，国君就安逸了，这话是这样应验啊！过去，有丞相在，我总是以为做帝王是件十分容易的事。但自从丞相去世之后，仅仅数月之间，我的头发白了一半，每每想到丞相，就不自觉地心酸悲恸。如今，既然没有了丞相，国家的政事可能会有错误，可以向全国郡县派去使者，问民疾苦。"

在论及此处时，柏杨先生不无感慨地说到，从来人们谈及君臣相得，无不以刘备与诸葛亮为标准，其实，在刘备活着时，诸葛亮并没有被超乎寻常的对待。自古以来，真正达到这一点的，只有齐桓公与管仲、燕昭王与乐毅、秦孝公与商鞅和苻坚与王猛而已。此后，再也看不到了，千载以降，念之令人"无限依依"。

二四五 讨灭西凉

其实，王猛临终遗言所称东晋正朔乃所在的话，多少让人怀疑那是经过了南朝史家修饰之后的说法。

这是因为，苻坚作为一代雄主，虽血脉为氐族，但其本人自小深受儒学熏陶，前秦制度一遵中华文明，王猛此时却直言前秦王国非正朔所在，那就等于是在说自己的君主为僭伪之君，而自己也是僭伪之臣了。另外，王猛在世之时，一直称呼东晋为遗晋，他本人不仅曾亲自率兵进攻东晋的南乡等地，而且，前秦发兵占领巴蜀之时，也正是王猛担任前秦丞相之后的事情。因此，说王猛是对东晋情有独钟，才临终劝说苻坚不要发起统一南方之战，这似乎是不正确的。究其原因，王猛临终之所以劝说苻坚，更多的大约还是审时度势的结果：从王猛为相到临终之时，仅有三年左右的时间，而前秦政权则刚刚吃下了庞大的前燕和动荡的巴蜀之地，统治区内各族民众尤其是前燕贵族尚怀有异志，让王猛担心的是，失去自己辅佐的苻坚万一有个闪失，国家内部将起动荡，因此，前秦目前的首要任务不是继续迈开统一的步伐，而是掌握好节奏，充分消化好新的占领区。王猛的这一战略思想其实完全是为秦国自己着想，与东晋小朝廷并无多大的关系。

然而，所向无敌的前秦军队让苻坚坚信，统一中华的脚步势不可当，扫荡遗晋将如摧枯拉朽一般容易。在扫荡东晋之前，苻坚将目光先投向了遥远的凉州，于是，在王猛死后仅仅一年，也就是在苻坚下“偃武修文”诏书半年之后，前秦即发起了兼并凉州的战役。晋孝武帝太元元年（公元 376 年），时年三十二岁的张天锡已经继位十三年，张天锡继位之后，曾于公元 366 年与前秦绝交，四年之后，到公元 371 年，王猛智取秦州之后，张天锡改投前秦。然而数月之后，他再次背弃前秦，双方绝交已有五年。

晋孝武帝太元元年（公元 376 年）五月，秦王苻坚正式下诏：“张天锡虽然称臣接受官位，但并未尽到臣子之职，命令使持节、武卫将军苟苌，左将军毛盛，中书令梁熙，步兵校尉姚苌等人率领步骑十三万兵发西河，尚书郎阎负、梁殊两人带着诏书，征张天锡入朝为官，如果张天锡拒绝执行，将立即进军讨伐。”苻坚又命令秦州刺史苟池、河州刺史李辩、凉州刺史王统率领三州的州兵作为苟苌大军的后继部队。与此同时，秦王苻坚还下令有关机关在长安城内给张天锡修建官邸。苻坚对于此次出征十分重视，在苟苌大军出师之时，苻坚曾亲自到长安城西郊给西征将士壮行，并赏赐西行将领。

七月，阎负和梁殊二人抵达姑臧劝降。张天锡召开会议商讨应对之策，他说：“如今入朝，肯定再也不能回来了；如果不去，秦兵肯定会进攻，怎么办呢？”

禁中录事席仂说：“以儿子作为人质，再用重金进行贿赂，先将秦军退去，等秦军退去之后，再从长计议，此种策略先公就曾经使用过，这也是孙权称臣曹魏的能屈能伸之术。”

席仂此言一出，西凉文臣武将没有一个不恼火的，众口一词指责席仂：“我们世代服侍晋朝，忠贞和节义四海皆知。今日一旦屈身贼人的朝廷，将使祖宗蒙羞，这是最大的丑事！况且，河西之地有天然的险要，百年以来都平安无事，如果将境内的精兵全部征召起来，西面再请来西域之兵，北方邀请匈奴之众，誓死抵抗，又有什么理由这么快地就断言我们一定不能取胜呢！”并说：“龙骧将军马建率领精兵一万，前去抵抗，前秦必不敢西进。”

听了众臣的话，张天锡卷起衣袖，大声吼道：“孤的主意已定，再说投降的，斩！”

然后，张天锡派人对阎负和梁殊二人说：“你们二位是想活着回去，还是想死了回去呢？”

阎负、梁殊二人毫不屈服，张天锡大怒，将二人捆绑在辕门之外，下令让士兵们射杀二人，并传令说：“射不中的，就是不与我一心的！”

张天锡的母亲严氏哭着对他说：“秦主凭借着一州之地，竟然能横行天下，东平燕国，南取巴蜀，军队从未停顿，所向无敌。你如果投降，尚能延长几年的活命。如今你以小小的一隅，竟要抗衡大国，又斩杀了来使，恐怕很快就要灭亡了！”

张天锡置之不理，他派遣龙骧将军马建率领两万精锐军队前往抵御前秦。

张天锡射杀使者的消息很快传到了前秦军中。

八月，前秦中书令梁熙、步兵校尉姚苌、凉州刺史王统、河州刺史李辩率军从清石津（甘肃省兰州市西北黄河渡口，在今兰州市西固区达川乡）强渡黄河，进攻河会城（在今湟水与黄河的交汇处，在清石津附近），凉州守将骁烈将军梁济率军投降。秦军前锋取得首战胜利，并夺得前凉黄河北岸的桥头堡之后，八月十七日，秦军统帅苟苌率领大军从黄河的另外一个渡口——石城津渡过了黄河，与梁熙等人的先头部队合兵一处，继续北上，进攻缠缩城（甘肃省兰州市永登县南，今人考证，在永登县西北中堡镇大营湾村），并一举攻下了缠缩城。西凉龙骧将军马建不敢抵抗，从缠缩城西北的杨非撤退到清塞城（今人考证在甘肃省武威市天祝藏族自治县西北的打柴沟镇安门村）。接连战败，张天锡再派征东将军掌据（《晋书·张天锡传》称“常据”）率领三万部队，与马建所部一起驻守在洪池（洪池岭，又称乌鞘岭，在甘肃省武威市天祝藏族自治县中部），张天锡则亲自率领剩余的五万部队，在金昌城（今甘肃省永昌县北，《寰宇记》：“昌松县有金吕城，晋将马隆所筑，依于金吕山，因名”，盖即金昌之讹也。怀疑在武威市的东南）扎下大营。

此时，秦军前锋姚苌等军已经抵达姑臧东南的洪池岭地区，但后方仍然有西凉的城池未下。在今甘肃省兰州市永登县东南的前凉广武太守辛章就拒绝投降，保城固守，他对晋兴相彭知正、西平相赵凝说：“马建乃行伍出身，大敌当前，肯定不会为主上所用，那么，秦军就会深入国境。我等三人率领三郡的精卒，切断秦军的粮道，与敌决一死战。”其实，西平相赵凝对于凉州的前景还是有所预料的。西平郡主簿郭麐，深通术数，赵凝不久前曾让郭麐占卜，郭麐说：“如果郡内二月十五日有囚犯脱逃，那么秦军肯定会来，凉国必然灭亡。”于是，赵凝再三下令属县严加看管囚犯。到了十五日这一天，鲜卑人折掘给赵凝送马，赵凝看到送来的并非骏马，十分恼怒，将折掘关押在内院，折掘担心受到严惩，趁夜逃脱。赵凝告诉了郭麐这件事，郭麐回答：“对了，就在于此。国家将亡，再也无力回天了。”也许是由于赵凝等人的狐疑，辛章的这一计划因故未能实施。与此同时，洪池岭前线的秦军统帅苟苌命令姚苌率领三千甲士，前去挑战，西凉诸将均劝说掌据进击，以挫败秦军的士气，掌据本人也打算出击，但临阵犹豫不定的他却以需要先向张天锡禀报为由，而拒绝立即出兵。

秦军前锋梁熙、姚苌听说张天锡又筹集了五万大军前来增援，两人决定先发制人，争取在张天锡的援军到来之前，速战速决，迅速解决洪池岭的前凉部队。

于是，两人立即向凉军发起了猛烈的进攻，八月二十三日，在秦军的打击下，马建果然率领一万多部队向秦军投降，西凉其余部队也全部溃散。第二天，秦军转兵进攻掌据，掌据再次兵败，混战中，掌据的战马被乱兵所杀，部将董儒将自己的马交给掌据，掌据却说："我三次作为凉军的统帅，两次被授予节钺，八次统领禁军，十次率领郡兵，主上对我的宠爱无以复加。今天，我困在此地，此处即是我的死地，还能逃到何方！？"他进入大帐，脱下甲胄，向西叩拜，然后拔剑自杀。继而，秦军涌入大营，将掌据的军司席仂斩杀。八月二十六日，秦军姚苌所部进入清塞城，居高临下列阵待敌。

西凉安西将军宋皓对张天锡说："据臣观察，秦军不可抵挡，不如赶紧投降。"张天锡大怒，将宋皓降为宣威护军，又派出司兵（国防部部长）赵充哲率领五万精兵，与姚苌等人在姑臧城东南的赤岸决战，赵充哲再次大败，凉军被斩杀了三万八千多级，赵充哲本人、中卫将军史景均战死沙场。张天锡出城再战，而身后的姑臧城内却发生了叛乱，张天锡惶恐不安，只好率领数千骑兵狼狈逃回姑臧。

八月二十七日，进军迅速的秦军即抵达姑臧城下，苟苌主力部队在突进姑臧的同时，为了防备张天锡向西逃逸，苟苌另外派遣扬武将军马晖、建武将军杜周率领八千骑兵从西往北，迂回到恩宿（今甘肃省永昌县南），切断张天锡的西逃之路。从秦军统帅苟苌八月十七日渡河开始计算，至此仅仅用了十天时间。十天前，也就是在苟苌渡河之时，张天锡所居住的安昌门和平章殿无故倒塌，短短十天西凉即陷入灭亡的窘境。

也就是在秦军进抵姑臧城下的当天，走投无路的张天锡只好投降。他双手捆绑着，用白马拉着简陋的车子，车上载着一口棺材，缓步出城，一直走到秦军统帅苟苌的营门前投降。苟苌按照礼仪，为张天锡松绑，并焚烧了那口棺材，将其送至长安，凉州各郡县相继投降了前秦。至此，自张轨以来，西凉张氏历经九世，共计七十六年而亡。

九月，秦王苻坚以中书令梁熙为持节、西中郎将、凉州刺史，领护西羌校尉，镇守姑臧；将七千余户凉州豪杰迁往关中地区，徙豪右于关中，以五品税百姓金银一万三千斤用来犒赏西征将士；封张天锡为归义侯，将重光县的东宁乡二百户，封给他，拜为比部尚书，迁尚书右仆射，并将建成的府邸交其居住。除此之外，苻坚还以张天锡的晋兴相彭和正为黄门侍郎，治中从事苏膺、敦煌太守张烈为尚书郎，以西平太守赵凝为金城太守，杨干为高昌太守；新任前秦凉州刺史梁熙清廉爱民，他任用前凉武威太守索泮为别驾，以宣威护军宋皓为主簿，西凉很快就安定了下来。

二四六　北灭拓跋（一）

前秦刚刚灭掉了西凉张天锡一个月，铁弗部刘卫辰就向秦王苻坚告急，请求苻坚消灭一直以来攻击自己的鲜卑拓跋部。

其实，即使刘卫辰不来求救，苻坚也没有忘记一直盘踞在北方的拓跋部。太和二年（公元 367 年）年底的时候，拓跋什翼犍就曾出兵大破刘卫辰，苻坚派兵送还了刘卫辰，并在朔方派兵驻守，当时，由于“四公”之乱，苻坚没有精力来对付拓跋部。在接下来的近十年里，虽然双方一直没有停止对铁弗部的争夺，但前秦与拓跋部之间毕竟没有发生正面的冲突。这是因为，对于前秦而言，最大的敌人是前燕，在灭亡前燕之前，前秦尽可能地不愿过多树敌，因此，苻坚对于拓跋部掠夺铁弗部的行为一直保持了克制的态度。

等前秦灭亡了前燕，拓跋什翼犍也意识到前秦的强大，开始向苻坚派出使者燕凤以结好前秦。

燕凤，是代地人，为代王左长史，苻坚问燕凤：“代王是什么样的人呢？”

燕凤回答：“宽和仁爱，经略高远，为一代雄主，经常有吞并天下之心。”

苻坚说：“你们北方人，没有锋利的武器，敌人弱小就进攻，敌人强大就退去，怎能兼并他国？”

燕凤说：“我们北方人身体强壮，上马手持兵器，奔驰如飞。我们的君主平定了北方，有百万军队，号令整齐。我们的军队不需要辎重，行动十分迅速，依靠敌人的资粮补充自己。这就是南方人总是失败，而北方人总是胜利的原因。”

苻坚问：“你们国家的人马究竟有多少？”

燕凤回答：“部队有数十万之众，马匹有一百万匹。”

苻坚说：“你说的人数还差不多，马匹数量太多了，是瞎话吧？”

燕凤回答：“云中川从东山到西河有二百里，北山到南山一百多里，每年秋天马匹都聚集到此，差不多漫山遍野，以此计算，说的还不够。”

是真的吗？在公元369年，前燕的申绍为何却说代王“疲病昏悖”呢？而公元371年代国为何又发生了长孙斤阴谋弑杀代王的事件呢？谋弑代王与申绍所云的代王“疲病昏悖”是否有一定联系呢？在那次事件中，代王的世子拓跋寔在格斗中负伤而死，拓跋寔留下了一个遗腹子，拓跋什翼犍为之大赦境内，并取名涉圭。

这位涉圭，就是北魏帝国的开国者道武帝拓跋珪。

虽然前秦与代王互通使节，但是，拓跋什翼犍依然没有停止对刘卫辰的打击，晋孝武帝宁康二年（公元374年），代王拓跋什翼犍再次出兵攻击刘卫辰，刘卫辰被迫南逃。

这次，“疲病昏悖”的拓跋什翼犍给了秦王苻坚充足的借口，在做好了充分准备之后，在晋孝武帝太元元年（公元376年）十月，秦王苻坚命令幽州刺史、行唐公苻洛（苻坚堂兄、苻菁之弟）为北讨大都督，率领幽州、冀州十万部队，从蓟城出发西上攻击代国；另外，派遣并州刺史俱难、镇军将军邓羌、尚书赵迁、李柔、前将军朱肜、前禁将军张蚝、右禁将军郭庆，率领步骑二十余万，东自和龙（今辽宁省朝阳市）西到上郡（今陕西省榆林市南），在长达数千里的战线上，对代国发起了大规模的进攻。西路军以刘卫辰为向导，均与苻洛之军会合，以代国国都盛乐（今内蒙古自治区和林格尔县）为轴心，做向心攻击。

十一月，拓跋什翼犍命令白部、独孤部南下抵御前秦大军，均无法取胜，他又命令南部大人刘库仁率领十万骑兵再去抵抗。

刘库仁，字没根，一名洛垂。与刘卫辰同族，他的母亲是拓跋什翼犍的妹妹，后来，拓跋什翼犍又将代王宗室之女嫁给了刘库仁，任命其为南部大人。

刘库仁率领代军与前秦的西路军在石子岭（今内蒙古自治区乌审旗北），展开了一场大战，结果，刘库仁率领的代军大败。此时的拓跋什翼犍病情严重，已无法亲自领兵作战，只好放弃盛乐，率众逃到阴山之北避难。

可是，就在此时，臣服于代王的高车各族均趁机发动叛乱，从四面八方前来抢掠，拓跋部在阴山以北无法放牧，拓跋什翼犍只得又退回瀚海沙漠以南地区。

之后，听到秦军已经退去，十二月，拓跋什翼犍又回到了云中（今内蒙古自治区托克托县）。我们知道，在公元338年拓跋什翼犍之所以得以归国，是由于弟弟拓跋孤让国的义举感动了石虎，才让兄弟二人一起回到了代国。回到代国之后，拓跋什翼犍为了报答拓跋孤，将代国一半让给了拓跋孤，然而，拓跋孤很快就死去了，拓跋孤去世之后，拓跋什翼犍并没有让拓跋孤的儿子拓跋斤继承其父的权位，而是收回了拓跋孤的原有的统治权，因此，拓跋斤十分怨恨。

此时，拓跋什翼犍的世子拓跋寔和秦王拓跋翰都已经死去，拓跋寔的儿子拓跋珪年仅六岁，而慕容妃的其他几个儿子拓跋阏婆、拓跋寿鸠、拓跋纥根、拓跋地干、拓跋力真、拓跋窟咄，也都年长，但代王却没有册立世子。

当时，秦军还驻守在君子津（今内蒙古自治区托克托县东南黄河渡口），拓跋什翼犍的这些儿子们每夜都手持兵刃，环绕寝宫警戒。拓跋斤对拓跋什翼犍的庶长子拓跋寔君说："大王将册立慕容妃的儿子，想要先杀了你，因此，这些天来他们兄弟们每天夜里都手持兵器，在寝帐周围巡逻，伺机将要发动。"拓跋寔君一看果然如此，就相信了拓跋斤的话，他发兵将诸弟全部杀死，又弑杀了父亲拓跋什翼犍，拓跋什翼犍死时五十七岁。当夜，那些丈夫被杀的拓跋寔君的弟媳们以及残余部众逃往君子津的秦军大营，前秦将领李柔、张蚝闻讯，率军急行军直抵云中，代王大营彻底溃散，拓跋珪的母亲贺氏带着拓跋珪逃往贺兰部，依附自己的弟弟贺讷。

苻坚询问燕凤代国内乱的原因，燕凤如实陈述，苻坚听后说："只要是罪恶，全天下都是一样的。"他逮捕了拓跋寔君和拓跋斤，将二人在长安城内处以车裂之刑。苻坚也想将拓跋珪迁往长安，燕凤请求苻坚说："代王刚刚死去，部众离叛，王孙尚幼，无法统领部众。别部（独孤部）刘库仁勇敢而有智慧，铁弗部刘卫辰狡猾多变，不能将代国的统治权单独交给他俩的其中一人。应该将代国一分为二，让他们两人统领。此二人之间素来有深仇大恨，谁也不敢先发动吞并对方的战争。这是秦国安定边疆最好的策略。等到代王孙长大以后，再将其立为代王，这是陛下对亡国最大的恩惠，一定会使代国君主子子孙孙都不会忘记陛下的恩德，永不背叛。"

苻坚表示同意。

燕凤的建议虽然使拓跋珪没有被送到长安，但据《晋书·苻坚载记》的记载，拓跋部并没有逃脱被离散的命运，苻坚将拓跋部分散在"汉鄣故地"，设立尉、监负责部落事务，由官吏监督部众进行农业生产，三五取丁，并在三年以内不征收赋税，除此之外，苻坚还部分采纳了燕凤的建议，由于前秦氐人数量较少，无法有效地控制代地，利用铁弗部、独孤部、拓跋部以及贺兰部长期以来相互依存、又矛盾重重的关系，来维系一个相对平衡的态势，以安定前秦的北方地区。

铁弗部和独孤部都可以被称为广义上的乌桓，这几个部落的领地大致如下。

贺兰部在《魏书·官氏志》中被记作在神元时期纳入诸部，在前秦灭代前夕，主要在盛乐西北阴山与意辛山之间，即今内蒙古自治区乌兰察布市塔布河以西以北地区，但游牧地区亦达代北，贺兰部与高车诸部杂处，《读史方舆纪要》记载："意辛山在（大同府）府北塞外，亦曰意亲山。晋太元十年，代刘头眷击破柔然于意亲山。十五年，拓跋珪会燕慕容麟于意辛山，击贺兰诸部，皆降于魏。宋元嘉中，魏主焘幸意辛山，破贺兰诸部，还幸牛川。意辛山盖在牛川之北。《北史》：意辛山，贺兰部所居，逾阴山而北，即贺兰部也。"但同属贺兰部的贺赖部曾于公元 357 年投降前燕，被安置在代郡的平舒城（今山西省广灵县）。

独孤部则在盛乐的东南，以善无（今山西省右玉县）为中心，盘踞在代北西边一带。

西过黄河就是铁弗部。

拓跋部与三部的关系都很密切，互为婚姻：拓跋珪的曾祖拓跋郁律除了有王氏为王后，又娶妻贺兰氏，生下拓跋珪的从祖拓跋翳槐，而拓跋珪的父亲拓跋寔又娶妻贺兰部。据《魏书·贺讷传》记载：拓跋珪的舅舅贺讷"祖纥，始有勋于国，尚平文（拓跋郁律）女。父野干，尚昭成（拓跋什翼犍）女辽西公主"。也就是说，拓跋什翼犍既是贺野干的舅舅，又是他的岳父，而贺野干将自己的女儿嫁给拓跋什翼犍的儿子拓跋寔，两人又是亲家；铁弗部自刘虎开始，即与拓跋部开始了长达半个多世纪的恩恩怨怨，刘虎屡遭代王拓跋猗卢的打击，公元 341 年刘虎死后，其子刘务桓投降代王拓跋什翼犍，拓跋什翼犍将女儿嫁给了他，后刘务桓暗通石虎，公元 356 年刘务桓死后，弟弟刘阏头继位，阴谋反叛，拓跋什翼犍又将自己身边的刘务桓的十二个儿子都放还铁弗部，刘务桓长子刘悉勿祈得立。刘悉勿祈立后一年左右去世，弟弟刘卫辰将刘悉勿祈的儿子们全部诛杀，夺取了头领之位，拓跋什翼犍又将自己的女儿嫁给了刘卫辰，也就是说刘务桓、刘卫辰父子均是拓跋什翼犍的女婿。然而，刘卫辰此人诡诈多变，对拓跋部时叛时降，并非真心归顺，当他看到前秦强盛以后，就投降了前秦，投降前秦后又因为掠夺前秦边民受到苻坚的指责，而背弃前秦，再投代国。苻坚派军将其活捉以后，才专心投靠前秦，被封为夏阳公，继而拓跋什翼犍开始对其发起了数次进攻；独孤部出自西晋入塞十九种之一的屠各种，与拓跋部累世婚姻，关系密切，刘库仁的母亲就是拓跋什翼犍的姐（妹），拓跋什翼犍又将宗室之女嫁给了刘库仁，后来的道武帝拓跋珪的刘皇后又是刘库仁的侄女、刘眷之女。

在不同的历史时期，由于独孤部隶属于不同的部族，因而在其部落前有不同的称呼：据传说独孤部的祖先是刘秀的孙子刘伯进，战败被匈奴俘获，软禁在独山之下，其后代有一名叫尸利单于的人，自称为独孤，意思是独山之下孤独的人，据此可以认为，独孤部的族源应该是属于匈奴族，故此在西晋以前称其为匈奴独孤部；而在刘汉帝国瓦解以后，独孤部依附于拓跋鲜卑，由于拓跋鲜卑将本族以外的各族均统称为乌桓杂类，因此，在这一时期，《资治通鉴》又称这一部族为"乌桓独孤"；后来，独孤部成为北魏一个重要的部族，因此也有称为鲜卑独孤部。

为了确保北方地区的安定，秦王苻坚采纳了燕凤的建议，除了在拓跋部的基层建立政权之外，他还将拓跋部的部众一分为二，位于黄河以西的由铁弗部刘卫辰统领，以刘卫辰为西单于，督摄河西杂类，屯代来城（今陕西省榆林市北）；位于黄河以东的部众由独孤部刘库仁统领，以刘库仁为陵江将军、关内侯。同时，为了牵制独孤部、以防刘库仁坐大，秦王苻坚又将贺兰部迁往东部的大宁（今河北省张家口市），据《魏书·贺讷传》的记载："讷总摄东部为大人，迁居大宁，行其恩信，众多归之，侔于库仁。苻坚假讷鹰扬将军。"等于是将拓跋部及其原有属民一分为三，不仅在政权结构上瓦解了拓跋部贵族对部众的控制力，而且在统治层面上又给拓跋部树立了三个相互制约的统治者。

二四七 北灭拓跋（二）

我们知道，自句注山以北、大宁以东、河曲以西、阴山以南地区，大致就是所谓的代北地区。

如今独孤部盘踞在此，深谋远虑的苻坚为了防止独孤部一支坐大，才将贺兰部的贺讷（此时尚未改姓，应当为贺兰讷）迁往了大宁，这样一来，同为贺兰部的贺赖部驻守在代北东南部、桑干河以南的平舒城，而贺讷则驻守在代北东北部、桑干河以北的大宁，二者均以蓟城的苻洛为依托，以安定代北的局势。

在前秦发起对代国进攻之时，拓跋珪的母亲贺氏带着年幼的拓跋珪与身边的近臣一起北逃，试图投奔贺兰部，不久，反叛的高车部族前来烧杀，贺氏只得带着儿子坐车南下躲避。途中，车轮的销钉脱落，贺氏担心车轮脱去，她祷告说："车上坐着国家的后裔，难道说就此灭绝吗？请求神灵保佑。"打马奔驰，车轮端正而一直没有倾倒。就这样仓皇奔逃了一百多里地，一直南逃到七介山以南，才摆脱了追兵，幸免于难。《读史方舆纪要》卷四十四"大同府"条记载："七介山在府境。宋元嘉十六年，柔然闻魏主焘伐姑臧，乘虚深入，至善无七介山，平城大骇，遣军拒却之于吐颓山。《志》云：今府西南四十五里有七峰山，或以为即七介山也。"如此说来，七介山就在山西省右玉县境内，也就是说，拓跋珪母子在抵达了独孤部的领地以后，才真正安全了。

紧接着，就有了苻坚分割代国的命令。代国的南部大人长孙嵩、元他等人率领代国的残余部众全部投靠了独孤部的刘库仁，拓跋珪母子也随着大家一起来到了独孤部，依附在刘库仁手下。与拓跋珪一起被母亲贺氏带到独孤部的，还有拓跋珪的同母异父的两位兄弟：卫王拓跋仪、秦王拓跋觚。从辈分上讲，刘库仁与贺氏的丈夫拓跋寔是姑表兄弟关系，贺氏是刘库仁的表嫂（或表弟媳），史称，刘库仁对待贺氏母子四人"尽忠奉事，不以兴废易节，抚纳离散，恩信甚彰"。

他经常对自己的儿子们说："这个小孩有高出天下人的大志，一定能够恢复祖上的基业，你们要好好待他。"

当时，秦王苻坚晋封刘库仁为广武将军，给予仪仗钟鼓，礼仪同于诸侯。刘库仁几乎领有拓跋旧部的大部分部众，这本来就已经让刘卫辰十分不满，如今，苻坚又将其置于自己之上，更是让刘卫辰怒火中烧。在刘卫辰看来，自己先于刘库仁投降前秦，且刘库仁只是同族的旁支，而自己则是南匈奴的嫡系，秦王苻坚这样对待自己是非常不公平的。就在前秦军队撤离代国之后不久，刘卫辰就再次叛秦，杀掉了前秦五原（今内蒙古自治区包头市）太守，进攻刘库仁的西部地区。

刘库仁起兵迎战，一举击败了铁弗部刘卫辰，并一直往西追杀到阴山西北一千多里，活捉了刘卫辰的妻儿老小，将铁弗部众全部俘获。接着，刘库仁趁着兵势，继续往西进攻库狄部。有学者根据 1984 年出土于山西省太原市小店区南坪头村的库狄业墓志，推断库狄部是高车族的一支。在这次西征中，刘库仁大破库狄部，将库狄部的畜产全部缴获，将其部民全部迁往桑乾川（在今山西省山阴县南桑干河河谷之地）。苻坚赏赐给刘库仁公孙氏，借此拉拢安抚刘库仁，后又加封其为振威将军。

在安顿好降众之后，秦王苻坚还下诏说："张天锡继承祖父的基业，盘踞凉州近百年，拓跋部世代跨据朔方，曾经东服朝鲜半岛，西降西域诸国，控弦之士高达百万，但是，我大秦派出两支部队，数月即一举将两国消灭，降服百万之众，开辟九千多里土地，三皇五帝未曾臣服的国家、周朝汉朝不曾抵达的地域，均纷纷派遣使者表示臣服。特令对于参战军士全部免除五年的差役赋税，赏赐爵位三级。"加封幽州刺史、行唐公苻洛为征西将军，任命邓羌为并州刺史。

这是东西两面的主战场。

在苻坚灭掉凉州之后，也就是前秦大军进攻代国前后，就有人请求一并消灭西凉、秦州附近以及吐谷浑周边地区的氐族和羌族部众，但苻坚却说："这些大大小小的部落，相互之间并不统一，对于中国没有大害。只用派人前去抚慰，如果他们服从中央领导，缴纳租税的话，就可以了；如果不从，再讨伐不迟。"他派遣殿中将军张旬前去说服，并派庭中将军魏曷飞率领两万七千军队随后进发。魏曷飞对这些部众凭借险要、拒不投降，十分恼火，下令攻击，大肆抢掠之后，满载而归。苻坚大怒，将主帅魏曷飞鞭打了二百，并将前锋督护储安斩首，送给当地的氐羌谢罪。氐羌人民因此深受感动，投降前秦的有八万三千多帐篷。

一年之内，前秦军队灭了凉州、代国，又降服了西方杂夷，可谓兵威甚盛。但是，前秦帝国也有丝丝的隐忧，这一点，一直想要复国的前燕降臣们看得一清二楚，慕容恪的儿子慕容绍对自己的哥哥慕容楷说："秦国自恃强大，不停地追求战场上的胜利，北面戍守云中，南边防御巴蜀，辗转万里进行粮运，部队已经筋疲力尽，国内的百姓也贫困饥馑，灭亡不日。冠军将军、叔父慕容垂英明睿智，一定能够恢复燕国，我们要爱惜自身，暗暗地等待那一天的到来。"

不过，秦王苻坚同样也看到了帝国的危机。

当他看到关中地区水灾旱灾不断的时候，就下令按照郑国渠、白公渠的样式，征发王侯以下以及豪门富家子弟、奴仆共计三万人在泾河上游开渠，引泾河水灌溉土地，史称"及春而成，百姓赖其利"。同时，由于凉州新近归附，秦王苻坚还下令免除那里的百姓一年的赋税，同时，对平民儿子均赏赐一级的爵位；遵守孝悌、勤于农耕的，赏赐两级爵位；并赏赐寡居老人布帛粮食。

二四八　拓跋谜云

拓跋什翼犍之死，我们已经说过。

不过，上面说的仅仅是主流的说法，一直以来，人们对此都有诸多的争议。这种争议来源于《晋书·苻坚载记》《宋书》《南齐书》的不同记载，由于这涉及北魏立国者道武帝拓跋珪的身世，所以，也引发了人们浓厚的兴趣和历代学者的种种推测。

先说一说《晋书·苻坚载记》的记载。其原文如下："坚既平凉州，又遣其安北将军、幽州刺史苻洛为北讨大都督，率幽州兵十万讨代王涉翼犍。又遣后将军俱难与邓羌等率步骑二十万东出和龙，西出上郡，与洛会于涉翼犍庭。翼犍战败，遁于弱水。苻洛逐之，势窘迫，退还阴山。其子翼圭缚父请降，洛等振旅而还，封赏有差。坚以翼犍荒俗，未参仁义，令入太学习礼。以翼圭执父不孝，迁之于蜀。散其部落于汉鄣边故地，立尉、监行事，官僚领押，课之治业营生，三五取丁，优复三年无税租。其渠帅岁终令朝献，出入行来为之制限。坚尝之太学，召涉翼犍问曰：'中国以学养性，而人寿考，漠北啖牛羊而人不寿，何也？'翼犍不能答。又问：'卿种人有堪将者，可召为国家用。'对曰：'漠北人能捕六畜，善驰走，逐水草而已，何堪为将！'又问：'好学否？'对曰：'若不好学，陛下用教臣何为？'坚善其答。"说的是，苻洛灭代以后，代王拓跋什翼犍无路可逃，其子翼圭将父亲拓跋什翼犍捆绑着，投降了前秦，并且，《晋书》明确记载，苻坚认为翼圭将其父捆绑投降是不孝之举，将其迁徙到了蜀地。拓跋什翼犍被押至长安以后，苻坚还将其送入了太学学习，其间，苻坚还亲临太学，专门召见了拓跋什翼犍，双方还有一番对话。

这里面就出现了三个问题：

一、拓跋什翼犍是否如《魏书》记载的那样，在苻洛灭代之时，被儿子拓跋寔君所杀？难道是《晋书》误记，还是《魏书》别有隐情呢？二者必有一个是错误的，要不，苻坚在长安见到拓跋什翼犍就是白日见鬼了。

二、翼圭是谁？《魏书·昭成子孙列传》中没有记载此人，有人说翼圭就是涉圭，即拓跋珪。但是，在苻洛灭代之时，拓跋珪年仅六岁，如何能够捆绑父亲？况且，根据《魏书》的记载，拓跋珪是拓跋什翼犍的孙子。那么，是拓跋珪母亲的家族贺兰氏捆绑的拓跋什翼犍吗？如果是这样的话，史书就不会将此事算到“翼圭”的账上。由此，又牵扯出第三个问题，那就是：拓跋珪究竟是拓跋什翼犍的孙子还是儿子？《魏书》明确记载，拓跋珪是拓跋什翼犍的孙子，拓跋寔的儿子，《资治通鉴》也采纳了这种说法；而《宋书·索虏传》则记载：“卢死，子又幼弱，部落分散。卢孙什翼鞬勇壮，众复附之，号上洛公，北有沙漠，南据阴山，众数十万。其后为苻坚所破，执还长安，后听北归。鞬死，子开字涉珪代立。”《南齐书·魏虏传》也记载：“猗卢孙什翼犍，字郁律旃，后还阴山为单于，领匈奴诸部。太元元年，苻坚遣伪并州刺史苻洛伐犍，破龙庭，擒犍还长安，为立宅，教犍书学。分其部党居云中等四郡，诸部主帅岁终入朝，并得见犍，差税诸部以给之。坚败，子圭，字涉圭，随舅慕容垂据中山，还领其部，后稍强盛。”

围绕这些问题，也出现了两种截然不同的认识。

一是，肯定《魏书》《北史》《资治通鉴》的说法。认为，拓跋珪是拓跋寔的儿子，晋简文帝咸安元年（公元 371 年）三月，代王宗族长孙斤阴谋杀掉拓跋什翼犍，世子拓跋寔与之格斗，被长孙斤刺中肋骨，五月，拓跋寔伤重而死，同年七月七日，拓跋寔的妻子贺氏生下遗腹子拓跋珪，代王拓跋什翼犍为之大赦境内，取名涉圭。这种说法也许是认为《晋书》《宋书》《南齐书》为南人所写，有可能因传闻有误而误记，因此，弃之不顾。如王仲荦先生就在中华书局版《宋书》校勘记中明确指出：“按据《魏书·序纪》，什翼犍为苻坚将苻洛所破后，旋为其庶长子寔君所杀，未尝执送长安。拓跋珪为什翼犍之孙，亦非什翼犍子。”对于入长安读书一事的解释是：据《魏书·窟咄传》的记载：“昭成崩后，苻洛以其年长，逼徙长安，苻坚礼之，教以书学。”可能是江南作史人因为拓跋窟咄到长安学习，而误传误记为拓跋什翼犍。

二是，认可《晋书》《宋书》《南齐书》的说法。这主要是因为，北齐魏收著作《魏书》主要参考的是邓渊的《代记》、崔浩的《国书》等，而邓渊就是前秦名将邓羌的孙子，在北魏道武帝拓跋珪时期，被命令撰写《代记》，后来，邓渊的叔叔邓晖与和跋亲密，和跋有罪被杀，子弟逃往长安，拓跋珪怀疑邓渊知情，而将其诛杀。邓渊之死“祸非其罪”，由此人们怀疑是因为他写史暴露了代国前期的丑事，拓跋珪怀恨在心，借此将其诛杀；而崔浩之死，《魏书》明确记载，崔浩“尽述国事，备而不典”，引起了北魏太武帝拓跋焘的愤恨而将其诛杀。由此可见，在北魏贵族入主中原的同时，也逐渐接受了中原文化，当他们再回眸看待拓跋前期的一系列事件、习俗的时候，感到十分羞耻，因此，北魏拓跋珪祖孙都对修史是高度“关注”的，《魏书》所依据这些经过“关注”过的史书，本身的可靠性值得怀疑，因此，这部分史家多倾向于采信江南史书的记载。

由于这一说法仅仅有《宋书》《南齐书》《十六国春秋》的记载，具体的史料阙如，也产生了很多不同方向的推测。

其一，是周一良先生在《魏晋南北朝史札记》“崔浩国史之狱”条中所说的，“什翼犍于其子献明帝寔死后，即以其子妇为妻，以其孙为子。当时苻秦以及南朝不悉内情，即母拓跋珪为什翼犍之子。以后道武帝亦曾娶其母贺氏已嫁之妹即其姨母为妃，盖此类事鲜卑族不以为奇。”他的结论是：拓跋珪实为昭成（拓跋什翼犍）之孙，献明（拓跋寔）与贺后之子。因昭成于献明死后妻珪之母贺后，珪遂被目为昭成之子。至于拓跋珪的弟弟秦王觚则为昭成与贺后之子，史家又讳言之，乃勉强牵附，作为秦王翰之子，昭成之孙。这是因为，如果按照《魏书》的记载，拓跋珪是贺氏的遗腹子，可是，在《魏书·献明皇后传》中，却记载“后少子秦王觚”云云，也就是说，拓跋珪之父拓跋寔去世后，贺氏又生有儿子拓跋仪、拓跋觚，那么，拓跋觚之父是谁呢？周一良先生认为是拓跋什翼犍，而唐长儒先生则认为“当时献明太子拓跋寔死后，贺氏收继为（拓跋）翰妻所生”。也就是说，周先生认为是拓跋什翼犍纳了儿媳，而唐先生则认为是拓跋翰纳了嫂子。不管如何，拓跋部早期的这种风俗，对于接受了汉化影响的北魏皇帝们来说，都是一种“国恶”而讳莫如深。

其二，是在周先生推断的基础上，又产生了更进一步的推断。他们认为，从《魏书·献明皇后传》中记载，贺氏于皇始元年（公元 396 年）四十六岁去世，逆推贺氏在拓跋寔去世、拓跋珪出生的公元 371 年，则年仅二十一岁。这位妙龄美女儿媳让拓跋什翼犍看中了，并强取为自己的老婆，这引起了拓跋寔的愤恨，而长孙斤谋杀拓跋什翼犍之事，纯属子虚乌有，企图谋杀拓跋什翼犍的不是长孙斤，而恰恰正是拓跋寔。同时，《魏书》记载的拓跋寔、拓跋寔君、拓跋翰均属于编造的名字，《北史·魏宗室传》记载："昭成皇帝（拓跋什翼犍）九子：庶长曰寔君，次曰献明帝，次曰秦王翰，次曰阏婆，次曰寿鸠，次曰纥根，次曰地干，次曰力真，次曰窟咄。"为什么其他儿子均为音译，而只有拓跋寔君、拓跋寔、拓跋翰似是汉语呢？且《新唐书·宰相世系》还称："什翼造七子：一曰寔君，二曰翰，三曰阏婆，四曰寿鸠，五曰纥根，六曰力真，七曰窟咄，寔君生道武皇帝珪"云云，里面根本就没有拓跋寔的名字，而是将拓跋寔君与拓跋寔混同为一人。于是，他们推测史官在遵照上命删除史料的同时，也故意留下了一些蛛丝马迹：拓跋寔君（弑君）、拓跋寔（弑），似乎就是在提示后人弑君的人，不是别人，正是拓跋珪的"父亲"。而拓跋珪的父亲真实名字呢？就是翼圭。我们还记得，在前燕灭亡前夕，前燕尚书左丞申绍就曾经这样评价拓跋什翼犍，说他"疲病昏悖"，纳儿媳而引发拓跋部父子之间的仇杀，在接受中原文化的前燕君臣看来自然属于昏悖之事，申绍的这一说法肯定不是空穴来风。

其三，是以为献明帝拓跋寔此人就是伪造出来的。吕思勉先生就是这种观点，他认为，《魏书》之所以这样做，一方面，是为了避讳拓跋什翼犍被前秦俘虏的丑事；另一方面，又避讳了世子的忤逆，再者，又避讳了以后道武帝拓跋珪剪灭舅氏的行为——如果拓跋珪就是拓跋什翼犍的儿子的话，那么，慕容氏就是拓跋珪名义上的舅氏。吕先生之所以这样怀疑的理由还在于：史书上所称的献明帝、秦王翰、拓跋寔君均没有事迹可寻，就连所云的阏婆、寿鸠、纥根、地干、力真等人也没有事迹可考，《资治通鉴》将这几人说成是慕容妃的儿子，也仅仅是依据《魏书》，并没有别的依据，而《魏书》为了伪造拓跋寔君杀父之事，不得不将这些人都说成是慕容氏的儿子，而同书的《昭成皇后传》却仅仅说："生献明帝及秦明王"，并没有涉及他人。据《新唐书·宰相世系二上》记载："长孙氏出于拓跋郁律，生儿子：长曰沙莫雄，次曰什翼犍……沙莫雄为南部大人，后改名为仁，号为拓跋氏，生嵩，……道武以嵩宗室之长，改为长孙氏。"也就是说，北魏长孙氏是在道武帝时期才得姓的，那么，谋杀拓跋什翼犍的长孙斤又何来呢？另外，据《魏书·神元平文诸帝子孙附高凉王孤传》记载，拓跋孤（拓跋什翼犍之弟，让国的那位）有子也叫斤，据此，吕先生更是怀疑长孙斤谋杀之事，纯属子虚乌有。

再考察《魏书》关于拓跋翰的记载，也是错误百出。《魏书》记载：拓跋翰"少有高气，年十五便请率骑征讨。帝壮之，使领二千骑。及长统兵，号令严信，周旋征讨，多有克捷。建国十年卒”。

按：根据同书的《序记》，慕容氏在建国七年夏六月才嫁给拓跋什翼犍，到建国十年，拓跋翰是否出生尚不得而知，而且，据《魏书》所云拓跋翰还有哥哥拓跋寔，即便是拓跋翰十五岁就死了，也不是建国十年，同样地，《北史》称其建国十五年死，也不符合起码的逻辑。如果再根据贺氏在拓跋寔死后又嫁给了拓跋翰、并生下了拓跋仪和拓跋觚的话，那么，拓跋翰至少是在其哥哥拓跋寔死后才死的，即建国三十四年以后。这也许是史书的脱漏之处，也许正是史官故意留下的马脚。

也许，作乱的拓跋寔君就是拓跋寔，也就是拓跋珪名义上的“父亲”，他因父亲夺妻而在前秦大军临境的时候，诛杀了阏婆、寿鸠等兄弟，又将父亲拓跋什翼犍捆绑投降了前秦军队，后被苻坚流放到了蜀地，而拓跋珪则是拓跋什翼犍与儿媳贺氏的儿子，苻坚将拓跋什翼犍以及侥幸未被诛杀的儿子们拓跋窟咄、拓跋珪等人都带到了长安学习。

然而，这也不过是推测而已，真实的历史，尤其是当不同的史书出现如此巨大差异的时候，作为后世的人们又有谁能说得清呢？

二四九 太元初年

公元376年，是东晋孝武帝司马曜的太元元年，这一年，司马曜已经十五岁，正月一日，东晋朝廷给司马曜举办了成人礼。与此同时，皇太后褚蒜子下诏归政，再次被称为崇德太后。正月三日，东晋朝廷大赦，并改元为太元。三月五日，司马曜正式临朝听政。

在宁康的三年中间，老谋深算的谢安利用崇德太后临朝摄政的大好时机，稳稳地控制了中央，将“昵于自己”的王蕴之女嫁给了司马曜、逼退了尚书令王彪之，在地方上，则收回了桓氏家族曾经占据的徐州、兖州，先后以刁彝和王坦之接任二州刺史。

不过，王坦之很快去世，在他死后，桓冲则以让出扬州为代价，又要回了徐州、兖州。《晋书·桓彝传附桓冲传》却是这样记载桓冲的这次任命的：“于是，改授都督徐兖豫青扬五州之六郡诸军事、车骑将军、徐州刺史，以北中郎府并中军，镇京口，假节。”这里的“以北中郎府并中军”这句话，比较费解。是否代表着将北中郎将府中的部分军队抽调到中央了呢？也就是说，谢安将徐州和兖州交给桓冲，不仅让桓冲交出了扬州，而且，还将徐州、兖州的部分军队并入中央序列？

一直以来，在东晋朝廷荆扬之争中，徐州、兖州都是朝廷有力的支持者，如今，虽然桓冲让出了扬州，但却得到了徐州、兖州，这依然让谢安感到十分不安。只是此时，谢氏人物尚无合适的人选，他想到了丹阳尹王蕴。皇后之父出任一方大员，尤其是出任徐、兖二州刺史，这是有先例的，过去的褚裒即是如此。王蕴作为皇后之父接替桓冲，将徐州和兖州从桓氏手中拿下，名正言顺，桓氏家族也无话可说。

就在司马曜临朝听政的当天，谢安就以司马曜的名义下诏：提拔郗超的父亲郗愔为镇军大将军、都督浙江东五郡诸军事；加封桓冲为侍中、解除其徐州刺史的职务，改任为车骑将军、都督豫江二州之六郡（豫州之历阳郡、淮南郡、庐江郡、安丰郡、襄城郡、江州之浔阳郡）诸军事，自京口还镇姑熟。

两年半之前，桓温刚刚去世之时，桓冲的职务是中军将军、都督扬豫江三州诸军事、扬豫二州刺史，镇守姑熟，两年半之后，桓冲镇守的依然是姑熟，虽然职务表面上被升为三公级的车骑将军，但实际控制的地盘却从都督三州变为都督六郡，可谓是天壤之别。

此时，谢安还没有急于将徐州刺史的职务让给王蕴，他一方面需要做王蕴的思想工作；另一方面，还需要时间平复桓冲心中的块垒，牢牢把握事态的节奏。正月十四日，谢安在“总关中书事”数月之后，正式被任命为中书监、录尚书事，成为东晋帝国名副其实的宰相。

这次将桓冲调离徐州之举，是在谢安地位稍微稳固之后所采取的排斥桓冲的又一重大步骤。

桓冲被免去徐州刺史职务以后，兖州刺史一职仍然为桓氏旧将朱序所担任，《晋书》称朱序在太和中被任命为兖州刺史，似误，而朱序被任命为兖州刺史的时间，可能是在王坦之去世之后，与桓冲一起被任命的。谢安仍然让朱序担任兖州刺史，当然是对桓氏集团的一种安抚手段。

豫州刺史一职则是桓宣之子桓伊担任。

桓宣作为流民帅，虽然在东晋初年立下大功，但受到主流社会的排挤，最后郁郁而终，其子桓伊却性格谦虚朴素，喜欢音乐，被称为江左音乐第一。桓伊的故事很多，有一则称：王羲之的儿子王徽之一次回到京师，船停在清溪岸边。桓伊当时已经显贵，在岸上路过，船上的人看到以后，对王徽之说：“这人就是桓野王（桓伊的字）。”王徽之就让人对桓伊说：“听说你善吹笛，请给我吹一曲。”桓伊从不认识王徽之，但听说过王徽之的名字，就下了车，坐在折叠椅上，给王徽之吹了三首曲子，吹罢，他缓步上车而去，自始至终两人相互之间没有说一句话，有一种说法称这三首曲子就是后世著名的《梅花三弄》原始的笛曲。

桓宣虽然也是谯国人，但并非桓彝家族的近族，由其担任豫州刺史，作为桓氏家族与谢氏之间的缓冲，是再合适不过了。

江州刺史是桓石秀，荆州刺史桓豁的儿子、桓冲的侄儿，这我们都说过。

如果说，此时桓冲发泄不满、起兵讨伐谢安的话，桓氏依然还是有实力做到的，但是，这一次，桓冲依然以大局为重，他选择了忍让。因为，在桓冲看来，他有更重要的事情要做，那就是国事。

就在这一年的七八月份，前秦王国大举进攻西凉的张天锡。桓冲听说之后，他立即命令兖州刺史朱序、江州刺史桓石秀、荆州督护桓罴出兵沔水和汉水之间，为凉州声援；又命令豫州刺史桓伊率众进攻寿阳，淮南太守刘波率领水军进入淮河、泗水，以分散前秦进攻凉州的军队。然而，凉州的张天锡在前秦军队的打击下，仅仅十天就灭亡了，东晋军队只好退兵。

回过头来，继续说桓冲空下来的徐州刺史的位置。

前面说过，谢安准备将这一位置暂时交给王蕴，一方面如前所述，王蕴的身份是最佳人选；另一方面，谢安深知王蕴与世无争，且王蕴素来嗜酒如命，很少有清醒的时候。谢安当然明知王蕴不具备军事才能，之所以如此，不过也是一个瞒天过海的权宜之计，他的最终目的是将徐州、兖州纳入谢氏的手中。他先任命王蕴为光禄大夫、五兵尚书、本州大中正，封建昌县侯，王蕴坚决推辞不受，朝廷再三敦促，可是王蕴就是不接受。谢安只好不再让其过渡，直接任命其为都督京口诸军事、左将军、徐州刺史、假节。王蕴再次推辞，谢安对王蕴说："大人有皇后之父这样的尊贵，不宜妄自菲薄，耽误了机会，应该按照褚公的旧例，贵于与时俱进。可以暂时去做，以满足国家贵戚应担当的责任。"谢安说得很明白，王蕴只好上任去了。

东晋朝廷任命王蕴为徐州刺史，是在晋孝武帝的太元二年，也就是在桓冲解职后一年有余，而刚处理完徐州的事情，荆州又出现了问题：在太元二年七月，桓冲的哥哥、东晋征西大将军、荆州刺史桓豁病死，时年五十八岁。

桓豁最大的特点，就是非常大度，史书称：桓豁"时誉虽不及冲，而甚有气度"。过去，谢安为了安抚桓豁，任命其为征西大将军、开府仪同三司，苻坚攻陷仇池之后，桓豁任命新野太守吉挹代理魏兴太守，督护梁州五郡军事，戍守在梁州，后来，前秦王国继而攻下巴蜀，梁州刺史杨亮（杨佺期之父）、益州刺史周仲孙溃败，因此，桓豁十分内疚，一直拒绝接受开府。杨亮被免职后，桓豁请求朝廷调兖州刺史朱序为梁州刺史，镇守荆州北部的襄阳，与此同时，在桓豁去世前后，谢安即被任命为侍中、都督扬州、豫州、徐州、青州、兖州五州诸军事。我们如果将这两件事情连起来看的话，似乎可以得出一个初步的结论，那就是：此时的桓谢两家之间已经初步达成了一种由桓氏占据荆州、由谢氏主导下游的默契。

桓豁的去世，对于整个桓氏家族是一个重大事件。桓冲闻讯后，立即离开姑熟，西上荆州，处理善后事宜，到了这一年的十月，东晋朝廷就势任命桓冲为都督江州、荆州、梁州、益州、交州、宁州、广州七州扬州之义成郡、雍州之京兆、司州之河东郡诸军事，兼南蛮校尉、荆州刺史；此时桓豁之子、江州刺史桓石秀也因病去世，朝廷又任命桓冲长子桓嗣为江州刺史。

至此，两家的这一默契成为现实。

桓冲临别西上之时，孝武帝亲自在西堂为其饯行，赏赐钱五十万，又以三百四十石酒、五十头牛赏赐桓冲的文武官员，谢安本人也亲自送到溧洲（胡三省注：今舟行自采石东下，未至三山，江中有洌山，即洌洲）。

朱序西调，又空下了兖州刺史的位置，为了避免引起非议，谢安建议朝廷向全国下诏，高调选拔文武双全、能够抵御北方的良将。诏书下发以后，谢安推荐谢玄为后备人选。

谢玄，字幼度，由于父亲谢奕与桓温关系非同一般，因此，很小就被桓温辟为掾属，桓温去世后，被任命为桓豁的司马。谢玄的才能不仅他的叔父谢安知道，而且，桓温生前就曾说过“谢掾年四十岁，必拥旄杖节”的话。

谢安采用了公开竞争的手段高调推荐谢玄，一方面是因为谢安深知在其他门阀士族中间，谢玄有足够的势力和名望击败其他的竞争者；另一方面是为了很好地堵住其他人的嘴巴。在谢安的建议下，朝廷任命谢玄为兖州刺史、广陵相、监江北诸军事。

郗超曾与王珣、谢玄同在桓温幕府，素来与谢玄关系不好，他听说谢安将谢玄任命为兖州刺史之后，叹息着说：“谢安违背众人的意见，提拔自己的亲戚，这是他明白之处；谢玄必然不会辜负这一任命，这是谢玄的才能啊！”大家都不同意，郗超却说：“我曾经与谢玄一起在桓公的幕府中，见到此人任用下属，即使是穿鞋这样的小事都委任得人，因此知道谢玄有这样过人的才能。”

谢玄被任命为兖州刺史时年仅三十五岁。他果然不负众望，他担任兖州刺史后不久，就大力选拔流落在淮南地区的猛将，任命有谢氏家族背景的猛将刘牢之（刘牢之的父亲刘建曾是豫州刺史谢万的部将）为参军，很快就组建起了一支名闻天下、战无不胜的精锐军队——北府兵。自此，东晋确立了桓氏在荆州、江州，谢氏势力渗透到豫州、徐州、兖州的相对平衡的政治格局。

桓豁死后，王彪之、郗超也相继去世。一直以来，郗超认为自己的父亲郗愔无论是从资格上还是年龄上都比谢安要老，（此年郗愔六十一岁）谢安却独揽朝廷大权，而自己的父亲却只是一个镇军大将军、都督浙江东五郡诸军事、会稽内史，因此，郗超愤愤不平，开始与谢氏对立。

其实，郗超的不满还源于谢安对自己的排挤，这对于谢安而言，是很好理解的：谢安的目的当然是要主导朝中大权，而郗超身为有桓氏色彩的人物，自然是首当其冲被排挤的对象，虽然郗愔忠于王室，但有郗超与桓氏的关系，谢安自然不能让郗氏坐大，况且，郗超本人的才能、名声也让谢安感到不安，当时就曾有人将郗超比作苻坚，这自然让谢安十分警惕。

太元二年十二月，郗超去世，左右对郗愔说："大郎去世了。"

郗愔听到以后，脸色没有一点悲伤之色，只是说："等入殓的时候再通知我。"

等到郗超入殓，郗愔来到现场，一声哀号几乎昏厥过去。

郗超知道自己的父亲忠于王室，也深爱自己，他在临死之前就提前做好了善后的准备，他拿出一箱书信交给左右说："本来打算将书信烧毁，但考虑到父亲年事已高，担心他因为悲伤过度而伤害了身体。我死以后，如果父亲吃饭睡觉都大不如以前，就将此箱书信呈给父亲；否则就烧掉。"

郗愔后来果然哀伤成疾，郗超的左右就将郗超生前留下的那箱书信交给郗愔，里面全是与桓温两人一些不可告人的密谋。郗愔看罢，不禁大怒："这小子死得太晚了！"遂不再哀伤。

郗超死后，给他写诔文的就有四十多人。郗超去世前，王献之兄弟见到郗愔是毕恭毕敬，舅甥之礼很周到，郗超去世后，再见到郗愔总是十分怠慢，郗愔不禁叹息说："假如嘉宾还活着，这些老鼠崽子还敢如此吗？"郗超死时年仅四十二岁。

二五〇　应对策略

如今，前秦王国已经统一了北中国，占据了巴蜀，南下江南只是时间问题，历史似乎又要重演百年前西晋统一中国的那一幕。

这不论是对于刚刚成年的孝武帝司马曜，抑或是宰相谢安、车骑将军桓冲，都是一场非常严峻的考验。在经历了皇室最低点之后，作为东晋皇室也好，宰相谢安也罢，都要试图进一步巩固中央的皇权，唯其如此，才能应对即将到来的那场生死之战。

孝武帝司马曜虽然年纪不大，但却性格鲜明。《世说新语·言语》记载："简文崩，孝武年十余岁，里，至暝不临。左右启：'依常应临。'帝曰：'哀至则哭，何常之有？'"当时的朝局诡秘难测，司马曜哪有心思去哭？同书还记载："晋孝武年十三四，时冬天，昼日不着复衣，但着单练衫五六重；夜则累茵褥。谢公谏曰：'圣体宜令有常。陛下昼过冷，夜过热，恐非摄养之术。'帝曰：'昼动夜静。'谢公出，叹曰：'上理不减先帝。'"

孝武帝继位之后，摆在司马曜和谢安面前的首要问题，就是要统一思想，重新拾起晋朝以孝治天下的理念。谢安本人出入于玄学和儒家之间，在山言玄，在朝言儒，尤其是在国家大敌当前而内部意识形态混乱之时，更是需要统一统治阶级内部的思想。于是，在谢安等人具体安排下，在司马曜结婚一个月之后，即宁康三年（公元 375 年）的九月，孝武帝司马曜就主持讲解了《孝经》。《晋书》卷八三《车胤传》记其事曰："孝武帝尝讲《孝经》，仆射谢安侍坐，尚书陆纳侍讲，侍中卞耽执读，黄门侍郎谢石、吏部郎袁宏执经，胤与丹阳尹王混摘句。"

司马曜讲解《孝经》一事，可谓是当时的一件盛事，也是东晋朝廷意识形态转变的风向标，它预示着东晋朝廷整肃朝纲、巩固皇权、统一政令的决心。参加孝武帝经筵的谢安自不待言，尚书陆纳，是陆玩之子，陆晔之侄，为江东望族；

侍中卞耽，为前尚书令卞壶之子；黄门侍郎谢石为谢安弟弟；吏部郎袁宏，东晋大名士、文学家；中书侍郎车胤，“囊萤夜读”的主人公，出身寒素而博学多才；丹阳尹王混（《晋书·王导传》记作“王珉”），为琅邪王导之孙，王导次子王恬之子，过继给王导长子王悦为子。王混是桓冲的内兄，《世说新语·排调》记载：“桓豹奴是王丹阳外甥，形似其舅，桓甚讳之。宣武云：‘不恒相似，时似耳！恒似是形，时似是神。’桓逾不说。”桓豹奴是桓冲的长子桓嗣的小名，不知是什么原因，桓嗣十分忌讳与自己的舅舅王混长得相仿这件事，王混的儿子王嘏，后来娶了简文帝的女儿鄱阳公主为妻，这位鄱阳公主就是孝武帝司马曜的亲姐妹，自此，我们知道了简文帝三个女儿的归宿：徐贵人的新安公主嫁给了王献之；李陵容的女儿鄱阳公主嫁给了王嘏；武昌公主嫁给了桓冲的儿子桓修。

这次讲筵是经过充分准备的。《世说新语·言语》记载：“孝武将讲孝经，谢公兄弟与诸人私庭讲习。车武子难苦问谢，谓袁羊曰：‘不问则德音有遗，多问则重劳二谢。’袁曰：‘必无此嫌。’车曰：‘何以知尔？’袁曰：‘何尝见明镜疲于屡照，清流惮于惠风？’”说的是，在孝武帝讲经之前，谢安带着众人先私下做好功课，也说明了谢安兄弟对于这次讲经是非常重视的。除了这次讲经之外，据《晋书·儒林传附徐邈传》记载，谢安于此年推荐四十四岁的儒生徐邈为中书舍人，在皇宫随侍皇帝左右，“虽口不传章句，然开释文义，标明指趣，撰正五经音训，学者宗之……前后十年，每被顾问，辄有献替，多所匡益，甚见宠待。”

除了倡导儒教以外，在孝武帝太元初年，东晋政府还采取了一系列缓和社会矛盾的措施。太元元年九月八日，朝廷下令，废除按照田亩收税的制度，改用以人口为单位的征税制度，自王公以下每人每年缴纳三斛米，不再另派差役。不久，谢安请求寻找东晋初年的佐命功臣之后，予以加官晋爵，到太元二年正月，正式“继绝世，绍功臣”。

谢安主持朝政，务存宽简，《世说新语·政事》记载：“谢公时，兵厮逋亡，多近窜南塘下诸舫中。或欲求一时搜索，谢公不许，云：‘若不容置此辈，何以为京都？’”说的是：在谢安执政的时候，逃避差役的士兵和仆役，大多流窜到南塘一带的船中躲藏。有人要求对这些船只进行搜查，谢安不同意，他说：“如果连这些人都容纳不了，怎么能称为京师呢？”当时的人们赞扬谢安，将他比作王导，而文雅则又胜王导一筹。

在内部安定的基础上，谢安和桓冲采取了“以退为进、后发制人”的对敌策略。

太元元年，当东晋得知前秦业已平定凉州之后，即于十月份，主动将淮河北岸的居民迁往淮南地区。《资治通鉴》胡三省注曰：“畏秦也”，这只是说了问题的一个方面，东晋朝廷此举其实是衡量敌我实力的前提下，作出的正确决策。此时，东晋在淮河北岸地区尚有彭城、下邳等据点，按照敌我之间的力量，要想固守淮北城池，将十分困难。如果将敌我双方的决战战场放在淮北地区，不仅拉长晋军补给线，而且东晋军队舍弃擅长的水战，欲在平原上与敌争锋，胜算渺茫。这正如三国时期吕蒙曾指出的那样，彭城（即徐州）虽为四战之地，为兵家所必争，但其“地势陆通，骁骑所骋”，且地近许昌洛阳，对于南军十分不利。因此，淮北地区的据点可以暂不主动放弃，以迟滞敌人的进攻，而主力部队则依托淮河防线，将敌人引至淮南地区予以决战。在这种思路下，将淮北之民迁往淮南的直接目的就是，满足东晋军队兵员和东晋政府人力的需要。

无独有偶，桓冲抵达江陵之后，也提出了将州治迁往长江以南的计划，他上书称：“兵者诡道，示之以弱，如今应该将重心转移到防守长江以南，对于长江以北地区则驻守少量部队。”如果敌人前来，江北城市坚壁不战，等敌人进攻江南，疲惫之时则前后夹击。桓冲即将大本营转移到长江以南的上明（今湖北省松滋市境西北长江南岸），而命令冠军将军刘波率军驻守江陵，咨议参军杨亮（原梁州刺史）驻守江夏（今湖北省云梦县）。桓冲的计划就是：以襄阳、竟陵、南阳等长江以北诸城为诱饵，在敌人将要发动的进攻中，利用上述据点不断迟滞、消耗敌人的实力，待敌人筋疲力尽之时，再出动主力部队进行反攻，而不急着与敌在长江以北决战。

桓冲的这一思路也是在认真考量了敌我实力的基础上作出的正确判断，因为此时的东晋朝廷已经丧失了益州和梁州，荆州地区面临来自北面和西面两个方向的威胁，战略态势已经变得十分恶劣，东晋荆州地区的任务已经从过去的攻防兼备，转换到了单纯的防御。在这种情况下，大荆州地区的战略重点就不在偏重于进攻出发地的襄阳，而转移到了在防御战中能够兼顾两面的江陵一带，桓冲收缩战线的这一思路与下游谢安放弃淮北的指导思想是一致的——然而，桓冲这种轻戍江北的策略，同样也将江淮战场的侧翼暴露给了敌人，会让下游承受更大的压力。

不过，对于谢安而言，他必须要保卫京师建康的安全。如果让敌人轻易地打到长江边上，形势将非常不利，因此，必须在江淮之间与敌展开争夺，而要想在江淮之间与敌决战，则需要能征善战的军队，可是，陈郡谢氏自从失去豫州之后，最为缺乏的就是军队。因此，太元二年十月，谢玄被任命为兖州刺史、广陵相之后，最为紧迫的任务就是组建属于自己的军队。据《晋书·刘牢之传》的记载："太元初，谢玄北镇广陵。时苻坚方盛，玄多募劲勇，牢之与东海何谦、琅邪诸葛侃、乐安高衡、东平刘轨、西河田洛及晋陵孙无终等以骁猛应选。玄以牢之为参军，领精锐为前锋，百战百胜，号为北府兵。"由此可以看出，谢玄招募的标准就是"勇猛"，而且偏重于选择猛将。

《晋书·刘牢之传》记载了北府早期的七员猛将：刘牢之、何谦、诸葛侃、高衡、刘轨、田洛、孙无终。这些将领有的是豫州谢氏旧部，如刘牢之，有的是原徐州部将，如何谦，其他的有可能就是流民帅，他们本身就有各自的部曲，再加上前一年从淮北迁移过来的大量北方流民，所以，谢玄的北府军队很快就建立起来了。当然，迫使这些流民当兵所用的手段也是十分残酷的，据《晋书·毛宝传附毛璩传》称："海陵县界地名青蒲，四面湖泽，皆是菰葑，逃亡所聚，威令不能及。璩建议率千讨人。时大旱，璩因放火，菰葑尽然，亡户窘迫，悉出诣璩自首，近有万户，皆以补兵，朝廷嘉之。"虽然此事发生在淝水之战以后，但是，谢玄在组建北府兵之初，大约也是会采取这种办法的，因为，据《晋书·殷仲堪传》的记载，殷仲堪就曾对谢玄劝谏道："胡亡之后，中原子女鬻于江东者不可胜数，骨肉星离，荼毒终年，怨苦之气，感伤和理，诚丧乱之常，足以惩戒，复非王泽广润，爱育苍生之意也……顷闻抄掠所得，多皆采相饥人，壮者欲以救子，少者志在存亲，行者倾筐以顾念，居者吁嗟以待延。而一旦幽絷，生离死绝，求之于情，可伤之甚。"云云，说明，北府抄掠而来的人，多补充兵员或从事杂役。

当东晋上下紧锣密鼓地做好各项战备工作的时候，北方的前秦天王苻坚又将采取什么样的行动呢？

二五一　南下襄阳（一）

太元二年（公元377年）正月，距离王猛去世仅仅一年多。

在这短短的一年多时间里，秦王苻坚就顺利地灭掉了西凉的张天锡和代北的拓跋什翼犍，可谓神速。在前秦兵威之下，到这一年的春天，远在朝鲜半岛的高句丽、新罗和遥远的西南边陲各族少数民族，都纷纷向长安派出使节，向秦国称臣纳贡。一连串的胜利，多多少少让秦王苻坚感到有些飘飘然，这可以从苻坚表现出了的一些生活细节上看得出来。自从苻坚平定诸国之后，他的个人生活也渐渐奢侈起来，在正殿之上开始悬挂起了珠帘，宫殿车马、器物服饰之上也都镶嵌了各色的奇珍异宝，他还任命前赵原将作功曹熊邈为尚方丞，大修船舰、兵器，以金银装饰，做工极为精巧。尚书郎裴元略劝谏道："臣下听说尧舜住着茅草屋，周天子住在低矮的宫室，而秦始皇穷奢极欲。希望陛下能够轻视金玉，重视粮食衣帛，时常关心贫民生活，奖励农业生产，扔掉无用的器具，以纯粹的道德来移风易俗，然后，统一天下，在泰山向上天报告成功，以远追上古的圣王，这是臣下的愿望。"苻坚听后大喜，让人撤去珠帘，并提拔裴元略为谏议大夫。虽然苻坚撤去了珠帘，并提拔了裴元略，但苻坚之所以大喜的原因似乎还不在于裴元略具体的劝谏内容，而在于他劝谏最后说的那些个满足苻坚虚荣心的话。

我们知道那位宦官赵整，他曾经讽谏过苻坚与慕容垂小段夫人之间的关系，赵整讽谏过后，虽然苻坚当时也让段氏下了辇，但两人的关系依然故我。据《高僧传》的记载，赵整后来又作歌讽谏："昔闻孟津河，千里作一曲。此水本自清，是谁搅令浊。"赵整唱到此处，苻坚不禁动容道："这是说的朕吧。" 接着，赵整又歌道："北园有一树，布叶垂重阴。外虽饶棘刺，内实有赤心。"苻坚笑道："这莫非说的是赵文业吗？"赵文业是赵整的字。赵整的这两首讽谏诗在《初学记》《艺文类聚》《乐府诗集》里均有记载。《十六国春秋》还记载，苻坚与群臣饮酒，让秘书监朱彤为酒正，令所有的人都要喝得大醉才行，于是，赵整又作《酒德歌》进行劝谏：“地列酒泉，天垂酒池。杜康妙识，仪狄先知。纣丧殷邦，桀倾夏国。由此言之，前危后则。”赵整后来被升为黄门侍郎、武威太守，前秦亡后出家为僧，称为道整和尚。

前秦王国的这些细微的变化，不仅引起了慕容绍的注意，而且让慕容垂的儿子慕容农蠢蠢欲动。他偷偷对父亲说：“自从王猛死后，秦国的法制出现了松弛的现状，再加上秦王又开始奢侈，大祸即将到来，预言书上所云燕国必将复兴的话，肯定要应验。大王应该顺从天意，结交英雄豪杰，机不可失啊！”

慕容垂老谋深算，他呵呵一笑，说道：“天下大事不是你所能预料的。”——他还在冷眼旁观。

不过，对于一直以来顺风顺水的苻坚来说，任何人的话都丝毫动摇不了他“混一六合”的决心，即使有王猛的临终告诫，也不能。《朱子语类》对于苻坚的心态有过这样的评价：“他是急欲做正统，恐后世以其非正统，故急欲亡晋。”苻坚的前秦政权大力推行儒教，对待被征服的各族民众，也都采取了不滥杀的政策，对于包括汉族在内的士大夫也都平等对待，同时，苻坚本人的汉化程度也比较高，这在十六国中是较为突出的。在苻坚本人看来，这是自己能够代表全中国的资本，因此，对于苻坚而言，消灭东晋朝廷是一场中华内部的统一之战，或者说，是一种争夺王朝的正朔之战。

然而，截至淝水之战发动前夕的晋孝武帝太元三年（公元 378 年），前秦灭掉前燕只有七年有余，占据巴蜀也才四年多，灭掉西凉和代国则仅仅一年，前秦王国境内的各民族并没有真正地融合在汉文化之下，前秦王国尚不能称为一个代表汉文化传统的汉族王国，这一客观的情况也决定了苻坚将要发动的这场战争，依然是一场民族入侵战争。

不过，前秦天王苻坚却没有过多地计较这些。如今，他以人数稀少的氐族在短短的数年之间建立起了幅员辽阔的王国，从各个方面都取得了对东晋朝廷的优势，顺势迈开统一的步伐，在所难免。也许桓温伐秦给予苻坚的印象太深了，他不能不趁早消灭东晋，以免后患。

然而，此时的苻坚自己还没有全面进攻东晋的打算，促使秦军南下的一个直接原因，听起来却是那么玄妙。据崔鸿的《十六国春秋》记载：“十三年（晋孝武帝太元三年），太史奏：‘有星见于外国之分，当有圣人之辅，中国得之者昌。’

坚闻西域有鸠摩罗什，襄阳有释道安，并遣求之。”

正是这一看似无稽的原因，促使秦王苻坚下令进攻东晋。太元三年二月，前秦王国在灭掉西凉和代国休整一年之后，正式拉开了进攻东晋的序幕——苻坚的第一步计划，就是集中兵力，一举拿下襄阳，夺占荆州北部地区，首先将东晋朝廷的进攻态势打掉。

我们知道，东南政权立国的模式都是“以扬州为根本，委荆州以阃外”，顾炎武也曾说过，东南的立国之本就是“厚荆襄”“阻两淮”，失去荆州，江南无以独存。而襄阳位于南阳盆地的南部，又处于南北对抗中决定双方势力是进攻抑或是防守的重要节点：北方如果要南下，首当其冲的就是拿下襄阳；而南方要想出武关、入关中，或者北上直抵洛阳，首先也是要牢牢地控制襄阳。这些例子比比皆是，我们仅就东晋荆州刺史的治所变化即可窥见一斑。据《宋书·州郡志》的记载：“王敦治武昌，陶侃前治沔阳，后治武昌，王廙治江陵，庾亮治武昌，庾翼进襄阳，后还夏口，桓温治江陵，桓冲治上明，王忱还治江陵，此后遂治江陵。”江陵、武昌、襄阳作为荆州的三个支点，企图控制建康的王敦、陶侃、庾亮均将治所放在靠近下游的武昌；需要兼顾巴蜀和北方，又兼具进攻态势的王廙、桓温则移治江陵；主张进攻的庾翼则进驻襄阳；而如今势力不足以与前秦正面硬碰的桓冲，则退到了长江以南的上明。

据《晋书·桓冲传》记载：“（苻）坚遣其将苻融（苻丕之误）寇樊、邓，石越寇鲁阳，姚苌寇南乡，韦钟寇魏兴”云云，由此可以看出，当时东晋荆州北部的防御体系是以襄阳为中心，西至魏兴，西北为南乡，北为鲁阳、南阳、邓县（今河南省南阳市邓州市），形成了一个多层的防御体系，这一体系的重心是襄阳，前秦军队在大举进攻襄阳之前，应该已经拿下了南乡、鲁阳等东晋荆州防御体系的最外围据点。

在东晋荆州主力后撤的前提下，前秦军队势在必得。

这一年的二月，苻坚命令征南大将军、都督征讨诸军事、代理尚书令、长乐公、自己的庶长子苻丕，武卫将军苟苌，尚书慕容暐率领步骑七万作为主力，从长安出发发起了对襄阳的进攻。另外，苻坚还派遣四支部队配合苻丕主力作战，他们分别是：荆州刺史杨安率领樊城和邓州（今河南省南阳市邓州市）的部队为先锋，以征虏将军、屯骑校尉石越率领一万精锐骑兵从鲁阳关（今河南省鲁阳县）南下，派遣京兆尹慕容垂、扬武将军姚苌率领五万部队从南乡（今河南省南阳市淅川县）南下，领军将军苟池、右将军毛当、强弩将军王显率领四万精锐军队从武当（今湖北省丹江口市境内）东进，五支部队人数在二十万人左右，一起抵达襄阳城下以后，即发起总攻。此时的南阳城尚在东晋的手中，而苻坚主力置南阳于不顾，采取跨点进攻的办法，应该是摸清了桓冲不敢北上救援襄阳的心态，也显示了其势在必得的决心。

四月，秦军主力部队抵达沔水（即汉江）北岸。此时，驻守襄阳的正是东晋使持节、监沔中诸军事、南中郎将、梁州刺史朱序。我们知道，朱序是桓氏旧将，字次伦，其父朱焘，曾为益州刺史，朱序也曾参与了讨灭司马勋的叛乱，堪称将门之子。但是，这次朱序却以为秦军没有船只，无法渡过汉江，因此，毫不担心，也没有严加防备。然而，出乎所有人预料的是，前秦征虏将军、屯骑校尉石越却将自己率领的一万精锐骑兵分出一半，他亲自率领五千壮士牵马浮渡，过了汉江！

二五二　南下襄阳（二）

前秦石越的这五千精锐骑兵，突然出现在襄阳城下，让朱序大惊失色。

朱序对此根本没有丝毫的防备，他慌乱之中，只好集中兵力固守内城，而石越所部迅速攻克了襄阳的外城，缴获了晋军一百余艘船只，将秦军剩余部队全部摆渡过汉江。于是，前秦大军将襄阳内城团团包围了起来。

秦军到来之后，即发起了对襄阳内城的进攻，然而，由于内城较小，晋军防守严密，一时之间秦军进攻受挫。在秦军尚未到来之时，朱序的母亲韩氏亲自登上内城城墙查看，韩夫人发现内城的西北角城墙不够坚固，于是，她亲自率领家中一百多名婢女以及城内的妇女们，在襄阳内城的西北角城墙内又加筑了二十余丈的新城墙。秦军到来之后，果然朝西北角发起了猛攻，防守西北角的晋军果然抵挡不住，秦军冲上了城墙，晋军只得退守到新城之内，这座新城遂被称为“夫人城”。

由于“夫人城”的存在，晋军得以保全。前秦总指挥苻丕打算不计后果，一举拿下襄阳，而苟苌却说：“我军将士十倍于敌，军粮像小山一样多，只用将汉水两岸的居民迁往许昌和洛阳，再断绝晋军的粮道，断绝他们的援军，襄阳的晋军就如同是网中的飞鸟，再无脱身的可能。如果采取硬攻的办法，将让我军将士伤亡增多，这又何必呢？”苻丕采纳了苟苌的建议，派遣苟池、石越、毛当率领五万军队继续南下，驻屯在江陵附近，以备桓冲北上解救襄阳，而主力大军则对襄阳围而不打。与此同时，从南乡而来的慕容垂所部也攻下了南阳，活捉东晋南阳太守郑裔，在占领南阳以后，慕容垂率领这五万军队继续南下，与苻丕大军会师于襄阳城下。而驻守长江以南上明（今湖北省松滋市西）的东晋车骑将军、荆州刺史桓冲，拥众七万，面对江陵附近的苟池所部，不敢渡江北上，只是固守上明。在这种情况下，襄阳之战陷入僵局。

前秦左将军、徐州刺史彭越之弟、兖州刺史彭超上书秦王苻坚，请求开辟第二战场，进攻东晋的彭城（今江苏省徐州市）。他上书说："东晋沛郡太守戴逯率领数千军队驻守彭城，臣请率领五万精兵拿下，再请求朝廷另派大军，进攻淮河南岸东晋的各个城池，为征南大将军苻丕的作战制造一个围棋上的'打劫'之棋，这样我们东西并举，则建康一定能够拿下！"

秦王苻坚听从了彭超的建议，任命彭超为都督东讨诸军事，并命令后将军俱难、右禁将军毛盛、洛州刺史邵保（曾任南安太守的邵羌的堂弟）率领七万步骑，进攻东晋的淮阴（今江苏省淮阴市）、盱眙（今江苏省盱眙县）。

彭城为淮北之本，而淮阴、盱眙则是淮河下游的两个重镇，淮阳扼泗水入淮之口，盱眙、淮阴相互依托，与北面的下邳、彭城共同构成淮河下游两岸防御体系，既是晋军屏护淮南的重要支点，又是东晋军队从下游北上的必由之路，桓温第三次北伐就是从广陵入中渎水道北上，抵达泗口，出彭城而进入北方的。彭超此议主要是牵制东晋下游军队，相机夺占淮北地区，控制南下的要道。

在襄阳之战打响三个多月后，八月，前秦兖州刺史、扬武将军彭超率军发起了对彭超的进攻，与此同时，西线的前秦梁州刺史韦钟也率军进攻魏兴（今陕西省安康市西北汉水北岸），将东晋魏兴太守吉挹包围在西城（今陕西省安康市西北）。吉挹的祖父就是西晋愍帝御史中丞吉朗，愍帝被俘之后，吉朗自杀殉国，桓温伐秦之时，吉挹带着两个弟弟一起投奔了晋军，巴蜀失守之后，吉挹被桓豁推荐为魏兴太守。这次前秦大举进攻襄阳，秦梁州刺史韦钟奉命进攻魏兴，初战被吉挹斩杀了七百多人，起初，韦钟不愿屯兵魏兴城下，于是率军继续东下，想与秦军襄阳攻城部队会师，但吉挹趁着韦钟东下，率军出城在半道上截击了秦军，共斩杀秦军五千余人。韦钟大怒，回师再次将魏兴团团包围，吉挹又多次击败秦军的进攻。

东晋朝廷闻听前秦大举进攻的消息以后，孝武帝司马曜下诏命令右将军毛穆之率领五万军队，镇守姑熟以防御前秦军队。（《晋书》本传记载，监江北诸军事，镇守广陵）

然而，看似气势汹汹的前秦军队的进攻却并不顺利。襄阳被围半年之久却迟迟不下，彭城戴逯以数千之众固守穷城，数月之间彭超也是无计可施，西城的吉挹也是坚守不降。在前线没有进展的情况下，到了这一年的年底，前秦王国的后方却出现了变乱。巴西人赵宝在梁州起兵，自称晋西蛮校尉、巴郡太守；而前秦豫州刺史、北海公苻重也在洛阳谋反，苻重是苻健的侄儿，前秦幽州刺史苻洛的哥哥，苻重的谋反反映了前秦宗室内部的矛盾重重，而赵宝的起兵则说明前秦新统治区内的各族民众并不完全服从苻坚的统治。苻重谋反的阴谋很快就传到了苻坚的耳中，苻坚说："苻重的长史吕光忠孝方正，一定不会与其同流合污。"立即命令吕光用囚车将苻重抓获，送到了长安，苻重被送至长安以后，苻坚并没有将其诛杀，而是赦免了他，不久，苻坚又征召吕光为太子左卫率。

十二月，前秦御史中丞李柔上书弹劾苻丕说："长乐公苻丕等人拥众十万，进攻小城，一天大军要浪费一万金，却一直没有成功，请求陛下征召将其打入大牢。"

苻坚回报说："苻丕等人浪费很多而没有进展，的确应予惩处。但是，大军既然已经延误，不能就此无功而返，今特地原谅众将，让他们将功补过！"

秦王苻坚命令黄门侍郎韦华持节南下，来到军中，严厉斥责苻丕等人，并交给苻丕一把宝剑，对他说："明年春天尚不能攻拔襄阳的话，你就用这把剑自杀谢罪，不用再佩带着它来见我了！"

等到苻坚诏书的苻丕以及围城众将，个个十分恐惧，不知如何是好。征南大将军主簿王施说："以大将军的英明，诸将的勇猛，去进攻这样一座小城，与大火焚烧羽毛有什么分别？我军之所以暂缓进攻，是打算以计谋取胜而已。如果要决战决胜，指日可待。今天如果攻破了襄阳，上明方面的敌人自然会撤退，这还有什么可疑的呢！请求给我十天的期限，我军全力攻城，如果超过十天拿不下襄阳，我愿意率先被杀谢罪！"

此时，为了全力进攻襄阳，苻丕已经将苟池等人南下江陵之军调回了襄阳附近，而苟池离开江陵之后，东晋朝廷下诏命令冠军将军刘波率领八千晋军北出江陵，解救襄阳之围，但刘波兵少将寡，迟迟不敢发起进攻。

二五三　南下襄阳（三）

一向所向披靡的前秦军队却遇到了晋军的拼死抵抗，这让秦王苻坚始料不及。

就在他对儿子苻丕发出了严厉的诏书之后，秦王苻坚打算亲自前往，以尽快结束襄阳的战斗，他的具体打算是命令弟弟苻融统率关东的大部分部队担任进攻寿阳的任务，而以梁州刺史梁熙率领河西之兵作为中军的后援，此时的苻坚初次显示了他意气用事的个性。

苻融上书劝谏说："陛下想要取得江南，千万需要深思熟虑之后方可进行，此等大事决不能仓促为之。陛下如果仅仅是为了攻取襄阳，那如何要亲劳陛下大驾？自古以来从未有过为了攻取一座城市，而动用全天下的兵力的，这就是所谓的用珍贵的随侯之珠来射取高空中的燕雀，得不偿失啊！"

梁熙也劝说道："晋主的残暴尚不如孙皓，江南山川险固，易守难攻。陛下一定要统一天下，也不过是派遣各路将领，率领关东之兵，南下进抵淮河、泗水，命令巴蜀之军，东出巴山、三峡，又何必要亲自远出荒山野泽呢？过去，光武帝刘秀消灭公孙述，晋武帝司马炎活捉孙皓，也没有听说这二位皇帝亲自统领三军，去冲锋陷阵的啊！"

听了两位重臣的谏言，苻坚这才按捺住那颗悸动的心。

回到襄阳战场，襄阳城内的朱序率军屡屡出战，多次击败秦军，秦军逐渐退到离襄阳稍远的地方。看到秦军退去，经过了数月苦战的襄阳守军和朱序本人，一下子松懈了下来。

太元四年二月，襄阳督护李伯护偷偷派儿子出城约降，欲里应外合献出襄阳，于是，苻丕急令秦军发起对襄阳的总攻。

在李伯护的配合下，近二十万秦军经过了十余月的苦战，这才顺利地攻进了襄阳。秦军攻陷襄阳之后，抓获了朱序、道安和习凿齿，并将三人送至长安。苻坚以朱序能够守节，拜为度支尚书，但朱序很有民族气节，他偷偷从长安逃出，藏到宜阳（今河南省宜阳县）的夏揆家里，苻坚得到情报怀疑夏揆窝藏了朱序，下令逮捕夏揆，朱序为了不连累夏揆，只好到苻晖那里自首，苻坚对朱序这种行为十分赞赏，依然待之如初；苻坚认为李伯护不忠于国家，下令将其诛杀；将道安送到长安五重寺，倍加礼遇，也就是在长安期间，道安法师主持翻译了十四部佛经；苻坚见到习凿齿以后，也十分欣赏，赏赐甚厚，不久，习凿齿因病又回到了襄阳。

攻下襄阳之后，秦王苻坚任命中垒将军梁成（曾做过兖州刺史）为南中郎将、都督荆扬诸军事、荆州刺史，兼南蛮校尉，交给他一万军队，将征南大将军苻丕军府中的武器留给了梁成，让其镇守襄阳。襄阳陷落以后，襄阳以北的东晋城池失去了援军，也逐渐被秦军占领，前秦将军慕容越攻下了顺阳（今河南省南阳市淅川县南），抓获了太守丁穆，苻坚想要任命他一个官职，他与周虓一样拒绝接受，后来，丁穆趁着苻坚即将大举南侵，打算联络关中人士进攻长安，事发之后被杀。

前秦军队好不容易占领了襄阳，中线战事结束，而东线彭城和西线魏兴（今陕西省安康市）的战事却仍在如火如荼地进行着。

前秦兖州刺史彭超从上一年的八月开始进攻彭城，到襄阳战事结束之后，却仍然没有拿下彭城。

当东晋朝廷得知前秦将要大举入侵之后，曾下诏要求谢玄征召三州人丁补充军队，并派遣当时的彭城内史何谦之率领部分军队在淮河泗水附近，为彭城守军声援。而此时，东晋朝廷又命令兖州刺史谢玄率领他新组建的一万多军队，带着东莞太守高衡、后军将军何谦之奉命北上去解救彭城，晋军抵达淮河岸边的泗口（古泗水入淮处，在今江苏省淮阴市境内）。

在泗口，谢玄曾经打算派人联络彭城守将戴逯，可是，秦军将彭城围得水泄不通，无法进城。谢玄正在为此事发愁之际，部将田泓自告奋勇前去彭城传话，谢玄询问他如何进城，田泓回答从水路潜水而行，谢玄答应了。然而，不幸的是，田泓仍然没有穿过秦军严密的封锁线，被秦军巡逻部队抓获。秦军抓获田泓之后，答应给其重赏，让他对城内的军民说晋军的援军已经被击败，彭城再无希望。

田泓答应了秦军的请求，他被一队秦军士兵看护着来到了彭城城下，当看到城上的晋军以后，田泓大声呼喊道："援军即将到来，我独自一人前来报信，被贼人抓获。你们千万要努力！坚守！"听到田泓带来的消息，坚守了半年有余的彭城军民士气大振，而田泓此举也让秦军恼羞成怒，他们在彭城军民的视线里，残忍地将壮士田泓诛杀。

此时的情况与襄阳之战几乎一模一样：敌人数量远远超过城内守军和东晋援军，除了彭城彭超的围城秦军之外，尚有将要到来、进攻淮阴盱眙的七万秦军，一旦这七万秦军到来，将彻底打碎救援彭城的任何努力，对于晋军而言，情况非常复杂，也十分危急。

也就在这时，谢玄第一次展露出他过人的军事才能。面对数倍于自己的敌人，他没有选择直接解救彭城，而是试图巧妙地调动敌人。当时，秦军的辎重留在彭城西北的留城（今江苏省沛县东南），谢玄扬言将要派遣何谦之等人率领大部队偷袭秦军的辎重。

听到晋军将要偷袭辎重的消息，彭超赶紧撤出了彭城大部分的围城部队，回到留城附近防守辎重。看到秦军撤围之后，何谦之率军飞速前进，直抵彭城城下，击溃了彭城城下的残余秦军，将戴逯之众从彭城救出，自此，戴逯成为谢玄的部将。

顺利救出戴逯之后，谢玄率部又退回了广陵。彭超发现上当，占领了彭城一座空城，他任命兖州治中徐褒驻守在那里，自己率领大军继续南下，进攻盱眙，与此同时，前秦负责进攻淮阴的后将军俱难所部也拿下了淮阴，留下洛州刺史邵保驻守在那里。

至此，东线战场第一阶段战事结束，在这一阶段，东晋朝廷被迫放弃了淮河以北地区，而前秦军队在占领淮北以后，也攻下了淮河下游南岸的淮阴，但东晋军队却巧妙地撤出了彭城守军，保存了实力。

与此同时，西线魏兴方面也激战正酣。

由于荆州方面吃紧，东晋朝廷下令将镇守姑熟的桓氏旧将毛穆之西调上明，接受桓冲的统一指挥。面对荆州敌人强大的压力，桓冲采取了“围魏救赵”的策略，他命令右将军毛穆之率领三万军队溯江西上，乘虚进攻巴蜀，以缓解魏兴、荆州方向的压力。毛穆之的晋军兵锋直指巴中（今重庆市），并很快占领了巴中，占领巴中以后，蜀地居民李焉等人也聚集了两万多人，将成都团团包围。而东晋军队则迅速向北推进，企图接应受到攻击的魏兴，前锋督护赵福、将军袁虞等人率领一万水军一直进抵巴西（今四川省阆中市）。然而，晋军在巴西却遇到了前秦军队的顽强抵抗，前秦南巴校尉姜宇派遣将军张绍、仇生等人率领五千军队抵御，双方在南县（今地不详）激战，长途跋涉而来的晋军大败，几乎是全军覆没，死亡失踪共计七千多人，毛穆之只好撤退到了巴东（今重庆市奉节县）。

失去晋军接应的李焉等人包围成都的起义军，情况立即发生了逆转，苻坚任命太子右率吕光为破虏将军，从长安发兵南下增援益州，一战击溃了李焉的起义军，稳定了益州局势。至此，魏兴（今陕西省安康市）的四面东晋的据点完全被前秦军队拔掉，尤其是襄阳陷落以后，秦军从襄阳附近撤出，源源不断地分散支援西线和东线战场，到太元四年（公元379年）四月二十六日，前秦王国梁州刺史韦钟终于攻陷了魏兴。

在魏兴陷落之前，吉挹眼看城将不守，他提前写下了遗书，然后拔刀将要自杀，吉挹的朋友对他说："暂时不要去死，暂时忍耐，再想想其他办法，如果无计可施，再自杀殉国不迟。"吉挹不听，他的朋友和身边的人强行夺去了吉挹手中的刀，吉挹自杀未果。这时，秦军蜂拥而入，捉住了吉挹。被俘之后的吉挹一句话也不说，一粒粮食也不吃，数日之后，绝食而殉国。

秦王苻坚自九年前灭燕开始，所向披靡，且遇到的敌人内部从来不乏奸臣、内贼：灭燕前慕容垂投奔秦国；讨伐仇池时，仇池公杨纂叔父杨统投降秦国；进攻西凉，马建临阵投降；北伐拓跋，拓跋翼圭缚父请降，高车部众纷纷背叛。而只有在进攻东晋的巴蜀和此次进攻襄阳之时，不仅遇到了晋军的拼死抵抗，而且出现了不少死节之臣。

苻坚听说吉挹死去的消息之后，他不禁叹息道："前面有周虓不屈服我朝，后面又有丁穆洁身不仕，如今吉挹更是绝食而死，为何晋朝就有那么多的忠臣呢！"魏兴陷落之后，吉挹的参军史颖带着吉挹的遗书辗转逃回东晋，桓冲上书朝廷请求予以褒赠，东晋朝廷追赠其为益州刺史。

二五四 君川大捷

太元四年（公元 379 年）三月。

前一月，中线秦军攻陷了襄阳，东线秦军占领了彭城，并攻下了淮阴，西线的魏兴还在鏖战，也就是在此时，东晋派出了毛穆之的西进部队。到了这一月，雪上加霜的是，东晋境内又发生了大范围的传染病。

三月十日，时年十八岁的孝武帝司马曜下诏称："敌人大举进攻，所在郡县相继沦陷，军国事务数倍于平日，百官要齐心协力，做好各项工作。加上遇到了灾荒之年，百姓饥馑穷困，特令供给宫廷之物务必节俭，皇族开支、百官工资均暂时减半。其他劳役消费，只要不是军事需要的，都要停止或减少，以应对目前的局面。"孝武帝司马曜的这份诏书下发一个月后，西线的魏兴城陷，太守吉挹自杀，而东线的秦军则正酝酿着一场进攻淮南的大战，前秦右将军毛当、强弩将军王显也率领二万军队，从襄阳前线调往东线，协助东线军队进攻盱眙。

盱眙，又在淮阴西南，是淮南的又一重镇。自秦兖州刺史彭超于二月占领彭城、后将军俱难攻陷淮阴之后，即引兵南下合力进攻盱眙，至今已包围盱眙两个月之久，但盱眙城却一直迟迟不下，这也是秦军从襄阳调兵东进的原因。此时，前秦王国用于淮河下游地区的兵力已经高达十四万人，到太元四年五月十四日，在经历了两个多月的围攻之后，前秦军队终于攻陷了盱眙城，抓获东晋高密（今山东省高密市，系东晋侨治郡）内史毛璪之。在攻陷盱眙之后，前秦军队马不停蹄，继续南下，进攻三阿。

皇甫谧在《帝王世纪》中说："尧初生时，其母在三阿之南。"唐代司马贞也将此语编入《史记索隐》，三阿作为帝尧故里，一直成为人们争议的话题。对于三阿城的具体位置，目前有几种说法，大致分为高邮说、宝应说和金湖说等。

《中国古今地名大辞典》的"三阿"条目，称：三阿"在江苏高邮县西北"。

《舆地纪胜》“高邮有北阿镇，离城九十里，即晋时三阿”。《高邮州志》：“东晋时尝侨置幽州。太元四年，苻秦将句难、彭超围幽州刺史田洛于三阿。去广陵百里。即此。”另外，明清高邮的地方志上也是如此记载的。

《资治通鉴》此处的附注云：“晋侨置幽、冀、青、并四州放江北三阿，今宝应军即此。”此地现属于江苏省金湖县，这就是金湖说。

还有一说就是宝应说，称东晋时期，位于宝应西南七十里塔集附近的平阿县，才改称为三阿，认为其地在射阳县湖集镇正南方二十里。但是，宝应说和金湖说，均与史书三阿“去广陵百里”的记载有一定程度的出入，因此，晋代的三阿大约在如今的高邮湖内高邮一侧。

三阿，是东晋淮河下游防御体系的第二道防线，也是东晋幽州刺史、并州刺史、冀州刺史和青州刺史的侨治治所，驻守在此的是东晋幽州刺史田洛。秦军包围了三阿，距离兖州刺史治所广陵（今江苏省扬州市）仅仅有百里之遥，如果秦军拔掉三阿，将直接饮马长安北岸，因此，东晋朝廷一片震惊。于是，孝武帝司马曜下诏命令谢安之弟谢石为征虏将军，率领水军进抵涂中（今安徽省滁州市滁河一带）；命令右卫将军毛安之，游击将军、河间王司马昙之（河间王司马钦之子，实为司马懿弟司马馗之后），淮南太守杨广、宣城内史丘准等率领四万晋军进抵堂邑（今江苏省南京市六合区北）；又命令谢玄的兖州军队与上述两支部队一起合力解救三阿。同时，司马曜还命令长江两岸军队加强警戒。

对于东晋的援军，秦军右将军毛当、将军毛盛率领从襄阳而来的这两万精锐骑兵，前来迎击堂邑晋军。毛当所部趁着东晋右卫将军毛安之等部在堂邑立足未稳，对堂邑晋军发起了突然袭击，毛安之四将缺乏协同，相互惊扰，一时之间四万军队登时溃散，建康局势更加严峻。与此同时，兖州刺史谢玄率领三万兖州军队自广陵（今江苏省扬州市）进驻白马塘（今地不详），前秦后将军俱难命令将军都颜率领骑兵进击谢玄所部，双方在白马塘西边展开了一场激战。自太元三年七月，前秦王国发起东线战役以来，战无不胜，攻无不取，连下东晋淮北诸城，又深入淮南，夺占了淮阴、盱眙，并击败东晋朝廷四万援军，可谓是所向无敌。不过，前秦军队经过了十个月的紧张战斗，军队其实已经十分疲劳，而相反地，谢玄的兖州军队在救出了彭城戴逯之后，就一直在广陵休整。此时，早已摩拳擦掌的兖州军队在谢玄的带领之下，无不以一当十，大败秦军，并阵斩都颜。白马塘西之战，是谢玄新组建的兖州军队第一次与前秦骑兵的一场面对面的交锋，它是在堂邑之战晋军大败的情况下，东晋军队取得的一场大胜，也是十个月来晋军与秦军的第一次大胜，极大地鼓舞了晋军士气。

击败秦军都颜所部之后，谢玄继续推进到三阿附近。五月二十五日，围困三阿城的秦军主力军团转而与谢玄所部在三阿城下激战，初战告捷之后的谢玄所部气势如虹，在三阿城下再次击败了秦军俱难、彭超之军，秦军撤三阿之围，退守盱眙。谢玄之军顺利解除三阿之围之后，与三阿城内的田洛守军合兵一处，聚集了五万人马，即于六月七日继续北上，开始收复失地。谢玄军推进到了石梁（今地不详），与田洛一起发起对盱眙的进攻，俱难、彭超悉数出战，但两次战败以后的秦军已无战心，在谢玄军的打击下，第三次大败而逃，向东逃往淮阴。在淮阴渡口上，秦军在淮河上架起了浮桥，军需物资从这里源源不断地从淮河北岸运至南岸，这里也是连接淮河南北秦军的重要一条通道，自此驻守的是前秦洛州刺史邵保。

谢玄深谙兵法，他没有给秦军太多喘息的机会，在收复盱眙后不久，即命令部将何谦之、都护诸葛侃率领水军，趁着涨潮从水路直扑淮阴，首先焚烧了秦军的淮河浮桥，接着，又与淮阴秦军展开激战，俱难等人第四次被击败，俱难、彭超率领残兵败将狼狈逃往淮河北岸，而驻守淮阴的邵保被晋军临阵诛杀。谢玄的兖州之军自出师以来，仅仅十余天就取得了四场大捷，将秦军赶出了淮南地区。

然而，这还没有完。

谢玄所部不愧为善于打硬仗、能够连续作战的英勇之军，谢玄看到俱难、彭超逃往淮北，立即亲自率领何谦之、戴逯、田洛等全力展开追击，连战连胜的晋军如入无人之境，第五次将秦军击败，君川之战，前秦军队几乎全军覆没，主将俱难、彭超两人渡过淮河，仅仅保全了一命。据胡三省注："今盱眙县北六里有君山。此盖君山之川也。"根据胡注，君川在今天江苏省盱眙北，但根据上下文，在盱眙之战结束之后，俱难、彭超二人即率军撤往淮阴，而淮阴之战中，又北撤淮北，此时不可能又在盱眙城北再战，也许史料记载错乱，也许君川另有其地，也许淮阴之战与君川之战同时进行，我们不得而知。但是，结合《晋书·苻坚载记》《谢玄传》《刘牢之传》的记载，我们推测，秦军在淮河之上除了有淮阴的浮桥之外，在盱眙北面的淮河之上也有连接南北的浮桥，或者运输船只。淮阴之战，谢玄采取了关门打狗的办法，命令水军先将秦军的浮桥烧毁，致使秦军无法回到淮北，于是，俱难等人只好率军沿淮河南岸向西而来，企图于盱眙附近乘船或者渡过浮桥，晋军各路迅猛追击，并在君川之战中将走投无路的秦军一网打尽。谢玄的参军刘牢之还在盱眙缴获了秦军的辎重和运输船，击破了浮桥上的秦军守军；都护诸葛侃、单父县令李都也击破了敌人的运兵船。实际情况大约是：秦军仅有的运输船只将为数很少的将领和士兵运到了淮北，其余的秦军全部被晋军歼灭。

渡过淮河的秦军后将军俱难，将所有的过错都推到彭超的身上，诛杀了彭超的司马柳浑。秦军的十余万大军，在数十天之内伤亡殆尽，这是自秦王苻坚登基以来，前秦军队第一次遭受到如此的惨败，消息传到长安，苻坚大怒，立即命令用囚车将彭超抓回长安问罪，彭超闻讯畏罪自杀；苻坚又将俱难废黜为平民。为犒赏堂邑之功，苻坚下令任命毛当为平南将军、徐州刺史，镇守彭城；任命毛盛为平东将军、兖州刺史，镇守胡陆（今山东省鱼台县东南）；任命王显为平吴校尉、扬州刺史，镇守下邳（今江苏省睢宁县西北）。

将秦军赶出淮南之后，东晋朝廷从容将坚守在淮河北岸堡垒里的军民，撤往南岸。君川大捷的意义不仅在于它是一次胜仗，更重要的是它让前秦占领淮南的战略企图破产了，使得继之而来的前秦灭晋之战变得更加复杂和艰难。

君川大捷以及前此的四次胜利，让谢玄的兖州军队真正成为一支令国人尊敬、让敌人胆寒的劲旅，谢玄正式都督徐州、兖州二州后，这支军队被人们亲切地称为“北府兵”，自此，北府兵对于东晋以后数十年的政局一直具有极其重要的影响。

君川大捷之后，东晋孝武帝司马曜派出殿中将军前往谢玄军中慰问，进谢玄军号为冠军将军，加领徐州刺史，晋封其为东兴县侯，刘牢之也因功被加封为鹰扬将军、广陵相。

谢玄加领徐州刺史之后，原徐州刺史王蕴被征召为尚书仆射、左将军如故，不久又升为丹阳尹，王蕴不愿意在朝中任职，坚决要求调往地方，此时正巧会稽内史郗愔以年老要求退休，朝廷将王蕴任命为都督浙东五郡诸军事、镇军将军、会稽内史，接替了郗愔的职务。

二五五 苻洛之变

回顾太元四年（公元 379 年）这一年，前秦王国很不顺利。

虽然在中线和西线战场上，秦军经过近一年的苦战终于拿下了襄阳及其以北以西地区，在东线占领了淮北，但是，东晋的主力部队并没有受到太大的损失，尤其是在东线，东晋军队主动撤出淮北，以空间换时间，把秦军引入沟渠纵横的淮南地带，在白马塘、三阿、盱眙、淮阴、君川之战中大破秦军，渡过淮河的十余万秦军几乎全军覆没，攻取的淮南之地得而复失。雪上加霜的是，除了战场上损兵折将之外，前秦王国国内也是祸不单行，在这一年内，秦国又发生了大范围的饥荒。

更有甚者，到了第二年，即公元 380 年，秦国又发生了一场突如其来而又惊心动魄的内乱！

话还得说到苻坚的堂兄苻洛。苻洛是苻坚伯父苻健哥哥的儿子，苻洛之父的名字史书缺载。不过，苻坚的父亲苻雄是苻健的弟弟，史书特意称是苻健兄子，而没有说是苻雄兄子这一点上，似乎可以看出，苻洛的父亲与苻健可能是更亲一点的同父同母兄弟。史书同样对于苻菁也是称为“健兄子”，让人怀疑被杀的苻菁、苻重和苻洛是亲生兄弟。

史书同样没有记载前一年洛州刺史苻重谋反的真正原因，然而，假如我们将苻菁被杀与苻重谋反联系起来看的话，也许能够得出一个相对合理的结论。苻菁兄弟皆勇力过人，苻菁本人在前秦建立之时立下了大功，他率领七千人马从孟津渡河北上，西出轵关，进占河东，并从蒲坂西渡黄河，平定渭北诸城；前秦建立之后，他成为仅次于叔叔苻雄、前秦帝国第二位权臣，被封为卫大将军、平昌公、宿卫二宫。然而，苻健病重弥留之际，苻菁却因为企图发动政变而被杀。苻菁发动政变，当然是苻氏家族内部权力争夺的激烈反映，究其原因还在于，苻健、苻雄去世之后，苻菁平辈的堂兄弟中，只有苻菁功劳最大，年龄最长，并且属于家族中的大门，因此，也只有苻菁对于苻健系皇位的威胁最大，其受到的猜忌自然也最深。结合苻健让自己的儿子苻生诛杀权臣的临终遗言，我们甚至怀疑苻菁的未遂政变也许另有隐情，即使不是苻健自知不起而预设的陷阱，起码也说明了苻氏皇族内部错综复杂而又尖锐激烈的矛盾。继位之后的苻生采取了高压恐怖的政策，这一色厉内荏的做法不仅没有消弭皇族内部的恩怨，相反给了苻坚以可乘之机，从而得以顺利弑君自立。

苻坚上台之后，采取了一系列安抚的政策，但苻氏皇室内部的血腥屠杀却并没有停止，相反，随着时间的推移，而变得更加复杂：在苻坚继位不久，苟氏就下令将其同父异母哥哥苻法赐死；苻生系诸公先有淮南公苻幼，继而有汝南公苻腾，随后又有晋公苻柳、魏公苻廋、燕公苻武，联合苻坚弟弟苻双，发起了“四公”之乱；“四公”之乱后，苻生系诸公被铲除殆尽，随着秦国军事上的节节胜利，在王猛的治理之下，苻氏皇族内部各系之间的恩怨暂时被掩盖了起来，然而，这种根深蒂固的恩怨却不易消除，尤其是在王猛死后，这种矛盾也逐渐显现了出来。

苻重对于皇位的觊觎，可以说是苻菁夺取皇位的延续，也是苻健哥哥一系对于皇位归属争夺的延续。苻坚之所以没有严厉措施惩处苻重，其根本原因还是忌惮远在龙城的苻洛。苻洛此时的职务是征北将军、行唐公、幽州刺史，此人武艺高强，多力善射，坐着能够拉住狂奔的牛，射出的箭能够洞穿犁壁，由于苻洛十分勇猛，深为苻坚所忌惮，因此，常将其安置在边疆地带。

太元五年（公元 380 年）一月，苻坚的一道诏书突然发至苻洛手上，诏书上任命苻洛的哥哥苻重为镇北大将军，镇守蓟城，接替苻洛的职务，三月，苻坚又调任苻洛为使持节，都督益、宁、西南夷诸军事，征南大将军，益州牧，（《晋书·苻坚载记》记作“散骑常侍、持节、都督益宁西南夷诸军事、征南大将军、益州牧，领护南蛮校尉，镇守成都”）苻坚还特意命令苻洛不得进入长安，而是从洛阳以南的龙门，直接南下襄阳，再由襄阳乘船逆流而上，入汉中，下成都。

接到苻坚诏书的苻洛对下属说：“孤，是皇室近亲，不能作为将相，却经常被弃之于蛮荒之地。如今，又将孤扔到西南边陲，且不让我经过京师，其中必有奸计，莫非是想让荆州刺史梁成将孤投入汉水中淹死？诸位对此有什么看法？”

幽州治中平规（《晋书》记作“平颜”）说：“以叛逆的方法夺取政权，再用礼仪的手段巩固政权，这就是商汤、周武王的做法；转祸为福，这是晋文公和齐桓公曾采取过的办法。主上虽然不昏庸残暴，但却穷兵黩武，十分之一的百姓都想着要休息休息。如果明公举起义旗，百姓们一定会纷纷响应。如今，您拥有燕国全境，东面一直到大海，北方统辖着鲜卑、乌桓，东面联络高句丽、百济，这样您所控制的军队将不下五十万之众，为何要束手被征召，去冒难测之灾祸呢！”

听了平规的分析，苻洛卷起袖子，大声叫道：“孤的决心已定，敢反对的斩！”

苻洛自称大将军、大都督、秦王，任命平规为辅国将军、幽州刺史，玄菟（今辽宁省沈阳市）太守吉贞为左长史，辽东（今辽宁省辽阳市）太守赵赞为左司马，昌黎（今辽宁省义县）太守王蕴为右司马，辽西（今河北省迁安市）太守王琳、北平（今河北省遵化市）太守皇甫杰、牧官都尉魏敷为从事中郎。然后，苻洛分别向乌桓、鲜卑、高句丽、百济、新罗（《晋书》记作“薛罗”）、休忍等部族或者王国，派遣使者，请求他们发兵，并派出三万军队南下蓟城，协助新到任的哥哥苻重驻守蓟城。不久，苻洛派出的使者纷纷回话，各国均表示：“我等为天子守卫边疆，不能追随行唐公犯上作乱。”

听了使者的汇报，苻洛有些害怕，想终止叛乱行动，王蕴、王琳、皇甫杰、魏敷也产生动摇，准备向朝廷告发，苻洛将四人全部诛杀。

吉贞、赵赞给苻洛献策说：“如今各国均不听从，这完全出乎原来所料，明公假如担心去益州，那么，就向朝廷派出使者请求留在此地，估计主上不会不同意的。”

平规却说：“事到如今，怎能中止！应该对外宣称受到朝廷诏书，率领幽州所有的部队，南下常山（今河北省正定县南），阳平公苻融一定会出邺城迎接。我们趁机将其逮捕，再率领关东六州之兵，进攻西方，这样一来，百姓不觉得换了皇帝，而天下就会指日可定！”

苻洛听从了平规的意见，于太元五年（公元 380 年）五月，率领七万之众从和龙出发。

苻洛发兵南下的消息很快传入了长安。

一时之间，关中地区骚动不安，盗贼四起。秦王苻坚召集群臣商量对策，步兵校尉吕光说：“行唐公苻洛以皇室至亲却发动叛乱，这是天下人人愤恨之事。请求给臣步骑五万，拿下他如同捡拾东西一样容易。”

苻坚说：“苻重、苻洛兄弟二人，占据东北之地，军队粮食充足，不能轻敌。”

吕光说："苻洛所率领的军队不过是迫于压力，临时组织起来而已。如果大军出动，将肯定会瓦解，不用陛下担忧。"

不过，苻坚还是先礼后兵，他向苻洛派出使者，命令其率军返回和龙，并将幽州作为苻洛兄弟世世代代的封地。与此同时，为了防止东晋可能的反扑，苻坚还将在去年战斗中俘获的东晋高密内史毛璪之等二百多人放归了江东。

然而，箭在弦上不得不发。

接到苻坚诏书的苻洛让使者给苻坚传话，他说："你回去告诉东海王（苻坚即位前的封号），幽州偏远，不足以安置万乘之君，必须在关中称王，继承高祖苻健的帝业才行。如果他能在潼关迎接圣驾，我将安排他做上公，保有他原来东海王的爵位。"

苻坚听了苻洛的回话，不禁勃然大怒，他立即派遣左将军窦冲、屯骑校尉吕光率领四万步骑，从长安出发前往讨伐；并命令右将军都贵乘着快马驿车飞驰到冀州治所邺城，统率冀州三万军队为前锋；同时，任命阳平公苻融为征讨大都督。另外，苻坚还命令屯骑校尉石越率领一万军队，从东莱（今山东省龙口市）乘船渡过渤海，走四百多里，出石径（今地不详），偷袭苻洛的根据地和龙。

北海公苻重率领蓟城的三万军队与苻洛会师，叛军总兵力达到了十万之众，驻扎在中山。五月，窦冲等人进抵中山，两军在中山展开大战，苻洛叛军士气全无，临阵大败，窦冲所部生擒苻洛及其部将兰殊，送到长安。北海公苻重败逃回蓟城，吕光率军猛追，将其诛杀，与此同时，石越也攻陷了和龙，斩杀了平规及其党羽一百多人，叛乱历经一个月，至此被彻底平定。

苻坚赦免了苻洛死罪，将其迁往凉州的西海郡（治所在居延，今内蒙古自治区额济纳旗）；赦免兰殊，将其任命为将军。此平规与稍后慕容垂的宁朔将军平规当属两人，但是，从平规、兰殊二人的姓氏上看，此二人大约有鲜卑血统，因此，苻洛之变未必没有鲜卑贵族在其间运作的影子。

二五六　散氐四方

苻洛之变促使苻坚暂时将注意力放在国内的稳定上。

回顾平规给苻洛的献言，让人不禁感到一丝困惑。当苻洛看到高句丽等国不参与叛乱之后，平规给苻洛献出的计策是，率领幽州军队，南下常山。关键是平规还说："阳平公苻融一定会出邺城迎接。"此时的苻融为使持节、都督六州诸军事、镇东大将军、冀州牧，是苻洛的上司，苻洛大军毫无征兆地南下冀州，苻融怎能出邺城"郊迎"呢？是平规不知就里，还是苻融与苻洛之间另有隐情呢？史书缺载。然而，当事变爆发后，苻坚从中央空降了右将军都贵统辖冀州军队，可能预示着在大乱到来之前，苻坚对他这个弟弟也是不放心的。在整个平乱过程中，虽然苻融被苻坚授予征讨大都督的职务，但苻融却没有任何表现，一切均由苻坚主导，并且，在苻洛之乱平定一个月后，苻坚就免除了苻融都督关东六州的职务，将其征召为侍中、中书监、都督中外诸军事、车骑大将军、司隶校尉、太子太傅、领宗正、录尚书事，而将自己的庶长子苻丕任命为都督关东诸军事、征东大将军、冀州牧，接替了苻融的职务。

长期以来，苻融一直是苻坚的得力助手，然而，如今，苻坚的儿子们已慢慢长大。关东六州占据天下一半，再让弟弟苻融统辖那么大一片土地，似乎让人不能安心，这也许是苻坚在苻洛之变被平定后，迅速将苻融调回中央的一个重要原因。

氐族人数较少，且长期以来，氐族各个部族之间分崩离析，互不统属，如今以人数稀少的氐族贵族统治广大的北中国地区，的确不易。在苻坚继位初年，新平人王彫曾经给苻坚陈说图谶，苻坚任命其为太史令。王彫曾经对苻坚说："谨案谶云：'古月之末乱中州，洪水大起健西流，唯有雄子定八州。'这是三祖和陛下的圣讳。又说：'当有艹付臣又土，灭东燕，破白虏，氐在中，华在表。'

根据图谶，陛下当灭燕，平六州。请求将汧、陇诸氐迁往京师，把三秦大户安置在边地，以应图谶之言。”苻坚就此征求王猛的意见，王猛认为王彫左道惑众，劝苻坚将其诛杀。王彫的意见就是要将人数稀少的氐族部众集中在京师，以巩固根本，而将其他部族散处边地，这一思路可以说是氐族的徙戎论。当时，秦国局促于关中之地，将新占领地区的豪强大族迁往京师，以便于控制，这也是十六国时期各国控御各族的基本手段。而王彫这一说法却与此背道而驰，在当时的情况下，不仅不利于秦国的稳定，反而极易引发动荡，因此，王猛建议将王彫诛杀。

那么，此时前秦已经平定了大半个中国，对于广大地区苻坚需要选拔自己的儿子们和最亲信的将领前去治理，而这些派往各地的诸侯王又必须有氐族部众作为自己的基干力量。

苻坚在东堂与群臣商议，他首先提出说：“如今，我氐族部众人数逐渐增多，我打算将三原、九嵕、武都、汧、雍十五万户部众，分配到全国各地，以此作为中央坚强的后盾，大家以为怎么样？”

群臣纷纷表示说：“这是周王朝之所以能够延续八百年的原因，对于秦国社稷非常有利。”

在取得了一致意见以后，苻坚将这十五万户氐族部众分散到全国各地，一州大约分配三千户。长乐公苻丕领氐三千户，以仇池氐酋、射声校尉、苻丕内兄杨膺为征东左司马，九嵕氐酋、长水校尉、杨膺岳父齐午为右司马，各领一千五百户，为长乐公世卿。这次分散诸氐的行动以长乐公苻丕镇守邺城开始，八月，苻坚又从幽州划出一部分土地设置平州，以石越为平州刺史，领护鲜卑中郎将，镇守龙城；大鸿胪韩胤领护赤沙中郎将，移乌丸府于代郡的平城；以中书令梁谠为安远将军、幽州刺史，镇守蓟城；以抚军将军毛兴为镇西将军、都督河、秦二州诸军事、河州刺史，镇守枹罕；以长水校尉王腾为鹰扬将军、并州刺史，领护匈奴中郎将，镇守晋阳，河州和并州各分配了三千氐户。毛兴和王腾都与苻氏家族通婚，在氐族部众中享有很高的威望。与此同时，苻坚又加封自己的儿子、平原公苻晖为都督豫、洛、荆、南兖、东豫、扬六州诸军事、镇东大将军、豫州牧，镇守在洛阳，并将洛州刺史的治所移至丰阳；任命儿子巨鹿公苻叡为雍州刺史，镇守蒲坂，两人均分配氐族三千二百户。其后，苻坚在十月和十二月，还分别任命了左禁将军杨璧为秦州刺史，尚书赵迁为洛州刺史，南巴校尉姜宇为宁州刺史，以左将军都贵为荆州刺史，镇守彭城，又设置了东豫州，以毛当为刺史，镇守许昌。

这场大规模的分散氐族部众的行动，在当时就遭到了一些人非议。赵整借侍宴之际，抚琴而歌道："阿得脂，阿得脂，博劳舅父是仇绥，尾长翼短不能飞。远徙种人留鲜卑，一旦缓急当语谁！"赵整主要意思是，将本族为数甚少的军民分散到各地，这样一来，假如社会发生动荡，将十分危险。苻坚听了，只是笑笑，却并不采纳。其实，苻坚对此怎能不知，而且，他也与普通氐族部众一样，在与苻丕分离的时候，十分伤感，当时，苻坚将苻丕一直送到灞上，洒泪看着儿子带领分配给他的部众东去。后世常以此作为苻坚为政的一大失误，但是，对于苻坚而言，此举却实在是无奈之举。北中国各个部族十分复杂，民族之间远未达到融合，对于实力较弱的部族，如乞伏部等，基于怀远远方的需要，苻坚在确认部族头领不会反叛的前提下，还是将他们放回原部落；对于较大的部族，如拓跋部，苻坚则采取了分而治之的策略；而对于文明程度相对较高、实力较强的部族，如慕容鲜卑，苻坚则将其贵族、豪强大族迁往长安，便于控制，并采取了拉拢安抚的政策。之所以如此，都是因为氐族本身力量较弱、不得已而为之。除此之外，自前秦建立以来，皇室内部一直存在很多深层次的矛盾，苻洛之变其实是苻健之兄一系继苻菁之后对皇位的争夺；苻健弑君是苻健弟弟苻雄一系夺取皇位成功；诛杀苻坚哥哥苻法，是苻雄一系内部对于皇位之间的争夺；"四公"之乱则是苻健一系对于皇位的反扑；而参与到"四公"之乱中的苻坚亲兄弟苻双则同样也是苻雄一系内部对皇位的觊觎，这一系列的诛杀势必会进一步加深皇族内部彼此之间的矛盾，也促使苻坚不得不将自己的儿子派往各地，以巩固统治，然而，派往各地的诸公身边又不能没有氐族亲信作为依靠，这样一来，分散氐族部众就势在必行。假如没有淝水之战的惨败，苻坚的这一举措也算不上有多少失误。

就在分散氐族这一年，原先那只从井中挖到、在太卜池饲养的大龟却死掉了。苻坚命令将龟骨藏到太庙里，当夜，太庙丞高虏梦见大龟说："我本来是要回到江南的，可是，命运不济却死在了秦国。"梦中又有人说："大龟的寿命是三千六百年，龟死之时，将出现妖孽，这是亡国之兆。"

二五七　出师西域

晋孝武帝太元五年，秦晋之间仅仅维系了一年的和平。在这一年里，秦国发生了苻洛之变和分散氐族这两件大事，然而，到了第二年，即太元六年（公元381年）十一月，前秦荆州刺史都贵又发动了对东晋竟陵（今湖北省钟祥市）的进攻。据《太平御览》记载，都贵身高八尺，腰阔十围，擅长谈论，武艺高强，而且，忠孝友爱，名高一时。

竟陵郡，就是三国时期的石城，承接江陵、武昌、襄阳三地，战略地位十分重要，前秦王国占领了襄阳之后，南下竟陵是题中应有之义。都贵派遣司马阎振、中兵参军吴仲率领两万军队，南下竟陵，东晋车骑将军桓冲命令侄儿南平太守桓石虔、卫军参军桓石民、竟陵太守郭铨等人，率领两万军队北上迎战。前秦军队将辎重留在管城（今湖北省钟祥市西北），水陆俱进，双方军队在竟陵附近相持了一个月左右，十二月八日，桓石虔设计在深夜率军渡过了滶水（今湖北省钟祥市境内），等晋军过河之后，秦军才发现，双方展开了一场血战，前秦军队大败，阎振、吴仲北撤管城，桓石虔率军乘胜追击，将管城团团围住，十二月二十七日，晋军攻克管城，活捉了阎振及大小帅二十九人，斩杀了吴仲，并诛杀秦军七千余人，俘虏一万人，缴获马匹百余匹，牛羊上千头，全身铠甲三百领，梁成轻骑退保襄阳。两年前，东线的谢玄以少击众，五战五捷，解除了建康的危险，而西线却丢掉了魏兴、襄阳、南乡、鲁山、南阳等地，虽说襄阳之战众寡悬殊，但毕竟桓冲不敢迎战，且退居江南，相比之下，桓冲自然十分羞愧，他一直对此耿耿于怀。如今管城之战的胜利，多少挽回一点桓冲的面子。

此战之后，司马曜下诏封桓冲的二儿子桓谦为宜阳侯，并加桓石虔兼河东太守，并将俘虏的秦军将领送归车骑将军府。管城之战后的第二年，桓冲更是派扬威将军朱绰北上攻击襄阳，焚烧、破坏襄阳附近的屯田，劫掠了六百多户平民。

在这一年里，前秦国内又发生了一场谋反的阴谋。

三月，秦国大司农东海公苻阳、员外散骑侍郎王皮、尚书令周虓三人谋反，事情败露之后，三人被打入了大牢。苻阳就是苻坚哥哥苻法的儿子，周虓为东晋周楚之孙，王皮则是王猛的儿子，王猛的儿子们见诸于史籍的有王永、王皮、王休、王曜四人，其中王休就是东晋刘宋之交时的名将王镇恶之父。

苻坚将三人一一叫来询问他们各自谋反的原因。

苻阳回答："《礼记》称：'父母之仇，不同天地。'臣的父亲无罪被杀，臣是为父亲报仇。"

苻坚流泪说道："哥哥苻法之死，与朕无关，你难道不知！"

又问王皮，王皮回答："臣父亲王猛有辅佐之功，可是臣却不免贫困，此举只是为了富贵罢了。"

苻坚责备王皮说："丞相临终之时，曾将你托付给我，只是让我给你十头牛，让你安心种田，没有让给你官位。知子莫若父，由此观之，你的父亲是何等英明啊！"

又问周虓，周虓回答："我们周家世代受到晋朝的厚恩，我生是晋臣，死为晋鬼，有什么好问的！"

此前，周虓屡屡谋反，并曾逃往汉中，苻坚手下也多次劝说苻坚将其诛杀，而苻坚却说："此人是位刚烈之士，不畏惧死亡，杀了他反而成就了他的名声。"

苻坚将三人全部赦免，将苻阳流放到凉州的高昌郡（今新疆维吾尔自治区吐鲁番市），后又将其迁往南疆的鄯善王国（国都在新疆维吾尔自治区若羌县）；将王皮和周虓流放到朔方以北（河套以北地区）。苻阳勇猛过人，淝水之战以后，秦国大乱，他劫持了鄯善王国的国相，以此请求鄯善国王允许他东归，鄯善王派兵将其诛杀。王皮的话倒是让苻坚想起了王猛，他在第二个月就任命王猛另外一个儿子王永为幽州刺史。

在初步稳定了国内之后，苻坚还是计划着灭晋大计，他任命阳平公苻融为征南大将军、开府仪同三司，具体筹划南进事宜，另外任命谏议大夫裴元略为巴西、梓潼太守，密令其与王抚一起建造船只，训练水军，以备将来伐晋之用；并任命堂侄苻朗为使持节、都督青徐兖三州诸军事、镇东将军、青州刺史。这位苻朗，曾被苻坚评价为苻家的千里驹，颇具名士风范，到任之后，手不释卷，整日谈玄，却很有政绩。

而就在苻坚紧锣密鼓地准备伐晋之时，幽州地区却发生了十分严重的蝗灾，方圆有上千里，苻坚命令散骑常侍刘兰持节前往，征发青州、冀州、幽州、并州的百姓前去扑灭蝗虫。然而，经过了大半年，刘兰仍然没能扑灭蝗虫，有关部门要求将刘兰打入大牢，可是苻坚却说："蝗灾来自上天，不是人力所能去除，这都是因为朕为政有错所致，刘兰有什么罪过？"据史书记载，这一年幽州的蝗灾也十分奇怪，蝗虫只在幽州地面，且不吃桑麻大豆，幽州的上等田能收割一百石，下等田能收割到五十石；而王国其他地方也出现了丰收，上等田收获七十石，下等田也收到三十石。然而，这一现象和这些数字却令人生疑，在这么严重的蝗灾面前，秦国竟然丰收，并且蝗虫还不吃桑麻不吃大豆，这更是天方夜谭。一百二十斤为一石，在当时的生产条件下，三十石就已经不少了，而竟然有上报一百石的，而且遭灾的幽州反而比其他地区收成还要好，这里只有一个原因，那就是弄虚作假。这也说明在王猛死后，人亡政息，前秦王国的统治机器已经开始腐烂，官员们也已经习惯于制造政绩，信口说谎了，这大约就是慕容农所说的"秦之法制，日以颓靡"的表现吧。

然而，遥远的西域诸国却并不知道秦国日渐颓靡的内政。

自梁熙入主凉州之后，就派出使节前往西域宣示秦国的威德，他们依然像前秦周边其他小国一样，按时向前秦朝贡，去年，就曾有六十二个国王先后朝贡秦国，大宛献上汗血马，肃慎攻陷楛矢，天竺入贡火浣布，康居、于阗等也都各自献上了本国特产，以结好秦国。到了今年的九月，车师前部（今新疆维吾尔自治区吐鲁番市）国王弥窴、鄯善（今新疆维吾尔自治区若羌县）国王休密驮结伴亲自来到了长安，苻坚赏赐给他们朝见用的朝服，在西堂接见，两位国王看到秦国宫室壮丽，仪仗严整，十分害怕，为了讨好秦国，两人请求年年前来上贡。苻坚则考虑到西域遥远，没有同意，而规定可以让他们三年上贡一次，九年国王朝见一次。

为了表示感激之情，两位国王对苻坚说："西域诸国虽然向上国贡献，但却不是全心全意地效忠秦国，请求秦国按照西汉帝国曾经的做法，在西域建立督护进行治理。秦军出关之后，我们甘愿作为秦国的向导，以讨伐西域不服从秦国的小国。"

苻坚任命骁骑将军吕光为使持节、都督西域征讨诸军事，与陵江将军姜飞、轻车将军彭晃、将军杜进、康盛等率领十万大军、五千铁甲骑兵，分别任命董方、郭抱、贾虔、杨颎为四府佐将，前往讨伐西域。

苻融劝说道：“西域距离我们十分遥远，得到那里的人民也不能驱使，得到那里的土地也不能为我所用，汉武帝征讨那里，也是得不偿失。如今劳师远征，去效法汉武帝曾做过的错事，臣私下感到十分可惜啊。”

苻坚说：“两汉之力虽然未能消灭匈奴，尚且出师西域。如今匈奴已灭，平定西域更是易如反掌，虽然劳师远征，但却可以传檄而定，使西域受到王化，垂芳千载，这难道不是一件美事吗？”

其实，这仅仅是原因之一，在苻坚的心中，还有另外一个心结。

据《晋书·艺术传附鸠摩罗什传》记载，笃信佛教的苻坚听说天竺高僧鸠摩罗什在西域的龟兹国，很早就有迎接的心愿。当时太史令上奏说：“有星辰在外国分野，当有大智者进入中原，辅佐中国。”苻坚就说莫非是鸠摩罗什和道安大师吗？道安业已请来，而鸠摩罗什却一直未曾谋面，苻坚深以为憾，因此，这也是苻坚出兵西域的另外一个重要原因，他叮嘱吕光说：“所谓的帝王，是要顺应上天来治理万民的，将苍生作为自己的儿子一样爱护，这才是治国之本，岂是贪图土地去讨伐？只是因为那里有深怀道德之人啊。朕听说西域有鸠摩罗什，深解法相，明于阴阳，是学者之宗。朕十分想见到他。贤哲之人是国家最大的宝贝。攻克龟兹之后，立即用快马将鸠摩罗什送到长安。”另外，他在建章宫送别吕光的时候，还告诫说：“西域之地不是礼仪之邦，只要他们臣服就赦免他们，展示中国之威，以王化治理，绝不能穷兵黩武，过度劫掠残害。”太子苻宏拉着吕光的手说：“将军气宇非凡，必有大福，要多多保重！”

鸠摩罗什家族世代为天竺国的国相，父亲鸠摩罗炎将继承相位，出家并逃往外国，龟兹国王听说以后，将其迎至本国。国王有一位年仅二十的妹妹，诸国慕名求婚者很多，但均被公主拒绝，公主见到鸠摩罗炎后，一心想嫁给他，国王强逼鸠摩罗炎与妹妹成婚，鸠摩罗什七岁的时候，公主带着鸠摩罗什一起出家。鸠摩罗什聪明异常，出家以后，每天能背诵一千偈言，每一偈三十二字，共计三万两千字。十二岁的时候，曾随着母亲来到沙勒国，在此鸠摩罗什博览群经，广说佛法，后被龟兹国王请回本国。鸠摩罗什在西域诸国享有大名，每到其讲经说法，诸国国王都跪在两侧，让鸠摩罗什踏着他们的脊背登上讲坛。

出师西域这件事，本不在苻坚预定国策之中，可以说是一次临时决定。究其原因还在于车师前部王和鄯善王满足了苻坚好大喜功的心态，在两位国王第一次来朝的时候，苻坚不愿意在他们面前丢份，同时，两位国王也想背靠秦国，称雄西域。他们的目的达到了，苻坚加封鄯善国王休密驮为使持节、散骑常侍、都督西域诸军事、宁西将军，加封车师前部王弥阗为使持节、平西将军、西域都护。

虽然这次出兵西域正如苻坚预料的那样，将会是有征无战，但毕竟牵扯了秦军的兵力，更重要的是，苻坚的这次出兵是在西域诸国入贡秦国的情况下发兵的，是完全没有必要的，尤其是在此时，苻坚计划着对东晋展开大规模进攻的前夕。

二五八 决策伐晋

当吕光率领十万大军西出阳关之后，当刘兰还在幽州组织灭蝗的时候，长安城内的苻坚已经开始组织灭晋事宜的讨论。

晋孝武帝太元七年（公元 382 年）九月，秦天王苻坚大会群臣于太极殿上，他说："自从我继承大业之后，已经将近三十年了（苻坚自公元 357 年杀苻生自立，迄今已二十六年），四方基本平定，只有东南一隅，还未曾受到王化的影响。我每每想到天下没有统一，每次吃饭的时候，都是难以下咽。如今，我打算尽起天下之兵前往讨伐，粗略计算下来，精兵能达到九十七万之众，我将亲自率军，平定江南，大家看怎么样？"

苻坚话音刚落，早已得到暗示的秘书监朱彤第一个发言表示支持，他说："陛下应天顺时，代替上天执行惩罚，大喊则五岳崩塌，呼吸则江海断流，如果一举出兵百万，那肯定是有征无战，晋主自然会口含玉璧、带着棺材，到军营门前投降；如果他仍然执迷不悟，则一定要亡命江海之中，陛下派出一员猛将，即可将其拿下。平定江南之后，让流落江南的中原人民回到故乡，陛下则回銮泰山，举办封禅大典，向上天报告这一伟业，这将是古往今来从未有过的盛事。"朱彤的话彻头彻尾全部是赞美、巴结、奉承，让苻坚的虚荣心得到了极大的满足，听完之后，苻坚大喜，说："这正是我的愿望！"

朱彤说完，尚书左仆射权翼立即表示反对。

权翼本是姚襄的下属，但自从投靠苻坚以后，他一直对苻坚忠心耿耿，他说："臣以为不能伐晋。过去，商纣王残暴无道，天下离心离德，八百诸侯不期而至，但当时微子、箕子、比干还活着，周武王还说：'彼有人也。'因此而回师。三位仁人被杀以后，武王才出兵牧野。如今，晋朝虽然弱小，但没有大的罪恶，相反却是君臣和睦、上下同心。谢安、桓冲，均是江南的伟人，如今可以说江南有人啊！臣听说军队取得胜利在于国家和睦，现在的晋国就是和睦的，不可图谋灭掉它啊！”朱肜的奉承话刚刚落地，权翼就突然泼下一盆冷水，苻坚原以为一片赞同的场面并没有出现，这让他十分不快，一时之间，又无法与其辩论，苻坚陷入了长久的沉默，过了很长时间，他才说：“诸位也都畅所欲言，谈谈各自的看法吧。”

太子左卫率石越说：“吴人依靠天险，盘踞一隅，不听王命，陛下亲自率领六军，兴师问罪，这的确符合四海人民的心愿。但是，今年，岁星、镇星停留在斗牛星域，福德在于吴国，星象不会有错，我们不能冒犯。况且，晋司马睿不过是西晋的一个藩王，被各族人民共同推戴为帝，他留下的恩惠人民还时时记起，而司马曜就是他的孙子，东晋有长江天险，国内又没有怀有二心之臣。臣以为应该修养道德，不宜兴师动众，孔子曰：‘远人不服，修文德以来之。’请求保境安民，再慢慢等待可乘之机。”

苻坚反驳道：“过去武王伐纣，冒犯岁星，不听占卜。天道幽远，不可知啊。夫差威胁到中原诸国，而被勾践所灭；孙权德披三吴，孙皓继承三代之业，而龙骧将军王浚一呼，吴国君臣就捆绑投降了，虽有长江天险，能保全吗？以我大军，扔下马鞭，也足以截断长江，天险何足依靠！”这就是成语“投鞭断流”的来源。

苻坚回答了石越关于星象和天险的问题，但却避开了石越所说的晋朝君臣和睦的问题。石越又将这个问题单独提了出来，他说：“臣听说商纣王无道，天下所有的人都受够了他；夫差也是荒淫暴虐，孙皓更是如此，众叛亲离，所以才遭到了失败。如今晋朝虽然没有德行，但并没有那样的罪过，因此请求陛下训练军队，积攒粮草，耐心等待合适的时机。”群臣各自议论纷纷，有表示赞同的，更有不少表示反对的，久久决定不下来。

看到这一情况，苻坚决定不再征求大家的意见，他说：“这就像是在路边盖房，各种意见纷至沓来，再无建成的日子。我将自己决断于心。”

群臣退朝以后，苻坚单独把弟弟苻融留了下来，他对苻融说：“自古以来，决定大事的，不过一两个臣子罢了。如今，大家七嘴八舌，议论纷纷，只会打乱人心，我将与你二人决定下这件事。”

苻融回答道：“如今兴兵讨伐晋国，有三个困难：一是岁星、镇星在斗牛，吴越之福，天道不顺；二是晋主清明，朝臣用命，没有可乘之机；三是我军连续作战，士兵疲惫将领倦怠，有害怕敌人的心态。那些建议不要兴兵的，说的是上策，请求陛下予以采纳。”

听了苻融的这番话，苻坚立刻沉下脸来，说：“连你也是如此，天下之事，我还能与谁讨论呢！如今，我们有百万之众，兵器粮草堆积如山，我虽然算不上英明，但也不能说我昏庸低能。凭借着多次胜利的余威，去打击一个将要灭亡的敌人，怎能不会胜利！我一定不会将敌人留给子孙，使之成为将来宗庙社稷的隐忧啊！”

看到哥哥生气了，苻融竟然急得哭了起来，他说：“吴国不能讨伐，这里的道理十分清楚，白白兴师动众，肯定会无功而返。但臣下的忧虑还不在于此，陛下对于鲜卑、羌族、羯族，都十分优厚，他们处于京畿之地，而我们本族旧人却都被排斥到了远方。如今，动员全国所有的兵力南下，一旦有个变故，社稷宗庙将怎么办呢！太子仅仅带领数万老弱之兵留守京师，鲜卑、羌族、羯族，则布满京师，这都是国家的内贼，我族的仇敌啊！臣担心不只是空走一趟而已，后方也不是万全的啊。臣的智慧见识愚蠢浅薄，确实不足以让陛下采信，但王猛乃一时英杰，陛下每每将他比作诸葛亮，王猛临终之言，请陛下不要忘记了啊！”苻坚不听。

朝臣纷纷进谏，苻坚只是不从。

大家知道苻坚十分敬重道安和尚，就找到道安说：“主上将对江南发动战争，大师您何不为了苍生去进一言呢？”道安表示同意。一次，苻坚与道安一起在东苑游玩，苻坚说：“朕将与公南游吴越之地，整顿大军巡视江南，到九嶷山拜谒舜帝陵，到会稽去寻访禹的洞穴，泛长江，临沧海，这不是很快乐嘛！”

道安回答：“陛下顺应天意，治理中原，与尧舜媲美，何必要劳身于原野？况且，江南弹丸之地，烟瘴毒气，舜禹二帝游而不返，不足以上劳大驾，下困民生。《诗经》说：‘惠此中国，以绥四方。’以文德就足以让远方之人归附，不必兴师动众即能让江南投降。”

苻坚回答：“不是因为秦国土地不广，人口不多的原因啊，我只是要统一中国，让万民幸福。上天生下万民，给他们立一个君主，就是要君主除去万民的灾祸，怎能害怕疲劳！朕此行本是仗义而来，为的是让南渡士族们回到故乡，只是想选拔出更多的人才，不是为了穷兵黩武。”

道安说：“如果圣上一定要亲征，我还是不愿您远去长江淮河，只用驻扎在洛阳，向建康发出檄文，如果他们不投降，再讨伐不迟。”

苻坚依旧不听。

苻坚最宠爱的张夫人对苻坚说："妾闻天地生万物，圣王治理天下，都是顺其自然，因此才能成功。如今天下之人皆说晋不可伐，我不知道陛下为何固执己见。《书》称：'天聪明自我民聪明。'上天尚且顺应民意，何况是人呢！妾又听说，发动军事行动，必须要上顺天道，下顺民心，如今的民心就不多说了，请看上天的警示。俗话说：'鸡夜晚鸣叫，将不利于出兵，狗结伙狂吠，将预示着宫室空虚，兵动马惊，预示着军败不归。'从今年入秋以来，群鸡深夜鸣叫，众犬哀嚎，马匹不时惊扰不定，武库中的兵器自己叮当作响，这都不是兴师动众前的吉祥之兆啊。"

苻坚回答："军事行动不是女人要过问的！"

苻坚最小的儿子中山公苻诜，是苻坚最宠爱的儿子，也劝说父亲："臣听说季梁在随国，楚人忌惮；宫奇在虞国，晋国不敢攻击，这是因为敌国有人才。等到他们的计谋未被采纳，国家也很快灭亡，这都是前车之鉴。阳平公苻融是国家的谋臣，而陛下不听他的意见；晋朝有谢安、桓冲，而陛下却要讨伐，臣下对此十分疑惑。"

苻坚说："国家有占卜，可以断大事；朝廷有重臣，可以定进退。小孩子胡乱插嘴，将要被诛杀了！"

苻坚不知道中了什么魔，再多的牛也无法将其拉回。

不过，所有的人异口同声的反对，也让苻坚十分郁闷，每每想到伐晋之事，总是让他夜不能寐。他与群臣到灞上游玩，又一次提及此事，他对群臣说："轩辕黄帝是位令人敬仰的圣人，他仁爱如天，智慧如神，但尚且征伐不顺从的敌人，居无定所，以兵自卫。如今天下将要统一，只剩下江南一隅，朕继承大业，肩负着重任，怎敢优游卒岁，不建立起大同的伟业！我经常想到桓温伐秦的那一幕，每想到此，就时刻提醒我江东不可不灭。如今我有甲士百万，文武如林，以我军进攻晋国，比较双方的形势，将如秋风之扫落叶。可是朝廷上下都说不行，这真让我难以理解究竟原因在哪里！晋武帝如果相信了群臣的意见，不讨伐吴国，天下怎么能够统一！我的决心已经不可动摇了，不再与你们商量了！"

太子苻宏回答："今年岁星在吴，且晋君无罪，人人为其所用，谢安、桓冲都是一方的才俊，君臣齐心协力，又有长江天险，不可图之。只用训练军队，等待晋朝出现昏君，就可以一举灭亡了它。今天如果大军失利，恐怕威名在外受损，财力在内枯竭，这是大家的疑虑所在。敌人如果依靠长江固守，将江北百姓迁往江南，坚壁清野，不与我军交战，我军就已经疲惫了。敌人尚未进攻，江南地湿瘴气，不可久留，陛下将怎么应付？”

苻坚说：“过去我灭亡燕国的时候，也是犯了岁星，却大捷了，天道是很难洞悉的，不是你所能了解的。秦始皇灭六国，六国之君难道说个个都很暴虐吗？况且，我已经在内心盘算了很久了，一旦行动，必然会成功，怎么会失败？我正号召江南的蛮夷在其内部发动叛乱，我军精锐部队在外面进攻，里应外合，没有失败的道理！”

身边的道安说：“太子说得对啊，请陛下听从。”

但苻坚根本听不进去。

冠军将军慕容垂进言说：“陛下道德与唐虞媲美，功劳高过汤武，威德泽及四方，各国都纷纷归顺。司马曜凭借着残余的基业，而负隅顽抗，拒不投降，对此如果还不讨伐的话，国家的法律还有什么威严！孙氏盘踞江南，但最终被晋朝消灭，这是形势使然。臣听说弱小的对抗不了强大的，何况大秦兴盛符合谶言，陛下圣武，强兵百万，韩信、白起这样的名将布满朝廷，却让司马曜苟延残喘，借尸还魂，将敌人之患留给子孙后代嘛！《诗经》说：‘筑室于道谋，是用不溃于成。’陛下内心决断就成了，不用浪费时间去征求群臣的意见，这样反而会搅乱陛下的决策。过去，晋武帝平定吴国，同意这个意见的只有张华、杜预几个人罢了，如果再去征求大家的意见，怎么能建立起旷世的伟业！俗话说依靠天时，这个时机已经成熟，万事俱备了！”

听了慕容垂的话，苻坚大喜，说：“与我定天下的人，只有你一个人啊！”当即赏赐给他五百匹帛。

二五九　桓冲伐秦

前秦群臣反对伐晋的理由，主要有几点。

一是天道不顺。今年岁星在晋，晋国受到上天的护佑，不可伐，对此，苻坚以伐燕和周武王伐纣为例，予以驳斥。

二是不占地利。群臣以为晋朝有长江天险，易守难攻。而苻坚则说，这不是问题，秦军雄兵百万，可以投鞭断流。

三是晋得人和。晋主没有失德，并有谢安、桓冲，将相和睦，民为之所用。对此，苻坚说，秦灭六国，难道六国之君都是暴虐之人吗？苻坚强调的是军事实力，而忽视了一国的软实力。并且，当群臣说多了晋朝君臣好的一方面之后，苻坚似乎感到有点不舒服，但他又不好多说什么，只是对弟弟苻融说出了一句："我虽然不是英明的君主，但也不是昏庸低劣之人。"

四是秦有内忧。这是苻融说的，他说秦国的内忧在于京畿之地，布满了异族，他们均是氐族的仇人，一旦出现动荡，国家将祸不可测，这也与王猛生前的忧虑是一致的。对此，苻坚没有明确表态，但苻坚一直以来认为只要推心置腹，没有不可能化解的深仇，不可能不会化敌为友，并且，自己身为万民的领袖，就应该抚育万民。更重要的是，在苻坚看来，伐晋之战将会如同摧枯拉朽一般容易，不会出现群臣担心的那种危机情况。

五是晋为正朔。这是在苻融无法说服哥哥的情况下，被逼着吐出的一句话，这句话只有苻融敢于说出口：那就是说，晋朝虽然弱小，但却是中华的正统所在，肯定不会轻易被异族灭亡。这是苻坚的心病，也是他一直讳莫如深的，他听了弟弟的话，立即予以驳斥，他说："帝王的世系岂有一定的吗？只有有德之人才能保持帝王之位。刘禅难道不是汉朝的后裔吗？可最终被魏国所灭。"说完之后，他还怒气冲冲地责备弟弟说："你一直不如我的原因就在于此，只会墨守成规，不会变通！”

反对者的声音主要是这些，至于说道安、张夫人、中山公的劝谏，多从苻坚的个人身体等方面入手，苻坚也是一概拒绝接受。

值得注意的是慕容垂的声音。慕容垂的一席话可谓是深思熟虑，抓住了苻坚的内心所思所想，慕容垂之所以能够准确把握住苻坚的心态，与苻坚朝夕相处的慕容垂小段夫人，应该是功不可没。慕容垂先是提出了一个苻坚心中坚信的道理，那就是小国一定会被大国灭亡，这是自然之理。接着，他开始渲染苻坚的神武和秦军的强大，这正是苻坚深信不疑的，同时，还提醒苻坚不能将平定晋国之事留给子孙，而这也正是苻坚急于发动战争的一个重要原因。苻坚曾经说过自己每每想到桓温伐秦，就食不甘味、寝不安席，他担心假如自己死后，晋朝出现一位英明的君主，前秦也许会再度面临亡国的危险，而慕容垂的这句话，可以说是说到了苻坚的心里去了。最后，为了防止苻坚动摇，慕容垂还不忘加一句，不让苻坚再争取群臣的意见，只用内断于心就可以了——燕国已经灭亡了整整十二个年头了，慕容家族也耐心等待了十二年，此时，慕容垂已经试图利用前秦可能出现的机会，恢复前燕昔日的辉煌了。

前秦王国计划大举入侵的消息，同样也传到了江南东晋车骑将军桓冲的耳中。在桓冲看来，自己之所以退出中枢，就是践行“事权归一”的第一步，因此，东晋帝国的军事应由自己主导，而内政则让给谢安全权处理。可是，在四年前的襄阳之战中，主导军事的桓冲却丢掉了襄阳以北的大片土地，在秦军围困襄阳长达近一年的时间里，桓冲的荆州军队一直不敢迎战，相反地，在江淮战线上，谢家子弟谢玄却五战五捷，大破前秦军队，这让桓冲一直耿耿于怀。

当听说秦军将要大举入侵之后，桓冲决定采取断然措施，主动北上出击，一方面打乱前秦的军事部署；另一方面也为荆州军队挽回颜面。于是，在太元八年（公元 383 年）五月，当前秦吕光率领十万大军西去西域之后，桓冲即组织了荆州十万主力部队，向襄阳一线发起了全面的进攻。

在襄阳方向，桓冲采取了先扫清襄阳外围据点、孤立襄阳的办法，主力部队围攻襄阳，另外命令前将军刘波与侄儿振威将军桓石民、冠军将军桓石虔等，率众进攻汉水北岸前秦的各个城池；命令鹰扬将军郭铨进攻襄阳西北的武当（今湖北省丹江口市附近）。为了配合襄阳方向的战斗，桓冲还命令辅国将军杨亮伐蜀，兵锋直逼涪城（今四川省三台县），此时，广陵相刘牢之也命令龙骧将军、宣城内史胡彬进攻下蔡（今安徽省凤台县），兵锋直指寿阳，以牵制秦军的兵力，配合荆州部队的进攻。刘牢之则率领两千兵马随后出发，作为胡彬的后援。

晋军的突然进攻让秦军措手不及，在战役的初始阶段，晋军进展迅猛。襄阳方向，刘波等人相继拿下了襄阳以北各个小城，六月，桓冲别将攻陷了武当东南面的万岁（今湖北省谷城县境）、筑阳（今湖北省谷城县东），占领了襄阳西边的两个据点。益州方向，杨亮攻克五城（今四川省中江县东南），一直打到涪城，活捉前秦守将魏光。

听到晋军大举进攻的消息，苻坚大怒，派遣其子征南将军、巨鹿公苻叡、冠军将军慕容垂、左卫将军毛当率领步骑五万前去解救襄阳，派遣扬武将军、兖州刺史张崇解救武当，后将军张蚝、步兵校尉姚苌入川救援涪城。苻叡所部驻扎在新野（《晋书·桓冲传》记作“苻熙、石越寇新野”，但该传记载内容混乱，不足取），慕容垂所部推进至邓城（今河南省南阳市邓州市）（《晋书·桓冲传》记作“慕容垂、毛当寇邓城”），桓冲将大军撤退至汉水以南。

七月，晋军鹰扬将军郭铨（《晋书·孝武帝本纪》记作“郭洽”）所部与冠军将军桓石虔合力西上迎击前来救援武当的秦军，在武当附近再次大破秦军，秦兖州刺史张崇狼狈而逃，晋军将二千多户当地居民掠往江南。苻叡以冠军将军慕容垂、骁骑将军石越为先锋，进抵汉水北岸，慕容垂、石越命令将士们在深夜每人手持十支火把，将火把绑在树枝上，光照数十里。看到秦军如此众多的火把，桓冲以为敌人人数甚多，不禁心生恐惧，下令全线撤退，回到了上明。

秦军后将军张蚝、步兵校尉姚苌率军从斜谷入川，杨亮自知不敌，也退回出发地的巴东。

回到上明的桓冲预感到秦军可能南下，他上书朝廷，称：“夏口，是汉水和长江的重镇，距离敌人很近，臣的侄儿桓石民才能足当此任，我将其任命为督荆江十郡军事、振武将军、襄城太守。而浔阳，也是北面与敌境相接，西面是联系荆州的要地，由于此时的刺史府与都督府已经分离，因此，请求任命王荟补江州刺史。”

因为此时桓冲尚都督江州军事，所以这个刺史不兼督军事，即所谓的单车刺史。夏口，据《水经注》称：“鹄山东北对夏口城，孙权所筑，对岸则入新津，故城以夏口为名。”即在长江以南，今湖北省武汉市武昌区西的典鹄山上。浔阳，即今江西省九江市。

此时，桓冲长子、原江州刺史桓嗣已经去世，桓冲要考虑把江州交给一个他放心的人。桓冲与琅邪王氏有着姻亲关系，桓冲之妻就是王导二儿子王恬的女儿，我们知道，王导共有六子，分别为王悦、王恬、王洽、王协、王邵和王荟。也就是说，王荟是桓冲的丈叔，另外，据《晋书·谢安传附谢琰传》记载："先是，王珣娶（谢）万女，珣弟珉娶安女"云云，谢氏家族与琅邪王氏也有着姻亲关系，因此，在桓冲看来，自己的这一推荐是兼顾了陈郡谢氏、琅邪王氏和谯郡桓氏三族利益的，同时，据《晋书·王导传附王荟传》称：（王荟）"恬虚守靖，不竞荣利"，这种性格也让桓冲放心。

然而，出乎桓冲预料的是，王荟竟然拒绝了。

王荟表面的理由是：自己的哥哥王邵刚刚去世，自己尚在服丧期间。而实际上，王荟此举是不想卷入桓氏与谢氏之间的争斗吧。

卫将军谢安看到王荟拒绝出任江州刺史，他顺水推舟改任中领军谢輶为江州刺史。谢輶与谢安是何种关系，如今已不得而知了，当与《晋书·孙恩传》中的谢輶同属一人，据《宋书·裴松之传》的记载，谢輶是会稽谢氏，并非陈郡谢氏，但肯定是谢安的同门亲信；另一说则称，谢輶即为谢石的少子，谢安的侄儿。

当桓冲得知此事以后，不禁大怒，他上书指责谢輶既不能文，亦不能武，请求自己再次兼领江州刺史。

谢安争夺江州不成，只得选择了退让，勉强表示同意。

桓冲北伐是淝水之战前夕，东晋荆州军队进行的一次主动进攻，虽然并没有收复襄阳失地，但最大程度地牵制了前秦的兵力，苻坚不得不向益州、梁州、荆州北部地区派去了大量军队，尤其是在襄阳地区屯聚了慕容垂等人精锐的鲜卑军队，使之在即将到来的淝水之战中无法投入到东线战场；桓冲和谢安之间在国难当头之际，围绕江州的争夺，也让我们看出门阀之间的矛盾并没有消弭，不过，由于谢安浅尝辄止、最终选择了退却，也让东晋朝廷内部在即将到来的大战前夕维系了宝贵的团结。

等待他们双方的，将是那场惊心动魄而又影响深远的战役——淝水之战！

二六〇 淝水之战（一）

桓冲的北伐促使秦王苻坚加快了入侵东晋的准备工作。

就在桓冲七月退回上明之后，紧接着，秦王苻坚就正式下诏大举讨伐东晋，苻坚的诏书中称：“晋国胆敢凭借江山险固，屡屡进攻我国边境，应当立即讨伐，以平定海内。”他下令全国的民众每十个男丁，征召一名参军；征发全国所有的战马；二十岁以下的清白人家子弟，武艺精通，骁勇果敢的，也包括富家子弟有才能的，全部拜为初级禁卫军官——羽林郎；自愿参军的“良家子”共计三万多骑，以秦州主簿赵盛之为建威将军、少年都统。同时，苻坚像他征讨张天锡之前那样，下令在长安城内建筑三座府邸，并称：“任命司马曜为尚书左仆射，谢安为吏部尚书，桓冲为侍中，这不会太久，可以先为这三人建筑府邸。”苻坚的骄傲之情可见一斑，苻坚还表示自己将要亲征。在这种氛围之下，那些从未更事的少年们显得十分兴奋，他们纷纷劝说苻坚亲自上前线，在支持苻坚的人中，除了这些少年之外，还有居心叵测的两个人：一个是慕容垂，另外一个是姚苌。

如今，讨伐晋朝已经板上钉钉，再无回旋的余地，包括苻融在内的群臣退而求其次，都反对苻坚亲征，苻融说：“鲜卑、羌族，是我们的仇敌，他们经常盘算着寻找国家发生动乱的机会，以达到他们的目的，他们所献上的计划，怎么能够听从！那些二十岁以下的毛头小伙，都是富家子弟，从未经过战阵，只是为了迎合陛下而投陛下所好而已。如今陛下听信他们的话，并重用他们，臣下恐怕功业不仅不成，而且还将有后患，届时后悔也来不及了！”苻坚不听。

桓冲发动的全面进攻，似乎让苻坚看到了昔日桓温率领的晋军直逼长安的情景，也更坚定了他南下灭晋的决心，他没有想到，在自己看来，连防守就不足的东晋军队竟然敢主动出击，这不仅让其勃然大怒，而且让他很丢面子。在与晋军一系列的交战中，虽然苻坚也曾说过“投鞭断流”的话，但从他征发全国所有的军队投入到伐晋之役这一点看，苻坚也深知他遇到了强有力的对手，这场战役与他灭燕、亡凉、下蜀、吞代不可同日而语，他投入了帝国几乎全部的军队，与此同时，苻坚并非没有考虑到帝国的安全，他亲自出征并直接控制军队，也恰恰说明了这一点。

在苻坚看来，一切都已经准备妥当，伐晋之役就这样展开了。

苻坚的反应强烈而又迅速。

八月戊午日，在桓冲退军不到一个月，苻坚即命令征南大将军、阳平公苻融，都督骠骑将军张蚝、抚军将军苻方、卫军将军梁成、平南将军慕容暐、冠军将军慕容垂，先期率领步骑二十五万作为伐晋前锋南下。与此同时，为了加强对巴蜀方向的防守，苻坚命令兖州刺史姚苌为龙骧将军，都督益州、梁州诸军事，苻坚对姚苌说："过去我就曾经担任过龙骧将军，以此建立了大业，因此，不曾将此职务轻易授予他人，卿要努力！"左将军窦冲说："王者无戏言，陛下此语系不祥之兆！"苻坚也感觉失言，闷闷不语。

慕容恪的两个儿子慕容楷和慕容绍对叔叔慕容垂说："主上已经十分骄傲自大，叔父建立中兴大业，就在此行！"此时的慕容垂已经预料到前秦王国变乱在即，他说："是啊。但没有你们，我和谁去办成这件大事！"显然，鲜卑贵族们已经达成共识，蠢蠢欲动了。

说到这里，我们不要小看了鲜卑慕容的势力。前燕的鲜卑贵族是一支实力非常巨大的力量，据学者考证，截至前燕灭亡时前燕主慕容暐这一辈，其世系已历七世，仅皇族的直系人数就十分可观，依次如下：第一世，莫护跋。第二世，木延。第三世，慕容涉归和慕容耐。第四世，慕容涉归有三子：吐谷浑、慕容廆、慕容运；慕容耐子嗣不详。第五世，慕容吐谷浑子嗣暂时不提，仅说慕容廆的儿子史料就提到十位：慕容翰、慕容皝、慕容仁、慕容昭、慕容幼、慕容稚、慕容军、慕容汗、慕容评、慕容彪。第六世，不提慕容皝的其他兄弟子嗣，还是仅说直系皇族，慕容皝又生有十六子，分别为：慕容遵、慕容儁、慕容交、慕容恪、慕容垂、慕容宜、慕容桓、慕容逮、慕容徽、慕容龙、慕容纳、慕容秀、慕容岳、慕容默、慕容偻、慕容德。到第七世，慕容儁的儿子们则又有慕容晔、慕容臧、慕容暐、慕容亮、慕容温、慕容涉、慕容泓、慕容冲。这还不说慕容儁兄弟们的子嗣。在说完了慕容直系皇族以后，我们还截至第七代慕容暐，再由远及近依次将这一庞大的慕容家族做一简要的介绍：到第五世，不提远在青海的吐谷浑子孙，慕容运儿子有三：慕容强（一作疆）、慕容虔、慕容制。慕容运这一支到第六世，慕容强子嗣不详，慕容虔生子慕容永和慕容友，慕容制生子慕容精和慕容钟。第七世，慕容永生子慕容亮、慕容弘。慕容友子嗣不详。慕容精生子慕容丑和慕容胜。然后，我们再说第五代皇族慕容皝兄弟们的子嗣：慕容翰之子慕容钩在公元354年被朱秃所杀，子嗣不详；公元336年，慕容仁被慕容皝所杀；公元333年，慕容昭因与慕容仁合谋谋反，已被慕容皝赐死；慕容幼、慕容稚、慕容军、慕容汗、慕容彪子嗣均不详；只有慕容评之孙慕容懿见诸史料，与慕容暐同属第七代。

接下来，我们再说第六代的旁系皇族，慕容皝的十六个儿子组成了第六代皇室，慕容遵、慕容交、慕容宜、慕容逮、慕容徽、慕容龙、慕容秀、慕容岳、慕容默、慕容偻子嗣均不详。慕容德无子，慕容纳有子慕容超，后过继给慕容德为子；慕容桓有子慕容凤，前燕灭亡时，慕容桓占据龙城做最后的抵抗被杀，慕容凤一直对此耿耿于怀，并由此引起权翼对苻坚说了这样一番话："慕容凤慷慨有才气，但狼子野心，恐终不为人用耳。"慕容恪之子除了前述的慕容楷、慕容绍以外，尚有慕容肃；慕容垂除了死去的世子慕容令之外，十二年前随其一起西逃至秦的，尚有慕容宝、慕容农、慕容隆三人，半途逃归邺城的有慕容麟；在秦国期间及后来的日子里，慕容垂又生下四个儿子：慕容柔、慕容朗、慕容熙、慕容鉴，另有慕容详为其养子。这就是这个庞大的鲜卑贵族家族，谁又敢小觑这样的一股势力呢？

慕容皇族主要成员表

第一世	第二世	第三世	第四世	第五世	第六世	第七世
莫护跋	木延	慕容涉归	吐谷浑	子嗣暂不提		
			慕容廆	慕容翰	慕容钩	
				慕容皝	慕容遵	
					慕容儁	慕容晔
						慕容臧
						慕容暐
						慕容亮
						慕容温
						慕容涉

续表

第一世	第二世	第三世	第四世	第五世	第六世	第七世
						慕容泓
						慕容冲
					慕容交	
					慕容恪	慕容楷
						慕容绍
						慕容肃
					慕容垂	慕容令
						慕容宝
						慕容农
						慕容隆
						慕容柔
						慕容朗
						慕容熙
						慕容鉴
						慕容详（养子）
					慕容宜	
					慕容桓	慕容凤
					慕容逮	
					慕容徽	
					慕容龙	
					慕容纳	慕容超
					慕容秀	
					慕容岳	
					慕容默	
					慕容偻	
					慕容德	慕容超（过继）
				慕容仁		
				慕容昭		
				慕容幼		
				慕容稚		

续表

第一世	第二世	第三世	第四世	第五世	第六世	第七世
				慕容军		
				慕容汗		
				慕容评		慕容懿
				慕容彪		
			慕容运	慕容强		
				慕容虔	慕容永	慕容亮
						慕容弘
					慕容友	
				慕容制	慕容精	慕容丑
						慕容胜
					慕容钟	
		耐				

而似乎苻坚却对此视而不见，听而不闻。

太元八年（公元383年）八月甲子日，在苻融等人的前锋部队出发八天之后，苻坚率领主力大军正式从长安出发，共计步兵六十余万，骑兵二十七万，旌旗、战鼓连绵上千里，东西齐头并进，运输船只上万艘，从黄河入石门（今河南省荥阳市），再由石门进入汝河和颍水，九月，苻坚抵达了项城（今河南省周口市项城市），而此时的凉州军队才刚刚到达咸阳，四川的军队也刚刚顺流而下，幽州和冀州的部队也推进到了彭城（今江苏省徐州市）。秦军前锋统帅、阳平公苻融等人率领三十万大军先期抵达颍口（今安徽省颍上县东南，即颍河注入淮河处），进入进攻寿县的攻击位置，一场大战即将爆发！

二六一　淝水之战（二）

从史料上看，苻融等人最先出发时的二十五万大军，并没有全部用于东线战场。

至少冠军将军慕容垂、平南将军慕容暐的鲜卑军队，后来是用于了襄阳方向，而羌族的姚苌部队则用到了巴蜀之地。苻坚的这种安排是基于桓冲北伐不得不作出的部署，抑或是他早已内断于心的决策，我们不得而知。但种种迹象表明，效仿司马炎灭吴的故技，从巴蜀、荆州、淮南三路南下，当属于苻坚早已筹划好了的战略，而让羌族和鲜卑部队独当一面，各自为战，以防横生枝节，搅乱主力战场上的战局，似乎也是苻坚有意的安排。

在我们看来，一向所向无敌的前秦军队也许真的会扫平江南。此时的江东政权在大的战略态势上，已经处于十分不利的局面，“王睿楼船下益州”的历史也许就要重新上演。不过，除却前秦朝臣指出的种种不利之外，虽然前秦这次战略部署从表面上看与晋灭吴大体相同，但仔细分析起来，两者之间却有着天壤之别。

首先是中路的荆州态势。

襄阳作为曹魏给予晋朝的遗产，一直未曾被东吴占领，公元 269 年，羊祜镇守襄阳，屯田积谷，“绥怀远近，深得江汉之心”。羊祜还设计让吴国撤去石城（今湖北省钟祥市）守备，随后，晋军却在石城附近建立了五座城池，“石城以西，尽为晋有”。从此，吴国将领前有孙秀叛逃，后有步阐之变，吴将夏详、邵凯、邓香率部投降，“自是前后降者不绝”。到咸宁五年（公元 279 年）灭吴之战发动之时，晋朝起码在襄阳地区已经为战争做足了准备，《晋书·羊祜传》称：（羊祜治理襄阳后期，荆州的粮食储备已经）“有十年之积。”因此，可以说通过羊祜的努力，襄阳不仅是对吴战争的最前线，而且，已经具备了自给自足的能力，并且晋军已经将触角延伸至夏口的长江北岸。而前秦在公元 379 年刚刚拿下襄阳及其以北地区，襄阳以南地区尚在东晋手中，襄阳周边地区的民心士气都与西晋灭吴时期不可同日而语；前秦打下襄阳以后，都贵曾试图进攻竟陵却遭到了惨败，并且，就在这一年的早些时候，桓冲还对襄阳发起了大规模的反攻。前秦占领的襄阳无论从民心上或者战争储备上讲，均只是起到一个桥头堡的作用而已，无法起到战役出发地所应有的作用。

再说西线。

公元263年，曹魏灭掉蜀国，到晋国伐吴的公元279年，已经相距十七年之久，并且，王濬担任益州刺史开始造船始于公元272年，至伐吴之时也已经准备了七年之久。前秦自公元373年攻陷蜀地，距今也近十年，但前秦占领蜀地之后，统治并不牢固，第二年即爆发了张育、杨光的起义；公元379年当秦军进攻襄阳、魏兴之时，东晋还曾派遣毛穆之率军西上，蜀人李乌（一作“李焉”）起义，晋军一直打到巴西（今四川省阆中市）；也就是在本年，东晋杨亮再次西征，又一次深入益州腹地，攻至涪城（今四川省三台县）。同样地，苻坚任命谏议大夫裴元略为巴西、梓潼太守，距伐晋仅仅一年整，与王濬造船七年更是无法等同；苻坚以姚苌为龙骧将军，不过是虚应王濬龙骧将军的称号，而裴元略的战船造不出来，水师浩浩荡荡顺流而下的局面就不可能出现。

再说东线。

晋灭吴前夕，江淮方向，西晋早已跨据淮河两岸，在孙权时期，东吴就曾多次与魏军争夺合肥，吴国也早就丧失了淮河防线，双方的边界大体维持在淮河与长江之间靠近长江地带，公元243年，邓艾就曾建议在淮河南岸屯田三万人，在淮河北岸屯田二万人，且耕且守，到灭吴之时，晋国已经在淮河两岸屯田了三十五年之久，可以说晋军在淮河两岸是足食足兵。再加之吴主孙皓残暴不仁，众叛亲离，连吴国丞相张悌都说：“吴之将亡，贤愚所知，非今日也。”与此相反，东晋虽然在数年前失去了淮北，但东晋放弃淮北，却大致可以视为是一次主动的战略收缩。放弃淮北以后，东晋固守淮河，并在公元379年，由谢玄率领北府兵大败前秦十余万军队，取得了君川大捷，将秦军赶出了淮河以南。因此，可以说，晋灭吴之战打响之时，东吴的江淮防线只有长江防线了，并且当晋军从淮河南岸各个据点南下的时候，吴军在长江以北已经无险可守，如果不主动北上迎击，晋军很快就可以饮马长江，与东吴平分长江之险，这也是东吴张悌不得不做出一次几近自杀式出击的苦衷，而如今的秦晋情势还没有走到那步田地，秦军进攻晋国的战争，与其说是一场灭国之战，倒不如说是一场争夺战略要地的局部战争。

那么，苻坚何以会有必胜的信心呢？大约在他看来，灭掉东晋可一战而定，这可以从他灭燕时的潞川之战、陷蜀前的青川之战、灭凉时的洪池之战、灭代时的石子岭之战中得出结论，即使会有些许的波折，东晋朝廷面对百万大军，它最终的结局仍然会是灭亡。

面对咄咄逼人的前秦大军，居于庙堂之上的谢安又做了什么样的战争准备了呢？对此，后人意见分歧很大，有的说，谢安以静制动、胸有成竹，做好了周密的安排和部署；也有的说，淝水之战的胜利完全是侥幸，谢安其实什么也没做，他与东晋其他清谈家们没有二致，只不过是他运气实在太好，才暴得了大名。

平心而论，淝水之战的胜利偶然性的确很大，而由于淝水之战一场战役的惨败，竟导致了前秦政权的瓦解，更是出人意外。

说到谢安对于前线军事的部署，可以明确地说一点也没有，这个史书上有明确的记载。反过来说，如果说他没有做一点准备工作的话，也有失公允。

就在苻坚大举入侵前不久，谢安以大局为重收回了江州刺史的成命，有效地避免了将相之间的冲突；紧接着，在秦军兵临寿阳之时，即太元八年的九月，（此据《晋书·孝武帝本纪》，《资治通鉴》系于八月）东晋朝廷任命司徒、会稽王司马道子为录尚书六条事。

那么，对此我们又将做一个什么样的解读呢？

截至淝水之战前夕，孝武帝司马曜已经二十二岁，随着孝武帝司马曜年龄的逐渐增长，司马曜对于东晋长期以来由门阀士族控制朝廷的局面十分不满，而陈郡谢氏当权以后，谢安的相权逐渐与司马曜的皇权产生了冲突。

除此之外，谢氏的一枝独秀也引起了东晋门阀旧族的反对，以琅邪王氏和太原王氏为例。琅邪王氏与桓氏、谢氏和皇室之间均有着密切的关系，比如，王家的翘楚、王导之孙王珣，他与桓冲之妻是堂兄妹关系，而且王珣曾长期在桓温幕府中工作，深得桓温的倚重，被称为桓温府上的“一府之望”，（见《世说新语·雅量》）与桓氏家族有很深的交情；而我们知道王珣、王珉兄弟又都与谢氏通婚，王珣是谢万的女婿，王珉是谢安的女婿，同时，琅邪王氏的王献之又娶了司马曜的姐姐。但是，由于王珣兄弟侧身朝廷之中，却对桓氏家族十分感恩，终于引起了谢安的猜嫌，并最终导致谢安强迫自己的女儿与王珉离婚、侄女与王珣离婚，致使两个大族结下深仇。

太原王氏两支，一支司马曜岳父王蕴，不予世事，自不待言；而另外一支王坦之之子王国宝，也是谢安的女婿，但谢安一直以来压制王坦之家族势力，以王国宝“倾侧”为由，抑而不用，只是让王国宝做一个尚书郎，王国宝认为中兴以来，膏腴之族子弟如果做郎的话，只做吏部郎，而其他郎都是给予二等士族的，因此坚决推辞，并对谢安十分不满。王国宝的堂妹就是司马曜的弟弟司马道子的妻子，所以，王国宝开始向司马道子说谢安的坏话，此时，司马曜、司马道子兄弟之间尚未产生矛盾，因此，王国宝的谗言不可能不通过司马道子之口传入司马曜的耳中，加深司马曜对谢安的猜忌。

谢氏的兴盛同样也引起了其他士族的不满。据《世说新语·方正》记载：“韩康伯病，拄杖前庭逍遥。见诸谢皆富贵，轰隐交路，叹曰：‘此复何异王莽时？’”余嘉锡《世说新语·笺疏》推定韩康伯之叹就发生在盱眙、君川大捷之后、三谢受封之时。此时，谢安被封为卫将军、仪同三司，建昌县公、谢石封兴平县伯，谢玄封东兴县侯，韩康伯的叹息十分耐人寻味，似乎透露出在淝水之战前夕谢氏有可能面临着“众口铄金”的局面。

所以，举荐年仅二十岁的司马道子与自己一起参录朝政，也正是谢安为了避免在大战之前出现内部杂音而采取的一项有效措施。

二六二　淝水之战（三）

在肯定谢安拥有政治家的胸怀的同时，我们也不得不承认，谢安对于未来的战事没有做出任何具体指示。

当苻融的三十万大军进抵寿阳西北的颖口之后，东晋朝廷下诏任命谢安弟弟、尚书仆射谢石为征虏将军、征讨大都督，（《建康实录》记载，任命卫将军谢安为征讨大都督，谢安乃以谢石为征讨都督，谢玄为前锋元帅）任命谢安的侄儿、徐兖二州刺史谢玄为前锋都督，与谢安之子辅国将军谢琰、西中郎将桓伊、龙骧将军檀玄、建威将军戴熙、扬武将军陶隐等率军八万前去迎敌，先期派遣龙骧将军胡彬率领五千水军从水路增援寿阳。檀玄曾为桓温旧将，公元369年桓温伐燕时，檀玄时为建威将军，一举攻下前燕胡陆，活捉了前燕宁东将军慕容忠；建威将军戴熙不详，疑为龙骧将军戴逯本族；扬武将军陶隐仅在《晋书·谢玄传》中出现，身世不详。

当胡彬出发以后，谢玄前去面见谢安，请求谢安对未来的战事做出具体的指示，谢安显得十分平静，他只是说了句："已经另有安排。"再无言语。谢玄不敢再问，出门之后，他又请张玄前去询问。张玄我们过去说过，他是顾和的外孙，《世说新语》有四处涉及此人，他八岁时掉牙，有大人调侃他说："你嘴里怎么开了个狗洞呢？"他应声回答："正是为了方便你们出入。"后来此事选入《幼学琼林》，鲁迅先生《从百草园到三味书屋》一文中有一段精彩的引文。另外一则比较著名的故事，是说张玄的妹妹与谢道韫齐名，嫁给了顾家，后有个叫济尼的尼姑评价二人道："王夫人神情散朗，故有林下风气；顾家妇清心玉映，自是闺房之秀。"张玄与谢玄齐名友善，有"南北二玄"之称。

张玄进入之后，谢安依然没有明确回答，而是命人带上亲朋好友前去山间别墅游玩，要与谢玄以别墅为赌注，下围棋定胜负。谢安平时棋艺比谢玄低劣，可是，这一天，由于谢玄心中疑虑重重，双方的棋就下成了平手，下到最后，谢玄竟然输了。赢棋之后的谢安回头对外甥羊昙说："这别墅就送给你啦！"（据《建康实录》注：此处自兴业寺过清溪东二里，刘宋时属檀道济，所以又称为檀城）说完，从容带着亲友登山游玩，一直到夜晚才兴尽而返，回去之后，"指授将帅，各当其任"。——谢安仅仅做了任用将帅的事情，至于临战将略，在他看来，则需要将帅因地制宜地去应对，那是将帅们的事情。这里提到的羊昙，与音乐江左第一的桓伊和袁山松三人均善音乐，并称为建康风尘三绝，而大名鼎鼎的西中郎将桓伊正是名曲《梅花三弄》的始作者，后唐代著名琴师颜师古将桓伊的笛谱《梅花三调》改为琴曲，明代朱权改曲名为《梅花三弄》。

除了谢玄心中无底之外，桓冲也深为担忧，他派出三千精锐部队东下，入卫京师。谢安听说荆州兵将到京师，他以为三千人对于这样一场大战的胜负实在是起不到什么作用，更重要的是想显示自己的从容淡定，以安定军心民心，因此，他坚决拒绝荆州军队入城。在遣返荆州军队的同时，他给桓冲带去书信，说："朝廷早已安排停当，兵马不缺，倒是荆州你要多加戒备。"当时，在淮河方向，谢安已经派出了以谢玄的北府兵为基干的部队，前去迎敌。桓冲以为谢玄手中的那点军队根本不能扭转大局，他将下属们召集到一起，叹息说："谢安有高居庙堂之上的胸怀，但却真的不懂军事。今天大敌将至，他却仍然游玩清谈不止，虽然已经派遣了几个未经世事的毛头小伙子们，可是，部队人数却很少，天下之事可想而知，我桓冲也将穿上少数民族的服装了！"

十月，进入攻击位置的苻融军队开始发起了对寿阳城的进攻，前秦军队的人海战术发挥了作用，到同月十八日，秦军攻陷了寿阳城，抓获了东晋平虏将军徐元喜、安丰太守王先。与此同时，慕容垂率领的三万鲜卑军队也攻陷了荆州地区的郧城（今湖北省安路县，为东晋江夏郡治所），斩杀了晋军将领王太丘。我们无法知道慕容垂在荆州方向的进攻，是出于苻坚预先的部署，还是因为桓冲在荆州有所动作而被迫如此。但《晋书·慕容垂载记》载有慕容垂对苻坚的上书，称："回讨郧城，俘馘万计。"从这里的"回讨"二字，也许可以推测，在桓冲不放心东线战场的情况下，他命令荆州军队主动北上发起了进攻，迫使苻坚原本使用在淮河战场上的慕容垂向西驰援。慕容垂在五月份的时候就曾经增援过襄阳，八月份，又隶属于苻融二十五万前锋部队的战斗序列，十月份，他又驰援荆州地区，并取得郧城之战的胜利。虽然郧城之战晋军战败，但此战当属东晋东西相互策应的结果，其后，由于荆州桓冲的一再动作，苻坚再次从东线战场上分军，命令慕容暐率领所属部队投入到了荆州战场，协助慕容垂驻守郧城；在打下郧城之后，前秦军队姜成等人就守在漳口（疑沮漳河注入长江处，即湖北省荆州市沙市区）。因此，苻融投入到寿阳的三十万军队，已经不是原初的二十五万旧部，至少慕容垂和慕容暐所部数万人马已经从中分离，同时，又增加了其他的后继部队。

寿阳，即今天的安徽省寿县。淮河的主要支流颍水在其西北注入淮河，是中原与江淮之间的一条重要水上通道，颍水与淮河的交汇处就是颍口，寿阳与颍口隔河相对。淮河从上游流来，从颍口朝偏东北方向，经寿阳城北以后，急拐西北然后形成一个几字形，折向东南，然后又折东北迤逦而去。在淮河南北两岸散布着大大小小重要的军镇和地理坐标，寿阳西边是青冈，寿阳西南是著名的芍陂（春秋时期孙叔敖所建的蓄水灌溉工程），芍陂两侧自南向北蜿蜒而来的是两条河流：西侧是泚水，在颍口附近的淮河南岸注入淮河；东侧为淝水，流经寿阳城东和八公山西侧，在寿阳城东北注入淮河。在淮河流过寿阳之后，形成一个大的几字形，在这个几字形的顶端就是下蔡（今安徽省凤台县），在寿阳和下蔡之间有硖石山，又称为硖石口、硖山口，东西硖石高有十余丈，夹淮相峙，被称为淮河第一峡。据《中国古今地名大辞典》称："在安徽凤台县西南，《三国魏志》诸葛诞据寿阳，司马昭遣王昶军硖石以逼之，《水经注》淮水北经山硖中，谓之硖石，《明统志》：'山两岸相对，淮水经其中，禹凿，旧迹犹存。'东晋时苻坚入寇，攻胡彬于硖石，即此。"在淮河几字形的东侧南岸，就是淮南，过淮南后，南岸有洛涧自南向北注入淮河，此处被称为洛口，然后，淮河又折向东北，北岸又有涡水汇入淮河，此处被称为涡口，此处北岸有怀远重镇，南岸有马头城、凤阳，挡涡水要冲。

秦晋两国即将在这里展开一场生死决战。

先期出发救援寿阳的是东晋龙骧将军胡彬率领的那五千水军。他们沿着淮河逆流而上，还没有抵达寿阳城，就听说了寿阳被秦军攻陷的消息，但是，这支军队并没有退却，而是退到了硖石山上固守。占领了寿阳的苻融，立即命令军队北上包围了硖石山，企图一举消灭胡彬的这支五千人的晋军。与此同时，为了配合苻融的寿阳之战，前秦卫军将军梁成、扬州刺史王显、弋阳太守王詠等人率领五万军队（《晋书·刘牢之传》称梁成所部为两万人），在洛口附近渡过了淮河，驻扎在洛涧西岸，并在淮河之上构筑阻遏工事，阻挡晋军水师西上，同时，也从水路切断了胡彬所部东逃的归路。而此时东晋都督谢石、徐州刺史谢玄、豫州刺史桓伊、辅国将军谢琰等人率领的八万主力部队，也从广陵方向抵达了洛涧东面地区，（《晋书·苻坚载记》称“七万”）他们在距离洛涧以东二十五里安下大营，前秦梁成在前哨战中多次击败晋军，谢石畏惧梁成的军势，不敢强行突进。

一切看起来，晋军都毫无获胜的希望……

二六三 淝水之战（四）

就在谢石迟迟不进之时，硖石山上的胡彬所部在困守数天之后军粮已经告罄。

在这一十分危急的关头，胡彬一面命人扬起沙土，向秦军表明自己的军粮还非常充足，另外秘密派出军士下山向谢石送信，胡彬的告急信上说："如今敌人声势浩大，我们的军粮已经吃尽，此生恐怕再也看不到你们了。"然而，胡彬的信使却并没有见到谢石等人，在下山的途中就被苻融的士兵抓获，苻融很快便得到了胡彬的那封求救信。

当得知胡彬所部已经断粮的真实情况后，苻融不禁大喜，他立即命人飞马前往项城，向苻坚报告这一好消息，并说："敌人人数很少，容易擒获，只是担心他们脱逃，请立即命令诸军迅速南进，活捉晋军主帅！"

我们已经无法找到苻融上报的原文，但从流传下来的只言片语上来看，苻融给苻坚透露了一个信息，即晋军弱小，容易被击败。但这里有一个疑问，那就是苻融所指的晋军仅仅是指处于包围圈中的胡彬所部，还是包括谢石的大军呢？如果仅指胡彬所部，苻融的三十万大军难道尚不足以吃掉断粮的胡彬区区五千之众吗？所以，他应该是指谢石所部。他还提出了一个要求，即要求苻坚命令各部大军迅速向南压来，吃掉晋军。

我们不清楚项城的秦军究竟有多少，也就是说，究竟有多少部队已经从全国各地陆续抵达了项城大本营。但是，接到弟弟苻融奏报的秦王苻坚，却做出了一个匪夷所思而又致命的决定，他接到奏报后先是大喜，接着，临时决定离开项城的大军，自己亲自率领八千亲信骑兵星夜抵达寿阳。为了确保自己行踪的秘密，苻坚下令："敢泄露我在寿阳的，拔掉舌头并族诛！"因此，苻坚秘密到达寿阳的消息，晋军的将领谢石等人开始的时候并不知晓。苻坚的决定的确十分令人费解：苻融的请求是增兵，而苻坚所领的八千骑兵显然不可能满足苻融的要求，况且，这八千骑兵投入战斗的可能性很小，他们的任务主要还是要保证苻坚的人身安全。

苻坚离开项城唯一的合理解释就是：他抓住了苻融奏报中的前半部分，即晋军弱小的情报，在他看来，前线军队足以击败晋军，这场唾手可得的胜利，不能让弟弟苻融一人独享。在苻坚离开项城之前，民间就传出了谣言说："坚不出项。"群臣也苦苦劝说苻坚不要亲临前线，所以，他才按捺住悸动的心情，勉强同意暂时驻扎在项城，如今，他避开了群臣，偷偷来到了寿阳最前线，我们不知道在项城找不到皇帝的前秦众臣是一种什么样的心情，也不知道接不到任何指示的项城军队会采取什么样的行动，我们只是关心，接下来在寿阳的苻坚，又将遇到何种难以预料的情况呢？

我们先细细说一说参战的晋军诸位将领们。

都督谢石，字石奴，是谢安的五弟，年少脸上长疮，夜里被一个不明物所舔，面疮随舔随愈，但留下白色痕迹，与他处不同，因此被人俗称为"谢白面"，谢石没有其他才能和名声。

谢玄，字幼度，是谢安的侄儿，谢灵运的祖父，为谢家少年翘楚，自小名气就很大，史称其"有经国才略"。《世说新语》中的两则故事可以看出谢玄的特点，一则是《轻抵》中，谢安有一次称赞弟弟谢万说："中郎始是独有千载。"而谢玄却对他这个叔叔不以为然，他说："中郎胸襟怀抱并非完全无欲，怎么能称得上是千载难得的呢！"另一则出自《识鉴》，说韩康伯与谢玄关系也不十分融洽，谢玄此行之后，建康的人们都为晋军的前景担心，怀疑谢玄难以取胜，韩康伯却说："此人好名，必能战。"将至淝水前线的谢玄听了这话，不禁勃然大怒，他在军中对大家厉声说道："大丈夫提千军万马，出生入死，置之死地，是为了报效国家，侍奉双亲，不能再说我仅仅是为了个人的名声！"

谢琰，是谢安之子，也"有军国才用"，而被谢安委任。

刘牢之，字道坚，彭城人，"世以壮勇称"。他脸色紫红，胡须和眼睛让人一见就暗暗心惊，且"沈毅多计划"。他所率领的均为百战百胜的精兵，因此，常为军锋。

其他将领如桓伊等人，前已叙述，不提。

几乎与苻坚抵达寿阳同时，洛涧方向却发生了战斗。

听说秦军梁成所部驻屯在洛涧的消息，谢玄即命令刘牢之率领五千精锐，前往阻击。接到命令的刘牢之立即率领这五千壮士就朝洛涧扑来，他们在距离洛涧十里的地方停下，而梁成所部就在十里开外的洛涧西岸（此处《晋书·刘牢之传》记作“夜袭梁成垒”，但该传错误较多）。稍事休息以后，刘牢之即与参军刘袭、诸葛求等人率领这五千勇士直接渡过了洛涧，朝秦军杀来。梁成的军队数倍于晋军，他们没有想到这股军队竟敢主动渡过洛涧，朝他们杀来，顿时手足无措。而晋军登上岸后，登时喊杀声四起，晋军将士个个如下山猛虎，无不以一当十，秦军一片大乱，很快，晋军便临阵斩杀了秦军主将梁成及其弟弟梁云、秦弋阳太守王詠等前秦十员战将。看到主将被杀，秦军步骑顿时崩溃，纷纷往北奔逃，试图逃回淮北。刘牢之立即分兵占领各个要道，截断秦军归路，并纵兵追击，秦军被杀的、淹死的共计一万五千多人，又生擒了秦将梁他、王显、梁悌、慕容屈氏等，这股秦军的军需物资全部落入了晋军之手。

前锋初战告捷，元帅谢石即命令大军水陆俱进，依次从洛涧以东渡过洛涧，于是，晋军便进入了洛涧与淝水之间的地带。

此时，苻坚已经来到了寿阳城内，他与苻融等人一起登上了寿阳城楼，放眼东望，只见淝水东岸、八公山下的晋军部伍严整，铠甲鲜明，而且看到八公山上草木，皆如人形，仿佛是晋军预先埋伏的伏兵一样。见此情景，苻坚不禁倒吸一口冷气，他脱口而出：“这也是一支劲敌啊，怎么能说弱小易取呢！”脸上露出了一丝畏惧之色。

八公山位于寿阳城东北、淝水东岸，在东晋听说苻坚将要大举入侵之后，孝武帝曾让会稽王司马道子用威仪鼓吹拜求钟山山神，答应加封其为相国之号。据说，“八公山上，草木皆兵”这一现象的出现，就与此次拜祭活动有关。

晋军初战告捷，让秦王苻坚意识到如果两军接战，势必会是一场艰苦的战斗，于是，他想到了王猛智取秦州的老路——不战而屈人之兵。

二六四　淝水之战（五）

渡过洛涧的晋军进至淝水东岸，而秦军则在西岸列阵。

苻坚派出尚书朱序前往晋军大营，企图说服谢石不战而降。朱序，字次伦，曾任东晋的梁州刺史，南中郎将，可以说是东晋的高级将领，四年前的襄阳之战后被俘，他没有像魏兴太守吉挹那样城陷自杀、以身殉国，亦没有像梓潼太守周虓那样桀骜不驯、辱骂秦廷，他被俘之后，顺从地委身秦国，接受了苻坚的官职，然而，即使身在秦国，他的心也无时无刻不在江南。

苻坚派朱序前往晋营，是他在整个淝水之战中继身赴前线之后第二个失误，在苻坚看来，也许派遣朱序更能显示秦国的胸怀和气度，对未降的谢石等人能够起到很好的示范作用——不过，这仅仅是他的一厢情愿而已。

朱序见到谢石以后，不仅没有称说秦军的强大、劝说谢石投降，反而还将苻坚本人就在寿阳城内的这一最高军事秘密告诉了谢石。谢石听说苻坚本人就在寿阳城内，不禁心生疑虑，朱序见状劝说道："如果秦军百万之众全部抵达前线的话，那么，真的难以抵挡。现在趁着秦军尚未集结完毕，应该立即与之决战。如果将其前锋击败，则大功可成。"史书没有记载，谢石等人与朱序还就战役的细节是否达成了某种默契，但朱序"世为名将"，谢玄有"经国才略"，两人均深谙兵法，双方之间一旦敲定要打，必定会就下一步的战役细节进行具体的策划。这一点，我们从朱序劝降不成、又顺从地回到秦军，似乎可以看出些许的端倪，既然朱序心向晋朝，那么，利用出使之便留在晋军不是最合适的机会吗？为何还要返回寿阳，等到秦军大败之后，再回到东晋呢？合理的解释就是，朱序还负有其他的使命。当时的史家没有详谈，也许是不愿渲染寒门朱序、降低高门谢氏的作用吧？

朱序走后，谢石依然有些恐惧，他打算坚守淝水东岸不战，以拖死秦军。这时，谢琰劝说叔叔谢石要接受朱序的建议，谢琰虽然仅仅是一个辅国将军，但其身为宰相之子，其实是负有监军之责的，在谢琰的提议下，谢石终于决定与秦军决一死战，于是，晋军向苻坚派出了约期请战的使者。

太元八年（公元383年）十一月的一天，（《晋书·孝武帝本纪》记为十月乙亥日，《建康实录》也称为十月乙亥日，但《资治通鉴》没有采用，而只是称十一月）一场决定以后二百零六年南北对峙局面的大战，终于拉开了大幕。

在双方约定的日子，秦军也毫不示弱，苻坚命令猛将张蚝，率领精锐部队率先发起对晋军的进攻，在肥南（今地不详）击败了晋军主帅谢石的军队。谢玄、谢琰集合数万军队，严阵以待，张蚝未敢继续扩大战果，而是率军退回，于是，双方在淝水两岸列阵相持。

看到黑压压的秦军就在淝水岸边，晋军如果渡河，就得在水里与敌厮杀。谢玄向对岸派出了使者，两军万千将士注目那一介使者跨马越过淝水，使者见到秦军主帅苻融，传达了谢玄的口信，说："大人您提兵深入我国国境，却紧紧逼着河水列阵，这只是长久相持的办法，怎是想要和我等决斗？如果贵军稍稍向后退却，给将士们腾出厮杀的空间，在下将与大人松下马的缰绳一起从容观看，这难道不是一件美事吗？"谢玄的使者传话完毕，又拨马而回。

天王苻坚就在阵中，因此，苻融立即将谢玄的请求上报给了苻坚。

秦军诸将均说："应该以淝水为依托，阻止晋军上岸，我众敌寡，这是万全之策。"

但是，苻坚却说："只管退军无妨。就让他们渡河，待其渡过一半之时，我们再以我数十万铁骑冲向河边，将其逼下河去追杀，没有不胜的！"

这一决定是苻坚所犯的第三个错误，而且，这个错误也是最致命的。从理论上说，半渡而击，符合兵法，但是，此时欲造成半渡而击局面的前提，却是临阵退却，这又是兵家大忌。秦军为步骑混合军团，人员庞大，尤其是骑兵往后移动，再排好阵势是十分困难的。

但是，苻融也在苻坚同意以后，同意了这一致命的决定，苻融开始传令，组织已经摆好阵势的军队，往后移动。

黑黝黝的秦军开始向后松动，原先整齐的阵型开始混乱。见此情形，谢玄、谢奕、桓伊等早已挑选了八千猛士，狂呼着飞马渡河杀来。晋军老谋深算，即使在这种情况下依然没有投入全部军队，而是留足了预备队，一旦出现意外，不至于一败涂地。

眨眼间，晋军已经登上了淝水西岸，朝退却中的秦军发起了猛烈的进攻，秦军前军一边往后撤，一边与晋军厮杀，局面开始混乱起来。

就在此时，站在秦军阵后的朱序向后撤中的秦军大声喊道："秦军败了！秦军败了！"

秦军后军看不到前军，不知道前面发生的情况，一时间，退却引发了更大的混乱，混乱则变成了难以遏制的溃败，惊恐像瘟疫一样在人们中间迅速传播，士兵们各自惊慌失措地纷纷向后逃命，乱哄哄的人流无人能够阻止。

主将苻融在预定阵地前飞马驰骋，发号施令，试图控制混乱的局势，可是，他胯下的战马突然之间马失前蹄，倒在了地上，将其摔下马来，旋风般冲杀而来的晋军立刻赶上，将其斩杀。

秦军主帅被杀，立即让整个军队失去了控制，整个局面再也无法收拾，秦军也从溃散变成了大溃败。晋军全军乘胜追击，一直狂追猛杀到寿阳西北的青冈，秦军相互踩死、淹死、被杀的不可胜数，从寿阳以东的淝水西岸一直到青冈以北的淮河岸边，满山遍野塞满了秦军的尸体，"淝水为之不流"。

侥幸渡过淮河的秦军，早已被刚刚经历的那场血腥屠杀吓呆，他们丢盔弃甲，昼夜兼程，听到风声鹤唳，都以为是追击的晋军，饥饿、严寒、劳累而死的，又有十之七八。晋军缴获了苻坚乘坐的云母车，仪服、器械、军资、珍宝堆积如山，牛马驴骡骆驼十万余之多。晋军同时又夺回了寿阳，抓获了秦淮南太守郭褒。秦尚书仆射张天锡、尚书朱序及被俘的晋将徐元喜等人都趁机归顺了东晋。

苻坚本人也为流箭射中，单骑狼狈逃至淮河北岸，身边也渐渐聚集了一些从人。他饥饿难忍，村民奉上一壶开水泡的米饭、一盘猪脚肉，苻坚吃后大喜说："昔日冯异献给刘秀的豆粥也不过如此！"让人赏赐村民十匹帛、十斤绵。

村民推辞不受，说："臣听说过白龙因为厌烦了天池之乐而被豫且的渔网所困，这是陛下耳闻目睹的。今天陛下蒙尘之难，难道不是天意吗？况且草率的赏赐不能算作恩惠，没有理由的接受不是尽忠。陛下是臣的父母，哪有儿子赡养父亲，而要求父亲回报的道理呢！"

说完，这位村民看也不看苻坚一眼，就掉头而去。

村民的一席话说得苻坚满目羞愧，他回头对张夫人说："朕如果采纳朝臣的谏言，怎会有今天的下场！朕还将有什么脸面再君临天下呢！"说罢，他悲从中来，不禁潸然泪下。

这就是闻名中外的淝水之战。

这一年，秦王苻坚四十六岁，司马曜二十三岁，慕容垂五十七岁，谢安六十四岁，桓冲五十六岁，谢石五十七岁，谢玄四十一岁。

这场神奇的战役来得如此的突然，发生得如此的迅捷而又猛烈，战果又是如此的辉煌，后世的人们对此战的分析评价，可谓是汗牛充栋，但是，无论你如何评说，它就这样实实在在地产生了，放在你的眼前，它是如此的神奇，以致永远也无法复制，然而，它的意义和它产生的深远影响，你无论如何高估都不为过。

二六五　放虎归山

由于慕容垂的三万鲜卑军队并没有参加淝水之战，因而得以保全。

历史的真相可能是：在淝水之战前夕，慕容垂临时被抽调到荆州地区，在其打下郧城之后，又奉调驰援淝水前线，而留下了慕容暐率军驻守中路。但慕容垂的部队还未抵达战场，胜负已分，苻坚败逃。

听说了慕容垂的下落，苻坚带领一千骑兵投奔慕容垂的大军。

慕容垂的世子慕容宝，此时被苻坚封为陵江将军，他看到苻坚只身前来，就劝说父亲杀死苻坚以后恢复燕国，他说："燕国灭亡以后，天命人心都归于父亲您，只是时运不到，所以才韬光隐晦。如今秦兵大败，苻坚投靠我们，这是上天让我们恢复燕国而给予我们的机会，机不可失。且立大功者，不顾小节；行大仁者，不念小惠。请不要因为他曾给我们的那点恩遇，而忘记了恢复社稷的重任！五木之祥，今天到了。"

慕容宝在长安的时候，曾经与韩黄、李根等人一起赌博，慕容宝在掷骰子前，正襟危坐，祈祷上天说："大家都说骰子有神，岂是假的！如果可以得到富贵，请让我连得三卢的点数。"结果，慕容宝竟然真的得到了三卢，他对着骰子拜了三拜，也坚信燕国定能复国。

然而，此时，父亲慕容垂却回答："你的话是对的。不过，他剖肝沥胆来投靠我，我怎能做出加害他的事！上天如果抛弃他，又何必要担心他不会灭亡？不如好好保护着他，以报答他的恩德，然后，慢慢再寻找时机筹划我们的计划，这样，既不做负心之事，又能够光明正大地取得天下。"

慕容垂的幼弟、奋威将军慕容德也劝说道："秦强燕弱之时，秦国灭掉了燕国，如今秦国转弱，我们再打它的主意，这不是负心而是报仇。昔日邓祁侯不采纳三甥的话，最终被楚国所灭；吴王夫差不听伍子胥的建议，被勾践所灭。前事不忘，后事之师。愿兄长不要忘了商汤、周武王的成功经验，想想韩信之所以灭亡的原因，趁着氐族土崩之势，恭行天罚，斩氐族，建大业，机不可失。为何得到了他，反而将数万军队拱手让给他呢？当断不断反受其乱，兄长不要再犹豫了。”

慕容德提到的邓祁侯，是春秋时期邓国（今河南省南阳市邓州市）国君，楚文王北上讨伐申国（今河南省南阳市）时，经过邓国，邓国的三位大臣聃甥、骓甥、养甥请求趁机杀掉楚王，邓祁侯不听，后来，邓国反被楚国灭亡。

慕容垂对慕容德说：“昔日我不被太傅慕容评所容，世间无我容身之地，才逃到秦国，秦主以国士的待遇对待我，恩宠和礼遇非常周到。后来，我又被王猛陷害，无以自明，还是秦主出面证明我的清白，此等恩德我如何能忘！如果氐族的好运已经不再，何必担心没有杀他的机会。关西地区，不在我的考虑范围，那里自有扰乱之人，我当去关东地区搜集部众，轻松地恢复燕国的旧业。君子不趁着社会动荡牟取私利，不做第一个发动叛乱的人，我们还是要暂时等待观望。”

冠军将军代理参军赵秋说：“大人将会恢复燕国国祚，这在图谶上记载得很清楚。如今，天时已到，还等待什么！如果杀掉秦主，北据邺城，一路向西，那么三秦之地也不再为苻氏所有！”

《太平御览》记载，赵秋，字子武，年少轻财好施，邻居李元度母亲去世，家贫无钱安葬。赵秋将家中仅有的两头牛，送给李元度一头，让其卖掉安葬了母亲。后来，赵秋秋夜赶路，遇到一位老妇给他一块金饼，对他说：“你将我安葬，以此报答。你五十岁以后将贵不可言，到时不要忘了帮助一下李元度。”

慕容垂手下的所有人都劝说杀掉苻坚，但慕容垂一概不听，而是顺从地将兵权交给了苻坚。

慕容垂仅此一点，就值得后世的我们将他记住。

慕容垂特殊的身世和经历，让他成为一位内心十分复杂的人物。

青少年时代他深受父王喜爱，差一点取代世子慕容儁，哥哥慕容儁继位那一年，慕容垂二十四岁，自此，他虽然屡立战功，但一直就是燕主打击、排挤的对象，甚至于在他三十四岁那年，自已险些被哥哥诛杀，而自己心爱的段氏夫人竟在狱中被拷打致死。

公元360年，当慕容垂三十五岁的时候，慕容儁死去，侄儿慕容暐继位；在哥哥慕容恪的庇护下，慕容垂的境遇总算稍微好了一点，但其与前燕君主及其戚族之间的隔阂却丝毫没有消弭，只是被当作边将使用，从未将其作为中枢的决策人看待。

公元368年，慕容恪这棵慕容垂依靠的大树倒掉，慕容垂立即陷于叔父慕容评嫉妒和可足浑氏旧怨夹攻，整个家族几近灭亡。穷途末路的慕容垂似乎丧失了正常的判断力，先是北上龙城，后又折返南下，并最终西入关中。彼时，身边的随从逃亡殆尽，连自己当时的小儿子慕容麟也弃之而去，亲情、故国，留给慕容垂的仅仅是心灵深深的创伤，难怪当秦国灭掉前燕之后，慕容垂随从苻坚进入邺城，当他曾经的亲朋故吏纷纷来见他的时候，他不禁面露恼怒之色。可以说，从公元349年慕容儁继位以后，到公元369年慕容垂西逃秦国，在这长达二十一年的人生最美好的壮年时代，慕容垂过得却是那么的压抑，那么的失败。他历尽了人生的坎坷，看透了人间的冷暖，时时刻刻担心着被诬陷，有功不仅不赏反而被逼出逃，这种刻骨铭心的记忆怎能忘却！

当四十四岁的慕容垂狼狈逃到长安的时候，出乎他预料的是，秦王苻坚竟然亲自出城迎接他这位落难的王爷，此后更是恩遇倍加，这种知己之情在自己的故国、在自己的亲人身上慕容垂不曾得到，而却在行将灭亡自己国家的秦国天王那里得到了。他是应该感激，还是庆幸，还是感伤，抑或是叹息呢？眼睁睁地目睹自己的故国被占领，他应该有兔死狐悲的感叹；身在秦国，他应该还有寄人篱下的悲凉；灭亡自己故国的，又是这位推心置腹、善待自己的知己，而被灭的却是让自己走投无路、入地无门的故国！这如何不使自己五味杂陈呢？！

慕容垂奔燕的第二年，王猛灭掉了燕国，直到如今，慕容垂已与秦主苻坚一起度过了十四个春秋，而他也到了五十八岁了，子曰四十而不惑，历尽沧桑的慕容垂又怎能忘记苻坚如大海一样曾经给予自己的恩遇呢？当几乎所有的亲戚旧人都抛弃自己的时候，如果不是有苻坚的恩遇，又怎有今日重新围绕在自己身边的鲜卑贵族们呢？但慕容垂又不可能一味地沉溺于苻坚的恩遇，全心效忠前秦政权。一定程度上，慕容垂是慕容鲜卑贵族的一面旗帜，他特殊的身份又承载着无数鲜卑人摆脱氐族统治、恢复昔日辉煌的梦想，在这一层面上，他又不属于他个人。

在大多数人看来，此时的秦国已经处于无政府状态，如果现在再将秦主苻坚杀死，秦国更是群龙无首，本来氐族人数就稀少，如今又分散在各地，根本无法形成战斗力，慕容垂带领这三万精锐鲜卑骑兵，横行天下，恢复前燕，将易如反掌。但是，老谋深算的慕容垂却想得更远，除了对苻坚的感激之情以外，其实，慕容垂还在等待更好的时机。苻坚投靠到慕容垂军营的时候，当在淝水之战后数天之内，虽然前秦军队大败，但百足之虫，死而不僵，此时就断言秦国因一场战役的失败，就会迅速瓦解，还为时尚早，在事态发展尚不明朗的情况下，慕容垂宁愿选择等待。

东线大捷的消息鼓舞了所有的晋军。

晋随郡太守夏侯澄进攻驻守在漳口的秦将姜成，临阵斩杀了姜成，屯驻郧城的前秦平南将军慕容暐闻风丧胆，弃军北逃。

苻坚北逃中，又与张夫人走失，慕容暐遇到了张夫人，打算将其护送到苻坚身边，慕容德说："此不祥之人，惑乱人主，军事行动不可带着女人，秦军战败大约在此。你该装作没有看见而去，为何还要护送！"慕容暐不听，还是将张夫人护送着北逃到荥阳。慕容德又想说服自己的侄儿发动叛乱，但慕容暐没有采纳。此时的慕容暐还没有背叛秦国的野心。

苻坚一路上搜集残兵败将，等到到了洛阳，军队已有十余万之众，文武百官、仪仗器用、军队阵容也稍微恢复了旧观，稍事休息，这支队伍从洛阳出发继续西行。

这时，慕容农对父亲慕容垂说："父亲在他人最危险的时候，不落井下石，您的仁义足以感动天地。小儿听预言说：'燕国将在河阳（今河南省孟州市南）复兴。'在果子未熟时采摘与成熟落地捡拾，不过晚了十天，但难易程度和滋味好坏，却有天壤之别啊！"

此时的慕容垂已经洞悉淝水之战给秦国打击的致命程度，也感到了兴复燕国大业的时机已经成熟，于是，他最终采纳了儿子的建议。

当这十余万军队走到渑池的时候，慕容垂对苻坚说："北方边境由于大军失利而出现不稳，臣请求带着陛下的诏书前去安抚，顺便回去拜谒祖宗陵墓。"苻坚没有多想就答应了。

当要制作诏书的时候，尚书左仆射权翼才得知苻坚的这一决定，他匆匆觐见苻坚说："王国军队刚刚失败，国家各地都有背叛之心，此时需要做的是将各地名将集中到京师，用以巩固根本，再控御四方。慕容垂英勇谋略超过常人，正所谓是当今的韩信、白起，世代称雄东方，自从他前来投奔以后，他的志向岂止是做一个冠军将军就能满足的！慕容垂就像一只雄鹰，饥饿的时候，就来归附；吃饱了，就将高飞。每每听到大风在天上吹过，就有飞上九霄的壮志，正应拴紧绳索，看好鸟笼，怎能解开枷锁，任其翱翔呢！"

权翼的一席话提醒了苻坚，他回答："你说得对啊。但朕已经同意他了，一介匹夫尚不食言，何况天子呢？如果上天真是决定谁兴谁灭，这也不是人的智力所能改变的啊！”

权翼说：“陛下总是看中世间小小的信用，而忽略社稷重任。臣将看到慕容垂去而不返，关东之地将从此开始动荡了！”

但苻坚依然不听，派遣将军李蛮、闵亮、尹国率领三千人马护送慕容垂北上。

慕容垂走后，苻坚又有点后悔了。不过，他没有召回慕容垂，而是另外派遣骁骑将军石越率领三千士兵前去协防邺城，派遣骠骑将军张蚝率领五千羽林军戍守并州，留下四千军队交给镇军将军毛当，让其驻守洛阳。

权翼秘密派遣刺客提前埋伏在黄河桥南的空仓库中，慕容垂离开苻坚之后，担心事情有变，他让亲信程同穿着自己的衣服，骑着自己的马，与仆人一起从大路过黄河河桥，而自己则在孟津县北的凉马台用草绳捆绑制作木筏，偷偷渡过了黄河。程同走近河桥，伏兵突然出击，程同拍马狂奔，躲过一死。

太元八年十二月，淝水之战后不足一月，苻坚回到了长安，他住进了长安城东的行宫里，惊魂甫定。在长安城外，苻坚为死难的阳平公苻融举行了哀悼仪式，然后才入城，入城以后，苻坚又太庙里向祖宗谢罪，然后下诏赦免死刑犯以下的所有罪犯，文武百官各提拔一级，训练军队，鼓励农耕，安慰老人，对于死难将士家属终生免除赋税。回到长安的苻坚在医治王国的创伤，而进入河北的慕容垂则像一条久困牢笼的苍龙，河北的一草一木，他都是如此的熟悉，如此的眷恋，他渴望一飞冲天，他也将喷云吐雾、喑呜叱咤。

二六六　翟斌反秦

过去有人说，在淝水之战之后，秦国内部最先发动叛乱的是慕容垂，后来，又有人说是丁零翟斌，其实，说淝水之战后首乱的是丁零翟斌是对的。不过，在丁零翟斌叛乱之前，也就是淝水之战前夕，秦国内部就已经发生了叛乱，这场叛乱远在陇西，发动者却是陇西鲜卑的乞伏部。

陇西乞伏鲜卑归顺前秦政权在公元 371 年，比慕容鲜卑燕国灭亡尚晚一年。原本苻坚将乞伏首领乞伏司繁控制在长安，但到了公元 373 年，由于陇西的另一支鲜卑部落勃寒寇略陇西，苻坚将乞伏司繁放归旧部，勃寒投降，因此功苻坚让其镇守在勇士川（今甘肃省榆中县东北大营川）。三年之后，到了公元 376 年，乞伏司繁去世，其子乞伏国仁继位，苻坚组织大举伐晋，征召乞伏国仁为前将军，率领先锋骑兵。乞伏国仁离开陇西东下以后，留在陇西的乞伏国仁叔父乞伏步颓就发动了叛乱，秦王苻坚得报后，立即命令乞伏国仁率领乞伏部骑兵又从寿阳前线回到了陇西。

乞伏国仁回到陇西的时候，淝水之战尚未爆发，听说乞伏国仁领兵回来，乞伏步颓大喜，他亲自率领部众迎接。乞伏国仁大摆筵席，在宴席上他卷起衣袖，大声说道："苻氏过去借着石赵之乱，遂窃位为王，穷兵黩武，跨据八州。国内安定以后，应该以德治国，可是却好高骛远，骚动苍生，使中国之民疲惫不堪，违背上天，怨怒人民，将何以成功！况且物极必反，这是常理，以我预料，秦国发动的这次军事行动，肯定不会成功。我将与大家一起成就起割据一方的事业。"

从乞伏国仁叔侄二人一系列举动中，我们能得出这样一个结论，那就是：乞伏国仁叔侄其实是在上演一出瞒天过海的双簧，目的就在于不愿从陇西千里迢迢去遥远的江南为苻坚政权卖命，这也是保全乞伏部实力的需要。也许，基于对苻坚此役前景悲观的判断，在乞伏国仁率军离开陇西之前，即与叔父达成了趁机反叛的共识。当听到苻坚战败的消息以后，乞伏国仁更是明目张胆地兼并不服从的部落，人数达到十余万之众，割据在陇西一带。

因此，我们说在淝水之战前后，最先发动脱离前秦政权叛乱的不是丁零翟斌，亦非慕容垂，而是陇西鲜卑乞伏国仁。

我们知道，公元316年，中山丁零翟鼠曾起兵反叛石勒，失败后逃往代郡（今河北省蔚县东），另一头领翟斌则留在了太行深山。公元330年，石勒称帝，翟斌率众归顺，被石勒封为句町王。公元351年，当慕容儁的军队击败冉魏军队之后，翟鼠率领自己的部众投降了前燕，被封为归义王，而翟斌大约不久也投降了前燕。秦灭燕之后，史籍不再显示翟鼠，大约其人已经去世，而丁零部众也随着十万杂夷被安置到了新安、渑池一带，翟斌本人被苻坚任命为卫军从事中郎。

翟斌被苻坚任命的职位并不高，从这一点来看，丁零实力似乎并不强，且前秦政权对他们也并不重视。假如公元330年翟斌二十岁的话，那么到了淝水之战的公元383年，翟斌也已七十三岁了，二十岁的他就曾被石勒封王，到七十余岁却变成了一名卫军从事中郎，反差实在太大，这也许是翟斌叛乱的原因之一吧。淝水之战之后，丁零翟斌率领部众也随着秦王苻坚从寿阳前线回到了新安、渑池，他目睹了苻坚留在洛阳仅仅有四千疲惫之卒，也切身体会到下层各族民众因淝水之战惨败而对秦政权的怨恨。于是，在苻坚率众西去之后，翟斌即于当月（太元八年十二月）联络民众，起兵反叛，率领四千丁零"子母军"，从新安、渑池东下，一举攻占了重镇洛阳的属县河南县（今河南省洛阳市西郊），并计划进攻驻守在洛阳的秦豫州刺史、平原公苻晖，前燕慕容桓之子慕容凤、燕旧臣王腾、段延等人听说翟斌起兵的消息，纷纷响应，各自带领部曲加入到了翟斌的军队。

我们知道，慕容凤是慕容垂弟弟、宜都王慕容桓的儿子。据《太平御览》记载，慕容凤，字道翔，慕容桓喜欢修建宫室，慕容凤八岁的时候，父亲让仆人抱着他参观新落成的宫殿，问他房子建得如何，慕容凤说："这府邸本来就是石赵诸王的，大王你修缮修缮，有什么好的？"说完，小慕容凤还不忘劝谏父亲说："大王一顿吃上百种美味，而王府以外却有吃糠咽菜的贫民，这就是小儿不敢与大王吃一样的原因。"慕容凤十一岁的时候，燕国灭亡，父亲被杀，他眼中哭出了鲜血，也不告诉别人，只是对母亲说："昔日张良豢养猛士在博浪沙袭击秦王，为君主复仇。杀父之仇，怎能一日忘掉！"此年二十三岁的慕容凤一听翟斌反秦，就义无反顾地加入了反秦的行列。

话分两头。

脱险渡过黄河的慕容垂一行人很快就抵达了安阳。他先派遣参军田山面见驻守邺城的前秦长乐公苻丕，向他通报秦王苻坚命令自己前往河北的意图。接到慕容垂口信的苻丕第一时间就担心，慕容垂的到来不仅不可能安抚骚动不安的河北地区，而且极有可能会加剧这一地区的紧张局势。那么，是果断出兵将其消灭呢？还是将其控制？苻丕一时还拿不定主意。不过，在慕容垂来意不明的情况下，苻丕还是决定出城迎接。

慕容垂的参军赵秋劝说慕容垂在双方见面之时发动突然袭击，诛杀苻丕，占领邺城，慕容垂没有采纳；而出城之前的苻丕同样打算将慕容垂杀死，可是，苻丕的侍郎姜让却劝阻说："慕容垂尚未暴露叛乱的迹象，此时就擅自将其诛杀，这不是一位臣子应该做的事。不如以上宾的礼仪接待他，派出军队对其进行严密的监视，然后向天王上报其最近的行动，接到指示以后再行动。"苻丕采纳了，于是，将慕容垂安置在邺城西郊的宾馆之内，两人举行了正式会面。

会谈中，慕容垂向苻丕详细汇报了淝水之战的战况，特别是对于自己解救苻坚的义举着重进行了渲染，慕容垂的一番表白让苻丕稍稍消除了一点怀疑。

就这样，慕容垂一行人在邺城西郊安顿了下来，开始伺机夺占邺城，然而，此时，慕容垂身边仅有苻坚交给他的三千人马，依靠这区区三千军队不要说是恢复燕国，即使是想攻下邺城，无疑也比登天还难。正在慕容垂等人一筹莫展之时，翟斌叛乱的消息传到了邺城，也给了慕容垂一个天赐良机。

困守洛阳的秦豫州刺史、平原公苻晖向邺城的哥哥苻丕派来求救的信使！《资治通鉴》称，是秦王苻坚下诏命令慕容垂率军前往洛阳平叛，但《晋书》各传却与此记载不同，称命令慕容垂南下洛阳的是苻丕。我们感觉《晋书》的说法可信程度要高一些，这是因为，对于苻丕而言，他正在为如何处置慕容垂这一烫手的山芋发愁，这正是借机将其赶出冀州的绝佳机会。

当得知苻丕这一决定之后，负责辅佐苻丕的骁骑将军石越劝阻他说："如今国家刚刚遭到失败，民心思乱，逃往各地的流民、兵痞很多，他们都盼望天下大乱。翟斌振臂一呼，十天左右就聚集了数千之众，这就是明证。慕容垂是燕国的元老，一直想恢复燕国，如今你再交给他军队，就好比是给老虎插上了一双飞翔的翅膀。"

苻丕说出了自己真实的想法，他说："慕容垂住在邺城，总让我有一种挨着猛虎、枕着蛟龙的不安，一直提心吊胆，担心发生肘腋之变。现在将其打发得远远的，比把他留在邺城要好得多。况且，翟斌凶恶狂悖，肯定不会投降慕容垂，让他们二人厮杀，我在邺城远远旁观，这正是卞庄子刺虎的道理。"

苻丕作出这一决断源于个人的不自信，致使这一决策在逻辑上存在两个致命的漏洞：一是既然不放心慕容垂，与其让他带兵在外，不如设计果断将其诛杀，如果慕容垂真有反心，那此时让他远远在外，以后他就不会回来了吗？二是苻丕判断翟斌与慕容垂不会联合的理由是：翟斌凶恶狂悖，这一判断的条件和结论之间没有联系。决定两股政治势力能否联合的基础是共同的利益，目前，虽然不能明确地知道翟斌叛乱的目的，但他是反秦的，而假如慕容垂真的有恢复燕国的计划，首先也是要反秦的，这样，两人之间起码在一定时间里就有了一个共同的利益，怎能不会联合？况且，慕容垂已经让你感到了压力，其北上冀州居心叵测，在这种情况下，即使出于本能，绝不能交给他军队。如果说苻坚让慕容垂脱离自己是放虎归山，主要是源于苻坚的一时疏忽和事后小信，那么，苻丕让慕容垂率军平叛，真的是给猛虎添翼，是胆怯，是懦弱，是糊涂。

他对慕容垂说："翟斌兄弟借大军小小的失利，竟敢发动叛乱，只是丁零的子母军作战骁勇，没有冠军将军您的勇武，难以将其消灭。还是麻烦将军您前去走一趟，可以吗？"对于慕容垂而言，领军出外一方面让自己有掌握军权的时机，自己可以见机行事；另一方面，如果前秦王国事态得到控制，那击败翟斌，也是暂时消除苻丕戒心、从长计议的两全齐美之策，慕容垂欣然答应，他对苻丕说："下官只是殿下您的鹰犬，怎敢不唯命是从！"

听了慕容垂的回答，苻丕大喜，当即下令赏赐慕容垂金银财物，但慕容垂什么也不要，而只是请求苻丕将邺城附近原来属于自己家的田庄赏赐给自己。慕容垂这一"求田问舍"的伎俩，不过是显示自己颐养天年、不求进取的姿态，其目的还是为了进一步麻痹苻丕而已。苻丕当即就答应了慕容垂的这一要求，随后，苻丕交给了慕容垂两千老弱残兵，同时任命广武将军苻飞龙为副将，率领一千氐族骑兵跟随慕容垂出发。

苻丕对苻飞龙嘱咐道："你是王室的近亲，虽然年龄品级较低，但却是三军的实际统帅。慕容垂是三军的元帅，你却是图谋慕容垂的主将，见机行事、防微杜渐，全部由你视情况自行决定，你要努力！"

疑人不用，用人不疑，苻丕却是疑人用，用人疑，恰恰犯了这两个大忌。即使慕容垂不叛变，仅仅凭借这六千疲惫、老弱、二心之众（慕容垂从渑池带来的三千疲惫之兵，而苻丕配的是两千老弱之卒，苻飞龙率领的是一千怀有二心的军队），怎能破敌？难道苻丕真的是想借翟斌的刀将慕容垂杀死，然后，再去消灭翟斌吗？苻丕的这点伎俩怎能瞒过历经沧桑、威震一时的慕容垂呢？

第七部 慕容复国

二六七 慕容叛秦

除了安排苻飞龙随军监视慕容垂之外，苻丕还将慕容垂的儿子慕容农、慕容恪的两个儿子慕容楷、慕容绍以及慕容垂弟弟的儿子慕容宙留在邺城作为人质。慕容宙究竟是谁的儿子不详。在苻丕看来，这是万全之策. 然而，才智平庸的苻丕小瞧了慕容家族子弟才能，想依赖一个随时都有可能背叛的人去平叛，无疑是在玩火。

从邺城得到了三千军队，慕容垂知道苻丕是欲将自己置之死地。临出发前，他提出率众进入邺城，拜谒宗庙。慕容垂此举绝不是心血来潮，一是试探苻丕，如果苻丕拒绝自己入城，就给了自己下一步背叛以合适的理由；二是一旦苻丕同意自己进入邺城，也许慕容垂会当机立断，利用邺城城内的鲜卑势力夺占邺城。慕容垂的请求给苻丕出了一个难题，最终他不敢让慕容垂进城，这让慕容垂十分恼怒。他假扮成平民试图进入邺城，却被邺城城外负责盘查的哨兵阻止，怒火中烧的慕容垂立命随从拔出刀剑，将官吏诛杀，并焚烧了哨卡，然后拨马扬尘而去。

消息传入城中，骁骑将军石越再次劝说苻丕道："慕容垂在燕国的时候，破国乱家，等其归顺本朝，蒙受超乎寻常的恩遇，如今竟敢轻视一方镇将，杀死官吏，焚烧岗哨，反叛之形已经显露，最终将成为心腹大患。如今，他的部队非常疲惫，可突然袭击，一举将其拿下。"

此时，慕容垂前不久给苻丕的谈话起到了作用，他回答："淮南战败之后，父王众叛亲离，而慕容垂却侍卫在父王身边，此功不可忘啊！"

石越接着说："慕容垂既然不会忠于燕国，他能尽忠于我国吗？且慕容垂不过是一个走投无路的叛臣，主上对待他好比功臣贵戚，他不能牢记恩泽，发誓报恩，反而想首先叛乱，现在不果断打击，必为后患！"

但苻丕始终不从。

石越无奈，闷闷退下之后，痛心地对他人说道："大人父子喜好对人小恩小惠，不顾及天下大计，我们终将成为鲜卑的俘虏啊！"

慕容垂离开邺城，抵达安阳的汤池（今地不详），慕容垂部将闵亮等人从邺城而来，向慕容垂报告了苻丕与苻飞龙之间的密谋。慕容垂随即将苻飞龙企图诛杀自己的计划，向自己的亲信说了出来，他说："我对苻氏忠心耿耿，可是，他们却一心想谋害我们父子，我就是想忍受下去，能成吗？"借口部队人数寡弱，停留在河内郡（今河南省沁阳市）扩充军队，十天之内，就集结了八千之众，不久，慕容垂所部人数就达到了三万。

其实，这里是有疑点的：苻丕与苻飞龙之间的密谋，是极其秘密的，闵亮怎会知晓？苻飞龙随军监视自己，慕容垂心知肚明，也许慕容垂不过是借闵亮之来，故意激怒自己手下的人，为下一步公开叛秦做准备。

河内与洛阳仅有一河之隔，而慕容垂却迟迟不进，这让困守洛阳的平原公苻晖十分着急。他望眼欲穿，连连向慕容垂派出使者，敦促其火速进兵救援。而此时的慕容垂则已经下定了决心，实施他的叛秦计划。

这一计划的第一步就是要在抵达洛阳之前，首先将军中的苻飞龙及其所率领的一千氐族部队消灭。因此，他一方面在河内募兵；另一方面，一直盘算着如何将苻飞龙杀掉。那么，如何在极其秘密的情况下，将自己军中的苻飞龙消灭呢？这让慕容垂颇费踌躇。

我们知道，十四年前，慕容垂的儿子慕容麟曾脱离奔秦的慕容垂，只身回到了邺城，因此，当苻坚灭掉燕国之后，慕容垂也随着苻坚进入邺城，他一直对儿子慕容麟背叛自己耿耿于怀，于是迁怒于慕容麟的母亲，慕容垂进入邺城之后，立即将其诛杀。然而，毕竟父子情深，慕容垂尚不忍心杀死自己的儿子，就将慕容麟安顿在外宅，很少接见。此时，慕容麟在父亲的军中，当慕容垂计划消灭苻飞龙的时候，慕容麟给父亲献计，启发了慕容垂的思路，一条消灭苻飞龙的连环计就出笼了。

慕容垂对苻飞龙说："河内与洛阳相距不远，敌人就在眼前，应当白天休息，夜晚行军，这样才能出其不意，突然袭击敌人。"苻飞龙感到慕容垂说得有理，就答应了。十二月二十七日深夜，慕容垂命令世子慕容宝率领先锋部队提前出发，而慕容垂带着少子慕容隆率军跟随着自己，并命令氐族军队每五人一个战斗小组，分散开来，走在了大部队的中间。在苻飞龙看来，走在队伍中间无疑是最安全的，可是，让他万万没有想到的是，一张诛杀他的大网已经开始慢慢向他张开了。部队在黑夜里出发了，四周静悄悄的，隆冬的深夜寒风刺骨，人们仅仅依靠着漫天的星辰默默地迤逦前进。突然，慕容垂的军中擂响了战鼓，很快地，本来走在最前头的慕容宝率军返回，朝苻飞龙所部的氐人杀来。苻飞龙毫无思想准备，不知道发生了什么情况，很快就被擒拿，苻飞龙被抓之后，那一千分散了的氐族士兵很快就被控制住了。慕容垂下令左右将苻飞龙诛杀，将一千氐族士兵全部活埋，只将家在关中的参谋人员释放，任其逃回关中。接着，慕容垂还继续施展他的骗术，他命人给苻坚上书，将自己诛杀苻飞龙的理由叙述了一遍，然后，兵向洛阳。

老谋深算的慕容垂对于关中的局势并不明了，这是他敢做不敢当的最大原因，况且，此时纳入他视野里的洛阳，距离关中并不遥远，如果苻坚发怒自关中出军攻击自己，后果将难以预料——不过，事后证明，慕容垂是多虑了。在此，我们陡然发现久违了的坑杀士卒现象，仿佛让我们重新回到了七八十年前惨烈的永嘉之乱中。

我们还清楚地记得，前燕建立之初，慕容垂的哥哥慕容儁刚刚打下蓟城的时候，也曾经想要坑杀降卒，但正是这位慕容垂以大义劝说制止了哥哥的暴行，而此时的慕容垂为何却要痛下杀手呢？我们猜测，慕容儁进攻石赵是占据他人领土，将自己的军队打扮成仁义之师，从而获取民心；此时慕容垂是企图恢复故国，这种赤裸裸的民族争斗似乎没有和解的可能，这是其一；其二，慕容垂坑杀氐族士兵的行径，也是出于保密的需要。

就在慕容垂消灭了军中的苻飞龙前后，洛阳苻晖的局面更显危急。翟斌的丁零军队与慕容凤率领的鲜卑部众，对洛阳发起了猛烈的进攻。苻晖命令武平侯毛当出城迎战，慕容凤对翟斌说："我慕容凤今天将要洗刷先王被杀之耻，请让我为将军阵斩此氐族老奴！"话音未落，慕容凤即拍马挺枪，率领部下朝毛当之军杀来，翟斌的丁零部队也随之冲上。经过激战，毛当所部大败，慕容凤也斩杀了毛当。于是，这支联军又乘胜攻下了洛阳西郊的陵云台堡垒，缴获了足够万人使用的武器和铠甲。

这也正是苻晖急切盼望慕容垂援军的直接原因。

十二月二十八日，慕容垂留下鲜卑可足浑谭，让其打着秦国的旗号继续在河内的沙城招募军队，而他自己则率领三万之众渡过了黄河，渡过黄河之后，就下令烧掉了黄河河桥。慕容垂的军队终于出现在了苻晖视线里，然而，翟斌义军中斩杀毛当的正是慕容垂的侄儿慕容凤，居心叵测而又姗姗来迟的慕容垂此时出现，究竟是喜是忧呢？这让苻晖举棋不定。

而看到慕容垂大军的不只是洛阳城内的苻晖，城外的翟斌、慕容凤等人也看得一清二楚。太元九年（公元384年）一月一日，也就是慕容垂所部到达洛阳城下数天之后，慕容凤、王腾、段延等鲜卑贵族劝说丁零翟斌，奉慕容垂为盟主，合力进攻洛阳，翟斌接受了三人的意见，立即向慕容垂军中派出使者，表达了这个意思。

如今，慕容垂已经诛杀了苻飞龙，因此，他不可能再回到邺城，而凭借自己的三万乌合之众，一旦屯兵洛阳城下，再遭到来自邺城苻丕的打击，后果不堪设想，这也是他匆匆烧毁黄河大桥的原因。目前，慕容垂的初步打算是利用援军的名义，袭取洛阳，并且，他还不知道翟斌的真实用意，因此加以拒绝，他说："我父子在秦朝寄托性命，因此才转危为安，受到主上超乎寻常的大恩，虽然名义上是君臣，但恩同父子。怎能有些许的矛盾，就怀有二心？"不过，他接着却说："我带兵南下是来解救豫州刺史苻晖的，不是来和你联合的。你既然是要建立大业，成功了就独享其福，失败了也独受其祸，我不参与。"

慕容垂末尾的话乍听下来让人感到莫名其妙，因为他的话似乎让人感觉解救洛阳与打击翟斌是两件毫不相干的事情，其实，这正是慕容垂的高明之处，他虽然没有接受拥戴，但却委婉地表达了自己不会与翟斌为敌的态度，至于翟斌继续进攻苻晖，他慕容垂会怎样，却含糊其词。

第二天，慕容垂抵达洛阳城下，他要求苻晖开城。然而，此时的苻晖已经听说了他诛杀苻飞龙的确信，闭门不纳，也不再与其联络。见此情形，翟斌再次派出自己的长史郭通前去说服，慕容垂开始没有答应，郭通说："将军之所以拒绝我，大概是感觉翟斌兄弟不过是山野异族，没有雄才大略，肯定不会成功？难道您没有想想，如今暂时依靠他们的力量，可以成就大业吗？"看到郭通完全是在出卖自己的原主子，这下，慕容垂同意了。

翟斌率领部众与慕容垂会合，翟斌劝慕容垂登基称帝，慕容垂说："新兴侯慕容暐是国家正统，也是我的主上。如果借助诸君之力，平定了关东，应当以大义劝说秦王，让他放归新兴侯，迎归为帝。目无尊上自立为帝，这不是孤的本心。"——此时慕容垂无尺寸之土，时机还不成熟。

本来慕容垂是想袭取洛阳，夺取军实，然后再做打算，可是，事与愿违，警觉的苻晖拒不开城，这让慕容垂立即陷于被动。洛阳密迩关中，处于四战之地，此时的慕容垂已经公开反秦，既然无法实施原计划，屯兵洛阳城下，绝非长久之计，他召集开会说：“洛阳四面受敌，北面又有黄河所限，要想北面控制燕代之地，很不方便，不如北上攻下邺城，以控制天下。”众人均表示同意。

慕容垂率军离开了洛阳，东进荥阳，企图从荥阳的石门再北渡黄河。

二六八　北攻邺城

慕容垂袭杀苻飞龙之后，就派田山连夜赶往邺城给儿子慕容农等人报信，让他们尽快逃离邺城，并在河北组织起兵。

太元八年十二月二十八日夜，跑了一天的田山终于到达邺城，他传达了慕容垂的口信。慕容垂的儿子慕容农、侄儿慕容楷、慕容绍兄弟及慕容宙得到口信以后，很快做出了决定：先由慕容绍带人连夜出城，前往邺城西郊的风景区蒲池，盗取苻丕饲养在此的数百匹骏马，等待着慕容楷、慕容农等人到来。

第二天就是除夕，慕容楷、慕容农等人带着数十随从，换上平民的服装，偷偷离开邺城，哥四个做好分工，慕容农、慕容宙一起逃往列人（今河北省邯郸市肥乡区东北）；慕容楷、慕容绍兄弟前往辟阳（今河北省衡水市冀州区东南三十里）募兵。

列人和辟阳当属慕容恪、慕容垂旧部集结地或者有可能是二人的封地。慕容农、慕容宙马不停蹄来到列人，直奔旧部乌桓人鲁利的家中。鲁利见到慕容农，赶紧让妻子准备饭菜，款待慕容农一行，看着饭菜，慕容农但笑不言。鲁利以为慕容农嫌弃饭菜不好，对妻子说："郎君是尊贵的人，我们家贫没有好东西款待，这如何是好？"

鲁利的妻子是个十分聪明的女人，她说："郎君有雄才大志，如今无故来找你，一定有什么大事，决不是为了吃喝来此。你赶紧出门看看附近有无异常？"鲁利出门看后，进屋听慕容农吩咐。

慕容农说："我打算在列人招募军队，以兴复大业，你愿意追随我吗？"

鲁利回答："我鲁利生死相随！"

慕容农又找到乌桓的张骧，他说："我父王已经起兵，翟斌等人全都拥戴，远近响应，我特意前来相告。"

张骧再三叩头说：“能再次侍奉旧主，敢不竭尽全力。”

慕容农裹胁着列人的居民充当士兵，他们将桑树、榆树的枝干砍下制成兵器，将衣襟撕烂当作旗帜，然后，慕容农又派遣赵秋前去说服屠各匈奴毕聪等人。屠各匈奴毕聪、卜胜、张延、李白、郭超、东夷的余和、敕勒以及乌桓刘大等各率数千部众，纷纷来到列人加入。慕容农任命张骧为辅国将军、刘大为安远将军、鲁利为建威将军。

有了部众之后，慕容农立即想到了需要解决武器和马匹问题，他亲自率众进攻东边的馆陶（今山东省馆陶县），缴获了那里的军需物资，同时，又命令堂舅爷兰汗、段思聪的儿子段赞、赵秋、慕舆悕，率众北上前去抢掠康台（今河北省曲周县）牧马场里的马匹，缴获了数千匹战马，慕容农在数天之内即组织起了数万步骑，众人共同推举慕容农为使持节、都督河北诸军事、骠骑大将军，统领众将，上下严整。（《十六国春秋辑补》称，其有众数千。）

这里涉及一个人，那就是段赞。

段氏鲜卑虽然被灭，却依然是一支颇具实力的力量。我们知道，自段氏始祖段日陆眷开始，段氏就世居辽西，段日陆眷死后，弟弟段乞珍继位，有学者怀疑，《资治通鉴》中所称的段阶即为段乞珍；其女嫁给了慕容廆生子慕容皝、慕容仁和慕容昭；段乞珍死后，其子段务勿尘继位，被晋朝封为辽西公；段务勿尘有子：段疾陆眷、段匹磾、段文鸯、段叔军、段秀等，他死后，儿子段疾陆眷继位；段疾陆眷死后，叔父段涉复辰自立，后被段匹磾堂弟段末柸所杀，其后，段末柸自立，段末柸于东晋明帝太宁三年（公元 325 年）三月去世，弟弟段牙继位，段牙继位八个月之后，被段日陆眷之孙段辽（也就是段牙的祖兄弟）所杀，段辽自立。自此，段氏的最高统治权自段乞珍这一支又回到了其兄段日陆眷这一支。段辽有子段乞特真，有弟段兰，段兰有子段龛，段辽在位十三年，到公元 337 年，段国被石赵帝国和慕容鲜卑南北夹击而灭国。段氏灭国之后，段兰先投靠宇文部，后被宇文部送还石赵帝国，石虎让其带着族人还居令支旧地。石赵末年天下大乱之时，段兰之子段龛、段罴兄弟占据山东，段龛自称齐王，后被慕容儁所灭；而段末柸之子段勤、段思聪兄弟则退保山东省平原县的枉人山，自称赵帝，后被慕容儁所灭。慕容氏与段氏世为婚姻，不仅慕容垂的爷爷娶妻段氏，而且慕容垂本人的夫人大小段氏，就是段末柸的女儿、段勤和段思聪的姐妹。因此，段思聪的儿子段赞与慕容农兄弟之间是表兄弟关系。

慕容农以父亲慕容垂没有到来，不敢擅自封赏将士。赵秋说：“俗话说：‘军无赏，士不往。’今天前来投靠的人们，都是企图建立一时的功业，来贪图自家万世的利益的，应当立即进行封拜，以巩固中兴大业的基础。”慕容农听从了，远近想要贪图富贵的人纷纷前来。于是，慕容农又招引西边上党（今山西省长治市）地区的库缛官伟、东边东阿（今山东省阳谷县境）的乞特归以及北面燕国（今北京市）的光烈将军平叡、平叡的哥哥汝阳太守平幼，这些势力也都纷纷响应。与此同时，慕容农还派遣兰汗等人率军南下，攻取了顿丘（今河南省浚县北），为慕容垂的北上扫清了道路。据《晋书·慕容垂载记》《十六国春秋辑补》称，此时库缛官伟等人都各自率领数万之众前来，因此，慕容农的军队已经达到了十余万。

在乱世之中，一个接着一个关乎身家性命的重大决定，接踵而至，需要你不停地做出判断，人与人之间的能力登时会分出高下。此时，苻坚的子嗣们与慕容垂的儿子们之间的能力也立马就分出了高下。当慕容农等人顺利逃出邺城之后，第二天就是太元九年（公元 384 年）的正月初一，苻丕依然按照惯例宴请宾客，并邀请慕容农兄弟参加，然而，却怎么也找不到慕容农等人，此时的苻丕才感觉事态有变，他派人四处打听，三天过去了，当慕容农已经在列人组织起了自己的军队之后，邺城城内的苻丕才知道了慕容农的确切下落。既然苻丕将慕容农等四人扣在邺城作为人质，怎能不严密看管呢？

当苻丕得知慕容农反叛之后，即命令骁骑将军石越率领一万步骑前往镇压。慕容农说：“石越素来以智慧和勇敢而名闻天下，如今，他不向南进攻父王，却北上进逼我等，是惧怕父王，以为我们弱小可欺啊。如此一来，他必然轻敌，防备不周，我们可以设计将其击败。”

众将请求修缮列人城，慕容农却说：“善于用兵的，当恩结将士之心，而不需要依靠他物。如今，我们发起义军，正要寻找敌人，将其消灭，当以山河为城池，小小的列人城，何足修缮！”

正月七日，石越的一万秦军抵达列人城西，慕容农命令赵秋和参军綦毋滕主动出击，一举击溃了石越的前锋部队。初战告捷，参军赵谦对慕容农建议说：“石越的兵器铠甲精良，但军心已经震恐，容易被击败，应当迅速对其发起总攻。”而慕容农却说：“敌人的铠甲在身外穿着，我们的铠甲存于心中。白天交战，我军士兵将会因为看到他们的铠甲，而心生怯意，不如夜间突击，一定能够将其消灭。"于是，严令军队不得擅自行动。石越前锋失利，为稳妥起见，在军营外竖立栅栏自卫，见此情景，慕容农不禁笑了起来，他说："石越军队武器精良，人数众多，不利用刚刚到来之际，趁着士气正旺发起进攻，反而构筑防御工事，我断定他无所作为了！"天近黄昏，慕容农率众呐喊着从城中冲出，在城西布下阵势。牙门将刘木自告奋勇，请求第一个进攻石越的营栅，慕容农笑着说："人人见到美味，谁不喜欢，你怎能独占？不过，看你勇气可嘉，就将先锋一职交给你了。"刘木率领四百壮士跃身翻过石越的营栅，闯进了石越军营，所向披靡。慕容农率领大军随之攻入石越大营，大败秦兵，斩杀了石越，将人头送给慕容垂。石越、毛当为秦国名将，屡立战功，数日之内，一个在洛阳阵亡，一个在列人被杀，秦国人心浮动，各地盗贼纷纷而起。

与此同时，慕容垂也抵达了荥阳。

秦荥阳太守、原扶余国王余蔚以及昌黎鲜卑卫驹各自率众投降，十三年前，当王猛大军围困邺城之时，也正是余蔚率领五百扶余、高句丽、上党的人质打开了邺城北门，致使邺城陷落，而如今，他再次投降了慕容垂，让慕容垂得到了第一个落脚之地。在荥阳，慕容垂自称大将军、大都督、燕王，暂时履行皇帝职权，建元燕元，下属对其称臣，一切文告，封拜官爵，均与帝王无二。在此，他加封弟弟慕容德为车骑大将军，封范阳王；侄子慕容楷为征西大将军，封太原王；翟斌为建义大将军，封河南王；翟檀为柱国大将军，封弘农王；余蔚为征东将军，元帅府司马，封扶余王；卫驹为鹰扬将军，侄儿慕容凤为建策将军，自此，"五胡十六国"开始了它更为混乱的时期，也建立起了第九个政权——后燕政权。

与此同时，慕容垂命令建威将军王腾在荥阳以北石门的黄河之上，搭建浮桥。浮桥很快建成，于是，慕容垂率领二十余万从石门渡过了黄河，兵锋直指邺城。

二六九　居功不赏

这仅仅是淝水之战两个月内北方发生的激变——乞伏国仁、翟斌和慕容垂相继叛秦。除此之外，据《晋书·孝武帝本纪》记载，截至太元八年年底，仇池公杨世也趁着前秦淝水之战大败之机，率众逃归了陇右，并向东晋派出使者称臣。但是，杨世早在太和五年去世，据《宋书·氐胡传》《资治通鉴》《魏书》记载此为杨定，而且，杨定逃往陇右还是此一年之后，因此，《晋书》的记载是错误的。

不过，我们不得不将直指邺城的慕容垂放下，回过头来看看这两三个月之间东晋朝廷又发生了什么。

淝水之战大胜的战报传来的时候，谢安正与客人下围棋，他将书信看罢，就随意放到了坐垫之上，毫无欣喜之色，继续下棋。客人询问情况，谢安这才慢慢回答说："小孩儿们已经大破了敌人。"神色、举动与平时没有什么两样。其实，谢安的内心也十分高兴，只不过是为了显示自己的从容，等到下完那盘棋，他往内室里去，由于内心过于兴奋，在跨过门槛的时候，竟然忘记了抬脚，木屐下的木齿被门槛碰断，而谢安对此也是浑然不觉。

十一月丁亥日，谢石等淝水之战的众将凯旋而回，随军也带回了前秦王国的乐师，自此，东晋宗庙才有了音乐。十一月乙未日，东晋朝廷任命张天锡为散骑常侍，朱序为龙骧将军、琅邪（今江苏省句容市境）内史。

张天锡于公元 363 年弑杀侄儿张玄靓自立，当时他十八岁，十三年之后，到了公元 376 年被前秦所灭，他在长安居住七年之后，今天，时年三十八岁的张天锡借机又归顺了东晋朝廷。张天锡来东晋之前，对于江南文化羡慕之至，抵达建康郊区以后，一位姓司马的著作郎前去拜见。见面后，张天锡看到那人面容丑陋，言辞粗鄙，十分后悔来到此地，自忖自己当时如果回到凉州，也许还能够东山再起。随后，王珉也去与张天锡相见，王珉很有才华，口才很好，他与张天锡交谈中间，口若悬河，神采飞扬，张天锡这才对江南的文化开始叹服。《世说新语·言语》还记载，张天锡归顺东晋以后，深得孝武帝司马曜的赏识，每次入宫，与司马曜一谈就是一整天。有位嫉妒他的人问："你们北方有什么珍贵的东西？"张天锡回答："桑葚甘甜可口，猫头鹰发出声响，奶酪养生，北方的人没有嫉妒之心。"在《晋书》上，这位十分嫉妒他的人被明确指为司马曜的弟弟司马道子。后来，张天锡逐渐昏聩，司马道子的儿子司马元显当政的时候，经常将其招来戏弄，桓玄篡位后，为招揽远方，曾拜其为护羌校尉、凉州刺史，不久就去世了，享年六十一岁。

朱序在公元379年襄阳陷落以后，在前秦王国待了四年多，如今再次回到故国。可以说，淝水之战的胜利，朱序立有大功：一是他不仅向晋军透露了苻坚在寿阳的绝密情报，而且还透露了寿阳军队数量的情报；二是为晋军出谋划策，提出了全力一搏、击败秦军先头部队的建议；三是战斗中在阵后制造混乱，致使秦军军心大乱。朱序在襄阳战前已经历任兖州刺史和梁州刺史，此次虽立下大功，但由于襄阳之败的缘故，东晋朝廷并没有恢复其州官职务，而只是任命其为郡长一级——不过，是地位较重要的琅邪内史。

淝水之战是以谢氏家族子弟为主导，依靠与谢氏家族有千丝万缕联系的豫州、兖州、徐州将士取得的一次决定性的胜利，它的胜利保存了东晋的国祚，促使了前秦王国的瓦解，也奠定了南北割据的局面，然而，淝水之战的大胜并没有给谢氏家族带来应有的荣誉，反而让谢安陷于功高不赏的窘境。

十一月庚申日，孝武帝司马曜下令卫将军谢安到金城犒劳凯旋而归的胜利之师。十二月，东晋朝廷任命谢石为尚书令，进谢玄军号为前将军，谢玄坚决推辞。到第二年三月，又进谢安为太保。不过，事情到此为止，对于淝水之战的有功将士，司马曜没有再进行任何的封赏，封赏事宜一直拖到谢安去世以后才进行，已经是两年以后的事情了。是司马曜不愿意封赏，还是谢安为了避嫌予以拒绝，我们已经无由得知。

不过，我们可以确切地知道，在淝水之战结束以后，谢氏家族面临了一场前所未有的危机，而这场危机还源于谢安的女婿王国宝。

王国宝是王坦之的第三子，在谢安的主导下，孝武帝司马曜与太原的王蕴之女结为婚姻，而王坦之家族却将女儿嫁给了司马曜的弟弟司马道子。由于谢安讨厌王国宝的为人，因此，一直对其压抑不用，当然，谢安此举未必不是压抑太原王坦之家族的一种举措，这令王国宝十分怨恨。于是，王国宝利用堂妹是会稽王司马道子王妃的便利条件，逐步赢得了司马道子的信任，并通过司马道子馋间谢安。年轻的司马曜虽然是一个名副其实的酒肉皇帝，但却一直想要恢复皇权，他当然不愿看到谢氏家族成为下一个威胁皇权的庞大力量，因此，开始对谢安疏远起来。

其实，王国宝的谗言仅仅是司马曜疏远谢安的诸多因素之一，疏远谢安主要还在于此时的谢氏家族一门独大的客观情况，已经引起了皇帝和其他门阀世族的警惕。这些因素大致有这些：一是来自皇权与相权的基本矛盾；二是来自桓氏家族的反击，在淝水之战前，因江州刺史一职让一直以来处处推让的桓冲大怒，使得谢氏家族与实力尚强的桓氏家族关系出现了裂缝；三是来自亲近桓氏的旧族的不满。虽然桓温篡逆之心，世所共知，但谢氏女婿、琅邪王氏王珣，却公开表示桓温“废昏立明”，对社稷有功，这引起了谢安的不满，与王氏离婚，两族遂成仇人，王珣也一直受到谢安的排挤。琅邪王氏自王导、王敦以后没再出现过掌握地方实权的军阀，但该家族的影响力不可小觑；四是其他宗族的不安。韩康伯之叹，将谢氏之兴直接比作王莽之时，话说的是很重的，直接反映了当时普通世族对谢氏家族的不满。

据《晋书·桓伊传》的记载，孝武帝曾经召豫州刺史桓伊入宫饮宴，当时谢安在座，司马曜让桓伊吹笛助兴，桓伊当即吹了一曲，然后，他放下笛子说：“臣下弹筝虽然不及吹笛，但自以为也能将音韵和于筝歌，并请再找来一位吹笛的伴奏。”司马曜就让宫中的歌伎吹笛，但桓伊又说：“宫中吹笛之人与臣难以配合好，臣有一位奴仆，与臣配合得很好。”司马曜对桓伊的直率十分赞赏，就同意召桓伊奴仆入宫，于是，那位奴仆吹笛，桓伊则抚筝歌唱《怨诗》：“为君既不易，为臣良独难。忠信事不显，乃有见疑患。周旦佐文武，《金縢》功不刊。推心辅王政，二叔反流言。”桓伊歌声慷慨，动人心魄。谢安听着听着，不禁泪流满面，他不由自主地挪到桓伊的席子上，捋着桓伊的胡须，赞赏道：“使君的确不同凡响。”桓伊当然是在借古讽今，替谢安鸣不平，司马曜也是心知肚明，十分惭愧。桓伊虽然是桓氏的疏族，但是，他与谢安之间的关系却很好，两人对音乐都有着共同的爱好，《世说新语》记载，每每桓伊听到有人放声歌唱，就不由自主地说道：“我可怎么办呢！”谢安说他对于音乐是“一往有深情”。除了私交甚好之外，桓伊也参加了淝水之战，对于淝水之战的贬损，无疑也会损害桓伊的切身利益。

淝水之战后，秦王苻坚退回长安，秦王国出现了分崩离析的局面，秦中央政府逐渐失去了对地方的控制能力，各地“所在屯结”。在东晋上层出现排挤谢氏家族倾向的同时，东晋军队也瞅准这个时机，对前秦王国发起了反攻：东线，鹰扬将军刘牢之率军攻下了谯城，以安丰太守戴宝率军戍守。刘牢之因此也被升为龙骧将军、彭城内史，赐爵武冈县男，食邑五百户。西线，车骑将军桓冲派遣上庸太守郭宝攻秦魏兴、上庸、新城三郡，秦魏兴太守褚垣、上庸太守段方均投降晋军，新城太守麹常弃城而逃，三郡均被东晋朝廷收复。桓冲又命令杨亮之子、将军杨佺期进据成固，进攻秦梁州刺史潘猛，与潘猛汉中地区胶着。杨佺期为弘农杨氏，门第高贵，他与哥哥杨广、弟弟杨思平均骁勇善战，杨佺期自认为江南所有的高门都比不过自己家，有人将他们家与琅邪王珣相比，他都十分不满。我们知道，东晋门阀等级森严，据颜延之的《观我生赋》自注说，随晋元帝司马睿下江东的有一百家士族，因此，江东就有了《百家谱》，到司马曜时代，朝廷更是派人帮助贾弼之修订《十八州士族谱》，七百余卷，形成了完备的家谱学。这些流亡江东的士族权力完全按照过江早晚决定，由于杨佺期的父亲杨亮归降晋朝较晚，因此，每每被江左大族视为低等士族，“婚宦失类”，这让他经常是切齿痛恨，一直想通过建功立业，恢复家族昔日的荣耀。

通过东晋军队的一系列反攻，截至太元九年年初，东线晋军已经收复黄河以南的部分地区，而西线晋军则推进至汉中地区。

到了这一年的二月，病中的桓冲因为自己曾担心谢安没有能力抵御苻坚大军而失言，再加上与桓氏交好的朱序也因谢氏子弟的缘故而回到了江东，这让桓冲十分惭愧，病重而死，时年五十七岁。

过去，郗鉴、庾亮、庾翼临终的时候，都上书安排自己的亲戚，而桓冲只给谢安写信说：“妙灵、灵宝尚小，亡兄寄托不终，以此为恨！”灵宝就是桓玄。桓冲的灵柩离开江陵的时候，江陵百姓临江哀号。《世说新语·尤悔》称桓冲闻淝水大捷，发病死，“谈者以为此死，贤于让扬之荆。”明眼人以为，桓冲之死，避免了桓氏与谢氏在淝水之战以后终将爆发的大乱，也使得桓冲生前的名声得以保全。

桓冲生前身兼荆州和江州两州刺史，加上此时的谢玄立下大功，因此，有人请求任命谢玄为荆、江二州刺史。谢安担心谢氏名声太盛，又害怕桓氏家族不满，于是，任命梁郡太守桓石民为监荆州军事、西中郎将、荆州刺史，河东太守桓石虔为监豫州扬州五郡军事、豫州刺史，豫州刺史桓伊为都督江州荆州十郡豫州四郡军事、江州刺史，维持了桓氏家族在豫州、荆州、江州的存在。谢安这样安排是颇具深意的：桓石民曾任谢安参军，且名望较高，让其担任荆州刺史相对易于控制；桓石虔屡立战功，且骁勇难制，将其放在豫州，东有徐兖刺史谢玄，西有江州刺史桓伊，且豫州长期属于谢氏地盘，不难控制；让桓伊担任江州刺史，处于中游地带，当然是为了隔开桓石虔、桓石民两兄弟。

谢安用这种方式，维系着桓氏、谢氏家族利益的平衡。

二七〇 初攻邺城

谢安采取了退让的策略，暂时化解了因桓冲之死有可能引发的东晋朝局的动荡，而此时的慕容垂则已经进抵邺城城下。

抵达邺城城下的慕容垂再次加封功臣，以巩固以前燕鲜卑旧臣为核心的统治基础：以前燕岷山公库傉官伟为左长史，以前燕尚书段崇为右长史，以郑豁等人为从事中郎，立世子慕容宝为太子，封堂弟慕容拔等十七人以及外甥宇文输、舅舅兰汗之子兰审皆为王，其余宗室及功臣封公的还有三十七人，侯、伯、子、男爵位的八十九人；慕容农率领河北之军与慕容垂会师，慕容垂当即承认了慕容农自称之官和慕容农擅自授予其下属的官职；可足浑谭在河内招募两万余人，攻陷了野王（今河南省沁阳市），也率军与慕容垂会合；平幼及其弟弟平叡、平规也率领数万之众抵达了邺城，至此，云集邺城城下的燕军人数已经高达三十余万。在慕容垂实力大增的情况下，他迫不及待地又一次大规模加封鲜卑贵族，一方面是凝聚人心，而更重要的则是排挤丁零势力，这也让鲜卑、丁零之间暂时的合作蒙上了一层阴影。

邺城城内的苻丕派出侍郎姜让前往慕容垂军营，劝说慕容垂："去年淝水之战之后，大人保护圣上的大驾，立下大功。你更应该继续尽忠报国，为何要抛弃曾经的功劳，而犯下此等过失呢！过则能改，善莫大焉，请你三思，犹未为晚。"

慕容垂回答："我受到主上大恩，因此，我如今的打算是要保全长乐公苻丕的性命，让其率领邺城城内全部的部众，西去长安，然后，我们两国永远成为友好邻邦。为何不能明察秋毫，不赶紧将邺城归还于我呢？大人如果不迷途知返，我将发起猛烈的进攻，到时候恐怕孤身一人请求饶命也不行了啊！"

姜让厉声呵斥道："将军在本国走投无路，逃到本国，燕国的一尺一寸土地，又与你有什么相干！主上虽与你不同民族，但一见之下对将军恩逾功臣旧人，任用超过皇族贵戚，自古以来君臣之间相遇，哪有这样的！主上正要将六尺儿童交付将军辅佐，为何仅仅因为王师小小的一次战败，就怀有二心！俗话说，师出无名，终于无成，上天所弃，人不能支撑。将军兴无名之师，要兴复上天所抛弃之国，我以为肯定不会成功。长乐公是主上的长子，统率王国一半之地，怎能将一百余城拱手交给他人？既然你要发起猛攻，就不必多说，只是想到将军以七十岁的年纪，头颅将被悬挂在白旗之上，我深为将军痛惜！”

姜让义正词严的一番话，说得慕容垂哑口无言，他身边的人请求杀掉姜让，慕容垂说：“自古以来，战争中总有使者在双方之间穿梭，狗也各自为自己的主人而狂吠，不必深究！”命人分别给秦王苻坚和长乐王苻丕写下回信，让姜让带回。

慕容垂给苻坚的上书中，再次感谢苻坚给予自己的恩遇，但也表白了自己对秦国立下的种种战功，然后，说出了自己反秦的几个理由：一是苻丕猜忌，不让自己拜谒宗庙；二是让自己平叛，却仅仅给了两千老兵，还派苻飞龙做刺客；三是洛阳苻晖同样对自己不信任。因此，自己因为惧怕像淮阴侯韩信那样忠而被杀才起兵。然后，他对苻坚说，为了保全长乐公性命，报答陛下知遇之恩，我才劝说苻丕撤离邺城，请求陛下明察。

得到慕容垂回信的苻坚和苻丕均大怒，回信将慕容垂痛骂一顿，其中，苻坚在回信中说：“我已经君临万邦将近三十年了，淝水之战不幸失利，有赖你的保护而回到长安，这是你的功劳。《诗经》说：‘中心藏之，何日忘之。’我正要委任你为国相，你却突然反叛！看到你的上书，怎能让人想到高洁的伯夷突然失去了节操，贞洁的柳下惠堕落成了荒淫的匹夫，真是让有识之士感到脸红。你曾经不为本朝所容，单马来奔，朕待你如上宾，视同旧臣，披肝沥胆，本望你能饮水思源，岂料我竟然蓄水覆舟，养兽为患，我后悔何及！你竟然自比周武王的旧事，周武王岂能是你等平庸之人所能比拟！只是想到你老而为贼，生为叛臣，死为逆鬼，让中原百姓再受兵灾之祸，我心痛无比！至于朕的兴衰存亡，岂是你所能决定的？！只恐长乐、平原二位儿子年纪尚轻，与你在邺城、洛阳相遇，他们的措施有可能未必符合朕心而已！”

此时的慕容垂试图通过不战而屈人之兵的办法，轻松夺取邺城。他向苻坚父子提出要苻丕让出邺城以及关东地区，他交换条件则是慕容垂保全苻丕及其部众的安全，并承诺将来两国永为友好邻邦。淝水之战秦军大败后，虽然乞伏国仁、杨世相继逃回陇西地区，但二人尚未公开进攻秦国，此时慕容垂要求苻丕让出邺城，就等于秦国将前燕旧地悉数还给慕容垂，苻坚父子当然是不会接受的，这是因为，除了苻丕、苻晖兄弟占据着邺城、洛阳之外，幽州、冀州地区尚有不少据点由前秦宗室占据，比如，秦冀州刺史、阜城侯苻定，他是苻坚的堂叔，还驻守在信都（今河北省衡水市冀州区）；高城男苻绍，是苻坚的堂弟，驻守在高城（今河北省盐山县）；高邑侯苻亮和重合侯苻谟驻守在常山（今河北省正定县），苻亮是苻坚的侄子，苻谟是苻坚的堂弟；固安侯苻鉴是苻坚的堂叔，驻守在中山（今河北省定州市）。并且，冀州虽然属于前燕旧地，但尚有不少鲜卑、乌桓、汉族民众并不听命于慕容垂，而是声援邺城，这是冀州的形势。幽州尚有刺史王永，平州也有刺史苻冲控制着两州之地，因此，在这种情况下，不战就放弃整个关东地区，似乎是十分软弱的。另外，对于苻丕而言，即便是按照慕容垂所云，主动撤出邺城，老谋深算的慕容垂会信守自己的诺言吗？这也是未定之事。因此，在这时苻坚父子的决策不能不说是正确的，然而，随着时间的推移，正如苻坚所料的那样，苻坚的儿子们根本不是慕容垂父子的对手，并且，苻坚还没有意识到，氐族宗室占据的是一个个孤立的据点，而且，这些人没有能力号召那些处于观望状态下的人们加入自己的行列，致使各自极易被鲜卑军队各个击破。

晋孝武帝司马曜太元九年正月二十八日，慕容垂开始下令对邺城实施全面的进攻。慕容垂所率领的二十余万军队上面架起云梯，下面开挖地道，终于攻下了邺城的外城。长乐公苻丕率众退入中城固守，慕容垂下令围绕着邺城中城开挖壕沟，并继续对中城发动猛攻，但一时之间却无法得手。他把军中的老弱送到列人（今河北省邯郸市肥乡区东北）安顿下来，并另外建筑了一座新兴城囤积军需物资。正月二十九日，慕容垂任命慕容恪的儿子、陈留王慕容绍为代理冀州刺史，驻军广阿（今河北省隆尧县），以期起到屏护肥乡、孤立邺城、借机打击中山、常山、信都等据点的作用。在让慕容绍保护围城大军北面安全的同时，慕容垂大约也听说了东晋北上的消息，他又命令弟弟范阳王慕容德率领军队南下夺取了枋头（今河南省浚县淇门渡），占据了这一黄河渡口，切断了晋军北上、秦军南逃之路。

在强攻邺城不下的情况下，慕容垂派出慕容绍和慕容德分别夺取南北两面的两个要地，就好像是以邺城为中心划出了一个大大的势力范围，在划定这一范围之后，慕容垂在围困邺城的同时，开始对这一范围之内的异己势力进行清剿。慕容垂派遣慕容恪的两个儿子慕容楷和慕容绍负责清剿行动，太原王慕容楷对弟弟陈留王慕容绍说："鲜卑、乌桓以及原有的冀州民众，过去都是我们燕国的臣民，如今中兴大业才刚刚开始，民心尚未融洽，所以才会出现一些异同。此时，只能以恩德进行安抚，决不可加以兵威。我率众驻军一地，作为你的后盾，你去前往说服他们，一定能够成功。”

当时，王晏占据肥乡东面的馆陶（今山东省馆陶县），与邺城相呼应，在他的影响下，邺城周围很多民众都持观望态度。慕容楷的确目光如炬，而弟弟慕容绍也不同凡响，他仅仅率领数百骑兵即前往馆陶说服王晏，在慕容绍的劝说下，王晏率众投降，随后，附近坞堡的各族民众纷纷投降，多达数十万之众。慕容楷将老弱留在当地，安排地方官员进行管理，征召了十多万壮丁加入到了燕军中，与王晏一起被送到了邺城。慕容垂大喜过望，他不禁脱口称赞慕容楷兄弟说：“你们两兄弟真的是文武双全，才能足以赶得上你们的父王、我的哥哥慕容恪了！”

分散在邺城、信都等地的苻氏子弟没有及时将各地民众征发为兵，并控制各地有实力的人物子弟作为人质，而让慕容垂从容反客为主，将宝贵的人力资源拱手让给了敌人，不能不说这就是苻丕与慕容垂子弟之间的差异所在。

此时的邺城真正成为一座毫无依托的孤城，然而，邺城长期以来即为政治军事中心，从正月一直到四月，慕容垂却依然没有攻下邺城。

二七一 关中再乱

就在慕容垂在邺城与苻丕相持之时，苻坚的肘腋之地——关中地区又发生了叛乱，而这次叛乱使得前秦本已混乱的局势，更趋于恶化。

听说叔父慕容垂在关东起兵的消息，秦北地（今陕西省铜川市耀州区东）长史、前燕主慕容暐的弟弟慕容泓，逃往关东。慕容泓的这次逃亡行动，大抵与慕容凤、王腾等人投奔翟斌一样，本意是去逃奔包围洛阳的慕容垂大军的。然而，当慕容泓到洛阳附近以后才发现慕容垂已经率军撤离洛阳，北上邺城了。无奈之下，慕容泓只好就地招纳数千牧马的鲜卑，又折返回到华阴（今陕西省华阴市），因为，他知道在关西地区还有大量的鲜卑部众，只有拥有数量可观的部众，才能越过尚在前秦手中的洛阳地区，回到关东。与驻屯华阴的慕容泓相配合，身在长安城内的前燕主慕容暐，也秘密命令自己散在各地的弟弟以及宗室子弟起兵响应慕容泓。

秦王苻坚命令将军强永，率领骑兵部队长途奔袭慕容泓，然而，经过华阴一战，却被慕容泓所部击败。关西地区的鲜卑人纷纷投靠慕容泓，慕容泓拥有的部众骤然膨胀，他开始自称为使持节、大都督陕西诸军事、大将军、雍州牧、济北王，遥推叔父慕容垂为丞相、都督陕东诸军事、领大司马、冀州牧、吴王。

这是太元九年（公元 384 年）三月间的事。

鲜卑一呼百应，遍地蜂起，这让秦王苻坚大为震惊，他对权翼说："朕没有听从你的意见，以致鲜卑猖獗到如此地步。关东之地，我不再与之争夺，可是，将如何处理眼前的慕容泓呢？"

权翼回答："眼前的贼寇不可纵容。慕容垂此时正在山东作乱，无暇进逼关西。如今，慕容暐及其宗室全部在京师，鲜卑部众布满京畿附近，这实在是社稷的大忧啊，应该派出重兵加以剿灭。"

苻坚任命儿子苻熙为使持节、都督雍州杂戎诸军事、镇东大将军、雍州刺史，镇守在蒲坂；将原来镇守蒲坂的苻叡调回，并加封为都督中外诸军事、卫大将军、司隶校尉、录尚书事，交给苻叡五万精兵，以左将军窦冲为长史，以龙骧将军姚苌为司马，进攻驻军华泽（在华阴县境）的慕容泓。然而，苻叡的大军还没有东进，山西方面又传来了坏消息：在慕容暐的秘密号召下，他的另一个弟弟、现任平阳（山西省临汾市）太守慕容冲也在平阳起兵，他拥众二万进攻蒲坂。苻坚担心苻熙无力抵敌，命令窦冲离开苻叡建制，另外率军前去解救蒲坂之危。

苻叡是苻坚的第四子，他骁勇果敢，不懂得爱护士兵，一年前曾率军与慕容垂一起救援襄阳，吓退了桓冲。慕容泓听说前秦大军即将到来，十分恐惧，打算率领部众东归。而苻叡却十分轻敌，他计划切断慕容泓的归路，一心要将这支叛军消灭殆尽，司马姚苌劝说道："鲜卑人个个有回乡的念头，因此才起兵作乱，应该远远地将他们驱赶出潼关，不能强行阻挡啊。抓住一只老鼠的尾巴，它尚且能反咬一口，对方知道身处绝境，必然会与我拼命，万一失利，后悔也来不及了！只用擂响战鼓追随着，他们肯定拔腿而逃，自顾不暇了。"

如果苻叡采纳了姚苌的建议，关中参与叛乱的鲜卑将被悉数驱赶出潼关，前秦的关中地区也将恢复平静，而姚苌的这一建议也符合此时秦王苻坚"不与鲜卑争夺关东"的战略思想。可是，苻叡却拒绝听从。他率众追击、拦截慕容泓所部，被逼无奈的慕容泓只得率军拼死抵抗，双方在华泽展开了一场殊死搏斗，结果，骄傲轻敌的苻叡战败被杀，兵败之后的姚苌不敢再回长安，他派出自己的长史赵都、参军姜协前去长安谢罪，并说明情况，岂料失去爱子的苻坚不禁大怒，他迁怒于姚苌，将赵都和姜协双双诛杀。

苻坚这一极其不理智的举动，立即导致了关中局势急转直下，惊恐万分的姚苌率众逃往渭水北岸的牧马场中，尹纬、尹详、庞演等人煽动羌族部众酋长，率领五万余家户口前来投靠姚苌。姚苌自称大将军、大单于、万年秦王，大赦，改元白雀，以尹详、庞演为左右长史，姚晃、尹纬为左右司马，狄伯支、焦虔、梁希、庞魏、任谦为从事中郎，姜训、阎遵为掾属，王据、焦世、蒋秀、尹延年、牛双、张乾等人为参军，王钦卢、姚方成、王破虏、杨难、尹嵩、裴骑、赵曜、狄广、党删等为将军。姚苌率众进屯北地（今陕西省铜川市耀州区东），前秦长安周边华阴、北地、新平（今陕西省彬县）、安定（今陕西省泾川县）等地的羌族人、匈奴人投降姚苌的，又有十余万。苻坚原来将晋人李祥等数千户迁到敷陆

（鄜城县，今陕西省洛川县东南七十里，一说为陕西省富县），此时，也投降了姚苌，长安北面又出现了一个新的政权——后秦政权。

苻叡决策失误，让慕容泓声势大振，众至十余万，并且也让慕容泓打消了撤出关东的计划，他反而领兵进逼长安，要求放归其兄慕容暐；而一向宽厚的苻坚一时糊涂，让一直以来尚未反叛的羌族部众也在关中发动了叛乱，平白无故地给自己又添了一个敌人。

前去解救蒲坂的窦冲，是前秦一位能征惯战的将领，四年前他与吕光等人在中山一战而生擒苻洛，平定了叛乱，立下了赫赫战功，他领军进击叛乱的慕容冲，在河东地区大败慕容冲的鲜卑叛军，慕容冲率领八千骑兵从河东渡河投奔哥哥慕容泓。

此时，慕容泓给苻坚写信说："秦国无道，灭我社稷，上天让秦军失败，就是要兴复我大燕。目前，吴王已经平定了关东地区，你可以速速准备车驾，将我兄长皇帝以及燕国功臣家属送还邺城，我大燕将与秦国以虎牢关为界，永做友好邻邦。至于苻叡为乱军所杀，不是我的本意。"事到如今，慕容泓所表达的意思还是：承认前燕当初承诺划给秦国的土地，双方以虎牢关为边界，条件是放归前燕皇帝慕容暐。

其实，慕容泓的要求与前此苻坚的意图是一致的，然而，慕容垂、慕容泓、慕容冲、姚苌相继背叛，并且，苻坚又失去了儿子，此时的他也失去了理性的判断，他看到慕容泓的书信以后，又一次勃然大怒，立即召见慕容暐，严厉斥责说："你父子僭越犯上，我应天讨伐而得到了你，你当时并没有改过向善，但你整个家族却蒙受了宽恕，兄弟们官至上将、纳言，虽说的国破，但实际上如同归家。为何仅仅因为王师小小失败，就如此猖獗！慕容垂在关东舞动长蛇，慕容泓、慕容冲又兵向京畿。慕容泓的书信就放在这儿，你真想东去，我会为你准备盘缠相送。你的宗族人等可以说是人面兽心，真的是不可以以国士对待啊！"

慕容暐连连叩头，以致头上流出了鲜血，痛哭谢罪。

过了很久，苻坚说："《书经》说：'父子兄弟，无相及也。'你的忠诚，我是知道的，这都是那三个家伙的罪过，并非卿的罪。"又恢复了慕容暐的官位，对他还像过去一样，命令他写信劝说三人，让他们休兵回到长安，并承诺赦免三人的反叛之罪。

慕容暐偷偷派人给慕容泓传话说："如今秦国大数已尽，长安城内连连发生灾异事件，应当不会支持多久。我已经是笼中之人，肯定不会生还。过去，我未能保全宗庙，致使国家灭亡，我是祖宗的罪人啊，不足以顾及我的生死存亡。社稷责任重大，你要努力建功立业，一心兴复我大燕国祚。可以任命吴王慕容垂为相国，中山王慕容冲为太宰兼大司马，你自己可以做大将军兼司徒，代表皇帝行使职权，任命官吏。得到我死去的消息，你就即位为帝。"

慕容泓改元燕兴，建立西燕政权，并开始向长安进军。

就在慕容泓向长安进军的同时，秦王苻坚亲自率领两万军队北上进击姚苌。苻坚的计划是趁着慕容泓的鲜卑军队尚未抵达长安之机，先消灭了刚刚起事的姚苌。

苻坚将大本营安置在赵氏坞（今陕西省耀州区境内），命令护军将军杨璧率领三千游击骑兵，切断了后秦的逃路，又命令右将军徐成、左将军窦冲、镇军将军毛盛等人多路进攻，姚苌所部屡屡战败。这个杨璧，就是那位曾是樊世的女婿，后被苻坚看中，樊世也因此被杀，苻坚将自己的女儿顺阳公主嫁给了杨璧。

处于劣势的后秦军队在前秦军队的打击下无力出战，后秦军营中没有水井，前秦苻坚命令将安公山谷堵塞起来，并将同官河水用堤坝阻断，企图渴死姚苌所部。淝水之战后，冯翊（今陕西省大荔县）人游钦在频阳（今陕西省富平县东北五十里）聚集了数千部众，他派人给姚苌送去粮食和饮用水，但均被杨璧的骑兵所获。姚苌军中饥渴难耐，派出弟弟姚尹买率领两万精锐部队，企图掘开堤坝。秦军早已做好了准备，窦冲率军在鹳雀渠（今地不详）大败后秦军，共斩杀一万三千多人，并阵斩姚尹买。姚苌军中竟然有人渴死，已经到了穷途末路。而就在这千钧一发之时，天上却突然彤云密布，在姚苌军营之上下起了暴雨，后秦营中平地积水三尺，而军营百步以外才仅有一寸多的积水。后秦军队士气大振。下雨的时候，苻坚正在吃饭，他见此情景，将几案推到一边，愤怒地说："老天爷真是没有良心，为何要给贼寇营中降下甘泽！"没有剿灭姚苌，而慕容泓又行将进抵长安城下，苻坚企图各个击破的计划化为泡影。

而此时，慕容泓的谋臣高盖、宿勤崇等人以为慕容泓残暴不仁，并且声望素来不如他的弟弟慕容冲，就将慕容泓杀死，立慕容冲为主，慕容冲自称皇太弟，代行皇帝职权，任用百官。刚刚恢复元气的姚苌不愿与西燕为敌，他将自己的儿子姚嵩送到慕容冲军中作为人质，双方结为同盟。紧接着，姚苌将弟弟姚绪留在杨渠川大营，自己亲率七万军队进攻前秦，苻坚命令杨璧等人迎战，均被击败，姚苌生擒杨璧、徐成、毛盛及前将军齐午等数十员战将。姚苌深谙纵横捭阖之道，他将前秦被俘将领全部礼送放回，目的就是想让苻坚暂时忘记自己，让苻坚与慕容冲二人去拼消耗。而此时，苻坚听说慕容冲的军队已进抵长安二百里的地方，他只得见好就收，撤围退回了长安。

二七二　丁零再叛

晋车骑将军桓冲去世之前，在派出上庸太守郭宝进攻襄阳以西地区的同时，他已经派出竟陵太守赵统北上进攻襄阳了。

桓冲去世后，接替桓冲职务的桓石民再次发兵增援赵统，到了这一年（太元九年）的四月，东晋军队终于收复了襄阳，前秦荆州刺史都贵北撤至鲁阳（今河南省鲁阳县），至此，沦陷五年的襄阳又回到了东晋。到了六月，东晋将军刘春更是率军北上，进攻鲁阳，都贵逃归长安。与此同时，东晋梁州刺史杨亮率领五万大军西上伐蜀，他命令巴西太守费统等人率领三万水陆混合部队作为前锋，而杨亮本人则将大本营建在了巴郡（今重庆市），前秦益州刺史王广派遣巴西（今四川省阆中市）太守康回等人率军抵抗。

然而，此时的关中局势日趋恶化，苻叡战败被慕容鲜卑所杀、杨璧等人又被姚苌所败，苻坚不得不征召地方军队入京勤王，镇守洛阳的苻晖率领洛阳、陕城七万之众回到长安，东晋荆州刺史桓石民亲自坐镇鲁阳，并派遣河南太守（《晋书·桓石民传》称为“南阳太守”）高茂率军驻守洛阳，护卫西晋皇陵；而前秦益州刺史王广也不得不分兵三万，命令部将王蚝率领北上勤王。这样一来，益州防御陷于薄弱，康回屡战屡败，只好退还成都，前秦梓潼太守垒袭以涪城（今四川省三台县）投降。

截至太元九年上半年，东晋朝廷趁着前秦大乱之机，淮泗地区前突至淮北，占据了进攻的有利位置；特别是桓氏的荆州部队为了挽回面子，更是进展迅速，梁州地区进至汉中一带，前秦洛州刺史张五虎以丰阳（今陕西省山阳县）投降东晋，叩开了进入关中的大门；中原地区收复了旧京洛阳；益州则兵临成都城下。

东晋军队进展迅速，但是，围困邺城的慕容垂却迟迟没有进展。

眼看邺城强攻不下，慕容垂采取了围而不攻的策略，先是平定了邺城附近的各个坞堡，接着，他开始将目光投向更远处的前秦各个据点，三月，他命令前将军、乐浪王慕容温（慕容暐弟弟、慕容冲之兄）都督诸军前去进攻信都，信都是前秦冀州刺史苻定驻守的据点，慕容温没有攻下，到了四月，慕容垂又派遣自己的儿子、抚军大将军慕容麟增兵进攻信都。经过一个月的进攻，困守信都、高城据点的苻定、苻绍叔侄二人均投降了慕容麟。然后，慕容麟又引兵西进，企图拿下邺城北面的常山据点。六月，慕容麟又攻陷了常山，苻亮、苻谟叔侄二人也投降了燕国。接着，慕容麟乘胜北进，围住了中山，七月，他再次攻克中山，活捉了苻鉴。慕容麟在三个月的时间连续攻下了前秦冀州三座军事重镇，也是威名大振，他驻军中山，防御可能来自前秦幽州军队的打击。

果不其然，前秦幽州刺史王永（王猛之子）、平州刺史苻冲率领两州共计两万军队，正准备南下，而慕容垂则命令宁朔将军平规北上进攻幽州，以恢复前燕故地，听说燕军北上的消息，王永派遣昌黎太守宋敞率军迎战，双方在范阳（今河北省涿州市）展开一场战斗，宋敞战败，平规的这支远征军推进到了蓟城（今北京市）的南郊。至此，前秦冀州各地均被后燕军队占领，而前秦的幽州地区也行将遭到后燕军队的打击。与此同时，邺城的战局却毫无进展，相反地，慕容垂本人却险些丧命：由于邺城迟迟不下，慕容垂召集部下商议破城之法，右司马封衡建议，决开漳河河水，灌入城内，慕容垂采纳了封衡的建议，命令军队水淹邺城。他还亲自到各营巡视，并在华林园休息饮宴，城内的秦军看到慕容垂戒备松弛，秘密打开了城门，突入华林园。慕容垂猝不及防，险些丧命，幸亏儿子慕容隆闻讯，率领骑兵及时赶到，这才救了慕容垂一命。

邺城久攻不下，也让丁零翟斌暗生二心。

慕容垂承制大封鲜卑，却对丁零部众十分猜忌，对此，翟斌岂能不知。于是，翟斌暗中指使丁零族人请求慕容垂加封其为尚书令，慕容垂询问自己的心腹，封衡厉声说道："骏马虽能日行千里，也需要马笼头的羁绊，这就是说畜生不能凌驾于人之上。翟斌不过是夷狄小人，因为机遇而兄弟都被封王，这是他们天大的福分。此人却突然贪得无厌，还想有所要求，我看他已经神志错乱，今年以内肯定要死去。"

太子慕容宝也请求诛杀了翟斌，慕容垂说："河南之盟不能背叛，如果他主动发难，那罪过在他。如今，他反形未露却被杀的话，人家会说我嫉贤妒能，我正要收揽天下豪杰以中兴大业，不能让别人感到我心胸狭窄，令天下失望。即使他有什么阴谋，我用计谋预防，他也没有办法得逞。”

慕容德、慕容绍、慕容农也都劝说道：“翟斌兄弟恃功骄傲，必为后患。”

慕容垂说：“骄傲将加速他的失败，怎能为患？他有大功，还是让其自取灭亡吧。”

慕容垂依然隐忍不发，他对请托的人说：“河南王的功劳，自然应该担任最高官职，只是政府尚未设立，尚书令这一官职还不可仓促设置。等天下平定以后，我们再做讨论。”

翟斌当然知道这是慕容垂的推脱之词，他不禁大怒，秘密与邺城城内的苻丕联络，并让丁零部众偷偷开挖堤坝决水。不料，事情却败露了，慕容垂派人诛杀了翟斌、翟檀、翟敏兄弟，其余的丁零头领全部赦免。翟斌的侄儿翟真率领丁零部众往北逃奔邯郸，在邯郸整顿部众以后，又南下邺城，想与城内的苻丕里应外合，消灭慕容垂。慕容垂派遣太子慕容宝、冠军大将军慕容隆击破了翟真，翟真退回了邯郸。

太原王慕容楷、陈留王慕容绍兄弟建议说：“丁零没有什么大志，只是宠坏了他们，才出现此等变乱。如今，对他们逼得太急，就会屯聚起来成为匪徒，如果不急于进攻，他们慢慢就会四散而去，等到他们散去的时候，再进行攻击，没有不成功的。”慕容垂遂没有下令继续进攻。果然，到了八月，翟真开始从邯郸继续往北撤离。慕容垂命令慕容楷、慕容农率领骑兵追击，八月三日，在下邑追上了丁零部众。慕容楷打算立即发动进攻，而慕容农却说：“我军士兵又饥饿又疲倦，并且，敌营之中看不到精壮士兵，恐怕有埋伏。”慕容楷不听，率军直扑丁零营帐，果然丁零另有伏兵，燕军大败。然后，翟真从容率众往中山移动，在承营（中山东南）安下大营。

慕容楷败报传来，慕容垂对诸将说：“苻丕不过是个走投无路的贼寇，肯定会坚守到死，不会投降的。丁零在我腹地骚扰，才是我心腹之患。我打算将部队撤离邺城，移师新兴城（肥乡附近），给邺城城内的苻丕放出一条生路，一方面是答谢秦王曾经的恩德；另一方面也是为打击翟真做准备。”于是，在八月十五日夜里，慕容垂下令撤离邺城，部队北上驻屯在新兴城，命令慕容农率军前往清河、平原等地征发租税，补充军粮。

其实，此时的邺城城内已经粮尽，马匹也没有了草料，城中只得将松枝砍削喂马。慕容垂撤离邺城之后，城中的苻丕才得知苻叡等人战败、慕容冲兵向长安的消息，而此时的他尚不知道冀州的前秦宗室已经被慕容麟逐一歼灭，他眼前的计划是：趁着这一难得的喘息之机，派人请求各地诸侯前来共守邺城。

二七三　幽冀缠斗（一）

在北方一片大乱之时，东晋宰相谢安的心绪也很不平静。

这一切当然还是源于孝武帝司马曜的疏远、司马道子的专权以及来自其他门阀士族的嫉妒。为了躲避朝中的倾轧，谢安上书司马曜，请求利用北方大乱之机，由自己亲自担任主帅，率军实施北伐，恢复中原。东晋朝廷于太元九年八月，也就是在慕容垂撤围邺城前后，下令任命徐兖二州刺史谢玄为前锋都督，率领豫州刺史桓石虔等人开始北伐，谢玄率军推进到下邳，秦徐州刺史赵迁弃彭城北逃，谢玄兵不血刃占领了彭城（今江苏省徐州市）。九月，谢玄又命令刘牢之、参军刘袭，进攻前秦兖州刺史张崇驻守的鄄城（今山东省鄄城县境），九月十一日，张崇从鄄城北逃，投降了后燕慕容垂。刘牢之遂驻军鄄城，黄河以南各地坞堡纷纷归降，兖州平定。时至秋冬，北方水量减少，谢玄担心粮运不继，他采纳了都护闻人奭的意见，在吕梁河道上修筑堤坝，建立了七级船闸，用于运送军粮，接着，谢玄又命令淮陵太守（《资治通鉴》记作“阴陵太守”）高素率领三千人马向广固进发，部队走到琅邪（今山东省临沂市北十五里），秦青州刺史、苻坚侄儿苻朗投降。

苻朗本无军事才能，只是因为风流倜傥而被苻坚视为“苻氏千里驹”，在乱世之中百无一用。苻朗投降以后，被东晋朝廷任命为员外散骑侍郎，依然自视甚高，傲慢不逊。王坦之的儿子、王国宝弟弟王忱，是江东一时之秀，与王蕴的儿子王恭、琅邪王珣齐名，请求与苻朗见面，但苻朗却借口生病不见。道安的弟子释法汰对苻朗说：“你要不要见见王吏部兄弟呢？”苻朗回答：“谁是王吏部？莫非是那一对人面狗心、狗心人面的兄弟吗？”因为王忱长得丑陋而才高，王国宝貌美而才劣，所以苻朗才这样说。谢安曾经设宴款待他，宴席上都设有痰盂，而苻朗每次吐痰却让小童张口，吐到小童的口中，小童口含着再吐到外面，如此反复不已。五年以后，如此张扬的一个人因得罪王国宝而被杀，此时，正好王忱被任命为荆州刺史，王忱一直等到亲眼看到苻朗被杀才扬帆上任。这是后话不提。

在谢玄取得节节胜利之时，东晋太保谢安提出亲自北伐，于是，加谢安为都督扬州、江州、荆州、司州、豫州、徐州、兖州、青州、冀州、幽州、并州、宁州、益州、雍州、梁州十五州诸军事，假黄钺，本官如故，设置从事中郎两人。谢安坚决推辞太保官职和爵位，但司马曜没有同意。谢安命人先在广陵的步丘修筑新城（今江苏省扬州市北部伯集），到了第二年四月，谢安带着建康城中的全部家眷离开京师，司马曜在西池设宴为谢安送行，两人心知肚明，谢安此去其实就是以北伐之名，将中枢之权还给了司马曜兄弟。不过，这也是明年的事情，我们也暂时将它放下，还是将目光投向战火纷飞的北中国吧。

由于丁零的离叛，冀州、幽州地区的形势变得复杂起来。本来，慕容垂即将困死邺城，冀州各地也基本上服从了后燕政权，并且，慕容麟和平规也正在进军幽州。可是，如今的丁零翟真盘踞在中山（今河北省定州市）南部一带，使这一地区对立势力之间呈现出一幅犬牙交错的状态：苻丕占据邺城，黄河以南是东晋军队，邺城北面是慕容垂，再往北是丁零翟真，翟真以北是慕容麟、平规的北伐军，最北则是前秦幽州刺史王永和王永北面的平州刺史苻冲。

更要命的是，初战失利的前秦幽州刺史王永无计可施，他向并州北部的独孤部、秦振威将军刘库仁求援，刘库仁之妻公孙氏是秦王苻坚所赐，因此，刘库仁对于苻坚还是十分感激的，接到王永的求救信以后，他派遣内兄公孙希率领三千骑兵前往救援。这三千匈奴骑兵（后独孤部并为北魏，亦可成为拓跋骑兵）十分骁勇，在蓟城南郊大败平规所部，坑杀鲜卑降卒五千多人，然后，乘胜南下，一直推进到唐城（今河北省唐县），与中山（今河北省定州市）的慕容麟相持。此时，慕容麟已经处于北面公孙希匈奴骑兵、王永部将宋敞率领的幽州秦军和南边丁零翟真的夹击之下，情况十分危急。而慕容垂撤围邺城之后，被围八个月的苻丕也暂时缓了一口气，他这才得知弟弟苻叡被杀、慕容冲逼近长安的消息。然而，他没有如慕容垂所愿离开邺城西去，而是打算利用这一有利时机，整合各方力量对慕容垂发动反击。他派遣宦官冗从仆射光祚率领数百人，北上中山与丁零翟真联络；又派遣阳平太守邵兴率领一千骑兵（《资治通鉴》记作“数千”）前往冀州各地，招诱冀州各个郡县，也包括已经投降后燕的苻定等人。光祚与邵兴相约完成任务以后，两支部队在襄国会合。当时，后燕军队经过大半年的战斗，已经十分疲惫，而邺城至今未下，并且，慕容麟又被包围于中山城内，因此，冀州原已投降后燕的郡县也开始动摇，赵郡人赵粟等人在柏乡（今河北省柏乡县）起兵，响应邵兴。慕容垂命令冠军大将军慕容隆和龙骧将军张崇（疑即刚刚投降的那位前秦兖州刺史）率军截击邵兴所部，又命令在清河筹措粮草的骠骑大将军慕容农回师，参与会战。双方在襄国（今河北省邢台市）南部地区交战，大破邵兴刚刚募集起来的军队，邵兴逃往广阿（今河北省隆尧县东），被慕容农擒获。光祚不敢前往襄国，他沿着太行山南下，迂回回到了邺城。慕容隆等人在击败邵兴以后，很快就平定了赵粟等人起义，于是，冀州的各个郡县又归顺了后燕。

独孤部刘库仁听说公孙希已经击败了平规，目前双方正在中山附近相持，他传令散居在雁门（今山西省代县）、上谷（今河北省怀来县）、代郡（今河北省蔚县）的匈奴各部，组织大军驻扎在繁畤（今山西省浑源县西南），准备大举进攻慕容垂，以解救邺城的长乐公苻丕。假如骁勇三郡之兵悉数南下的话，慕容垂的命运堪忧，然而，两个小人物却再次改变了历史的进程。

前燕太子太保慕舆句和零陵公慕舆虔。

这两个人我们均曾提及过，慕舆句在前燕军队南下夺取冀州之时，曾被慕容儁任命为蓟中留后；而慕舆虔则在前燕慕容恪攻下洛阳的时候，曾建议慕容恪诛杀了东晋洛阳守将沈劲。当前燕灭亡的时候，根据秦王的命令，慕舆句之子慕舆文和慕舆虔之子慕舆常二人，也被列入迁往长安的名单，但两人却逃到了独孤部，依附于刘库仁。二人身处异乡，一直以来就想回到家乡，只是苦于没有合适的机会，等到刘库仁发动这次军事行动的时候，两人知道三郡部众都不愿意出征，于是，暗中联络三郡之民趁夜发动叛乱，进攻刘库仁。刘库仁躲藏到马棚内，被慕舆文牵出诛杀，然后，二人夺取刘库仁的骏马，一口气逃归了慕容垂。后方内乱的消息传到前线，公孙希的部众自动溃散，公孙希不敢再回独孤部，只好从唐城南下投奔了丁零翟真。刘库仁的弟弟刘头眷（刘眷），代领独孤部众。

独孤部内的这次突发事件，不仅让慕容垂消除了灭顶之灾，也让困守中山的慕容麟扭转了被动挨打的不利态势。

二七四 幽冀缠斗（二）

匈奴独孤部刘库仁被杀，让幽州、冀州交战双方的形势发生了戏剧性的变化。

失去匈奴骑兵支持的丁零和前秦一方，很快显出劣势，果然，在刘库仁死后不久，后燕即对丁零转入了反攻。翟真的堂兄翟辽率领另一部丁零部众盘踞在鲁口（今河北省饶阳县），太元九年十一月，后燕慕容农率军从信都（今河北省衡水市冀州区）北上，击破了翟辽所部。翟辽率领残兵败将向西逃往无极（今河北省无极县），慕容农进屯藁城（今河北省石家庄市东），从南面压制翟辽。到了十二月，驻守在中山（今河北省定州市）的慕容麟从北面，慕容农从南面合击翟辽，大破翟辽，翟辽单人匹马投奔承营（今河北省定州市东南）的堂弟翟真。《晋书·慕容垂载记》还记载，慕容农还在黄泥击破丁零翟嵩，丁零转入守势。

与此同时，邺城的苻丕也感受到了空前的压力。联络冀州各郡县无果，丁零翟真也自顾不暇，他只好向太行山以西的骠骑将军张蚝和并州刺史王腾求救，而张蚝和王腾二人均以晋阳军队薄弱为由，拒绝出兵邺城。无计可施的苻丕与群下商议对策，苻丕妃兄、征东司马杨膺建议投降晋军，苻丕不同意。而此时，东晋谢玄所部已经平定了青州，谢玄计划着向冀州挺进。他命令龙骧将军刘牢之、济北太守丁匡进据碻磝城（今山东省庄平县西南古黄河南岸渡口），济阳太守郭满占据滑台（今河南省滑县），奋武将军颜肱、刘袭从滑台渡过黄河，在黄河北岸安营扎寨。苻丕命令将军桑据率军驻守黎阳（今河南省浚县），谢玄命令刘袭趁夜袭击桑据，桑据北逃，晋军遂占领了黎阳。谢玄又命令晋陵太守滕恬之率军镇守黎阳。

八月中旬，后燕军队撤离邺城，不足两个月，晋军又渡过黄河，出现在邺城南面。苻丕大惧，这次他才决定与晋军商议献出邺城事宜。苻丕给谢玄写信请求，向晋军借路求粮，让自己率军回到长安，奔赴国难。信中还说：“等我与西方接洽上以后，自然会将邺城交付给贵军。如果向西的道路不通，长安又沦陷了，还请允许我率领我的军队继续驻守邺城。”苻丕派往晋军洽谈的是自己的堂弟苻就和参军焦逵。

焦逵看到苻丕的书信以后，就与姜让一起秘密对杨膺说：“如今灾祸如此严重，与京师音信断绝，吉凶不知，与敌人如此接近，军中没有一点粮食，事情已经到了万分危急之时。而长乐公却依然豪气不减，绝非一位救世之主。他在信中既没有向晋军表明我方的诚意，赶快弄来我们急需的粮食，却给人家出了一道选择题，这样肯定不会有效果。应该直接向晋朝表明投降，上书称‘表’，表达自己的诚意。如果晋军到来，一定要随晋军一起南下江南，如果他不从，我们可以强行将其捆绑交给晋军。如果他不服从大义，只用一名武士即可办到。君侯历代显名晋朝，今天您再建功勋，让仇池杨氏功业相继，这是千年难遇的机会，机不可失啊！”按照苻丕的意思是，自己求粮借路的代价是将邺城让给东晋，而这一代价还附设了一个前提条件，那就是如果自己能够顺利西去。在苻丕的心里，能将邺城拱手让给晋军，就已经不错了，他还幻想假设父亲被杀、长安失守，自己还保有邺城，苻丕的条件晋军无论如何是不会答应的。

焦逵的意思则是投降，不仅城池交给晋军，而且部队也投降晋军，苻丕本人回到江南。这当然与苻丕的原意大相径庭了。在焦逵和杨膺等人看来，此时的秦王国已经不保，与其玉石俱焚，或投降燕国，倒不如归降晋朝。杨膺素来就看不起苻丕，自以为完全能够逼迫苻丕顺从自己，于是，杨膺就擅自将苻丕的书信改为焦逵的意思，并将邺城城内毛蜀、毛鲜等子弟送到晋军作为人质。

得知苻丕投降晋军的消息，慕容垂对慕容德说：“我故意给他苻丕一条生路，但他却不离开邺城，目前，正要与晋军联络，合力固守邺城，对此不能坐视不顾。”于是，到了太元九年的年底，慕容垂在离开邺城三个多月以后，再次率军包围了邺城，发起了对邺城的第二次进攻。慕容垂的围城军故意没有包围邺城西门，以示允许苻丕率众西逃。与此同时，焦逵带着改动过的苻丕书信，见到了驻扎在彭城的谢玄。谢玄看了苻丕的投降信后，要求苻丕献上亲生儿子作为人质，才同意出兵相救。焦逵反复陈述苻丕是真心投降，并透露了杨膺届时会生缚苻丕的打算，听了焦逵的保证以后，谢玄这才命令刘牢之、滕恬之等率领二万军队解救邺城，并从水陆向邺城送去二千斛大米。

时光就这样步入到了太元十年（公元 385 年）。

慕容垂已经起兵一年有余，冀州百姓也饱受了一年多的战火洗礼，然而，在这一年多的战斗中，慕容垂却并没有打下他梦寐以求的邺城。其间，一向善于用兵的慕容垂却没有让人看出有什么特别之处，在很多时候却是失误连连。

首先是屯兵于邺城坚城之下，他过低地估计了苻丕坚守邺城的决心。在慕容垂看来，如果将苻丕从邺城赶跑的话，整个冀州将失去了一面旗帜，完全可以传檄而定，这无疑是正确的，可是，新组建的后燕联合军团却缺乏攻击大城的经验，致使强攻受挫。

其次是在强攻受挫以后，慕容垂采取了围困的策略，这也是无奈之举。然而，在邺城行将沦陷的时候，却撤围而去，这当然是由于丁零的离叛，但从慕容垂寄希望于苻丕就此西去这一点上看，也证明了他对局势还缺乏正确的判断。

第三就是促使了丁零的离叛。慕容垂承制以后，迫不及待地大封前燕宗室，这固然有巩固鲜卑势力的一面，但也显示出其缺乏团结其他势力的胸怀，围绕在他身边的其他鲜卑贵族更是过河拆桥，对丁零部众另眼相看。殊不知，对于起事之初的慕容鲜卑而言，最大的敌人不是丁零，而是邺城的苻丕，此时只能尽量满足同盟军的要求而不是相反，即便如今给予翟斌一个尚书令的位置，等到借力打力、占据邺城以后，建立了以鲜卑为主体的政权，丁零势力又能如何呢？况且，平心而论，丁零翟斌有首义之功，如今慕容鲜卑却对其另眼相看，处处排挤压制，实在是没有眼光。这正如在楚汉战争中间，刘邦加封韩信为“假齐王”时的情势一样，刘邦将齐王给予了韩信，从而使得项羽面临两面作战的压力；今天，慕容垂集团却排挤丁零族人，导致了后燕政权险些夭折。

不过，刘库仁的被杀使得慕容垂后燕在冀州缠斗中逐渐取得了优势。到了太元九年底十年初，后燕军队分别在幽州、冀州中部和邺城三个方向展开了攻势。慕容垂本人再次包围了邺城；太元十年一月，后燕带方王慕容佐与宁朔将军平规一起进攻蓟城（今北京市），前秦幽州刺史王永屡战屡败，到了二月，王永命令宋敞焚烧了和龙（今辽宁省朝阳市）和蓟城的宫室，率领三万部众从幽州以及平州地区撤离，逃往壶关（今山西省壶关县），前秦势力撤出了幽州地区，后燕军队控制了燕山以南，行将收复辽西老家。同月，慕容农率军与中山的慕容麟会师，合力进攻承营的丁零翟真。

慕容农和慕容麟兄弟二人先率领数千骑兵到承营勘察地形，翟真从城内看到以后，即在城外列开了阵势。随从的诸将都劝说离去，而慕容农却说：“丁零部众并非不骁勇善战，只是他们的主帅翟真性格懦弱，如今我们选择精锐部队，朝翟真所在的位置尽力猛攻，翟真必然惊慌逃走。翟真一逃，丁零必然奔溃，我们堵住城门，一定能够全歼了他们。”

慕容农命令骁骑将军慕容国率领一百多精锐骑兵，一直朝翟真所在的中军杀来。这一百多壮士如旋风般呼啸杀来，挡者无不披靡，翟真望见，不禁魂飞魄散，拨马而逃。看见主帅逃去，丁零军队全无战心，争先恐后地往城内逃命，自相践踏，死伤了一多半，后燕军队顺势夺取了承营外城。

北线和中线战场上后燕军队均取得了胜利，而慕容垂本人负责的南线邺城战局，局面却迟迟无法打开。到了这一年的二月，东晋刘牢之的两万援军也抵达了枋头（今河南省浚县东南淇门渡口），让局势更加复杂。按照经过杨膺改动过的苻丕的投降信中约定，苻丕此时当与晋军接洽，甚至于苻丕本人也应该归身东晋朝廷，然而，杨膺等人这一与东晋之间的约定，苻丕本人却并不知情。当晋军越来越接近邺城的时候，杨膺等人开始劝说苻丕彻底投降东晋，却再次遭到苻丕的拒绝，恰在此时，征东参军徐义、宦官孟丰向苻丕告发了杨膺、姜让等人的企图，于是，苻丕果断将杨膺、姜让诛杀。刘牢之听到邺城发生了这一突然变故之后，就停留在了枋头，不敢继续北上。而慕容垂却并不知道其中的隐情，他得知慕容农、慕容麟大败丁零之后，感到丁零暂时无法构成大的威胁，即命令乐浪王慕容温带领少数人马驻守中山，而命令慕容农率领主力部队南下邺城；命令慕容麟东进到信都。慕容垂的打算是，以慕容农所部在邺城附近抵御苻丕和东晋军队，自己再次撤围邺城，北上信都，寻求一个更安全的落脚点。

二七五 围困长安（一）

正当慕容垂与苻丕、丁零、匈奴、东晋四支势力在幽州、冀州反复角力的同时，关中地区也在上演着一场愈演愈烈的厮杀。

也就是在丁零翟斌离叛慕容垂前后，西燕的慕容冲也率众向长安挺进。秦王苻坚从北地前线撤回长安以后，即派遣抚军大将军苻方率军戍守骊山，并拜儿子、平原公苻晖为使持节、散骑常侍、都督中外诸军事、车骑大将军、司隶校尉、录尚书事，命其率领五万军队前往迎击慕容冲。同时，他还任命河间公苻琳为中军大将军，作为苻晖大军的后援。双方在郑西（今陕西省华县西郊）相持，慕容冲命令军中妇女乘上牛马，穿着五彩衣服，各拿着一个布袋，装满尘土，拿着树枝做成旗帜，扬起漫天的尘土，在阵后督促阵前的男人们，并壮声势。清晨的时候，慕容冲率领大军鼓噪着向苻晖的军营杀来，苻晖领兵出战，而慕容冲命令高呼："队主在哪里？"后面的妇女们扬起漫天的尘土，秦军不知道对手究竟有多少人，而前面的鲜卑士兵也是一窝蜂地向秦军冲来。秦军被迷得睁不开眼睛，一时之间被杀得大败。

慕容冲乘胜推进到灞上。

秦王苻坚再派第五子苻琳，并任命尚书姜宇为前将军，率领三万人马进攻慕容冲。

苻琳，字永瑶，文武双全，能开五百斤的大弓，力能洞穿犁耳；而姜宇，我们并不陌生，他曾做过前秦凉州刺史、南巴校尉等官职，东征西讨，为前秦立下了赫赫战功，姜宇小的时候家境贫寒，但容貌俊伟，十五岁的时候，就身高七尺九寸，给河北的陈不识牧羊，陈不识打算将自己的女儿嫁给姜宇，但妻子却不同意。陈不识让女儿偷偷观看后，说："为父想将你嫁给此人，但你母亲却以人家是牧羊的，不同意。"陈不识的女儿却很有见识，她说："我看姜宇的容貌，怎是长期给人牧羊的？”遂嫁给了姜宇。

然而，灞上之战，苻琳和姜宇却再次大败，姜宇被杀，苻琳也身中冷箭而死，于是，慕容冲遂占据了阿房宫。这是太元九年（公元 384 年）七月的事，此时，关东的丁零翟斌也行将背叛后燕。

慕容冲率部在阿房宫占据了很长的时间，这不由得使我们想起了我们曾经说过的许多年以前流传在长安的那句谶言：“凤凰凤凰止阿房。”我们知道，慕容冲在前燕被灭那一年，年仅十二岁，他与比自己年长两岁的姐姐清河公主一同，受到了苻坚的宠爱。在魏晋时期，同性之恋在贵族阶层中间并不稀奇，当时，苻坚听到了这句谶言，还曾专门在阿房宫内种植梧桐树和竹子，取自凤凰非梧桐不栖，非竹实不吃之义，然而，谁有能够料到，慕容冲的小名就叫凤凰！

慕容冲进逼长安，长安城内的苻坚除了迎来了昔日的情人、今天的死敌慕容冲之外，还迎来了远征西域的吕光的使者。据《事类赋注》记载，使者带来吕光的上书称：“龟兹居于西域三十六国之中，攻入其国，各色宝马无与伦比，即使是伯乐在世，也无法辨认，所获的各种珍宝以亿计算。”

原来，吕光自公元 383 年一月出征以后，部队走到高昌（今新疆维吾尔自治区吐鲁番市东），传来了苻坚大举伐晋的消息，吕光想驻军等待秦王的命令，而杜进却说：“将军受命西行，正应全速前进，有什么疑虑，在此等待！”吕光命令军队继续西进，穿越三百里沙漠，没有发现水源，将士无不惊恐。吕光说：“汉代李广利精诚所至，泉水涌出，难道我等就没有这种诚意吗？上天必然会眷顾我们的，不必害怕。”不一会儿，天降大雨，平地积水三尺。吕光的远征军在淝水之战前后抵达了西域，焉耆（今新疆维吾尔自治区焉耆县）国王泥流率领附近诸国纷纷投降，只有龟兹（今新疆维吾尔自治区库车县）国帛纯固守不降。

吕光率军进抵龟兹城南，每五里设置一座大营，深沟高垒，营内立满木头人，披上铠甲，迷惑敌人。围困龟兹城多日，吕光的左臂内侧隆起，呈现出“巨霸”二字，营外又有黑龙出现。当发动对龟兹城总攻前夕，吕光又梦到了金佛从城内飞到了城外，吕光说：“这说明神佛离开了此城，他们必然灭亡。”帛纯拿出全部的钱财求救于狯胡。

狯胡系游牧于伊克赛湖的民族，对于他们的族属，学术界还有争议，有认为就是羯胡的，也有认为是北匈奴别部的，还有认为是嚈哒的。

狯胡呐龙、侯将馗率骑二十余万，又联合温宿、尉头等国王，一共七十余万大军前来解救龟兹。这些游牧民族身穿锁子甲，跨马如飞，像驯服野马一样用绳索网人，秦军士兵多被俘获。诸将均欲各回本营固守，吕光却说："敌众我寡，各营相距又远，力量分散，这不是良策。"将大军集中在一起，各军之间相互照应，并以五千骑兵补充空隙，双方在龟兹城西展开决战，秦军大败敌人，斩首一万多人，龟兹国王帛纯带着珍宝而逃。

西域胡人十分注重享受，有的人家存的葡萄酒竟多达上千斛，不少是十年前酿造的，吕光入城之后大肆犒劳将士，很多士兵竟然掉到酒窖里淹死。吕光此战威名远扬，西域三十余国纷纷投降，很多从未征服的国家也不远万里前来朝贡，献上汉代赏赐的符节，吕光立帛纯弟弟震为龟兹国王。

苻坚听说吕光平定了西域，加封其为使持节、散骑常侍、都督玉门以西诸军事、安西将军、西域校尉，然而，此时长安通往西域的道路已经被乞伏国仁等切断，苻坚的诏书无法送达。

不过，此时的苻坚根本无法顾及遥远的西域了，他登上长安城墙，看到慕容冲所部，不禁失声叹息道："这些贼人都是从哪里冒出来的？竟如此强盛！"然后，他大声斥责慕容冲说："你们这些奴才只配去牧羊，为何前来送死！"

慕容冲回答："我们是奴才也就罢了，不过，我们已经厌烦了做奴才，正要代替你做天子！"

此时的苻坚还残存着与慕容冲的爱意，他让人给慕容冲送去一领锦袍，给慕容冲下诏说："古人作战，使者行走其间，卿远来到此，辛苦吗？今送给你一领锦袍，以表达关爱之情。朕与卿恩情深厚，你却为何突然之间叛乱呢？"

慕容冲命手下作答，自称皇太弟令："孤今天心存天下，怎会顾及一领锦袍这样的小恩惠。如果你聪明的话，君臣自我捆绑投降，送出我家皇帝慕容暐，我自会宽恕苻氏，以答谢昔日的恩情，决不会让你的恩惠独独在人们中间称道。"

苻坚看罢，再次大怒，他痛心疾首地说："我不用王景略（王猛）、阳平公（苻融）的建议，竟然让白虏猖獗到如此地步！"鲜卑人皮肤较白，故苻坚称其为白虏。

然而，世界上从来就不存在后悔药。这是太元九年九月的事。

不过，慕容冲围攻长安也不是一件容易的事，长安城高池深，慕容冲一时也难以攻下。

谁能料到，淝水之战仅仅过去一年，苻坚已经失去两个儿子，前秦王国烽烟四起，甚至于秦国京师长安也朝不保夕，在这种情况下，一向相信天命的苻坚再次想到了一个人—— 一直隐居在倒虎山上的隐士王嘉。

王嘉，字子年，相貌丑陋，是当时有名的隐士，世人询问世事，王嘉总以隐喻作答，当时没有人能够理解，过后才恍然大悟。苻坚在南征之初，专门派人询问王嘉，王嘉回答："金刚火强。"然后，骑上使者的马，整理一下衣帽，往东慢慢走了数百步，然后，打马往回，脱下衣服，丢掉鞋帽，下马以后再无一言。使者向苻坚详细汇报以后，苻坚预感不祥，他再次派人询问："我的国运如何？"王嘉回答："未央。"当时的人们都以为大吉，而其实，公元 383 年是癸未年，王嘉的意思是癸未年有殃。

苻坚、慕容冲、姚苌均知道王嘉不同凡人，都请王嘉帮助自己，而王嘉却选择了苻坚，公元 384 年十一月，在苻坚的请求下，王嘉进入长安。王嘉到来以后，苻坚将王嘉、道安二人安排住在外殿，军国大小事务均与二人商议。

而王嘉的到来，也让长安周围的人们相信苻坚是天命所在，纷纷倾向于前秦政权，投降苻坚的各族民众共有四万多人。

二七六　围困长安（二）

慕容冲抵达长安城下已有两三个月了，但却迟迟难以突破。而一直静静注视着长安局势的姚苌，也开始思索自己下一步的发展方向。

姚苌召集群臣开会，大家一致认为："大王应该先攻占长安，建立根本，然后再经营四方。"

姚苌却说："不对。燕人因为鲜卑部众个个有思乡之心，这才起兵。如果他们成功的话，部众均有东归之心，安能在关中长期逗留？我们应该转移到岭北秣马厉兵，积聚粮草，等待前秦亡国、西燕东去，然后，再轻松占领长安不迟。这样，可以兵不血刃，坐定天下，这正是卞庄刺虎一举两得的道理。"

姚苌所说的岭北地区，当为陕西省礼泉县东北九嵕山以北，就是指今天甘肃庆阳、平凉地区。他的指导思想十分明确，就是暂时远离长安这一是非之地，退至关中西北高地，这里为泾水上游的黄土高原，对关中平原有俯瞰之势，从这里出发，沿着泾水河谷下趋长安十分容易，而从长安进攻这里却比较困难。他留下长子姚兴驻守北地（今陕西省铜川市耀州区），命令宁北将军姚穆防守同官川，姚苌本人亲率大军向西进攻通往岭北的要地——新平（今陕西省彬县）。

然而，让姚苌意想不到的是，新平之战却让他吃尽了苦头。

在石虎末年，清河人崔悦为新平相，为当地人所杀，崔悦的儿子崔液后被苻坚任命为尚书郎，崔液上书称父仇不共戴天，不愿意在关中任职，请求离开长安，回到冀州。苻坚因此禁锢新平人，并将新平城的一角毁坏，以羞辱当地居民，因此，新平居民一直以来就决心尽忠报国，以雪前耻。

听说姚苌后秦军即将到来的消息，新平太守苟辅打算投降，郡人辽西太守冯杰、莲勺令冯羽、尚书郎赵义、汶山太守冯苗劝说道："天下丧乱，忠臣乃现。过去田单仅凭一座城池就保全了齐国，如今秦国尚有百余座城池，臣子对于君王，尽心而已，尽力而已，死而后已，怎能怀有二心？！”

苟辅听了不禁大喜，他说：“这是我的心愿啊。只是担心旷日持久，外无救援，城中之民无辜而死。大家既然有如此决心，我苟辅岂能怕死！”于是，新平固守不降。

姚苌命令后秦军队开挖地道，苟辅就命令守军也在城内挖地道，挖通之后双方在地道内死战；双方又在山头上轮番厮杀，被杀的后秦士兵有一万多人。苟辅诈降，引诱姚苌入城，姚苌信以为真，率军正要入城，突然觉察异样，迅速后撤，苟辅率领城内伏兵穷追猛打，又斩杀了后秦一万余人。到太元九年年底，后秦军队死伤惨重，却仍然没有拿下新平，姚苌留下诸将继续围攻新平，而自己则率领主力部队，绕过新平北上攻击安定（今甘肃省泾川县），活捉了前秦安西将军渤海公苻珍，岭北各个城池均落入姚苌之手。

占据岭北各城作为大后方以后，姚苌又回到了新平前线，此时，前秦宁朔将军宋方率领三千骑兵从云中，长途南下驰援长安，姚苌在贰县截击这支部队，宋方单人匹马而逃，司马田晃率领残余部众归降了姚苌。

新平在僵持，关东的邺城在僵持，长安依然在僵持。

当时，在长安城内尚有一千多鲜卑人，慕容绍的哥哥慕容肃与慕容暐密谋利用这股力量作乱，响应城外的慕容冲。两人的计划是：由慕容暐借故请求苻坚到府邸饮宴，借机将其诛杀，然后，利用这一千多鲜卑人杀出长安城。十二月，慕容暐命令自己的亲信酋长悉罗腾、屈突铁侯等人，秘密告诉鲜卑人说：“朝廷如今将命令侯爷慕容暐镇守他处，并允许鲜卑旧人同去，大家于约定之日在某处集合。”城内的鲜卑人都信以为真。

在约定之日到来之前，慕容暐到东堂去拜见苻坚，他说：“臣弟慕容冲不懂大义，背弃国恩，臣罪该万死。陛下降下天地一样的宽容，臣蒙受陛下再生一般的恩惠。臣的第二子昨天结婚，明日就三天了，臣请求陛下到臣的府邸饮宴。”苻坚没有多想，当即就答应了。

慕容暐走后，王嘉说了句众人莫名其妙的话：“椎芦作蘧篨，不成文章，会天大雨，不得杀羊。”当天夜里果然天降大雨，第二天早晨仍然下个不停，苻坚未能成行。

而在此期间，鲜卑北部人突贤听到了限期集合的命令，他的妹妹是左将军窦冲的小妾，突贤就去与妹妹道别。当时，长安城外肯定比城内危险许多，所以，窦贤的妹妹请求窦冲留下自己的哥哥。窦冲是何等样人，一听之下，不禁大惊，他立即意识到鲜卑有可能要有什么行动，就飞马入宫向苻坚报告这一异常情况。

苻坚闻言也是大惊失色，立即传召悉罗腾询问，悉罗腾将前因后果一并供出。苻坚勃然大怒，他下令将慕容暐父子、宗族以及长安城内所有的鲜卑人，不论老少，也不论男女，全部诛杀——但是，仍然还有漏网之鱼：慕容垂最小的儿子慕容柔，养在宦官宋牙家里，由宋牙认为养子，因此没有被杀，他与慕容宝的儿子慕容盛叔侄二人偷偷逃出了长安，投奔到城外的慕容冲那里。

如今，长安周边已经遍地烽火，陇西乞伏国仁也割据一方，东晋军队又占领了汉中，前秦梁州刺史潘猛也逃回了长安，长安越来越像一座在波涛汹涌的大海中的孤岛，城内出现了严重的饥馑，人们自相残杀吞吃。就这样，时光进入太元十年（公元 385 年）的新年。

照例，在新年的正月初一，秦王苻坚设宴款待群臣，文武群臣吃完饭，口里含着肉回到家中，再吐出来喂给饥饿难耐的妻子、儿女们。也就是在这一天，慕容冲在得知哥哥慕容暐被杀的消息以后，在阿房宫正式登基继位，改元更始。

其实，慕容暐死后，作为鲜卑的领袖之位还处于一种待定状态，慕容冲的叔父慕容垂在关东地区很有影响力，燕王最终属于何人所有，还需要实力说话，但继位以后的慕容冲却志得意满，得意忘形。作为慕容垂孙子的慕容盛当时年仅十三岁，他对叔叔慕容柔说："想当一个十夫长，才能也要超过另外九人才行。而中山王才能并不高，大业还没有完成，就颐指气使，骄傲奢侈，恐怕不会有好下场吧？"无论慕容盛此言的真假，但至少透露出慕容垂一系对于慕容儁一系把持燕王之位的不满，也显示出两系之间深深的隔阂。

为打破僵局，新年过后，秦王苻坚就发动了一系列的攻势：

甲寅日，苻坚亲率秦军出城，在仇班渠进攻西燕慕容冲，在此苻坚大败西燕军队；

乙卯日，双方又在长安以北的雀桑（今陕西省泾阳县）再次交战，前秦军队再次得胜；

甲子日，双方又在白渠展开第三次会战，结果秦军大败，苻坚本人被慕容冲西燕军队所围。殿中上将军邓迈、左中郎将邓绥、尚书郎邓琼等人相互说："我们邓家世代受到主上厚恩，父亲曾建立过盖世功勋，我等不能不忠心报国，以完成父亲的遗愿。况且，不以死救主的，不是大丈夫。"三人与毛长乐等人一起身披虎皮，手握长矛，直冲西燕军阵。一时间，西燕军开始溃散，苻坚被解救了出来。生还后的苻坚将几人全部拜为五校尉，加三品将军，赐爵关内侯。

对邓迈等人，史书没有记载他们的身世，但从他们的对话中，我们确信他们的父亲就是前秦名将邓羌。邓羌于公元376年参与了灭亡代国的军事行动，同年十二月即被封为并州刺史，自此再无他的记载，到公元379年二月张蚝被任命为并州刺史，邓羌当在这一年早些时候去世。

壬申日，慕容冲又派遣尚书令高盖趁夜偷袭长安城，西燕军攻陷了长安南门，进入长安南城。左将军窦冲、前禁将军李辩等人率军及时赶到，将西燕军击败，斩首一千八百级，将尸体分配给各军以后，煮熟吃掉。

乙亥日，西燕尚书令高盖再次率军进攻渭河北岸秦军各个堡垒，秦太子苻宏率军迎战，双方在成贰堡垒又进行了一场惨烈的战斗，结果西燕军再次大败，被斩首了三万多级。

到了二月，也就是关东慕容农击破承营翟真前后，苻坚率军再次与慕容冲在长安城西交战，秦军自新年过后第五次大破西燕军，秦军一直追到阿房宫，诸将请求乘胜攻入阿房宫，但苻坚担心被慕容冲伏兵所袭，鸣金收兵，率军退回了长安。

二七七 苻坚之死（一）

秦军在长安城外虽然取得了一系列胜利，但是，慕容冲就像一个幽灵一样迟迟不散。

前秦军队依然还在长安附近与西燕慕容冲的军队血战，但是，形势却逐渐变得对前秦不利起来。平原公苻晖多次被慕容冲击败，苻坚责备苻晖说：“你，是我最有能力的儿子，拥有人数众多的军队，与白虏小孩交战却屡屡战败，你活着还有什么意思！”苻坚的话虽然很重，但其实只是为了激励自己的儿子，可是，一直养尊处优的苻晖却又羞又愧，到了太元十年的三月，竟然真的丢下父亲和岌岌可危的长安，自杀了。

看到长安有可能失守，前禁将军李辩、都水使者彭和正召集秦州地区的人们，离开长安，驻守在长安城西的韭园，拒不听从苻坚的召唤。

同月，慕容冲率军进攻驻守骊山的前秦高阳公苻方，苻方兵败被杀，西燕军队活捉了秦尚书韦钟。慕容冲任命韦钟之子韦谦为冯翊太守，令其劝降长安附近不服从西燕的堡垒。冯翊坞堡主邵安民等人斥责韦谦说：“你家是雍州的望族，如今你却投降贼人，你所为不忠不义，还有什么脸面活于世间呢！”韦谦满面羞愧，回去告诉了父亲，韦钟听后自杀，韦谦也辗转南逃到东晋。

前秦左将军苟池、右将军俱石子（俱难之弟）奉命率军夺回骊山，与慕容冲在骊山交战，秦军大败，西燕将军慕容永阵斩苟池，俱石子东逃到邺城；苻坚再令领军将军杨定率军进击，杨定大破慕容冲，俘虏一万多鲜卑人，国仇家恨的秦王苻坚再也无法按捺心头的怒火，他下令将这一万多鲜卑人全部活埋。

杨定，是仇池杨佛奴的儿子，苻坚的女婿。我们知道，在前秦平定仇池之后，由于是同族关系，前秦王室与仇池杨氏结婚的例子很多，如前所述的仇池杨璧，也是苻坚的女婿，苻坚的长子苻丕也是娶的仇池杨膺的妹妹等等。

在这里，我们简要回顾一下仇池公的世系：杨千万死后，孙子杨飞龙继位；杨飞龙死后，外甥杨茂搜继位；杨茂搜死后，仇池地区一分为二：长子杨难敌为仇池公，次子杨坚头为下辨公；二人死后，二公分别为各自的儿子杨毅和杨盘继任；而杨定的爷爷杨宋奴就是杨毅的小弟。然而，在公元337年，仇池公杨毅的族兄杨初却杀掉了杨毅篡位，自此前仇池国的世系从杨千万的直系转移到了旁支，但是，作为直系的杨毅弟弟杨宋奴却一直没有忘记杨初的杀兄之仇，他在公元355年一月支使姑家表弟梁式王刺杀了杨初，杨初死后，其子杨国又诛杀了杨宋奴和梁式王，并继位；但好景不长，一年以后，历史重演，杨初的弟弟杨俊又杀掉了杨国自立，公元360年，杨俊死去，儿子杨世继位；杨世死后，儿子杨篡继位，就是前仇池国的最后一位君主。杨宋奴被杀以后，他的两个儿子杨佛奴、杨佛狗逃奔前秦，苻坚任命杨佛奴为右将军、杨佛狗为抚夷护军，并将女儿嫁给了杨佛奴的儿子杨定。结合《宋书·氐胡传》的记载，《资治通鉴》称杨定是杨佛奴的孙子是错误的。

杨定骁勇善战，并对秦王苻坚忠心耿耿，慕容冲深为忌惮，在军营周围挖掘陷马坑，防备杨定骑兵的冲击。

时光进入太元十年的五月。

长安城上飞来数万飞鸟，发出凄凉的悲鸣，占卜的人称，这意味着甲兵将要入城。

果然，慕容冲随即发动了对长安的总攻，慕容冲亲自率军架设云梯攻城，苻坚也是亲自登上城墙，指挥作战。战斗异常惨烈，苻坚身中数箭，血流遍体，但他却越战越勇，终于击退了西燕军的进攻。

慕容冲看到攻城难以得手，纵兵大掠长安周围的郡县，关中地区百姓流离失所，千里没有人烟。

慕容冲的暴行让关中的民众更倾向于苻坚，关中三十余座坞堡公推平远将军赵敖为盟主，冒着生命危险派出部队给长安城内的秦王苻坚送粮，可是，这些送粮队大多数都在途中被西燕军队截获、斩杀。

苻坚听说以后，给这些义士传话说："我听说你们送粮的义士们很少能够抵达，这固然是忠臣为国赴难的义举。但如今灾难深重，不是一人人力所能挽救的，如果神灵眷顾，否极泰来，希望你们珍惜生命，积聚粮草，磨砺兵器，静候出兵的日期，不要白白送死，接二连三地落入虎口啊！"

被慕容冲俘获的关中百姓，偷偷给苻坚送信，请求苻坚出兵，他们在西燕营中防火，里应外合消灭慕容冲。

苻坚叹息道：“看到你们如此忠心，令我哀怜不已。但国运衰败，恐怕你们的作为也不会有多少益处，白白让各位丢掉了性命，我怎能忍心啊。况且，我大秦拥有猛兽一般凶猛的精兵，剑气如霜，可是却在乌合之众面前屡屡失利，这难道不是天意！你们要三思而行啊。”

众人一再坚持说：“臣等不爱生命，以身许国，如果上天开眼，竭尽全力，也许能够成功，即使死掉，绝无悔恨！”

于是，苻坚派遣七百骑兵出城接应。

可是，在敌营中放火的却被自己所放的大火烧死，侥幸活下来的仅仅有十之一二，这次偷袭行动再次失败。

苻坚悲不自胜，他亲自为死难的勇士设祭招魂，说：“有忠有灵，来就此庭；归汝先父，勿为妖形。”说罢，他泪流满面，泣不成声。

身边的人们都说：“至尊如此慈爱，我等唯有一死，决不变节！”苻坚以甘松护军仇腾为冯翊太守，加号辅国将军，令其与破虏将军兰犊一起安抚长安周边郡县，郡县的民众纷纷表示：“愿与陛下同生共死，发誓绝无二心！”

长安城中每天夜里总有一个声音高呼：“杨定健儿应属我，宫殿台观应坐我，父子同出不共汝。”这种奇怪的声音让人疑窦丛生，天明的时候四处却找不到那人。城内有一本谶言书叫《古符传贾录》，书上有这样一句话：“帝出五将久长得。”又有童谣称：“坚入五将山长得。”这两句谶言从表面上来看，似乎都是在暗示苻坚，去到五将山（今陕西省岐山县东北）将会长久，而要命的是：苻坚对此深信不疑。他对太子苻宏说：“如果真是这样的话，上天也许是在引导我，如今你全权负责长安军务，不要与敌人争斗，朕将西上陇上，搜集兵员，给你运送粮食接济。上天或许正在教导我啊！”

苻坚派遣骁将杨定率军在长安城西与慕容冲交战，而此战杨定却被西燕军队活捉，杨定被俘以后，被西燕尚书令高盖认为义子。杨定被俘以后，苻坚再无得力战将，他不禁害怕起来，最终决定离开长安，率领数百骑兵带着小儿子中山公苻诜、两个皇女苻宝、苻锦，朝五将山而去，号令各州郡，约定在初冬时节解救长安。在西去的途中，苻坚带人袭击了韭园，李辩逃奔西燕，彭和正羞愧自杀。

秦王苻坚于太元十年五月离开长安，留在长安的太子苻宏又坚守了近两个月

（中间有一个闰五月），到了六月，苻宏看到实在无法继续坚守下去了，他带着自己的母亲、妻子和前秦宗室，率领数千骑兵向西逃往下辨（今甘肃省成县西）仇池氐族聚集区。然而，让苻宏意想不到的是，驻守下辨的前秦南秦州刺史、苻宏的妹夫杨壁却拒绝接纳苻宏。看到丈夫背信弃义，杨壁的妻子、顺阳公主愤怒至极，她带领随从出城，离开丈夫，投奔哥哥，跟着哥哥一起走向颠沛流离之路。

苻宏带着大家又继续往南，投奔武都的氐族豪强强熙，最后辗转来到东晋境内，晋孝武帝下诏将他们安置在江州。《世说新语·轻抵》记载："苻宏叛来归国，谢太傅每加接引，宏自以有才，多好上人，坐上无以折之者。适王子猷（王羲之第五子王徽之）来，太傅使共语。子猷直孰视良久，回语太傅云：'亦复竟不异人。'宏大惭而退。"苻宏后来被东晋加号为辅国将军。桓玄篡逆的时候，为了招抚北方，又任命其为梁州刺史，桓玄失败以后，苻宏仍然与刘裕为敌，被讨灭。

苻宏弃守长安以后，前秦司隶校尉权翼、尚书赵迁、大鸿胪皇甫覆、光禄大夫薛瓒、扶风太守段铿等数百文武官员，都投奔了姚苌，这些人中权翼、薛瓒为原姚弋仲滠头集团的重要谋士；皇甫覆为前燕的旧臣，曾做过前秦荆州刺史；段铿为雍州秀才，为苻坚所提拔；尚书赵迁曾任洛州刺史、徐州刺史，并参与消灭代国的战役。如今树倒猢狲散，昔日的前秦重臣也都纷纷寻找新的归宿去了。

二七八 苻坚之死（二）

在围困长安十个多月以后，慕容冲终于如愿以偿。进入了长安以后，他迁怒于手无寸铁的居民，下令纵兵大掠，长安居民被杀的多不胜数。

在慕容冲得意扬扬地进入长安前后，长安周边地区也发生着剧烈的动荡。慕容冲攻入长安之前，长安西北的新平也在姚苌的围困下变得岌岌可危，姚苌派人对新平太守苟辅说："我正要以大义夺取天下，岂能仇视忠臣？你尽管率领现存的百姓回到长安，我不过是需要这座城池建立军镇罢了。"苟辅信以为真，他率领城内的一万五千男女走出城来，然而，这一万五千军民却没有回到长安，迎接他们的却是姚苌军队的屠刀。看到效忠前秦的新平军民放下了武器，姚苌立刻变脸，后秦军队将这一万五千军民团团包围，不论男女老少全部活埋，只有冯杰的儿子冯终一人侥幸逃到长安。新平失守的时间是太元十年四月，在苻坚离开长安的前一个月。

与此同时，前秦在关中南边的益州和梁州地区的统治也土崩瓦解。就在苻坚与慕容冲激战的时候，太元十年二月，屠各王擢之子、前秦益州刺史王广留下蜀人李丕充当益州刺史，让其镇守成都，而他则率领部队撤离了益州，逃往陇西，投奔他的哥哥秦州刺史王统，益州民众追随他的共有三万余人。李丕坚守成都一个多月，到了这一年的四月，也就是新平失守前后，东晋蜀郡太守任权攻陷了成都，斩杀了李丕，至此，东晋朝廷收复了益州，随后，孝武帝司马曜下诏任命广州刺史罗友为益州刺史，镇守成都。

罗友，襄阳人，出身寒门，年少曾做过乞丐，后成为桓温的部下，未受重用。一次，桓温为一位新提拔为郡守的属下饯行，罗友却姗姗来迟。桓温问他缘故，他回答道："我来的路上遇到一个鬼，他取笑我说：'我总是看到别人做郡守你去送行，从未看到别人为你送行。'我先是害怕，继而惭愧，以致落泪，故此来迟。”桓温听了，不久就任命他为襄阳太守。罗友最大的特点就是记忆力超群，另外，还十分通脱，《世说新语·任诞》有两则关于他的故事，其中一则称，一次，桓温给王珣设宴送行，罗友瞅准机会也进来入席，吃一会儿告辞出来。桓温很奇怪，就问他：“你刚才不是说要汇报工作，怎么就要走了？”罗友回答：“我早就听说白羊肉味道鲜美，只是无缘一尝，所以才假冒汇报工作来品尝，其实没有需要汇报的事情。现在我已经吃饱，就没必要再在此久坐了。”说话的时候，没有半点惭愧的神情。

五将山，山峦竞秀，奇峰叠翠，位于陕西省岐山县东北，与麟游县交界，在后秦姚苌占领的新平西南方向。苻坚自太元十年五月离开长安，到六月长安失守，再到七月，后秦主姚苌得知苻坚避难五将山，中间加上一个闰五月，屈指算来，苻坚在五将山待了三个月左右。到了七月份，姚苌得知苻坚的确切下落以后，他从岭北地区南下到新平（今陕西省彬县），然后命令骁骑将军吴忠率领骑兵突袭五将山，将苻坚的驻地团团围住。

得知后秦军队到来的消息，苻坚率领的那数百穷途末路的前秦骑兵各自四散而逃，秦王苻坚身边只剩下十几个亲随，他们自知抵抗无望，就将秦王围在中间，静静地侍立一旁。秦王神色自若，坐在毡毯之上，等待着敌人的到来，平静地命令厨师进餐。不一会儿，吴忠的后秦骑兵即蜂拥而至，将秦王俘获，押送到新平，单独关押起来。

姚苌派人给秦王传话说：“姚苌将依序上应天命，请求将传国玉玺传给我。”

秦王怒目而斥说：“小小羌奴安敢威逼天子！怎会将玉玺交给你们羌族！图谶祥兆上，哪里有暗示？五胡次序，也没有你们羌族之名。你们违背上天，不会吉祥，怎能长久！玉玺已经送交东晋，你们是得不到的！”在长安危急之时，前秦苻坚曾经向东晋朝廷派出使者，请求东晋发兵救援，因此，苻坚说出此言。

姚苌又派右司马尹纬劝说秦王，请求秦王举行禅让仪式，让姚苌名正言顺地取得前秦政权。秦王回答：“禅让，是圣贤所为之事，姚苌一介叛贼，何必要学习古人！”

接着，秦王与尹纬闲话家常，他问尹纬：“你在朕朝廷中担任什么官职？”

尹纬如实作答道：“二百石的尚书令史。”

苻坚叹息说：“卿是王猛一般的人才，有宰相之才啊，而朕却不知道你，难怪秦国要灭亡。”

秦王自以为对姚苌特别恩遇，因此，对其的背叛行径非常恼火，他多次痛骂姚苌背信弃义，只求速死，他对张夫人说："怎能使羌奴侮辱我的女儿！"于是，秦王拔剑先将自己最为亲爱的两个女儿苻宝、苻锦，双双杀死。

太元十年（公元385年）八月二十六日，一代雄主秦王苻坚被姚苌派人吊死在新平佛寺的槐树上（今陕西省彬县水口镇净光寺内），张夫人、中山公苻诜也自杀而死。

后秦的将士一年前还是苻坚大帝的臣民，当他们听说苻坚死去的消息以后，莫不失声痛哭，姚苌为了掩盖弑杀秦王的真相，他追谥苻坚为壮烈天王。

前秦王国强盛之时，曾有童谣说："河水清复清，苻诏死新城。"苻坚听后心生厌恶，曾下令军中每次出征，都要避开有"新"地方；还有童谣称："阿坚连牵三十年，若后欲败当在江淮间。"秦王在位共二十七年，死时年仅四十八岁。据《十六国春秋》记载，在长安将要陷落的时候，前秦中垒将军徐嵩、屯骑校尉胡空各自聚集五千人，建立坞堡自守，苻坚死后，姚苌遂以王礼将其安葬在这两个坞堡之间。据学者考证，苻坚墓现在陕西省彬县西南十公里水口镇九田村，被陕西省政府确定为省级重点文物保护单位。

无疑，秦王苻坚是五胡十六国时期乃至整个中国历史上一位伟大的君主。他集雄才大略与宽厚仁爱于一身，他受到过良好的汉文化的教育，他的睿智与仁爱出自天性，而不尚矫饰。在他的统治下，前秦政权基本上统一了中国北方，前秦的社会也趋于安定，中国的文化得以保存和发展，他爱民如子，励精图治，政治清明，勤俭治国，北中国的各族百姓在这一乱世中迎来了难得的短暂的休养生息。然而，人无完人，当各民族尚未完全融合的时候，他意欲统一中国，却招致了淝水之战的惨败，并由于随后的一连串决策失误，导致前秦王国迅速瓦解，北中国的各族人民也随之陷入了一场更大的灾难中；在个人私生活中，他宠幸慕容垂的小段夫人、慕容暐的妹妹清河公主，并与慕容暐的弟弟慕容冲有同性之恋，所有的这一切也都深为后世诟病。

不过，与苻坚相比，偏安江东的孝武帝司马曜是无法望其项背的。史书称其："嗜酒，流连内殿，醒治既少，外人罕得觐见。"那么，是让苻坚统治下的前秦政权统一中国，或者是以司马曜的东晋治理天下，抑或是继续维持南北分治更符合最高的理性呢？结论不言而喻。假如苻坚没有从项城前往前线，淝水之战即使前秦失败，前秦王国还会瓦解吗？假如苻坚、苻融听从诸将的建议，不临阵后撤，还会有淝水之战的失败吗？假如淝水之战失败以后，苻坚不让慕容垂东去邺城，关东地区还会烽烟四起吗？假如苻叡听从姚苌之言，只是将慕容泓赶出潼关，前秦王国还会很快地根本动摇吗？假如淝水之战前秦大胜，提前完成中国的统一，能否提前开创出一个盛唐般的盛世呢？

然而，历史没有假设。

谢玄的北府兵打赢了一场几乎注定要失败的战争，完成了中国历史唯一一场以南军大胜、北军惨败的决战，它让东晋朝廷、门阀政治继续苟延残喘了三十六年；在前秦政权瓦解以后，相继而起的有后燕、西燕、后秦、西秦、后凉、南凉、北凉、南燕、西凉、西蜀、大夏、北燕等等，还有代国（拓跋魏）、后仇池国、吐谷浑等政权，也让北中国再次陷入了更加惨烈的动乱。

对于苻坚，宋代王安石评价道："苻坚好功，而不能忍，智大而不见机。猛知其不能除垂，故劝以勿伐晋耳。不然，以坚之强，而欲取晋，夫又何难之有！"司马光在《资治通鉴》中也评价说："坚之所以亡，由骤胜而骄故也。魏文侯问李克：吴之所以亡，对曰：'数战数胜。'文侯曰：'数战数胜，国之福也，何故亡？'对曰：'数战则民疲，数胜则主骄，以骄主御疲民，未有不亡者也。'秦王坚似之矣！"清王士祯在《池北偶谈》中称："苻坚以读谶杀王雕、王佩，此一事过光武远矣。其后乃以谶文入五将山，竟为姚苌所执，当是末路愦愦耶！"

然而，在我看来，"帝出五将久长得"这句话中的"久长"二字，未必不是"姚苌"的意思——姚，通"遥"，为久之义；长就是"苌"！

二七九　弃守邺城

太元十年（公元 385 年）注定是一个不同寻常的大乱之年。慕容冲将关中地区荼毒得赤地千里，同样地，慕容垂在关东地区也搅乱得“邑落萧条”。史称，“燕、秦相持经年，幽、冀大饥，人相食”。

好事多磨。本来，慕容农、慕容麟行将消灭盘踞在中山附近的丁零翟真，而恰恰就在此时，东晋刘牢之的二万晋军出现在了黄河北岸、邺城南面，刘牢之军队的不期而至，又一次打乱了慕容垂第二次围攻邺城的计划。这一严峻的形势，不得不促使慕容垂重新考虑自己的整个战略计划，他做出了暂时丢下邺城、避开晋军军锋、北趋中山、经营冀州北部的决定。在撤围邺城之前，为了稳妥起见，他只好下令暂时中止对承营丁零翟真的攻击，由乐浪王慕容温、抚军大将军慕容麟分别驻守中山和信都两个冀州中部据点，对翟真采取守势，而抽调慕容农主力部队南下邺城，以确保对秦晋联军的军事优势。

由于东晋军队的北上，再加上邺城苻丕的顽强抵抗，不少冀州本来已经归顺后燕的冀州郡县再次产生动摇，人心不稳。慕容农率军南下，走到高邑（今河北省柏乡县北）的时候，他派从事中郎眭邃出外办事，眭邃却一去不返。长史张攀对慕容农建议说：“眭邃是亲近参佐，却竟敢逾期不归，请求回师将其剿灭。”慕容农没有答应，而是顺水推舟，任命眭邃为高阳太守。

受此启发，慕容农因势利导，只要家乡是在冀州北部的下属，不再勉强他们一起南下，索性将他们放归家乡，委任为当地的太守和县令，就这样，慕容农一下子就任命了三位太守、二十多位县令。随后，慕容农才对张攀说出了自己的理由：“你的见识非常错误，在目前的情况下，我们怎能内讧！等我再次北上的时候，眭邃等人自然会伏在道路旁边迎接，不信你走着瞧。”

慕容农和慕容麟率军离去之后，只剩下慕容温率领少数人马固守在中山附近，那里丁零密布，慕容温对手下说："以我之众，攻则不足，守则有余。骠骑将军、抚军将军两支大军，不久就会消灭了苻丕，我们只用囤聚粮食，训练军队，以待时机。"于是，慕容温安抚部众，鼓励农业生产，远近不少坞堡归顺了慕容温。翟真曾经率军夜袭中山，被慕容温击破，自此，不敢再来。慕容温听说慕容垂即将定都中山以后，他下令修缮中山的宫室，并派出一万军队给慕容垂送去军粮。

太元十年三月，刘牢之率军进攻黎阳附近的后燕黎阳太守刘抚，后燕主慕容垂留下儿子慕容农率军在邺城监视苻丕，自己亲自率军南下解救刘抚之围。刘牢之与慕容垂第一次交手不胜，退回了黎阳；与此同时，邺城城内的苻丕乘虚夜袭城外的慕容农，但也被慕容农的燕军击败。初战胜利之后，慕容垂又回到邺城，而这次胜利，也让慕容垂摇摆起来，把原来主动撤围邺城的计划暂时搁置了下来。

四月，刘牢之率领晋军主力部队推进到邺城城下，慕容垂率领后燕大军前去迎战。邺城城下之战，晋军大败后燕军队，于是，慕容垂这才忍痛离开邺城，退至新城（今河北省邯郸市肥乡区境）大本营，四月八日，慕容垂再次率军北撤。

邺城城下的刘牢之听说慕容垂北逃的消息后，立即与沛郡太守周次率晋军火速追击，情急之下，他也没有通知一声邺城城内的苻丕。苻丕得知之后，也命令秦军出城随后追击。

四月十三日，晋军在董唐渊（今河北省曲周县以北、广宗县以南）追上了燕军。慕容垂说："秦晋两军之间的联合十分脆弱，他们相互支持，看似十分强大，一方胜利双方都趾高气扬；一方失败，双方都会溃败，并非同心同德。如今，他们两支军队一前一后，军势并未紧密地结合在一起，应该趁此良机立即发起攻击。"此时，刘牢之的晋军已经急行军二百多里抵达五桥泽。在这里，晋军发现有大量燕军丢弃的辎重，于是，士兵们开始争抢财物，一时间部伍大乱。突然，前后左右燕军伏兵尽出，朝晋军拦腰杀来，晋军全军覆没，被斩杀了数千人。刘牢之单人匹马跳过五丈涧，得以脱身，正遇上随后而来的秦军，这才得以生还。

五桥泽一战是东晋骁勇善战的北府兵出师以来遭遇的第一次大败，虽然这只是一次规模不大的战斗，但却稳定了后燕的军心。

打退东晋进攻后，晋军再也没有力量推进到邺城以北地区。由于邺城城内无粮，苻丕率领城内的秦军出城南下，前往枋头（今河南省浚县东南淇门渡口），接受晋军援助的粮食，于是，邺城的城防正式交给了晋军，刘牢之在邺城搜集残兵、招募军队，稍稍恢复元气。但是，刘牢之在邺城并没有停留多久，就因军败而被东晋朝廷召回，东晋朝廷另以龙骧将军檀玄代替他镇守邺城。

而吴泽桥战后，后燕军队也无力继续南下发动新一轮的进攻，其中最大的原因就是缺粮，很多燕军士兵都因饥饿而死，慕容垂只得下令民间不得养蚕，以桑葚充当军粮，然后，慕容垂率军继续北上，来到中山。果然，慕容农一月前任命的各地地方官都纷纷迎驾，归顺了后燕。

慕容垂大军抵达中山以后，丁零翟真为了避开慕容垂的打击，主动离开中山附近的承营西去，驻屯在背靠太行山的行唐（今河北省行唐县）。西屯行唐的丁零部落很快发生了内讧，翟真的司马鲜于乞诛杀了翟真和翟姓将领们，自立为赵王，而丁零部众又一起杀掉了鲜于乞，拥立翟真的堂弟翟成为主，翟真的堂兄翟辽（《晋书·慕容垂载记》记作"翟真之子"）南逃到东晋占领的黎阳（今河南省浚县）。这次突如其来的内乱让丁零势力大损，不少部众投降了后燕。到这一年的闰五月四日，燕主慕容垂抵达常山（今河北省正定县），率军包围了翟成的行唐，一直到七月二十八日，翟成的长史鲜于得斩杀了翟成投降，慕容垂下令屠城，并将丁零降众全部活埋。至此，自全年七月开始的丁零反叛，历经十三个月终于被慕容垂剿灭。

然而，一波未平一波又起。

就在慕容垂围攻翟成的时候，六月，高句丽发动了对辽东的进攻。驻守龙城的带方王慕容佐命令司马郝景，率军前往抵敌，却被高句丽军队击败，高句丽遂占领了辽河以东地区。

除此以外，后燕建节将军余岩也率部发动叛乱。根据余岩的姓氏，此人大约是扶余人，他裹胁了四千民众，率军从冀州中部的武邑（今河北省武邑县）北上幽州，大约是为了离开这一是非之地，逃回辽东老家。慕容垂快马派出使者，传令幽州守将平规说："只用固守城池不战，等我击败了丁零，将亲自前去征讨。"然而，平规没有听从慕容垂的将令，他擅自率军出城交战，结果，被余岩击败。余岩乘胜进入蓟城，掳掠了一千余户民众东去，所到之处，烧杀抢掠，遂驻守在了段氏鲜卑的旧都——令支（今河北省迁安市）。

话分两头。

苻丕从四月份离开邺城，一直在枋头停留了四个多月，在此期间，慕容垂消灭了丁零翟成，而这段时间，苻丕也渐渐恢复了元气。由于秦晋之间各自的目的不同，苻丕看到晋军北伐的决心不足，自己如果继续留在枋头，极有可能会被晋军吃掉，于是，吃饱喝足的他计划再次回到邺城。

七月，他率领三万前秦部众离开枋头北去，驻守邺城的晋军龙骧将军檀玄率军南下迎击，双方在枋头以西的谷口交战，结果，晋军战败，苻丕再次进入了邺城。苻丕进驻邺城的目的并非为了固守邺城，而是以此为暂时的落脚地，招募附近郡县的军队，打算西去长安救驾。因为，此时的苻丕尚且不知父王苻坚已经逃往五将山，也不知道首都长安已经陷落。正巧前秦幽州刺史王永、平州刺史苻冲等人在年初被慕容佐和平规击败后，率领三万部众南下驻守在邺城西边壶关，此时王永、苻冲派人迎接苻丕，于是，苻丕带领邺城以内六万多军民离开邺城，西上进入潞川（今山西省黎城县）。

前秦骠骑将军张蚝、并州刺史王腾率军前来将苻丕接入晋阳（今山西省太原市），王永留下苻冲率领军队驻守壶关，自己亲自率领一万骑兵追随苻丕进入晋阳。

抵达晋阳以后，苻丕才得知长安已经失守、父王已经被杀的消息，于是，他在晋阳发丧祭祀，令三军将士都穿上孝服，祭奠苻坚。九月，王猛之子王永劝苻丕登基继位，苻丕同意，在晋阳城南继皇帝位，追谥苻坚为宣昭皇帝，庙号世祖，大赦境内，改元大安，设置百官，任命张蚝为侍中、司空，封上党郡公；任命王永为使持节、侍中、都督中外诸军事、车骑大将军、尚书令，封清河公；王腾为散骑常侍、中军大将军、司隶校尉、阳平郡公；苻冲为左光禄大夫、尚书左仆射、西平王；俱石子为卫将军、濮阳公；左长史杨辅为尚书右仆射、济阳公；右长史王亮为护军将军、彭城公；强益耳、梁畅为侍中，徐义为吏部尚书，均封为县公。立王妃杨氏为皇后，立子苻宁为皇太子，苻寿为长乐王，苻锵为平原王，苻懿为渤海王，苻昶为济北王。

苻丕离开邺城之后，燕主慕容垂即命令鲁王慕容和为南中郎将，后燕军队最终占领了邺城。

二八〇　吕光据凉（一）

苻坚虽然死了，但前秦王国并没有完结，相反，它又因苻丕登基继皇帝位而成为一个帝国，然而，这个帝国直接控制的地区却仅仅局限于并州、司州的部分地区：太原国、上党郡和司州平阳郡的一部。不过，前秦的君位总算是在虚悬不足一月之后，再次接续了起来，这也让众多群龙无首的前秦地方官吏暂时找到了归属感。

苻丕继位不久，前秦尚书令、魏昌公苻纂率领三千壮士从长安逃奔晋阳，苻丕拜苻纂为太尉，封为东海王。河北地区的前秦冀州刺史、阜城侯苻定，是苻丕的从祖，驻守在信都（今河北省衡水市冀州区）；高城男苻绍是苻丕的从叔，在高城（今河北省盐山县）；高邑侯苻亮是苻丕的堂兄弟，重合侯苻谟是苻丕的从叔，两人均驻守在常山（今河北省正定县）；固安侯苻鉴和中山太守王兖原驻守在中山（今河北省定州市），现固守中山东面的博陵（今河北省蠡县），此六人均投降后燕一年左右，如今，当他们得知苻丕在晋阳称帝以后，均派人前往谢罪，苻丕加封王兖为平州刺史，苻定为冀州牧，苻绍为冀州都督，苻谟为幽州牧，苻亮为幽州、平州两州都督，均晋爵为郡公。

关中地区，由于西燕皇帝慕容冲惧怕关东的慕容垂，因此，在他占领长安以后，不敢率众东下，而是企图经营关中，在十月，他命令尚书令高盖率领五万之众北上进攻后秦的姚苌，双方军队在新平（今陕西省彬县）以南地区交战。新平南之战，西燕军队大败，主帅高盖投降，而高盖的义子、前秦卫将军、苻坚女婿杨定，则逃奔陇右（今甘肃省东部地区），召集仇池氐族的原有部众，不久，率众移驻历城（今甘肃省成县），将辎重全部囤积在仇池台地之上，杨定一方面向苻丕派出使者表示要进攻西燕；另一方面又自称龙骧将军、仇池公，向东晋朝廷称臣。

与杨定一样向晋阳的苻丕表示效忠的还有：前秦左将军窦冲，此时，他拥有数万之众驻守在兹川（渭河支流灞河）一带；秦州刺史屠各王统、益州刺史王广，兄弟二人共同驻守在上邽（今甘肃省天水市）；南秦州刺史杨璧，驻守在仇池（今甘肃省西和县）；河州刺史毛兴，治所在枹罕（今甘肃省临夏县西南），他们大多是出于自存而请求前秦皇帝苻丕与之一起东西夹攻姚苌，苻丕又任命苻定为雍州牧，窦冲为梁州牧，加王统军号为镇西大将军，毛兴军号为车骑大将军，杨璧为征南大将军，升任为宰相级的开府仪同三司，并均从刺史升为州牧。

在这些前秦的地方大员中，我们看不到凉州刺史梁熙的名字，这不仅仅是因为凉州道路悬隔，还有另外一个重要的原因是：梁熙已经被杀了！

那么，诛杀梁熙的人又是谁呢？

这还得从前秦骁骑将军吕光说起。

我们知道，吕光是前秦开国功臣、太尉吕婆楼的儿子，此人身长八尺四寸，与项羽一样是重瞳子，即眼睛里有两个瞳仁。在淝水之战后，吕光即平定了西域，并抓获了西域高僧鸠摩罗什。吕光看到鸠摩罗什年纪尚轻，将其视为寻常之人，于是，发生在其父身上的事情再次降临到了鸠摩罗什的头上——吕光强令他娶龟兹国王的女儿为妻。鸠摩罗什苦苦推辞，但吕光却说："道士你的德行超不过你的父亲，又有什么好推辞的呢？"他将鸠摩罗什灌醉，与龟兹公主关在一个房间以内，使两人结为了夫妻。

看到西域富庶，吕光打算留在那里称王，可是，鸠摩罗什却说："这里是凶险死亡之地，不宜久留，回国的途中自然会有幸运福地。"太元十年正月，当秦王苻坚被困在长安城内、慕容冲登基继位的时候，占领龟兹七个月的吕光召集所有的文武属下开会，讨论是留是还的问题，大家纷纷表示愿意归国。于是，吕光下令部队用两万多头骆驼满载无数的珍宝，带着数千种珍稀野兽、一万多匹骏马，从西域撤离，于太元十年（公元 385 年）三月，也就是西燕慕容冲与长安城内苻坚鏖战之时，这支浩浩荡荡、满载而归的远征军踏上了漫漫的归国之路。

一路之上，充满了凶险。

一天，吕光将大营扎在山下，鸠摩罗什告诫说："在此扎营必然不利，应该移驻到高处。"吕光没有听从，结果，当天夜里突然下起了瓢泼大雨，山洪暴发，水深几丈，淹死了数千士兵，自此，吕光对鸠摩罗什暗暗称奇。《资治通鉴》记载："吕光自龟兹还至宜禾，秦凉州刺史梁熙谋闭境拒之，高昌太守杨翰对梁熙说：'吕光新破西域，兵强气锐，闻中原丧乱，必有异图。河西地方万里，带甲十万，足以自保。若光出流沙，其势难敌。高梧谷口险阻之要，宜先守之而夺其水；彼既穷竭，可以坐制。如以为远，伊吾关亦可拒也。度此二隘，虽有子房之策，无所施矣。’”

宜禾为晋昌郡属县，位于河西走廊西部、敦煌以东，其地在今瓜州县南岔乡的六工破村；胡三省注高梧谷口曰：“当在高昌西界。”注伊吾关曰：“伊吾县，晋置，属晋昌郡，有伊吾关。”如果按照胡三省的注认定高梧谷口在高昌（今新疆维吾尔自治区吐鲁番市）西界，那么，史书中所云的宜禾要么是别有所指，要么是史书语句前后错谬，因为，假如此时的吕光大军已经进入玉门关，而杨翰却建议在高昌之地拒敌，这是不可能的事情。要想彻底澄清这一问题，就有必要简要地介绍一下丝绸之路中段的路线，并揣测吕光有可能的进军、回师路线。

丝绸之路在新疆维吾尔自治区地区的路线大致有以下几条：一是从安西到哈密，再到吉木萨尔（或乌鲁木齐市），到伊犁出境。一是从敦煌西行，出玉门关（今甘肃省敦煌西北小方盘城，非唐代的迁移至甘肃安西县东的关址）、阳关，沿着疏勒河故道（阿奇克谷地），擦着新甘库姆塔格沙漠北沿，抵达位于古罗布泊西岸的楼兰古国，再向北渡过孔雀河，翻越库鲁克塔格，北上高昌，再西南到焉耆、龟兹（库车县）、姑墨（阿克苏市）、疏勒（喀什市）出境。另一路是从玉门关西去，经塔克拉玛干沙漠南沿，经若羌、和田、莎车出境；这几条道路中间又有不少的分叉。魏晋时期，在高昌（今新疆维吾尔自治区吐鲁番市）设置戊己校尉，防止北方游牧民族的南下；在楼兰设置西域长史，作为丝绸之路中线和连接高昌的枢纽；在玉门关还设置有官吏，负责西域事务。据《元和郡县图志》卷四十陇右道下伊州条记载：“至魏立伊吾县，晋立伊吾都尉，并寄理敦煌北界，非今之伊州。”原本设置在伊吾（今新疆维吾尔自治区哈密市）、用于控制北道的伊吾都尉，迁往甘肃省安西县北，据此可以推断，从安西到高昌的北道线路（伊吾路），在魏晋时期似已被鲜卑或其他部族切断。据学者考证，由于随同吕光的有车师前部（今新疆维吾尔自治区吐鲁番市）王和鄯善（今新疆维吾尔自治区若羌县北）王，因此，吕光出师西域的路线当属从玉门关西去，先至鄯善王国休整，再北上走丝绸之路中路，迂回到车师前部国休整再西去，而吕光回师路线也极有可能是沿原路返回的。而在焉耆到高昌，高昌到楼兰之间，有一处重要的中转站，那就是墨山古国（今新疆维吾尔自治区辛格尔），只有在这里有充足的水源，因此，有学者认为，位于辛格尔附近的桐树沟即为高昌太守杨翰所指的高梧谷口。

目前，高梧谷口的具体位置尚不清楚，不过，如果梁熙按照杨翰的建议发兵远赴此地、阻断吕光大军的水源的话，真的有可能会如杨翰所云的那样，长途跋涉的吕光大军会不战自溃，而杨翰这一建议的另外一个目的也有可能是，让梁熙从凉州本部派出大军协防自己的高昌，由此也反证出高梧谷口有可能就是此处。

因此，个人认为，杨翰在说这番话的时候，吕光大军应当刚从龟兹出发东归。而《资治通鉴》所云："吕光自龟兹还至宜禾，秦凉州刺史梁熙谋闭境拒之。"这一句话应该是杨翰建议以后发生的事情。

然而，梁熙却没有采纳杨翰关于据守高梧谷口和伊吾关的建议，吕光大军顺利走出了西域，进抵凉州西部。

二八一　吕光据凉（二）

梁熙从太元元年（公元376年）九月入主凉州以后，至今已经整整九年。

他虽然将凉州治理得井井有条，但在军事上却是个庸才。美水县令张统问他："如今关中大乱，京师是否沦陷也未可知。吕光入境，他的意图不明，将军将采取何种应对措施？"

梁熙一筹莫展，他回答："我很担忧，但却想不出什么好办法。"

张统说："吕光的智慧和谋略都超过寻常之人，如今，他带领着思乡而归的战士，凭借着得胜还师的余威，其军锋难以阻挡。将军世代接受皇室的恩遇，一直以来都十分忠诚于国家，为皇室建立功勋，正在今日！被废黜在此的行唐公苻洛，是主上的堂弟，其骁勇为一时之冠。替将军打算，倒不如推举苻洛为盟主，以在民众中建立威信，提拔忠义之士作为统帅，这样一来，即使吕光来到凉州，也不敢怀有二心。然后，借助吕光的大军，向东兼并河州刺史毛兴，联络秦州刺史王统、南秦州刺史杨壁二人，聚合四州的部队东向扫除叛党，安定王室，这是齐桓公、晋文公曾建立的伟业啊！"

张统此言是让梁熙与吕光化敌为友，一起尽忠前秦王室，但欲达到这个目的，就必须借助于行唐公苻洛。姑且不说此时的梁熙根本没有解救长安的打算，即便是他不愿意趁着天下大乱、割据一隅，他也不愿意将凉州的最高统治权拱手让给行唐公苻洛，不过，张统的一席话倒是提醒了梁熙，让他想到了被流放到西海郡（今内蒙古自治区额济纳旗）的苻洛。

魏晋时期的西海郡并非东汉时期建立在青海湟水上游的龙夷（今青海省海晏县境），而在内蒙古自治区的额济纳旗，这里的北面就是著名的居延海，居延为匈奴语，《水经注》将其翻译为弱水流沙，如今西面的湖泊叫嘎顺诺尔（蒙古语苦湖），东面的叫苏古诺尔（蒙古语母鹿湖），现又被称为天鹅湖。据说，这里就是老子西出函谷关以后得道成仙的地方，而此时的行唐公苻洛却没有那么幸运，不仅没有得道成仙，更没有被梁熙推为盟主，反而因张统的一席话而被梁熙派人诛杀了。

话分两头。

当高昌太守杨翰给梁熙的建议传到吕光耳中的时候，苻坚在淝水之战大败、被慕容冲围困在长安的消息，也同时传来。行军途中的吕光不禁犹豫起来，命令部队就地停了下来，这时，将军杜进劝谏说："梁熙为人，文雅有余而应变不足，最终也不可能会接受杨翰的意见，请大人放心。听说凉州上下意见并不统一，应该趁机迅速前进，假如不能成功，我甘愿因说错话而接受被诛杀的惩罚。"吕光听从了杜进的建议，命令部队火速东进，首先进攻高昌郡。犹如"飞地"的高昌郡根本无力抵挡吕光的大军，杨翰倒也聪明，在吕光大军到来之时，不战而降了。

在高昌郡稍作休息，补充了给养以后，吕光即指挥大军迅速东进，于太元十年的九月抵达了玉门关外。在这里，吕光看到了凉州刺史梁熙斥责自己擅自回师的檄文，吕光未予理睬，继续率军东下，敦煌县令姚静、晋昌（今甘肃省瓜州县东南锁阳城）太守李纯均投降了吕光。吕光大军一直推进到酒泉（今甘肃省酒泉市），而在此，有凉州的五万军队早已严阵以待，等待他多时了，领兵的是梁熙的儿子梁胤、振威将军姚皓、凉州别驾卫翰。

吕光给梁熙回信，他义正词严地反唇相讥，责备梁熙没有保护秦王、奔赴国难的款诚，反而派兵阻挡归国还家的部众，于是，命令陵江将军姜飞、轻车将军彭晃、将军杜进为前锋，与凉州军队在安弥县（今甘肃省酒泉市东）交战，吕光所部大破凉州军队，梁胤率领数百骑兵狼狈东逃，被将军杜进追上活捉。

安弥之战，吕光大军几乎歼灭了凉州军队的全部主力，此战之后，凉州境内的胡人纷纷投降了吕光，凉州治所的武威太守彭济、尉祐也发动政变，将梁熙逮捕，投降了吕光，吕光将梁熙诛杀。

太元十年九月，吕光进入姑臧（今甘肃省武威市），自称凉州刺史、护羌校尉，上表任命杜进为辅国将军、武威太守，封武始侯，其余文武将佐也都加封了官职，凉州各地只有酒泉（今甘肃省酒泉市）太守宋皓、西郡（今甘肃省永昌县西北）太守索泮二人一西一东固守不降。吕光派兵攻下了两座城池，将二人抓获，吕光责备道："我受诏讨平西域，而梁熙却阻绝我的回师之路，他是朝廷的罪人，卿为何要为他效力？"索泮回答："将军受诏讨平西域，却没有受诏要祸乱我凉州！梁大人有什么罪过，而将军你却将其杀死？索泮只恨自己力量不足，不能为我的长官报仇，怎会做出忤逆氐人彭济所为之事！主上被杀，臣下受死，本来就是常识！”于是，吕光诛杀了宋皓和索泮。与彭济一同投降吕光的尉祐被吕光任命为主簿，是个奸险谄媚的小人，不受梁熙的重用，所以才鼓动彭济发动政变，此时，深为吕光宠信。

小人得志必猖狂。

尉祐得志以后，给吕光进谗言，要求诛杀姚皓、尹景等凉州名士，吕光将姚皓等十余人诛杀，自此凉州很多民众对吕光开始不满。而据《晋书·艺术传附鸠摩罗什传》称，这时，姑臧城刮起了大风，鸠摩罗什对吕光说：“此风不祥，当有奸谋背叛，但是很快就会被平定。”不久，吕光即擢升尉祐为宁远将军、金城（今甘肃省兰州市）太守，尉祐走马上任途中，路过允吾（今甘肃省永靖县西北），此人却率领亲随袭击了允吾外城发动叛乱，他的堂弟尉随则占据鹯阴（今甘肃省靖远县西北，为黄河古渡口之一）响应。吕光派遣部将魏真讨伐尉随，尉随战败，依附尉祐；吕光又派姜飞率军进攻，尉祐再次战败，逃往兴城（胡三省注称，当在允吾西；今地不详），在尉祐的煽动下，当地各族民众纷纷反抗吕光的统治，姜飞司马张象、参军郭雅密谋诛杀姜飞，响应尉祐，姜飞觉察后，二人逃脱。

尉祐的反叛十分奇怪。史书称其在前朝得不到重用，这里的前朝解释为张天锡的前凉时代或者解释成前秦的梁熙时代，似乎都说得通，不管如何，尉祐在吕光统治集团内却是一位新宠，深受吕光的信任，并刚刚将其任命为金城太守，那么，他又为什么突然要反叛呢？我们只能作出如下推测：一是来自尉祐本人的野心。也许在他向吕光献计诛杀凉州名士的时候，就已经盘算着以吕光客居凉州的身份，如果得不到凉州本地大族和民众的支持，势难长久，等凉州大乱之后，自己可以火中取栗。二是来自凉州局势的急剧变化。也许尉祐建议吕光诛杀凉州名士，仅仅是出于个人恩怨，但是，等到他被吕光任命为金城太守的时候，他发现凉州各地因为吕光的这一诛杀事件，逐渐出现了不稳定的迹象。为了避免与吕光玉石俱焚，尉祐提前举兵是为了自保。三是来自外在势力的鼓动。就在吕光自称凉州刺史的这一月，紧靠金城（今甘肃省兰州市）的苑川（今甘肃省榆中县境）的鲜卑乞伏国仁，也自称大都督、大将军、单于、领秦州河州二州牧，改元建义，以乙旃童泥为左相，屋引出支为右相，独孤匹蹄为左辅，武群勇士为右辅，以弟弟乞伏乾归为上将军，分其地设置武城郡、武阳郡（上述两郡今地不详）、安固郡（今甘肃省临洮县南）、武始郡（今甘肃省临洮县）、汉阳郡（今甘肃省甘谷县）、天水郡（今甘肃省天水市）、略阳郡（今甘肃省秦安县）、漒川郡（今甘肃省临潭县）、甘松郡（今青海省同德县）、匡朋郡（今地不详）、白马郡（今甘肃省成县西）、苑川郡（今甘肃省靖远县）等十二郡，修筑勇士城（今甘肃省榆中县东北）作为国都，乞伏国仁虽然还没有正式称王，但是已经建立了国家政权的雏形，陇西鲜卑乞伏部建立的政权史称为“西秦”。乞伏鲜卑属于陇西鲜卑，主要活动于今甘肃省陇山、六盘山以西和黄河以东一带，除乞伏部外，尚有鹿结部、莫侯部、吐赖部、勃寒部、匹兰部、密贵部、裕苟部、提伦部、越质部、豆留輢部、叱豆浑部、叠掘部、悦大坚部、仆浑部等。如今，北中国的版图上有了苻丕的前秦、姚苌的后秦、乞伏国仁的西秦，还有了慕容垂的后燕、慕容冲的西燕。我们仔细研究发现，史书中所记载的乞伏国仁划定了统治区域，很多尚在他人之手。比如，天水郡，目前尚在前秦秦州刺史屠各王统、王广的手中；白马郡则在前秦南秦州刺史杨璧、仇池公杨定的控制之下；甘松郡此时大约还处于吐谷浑的势力范围等等，因此，我们认为，史家的记载是对以后西秦全盛时版图的描述，或者乞伏国仁所设置的不少郡仅仅只有名号而无其实。不过，从乞伏国仁自封的称号中，我们即可看出其夺占河州、全取秦州的野心，而凉州的金城则紧邻勇士城，乞伏国仁是否会利用凉州民众对新主子吕光的不满，而引诱尉祐叛乱呢？四是来自另外一股势力的拉拢。凉州还有一股势力一直以来都想恢复昔日的荣耀，这股势力深藏在凉州的土地上，一旦遇到一点风吹草动，它就有可能浮出水面。

那么，这股势力又是什么呢？

二八二 吕光据凉（三）

这股势力就是统治了凉州七十六年的张氏。

九年前，张氏的前凉政权被苻坚所灭，他的最后一位君主张天锡及其家族也被迁往长安，淝水之战后，张天锡逃往江南，而他的世子张大豫却藏身在前秦长水校尉王穆的家中，关中大乱之后，王穆与张大豫一起返回了河西，依附于河西鲜卑秃发思复鞬。我们还记得，西晋武帝时，河西鲜卑秃发树机能曾在万斛堆诛杀了西晋秦州刺史胡列，后马隆征西，部众杀秃发树机能而降，立秃发树机能的从弟秃发务丸为主，秃发务丸死后，孙子秃发推斤继位为酋长，而秃发思复鞬就是秃发推斤的儿子，如今，秃发思复鞬已经继位二十年了，而河西鲜卑（秃发部）部众也逐渐繁盛，主要活动区域在金城黄河以西的河西走廊。河西鲜卑除了最强大的秃发部以外，史籍可以查到的尚有乙弗鲜卑、契翰、折掘部、思磐部、车盖鲜卑、麦田鲜卑、北山鲜卑等。

王穆和张大豫一起投奔秃发思复鞬之后，秃发思复鞬将他们安置在魏安郡（今甘肃省古浪县东），至于秃发思复鞬何时将他们安置到那里，史籍无考，但是，可以肯定的是在吕光诛杀梁熙、入主凉州后不久。魏安郡距离姑臧（今甘肃省武威市）只有咫尺之遥，王穆和张大豫等人不是远远地藏匿起来，而是聚集到凉州首府门口，其目的只有一个，那就是趁机发动叛乱，夺占姑臧。结合前凉王族、群臣与河西鲜卑十分熟稔这一点，曾为前凉臣下的尉祐也许通过秃发思复鞬也与旧主张大豫有了联系，而尉祐劝说吕光诛杀凉州望族、名士，也许正是王穆等人为了夺取凉州的最高统治权而采取了连环之计，继而又令尉祐要求出镇、在外叛乱，目的就是要调虎离山，将吕光主力部队调出姑臧，便于张大豫、王穆夺取政权。因此，尉祐叛乱只是张大豫起兵的第一个环节，这不是没有可能的。

果然，当吕光部将姜飞、魏真等人率军远赴允吾平定尉祐之叛以后，就在姑臧城附近的魏安人焦松、齐肃、张济等人，聚集了数千兵丁，在揖次（今甘肃省古浪县北）拥立张大豫为主，然后，他们突然起兵北上，攻陷吕光的昌松郡（今甘肃省武威市东南），抓获了太守王世强。吕光派遣将军杜进前去征讨，却被张大豫击败，胜利以后，张大豫意欲进抵姑臧城下，决胜负于一战。王穆劝说道："吕光城内粮食充足，城池坚固，武器锋利，军队精锐，进逼太紧，于我不利。我们不如离开姑臧，西上岭西，在那里训练士兵，囤积粮食，然后再东下与之相争，不出一年，一定能够成功。"岭西，是指甘肃省永昌县南九条岭以西的张掖郡、酒泉郡、敦煌郡等。此时，从民心上说，无疑张大豫占有优势，而单纯从军事上讲，毕竟吕光的部队是训练有素的正规军，且吕光占据坚城，易守难攻，而张大豫的部队基本上属于乌合之众，因此，王穆的建议就是要扬长避短，以时间变自己的劣势为优势，将自己的优势变为胜势；而张大豫则认为，机不可失，失不再来，此时正可以利用吕光招致民怨，一举将其逐出凉州，所以，张大豫没有听从王穆的意见。他自称为抚军将军、凉州牧，改元凤凰，以王穆为长史，派其西上向岭西各郡求救，建康（今甘肃省高台县西南）太守李隰、祁连（今甘肃省张掖市南）都尉严纯还有阎袭都起兵响应，人数多达三万，驻扎在杨坞（今甘肃省武威市西）。于是，张大豫率军驻屯在姑臧城西，王穆与秃发思复鞬的儿子秃发奚于率领三万部队驻扎在城南。这是太元十一年（公元 386 年）一月的事。

吕光虽是前秦名将，但他却不是一位合格的政治家。前秦凉州刺史梁熙阻遏吕光大军，吕光诛杀梁熙，当然名正言顺，但在杀死梁熙以后，要想牢牢地控制住凉州，就必须依靠当地的大族势力。但是，吕光却听信尉祐的谗言，将凉州的名士们诛杀殆尽，这无疑是在玩火。而恰恰正是吕光的这一糊涂做法，让凉州陷入了数年之久的大乱之中。如今的张大豫也没有听从王穆的建议，企图以一战而定凉州，但是，正如王穆预料的那样，吕光的军队毕竟是精锐之师，看到张大豫等人围住了姑臧城，吕光率领军队主动出城迎战，进攻城南的王穆和秃发奚于，阵斩秃发奚于，张大豫的城南军被击败，被斩杀了两万多级。张大豫城西之军随之也不战而败，张大豫本人往西北逃往西郡（今甘肃省永昌县西北）。战后，吕光对诸将说："张大豫如果采纳了王穆的建议，恐怕不好平定呀。"大家知道吕光喜欢听好听的，纷纷拍马说："张大豫难道不清楚这一点吗？这是上天想要让明公建立八百年的基业，所以才让张大豫脑袋糊涂，不采纳好的计策啊！”吕光听了，非常高兴，赏赐给大家不少金银财物。张大豫逃往西郡数月，但毕竟西郡距离姑臧太近，而且，与自己的盟友鲜卑秃发部较远，到太元十一年十一月，他率众越过姑臧东下攻下了临洮（今甘肃省岷县），裹胁当地五千多户居民，驻守在临洮县境的俱城。第二年七月，吕光派遣部将彭晃、徐炅攻破了临洮，张大豫逃奔广武（今甘肃省永登县东南），王穆逃往建康（今甘肃省高台县西南）。据《晋书·秃发乌孤载记》的记载，数年之后，吕光曾加封秃发思复鞬之子秃发乌孤为广武郡公，由此，我们揣测，广武当属此时秃发部落的核心游牧区域，而张大豫从临洮又折返回广武，其目的应该还是为了投靠秃发部。不过，此一时彼一时，当初秃发部接纳并帮助张大豫，不过是以为那是奇货可居的，在他们看来，以凉州本地势力驱除不得人心的吕光客军，似乎是易如反掌的事情，届时，秃发部以佐命之勋可以崛起更大的利益。然而，事与愿违，秃发思复鞬不仅未能得到更大的利益，反而失去了儿子和很多鲜卑部众，经此一劫的秃发部立即陷入了一场抉择：要么继续与吕光为敌，承受灭亡的风险，要么选择与吕光合作。而此时，再次战败的张大豫却逃到了广武，史称，广武人将张大豫交到了吕光的手中，我们从此后吕光与秃发鲜卑逐渐合作这一点上看，史料上所云的“广武人”，极有可能就是秃发鲜卑。太元十二年八月，张大豫被送到姑臧之后，被吕光斩杀，至此，持续一年半左右的张大豫之变基本上被扑灭。

然而，张大豫的余党却并没有完全投降。逃往建康的王穆袭占了酒泉（今甘肃省酒泉市），他自称大将军、凉州牧。雪上加霜的是，由于一年来的战乱，导致了凉州这一年的饥荒，一斗米能卖到五百钱，人们因饥饿而相互诛杀，凉州再次上演人吃人的人间惨剧，凉州的人口急剧下降了一多半。而这时，吕光的西平（今青海省西宁市）太守康宁，又自称为匈奴王，杀掉了河湟太守强禧，背叛了吕光，吕光多次派兵前去讨伐，均遭到失败。从康宁自称的名号上看，其人当属于匈奴族人，而康宁背叛的行为大约与在此地活动的尉祐有关。一波未平一波又起。吕光平定凉州最大的功臣是部将杜进，在吕光入居姑臧以后，即任命其为辅国将军、武威太守，杜进成为都城行政长官以后，逐渐骄恣。吕光的外甥石聪从关中前来，吕光问道：“中原地区的人们谈及我的政绩如何？”石聪说：“只听说杜进一人，实在没听到还有舅舅。”石聪的话显然是在说谎，也是在挑拨。听了外甥的这一番话，一向喜欢猜忌的吕光又借故杀掉了杜进。

唇亡齿寒，吕光刑罚严厉，听信谗言，滥杀无辜，这让吕光阵营内部的人们也感到朝不保夕。曾经攻破俱城、击败张大豫的吕光部将徐炅、彭晃二人也开始密谋发动叛乱，吕光率先出兵进击徐炅，徐炅自知不敌，狼狈逃往张掖（今甘肃省张掖市），依附现任张掖太守的彭晃。于是，在凉州四境之内，南有西宁的康宁，西有张掖的徐炅、彭晃，更西又有酒泉的王穆。吕光决定亲自讨伐张掖，诸将都劝阻说："如今，康宁在南边，静待时机，发起进攻。如果我军西上，彭晃和王穆没有平定，而康宁又进抵姑臧城下，届时，我军进退两难，这十分危险。"吕光说："大家说得很对。可是，如果我如今不主动前去，那是坐在此城等待敌人的到来。如果三方敌人联合而来，东西夹击，姑臧城外将不再属于我等所有，我大事去矣。现在，彭晃刚刚背叛，与王穆和康宁的关系还不是十分亲密，我军出其不意，战胜他们还比较容易。"吕光亲自率领三万精锐骑兵，昼夜兼行，很快就抵达张掖城下。果然，张掖的彭晃、徐炅等人措手不及，而王穆也来不及前往救援，吕光大军围攻张掖二十天，彭晃部将寇顗打开城门，吕光的攻城军攻陷了张掖，吕光斩杀了彭晃，却赦免了徐炅。

在吕光围攻张掖之时，酒泉的王穆之所以没有发兵援救，一方面是正如吕光所料的那样，二者尚未建立起相互信任的关系；而另一方面则是王穆也正在进行着一场清理内部的军事行动。当初王穆起兵之时，曾邀请敦煌的隐士郭瑀参加，郭瑀与同郡的索嘏一起响应王穆，王穆任命郭瑀为太府左长史、军师将军，索嘏为敦煌太守，然而，此时王穆却听信谗言，举兵进攻敦煌索嘏，郭瑀劝说不听，出城大哭，他对着酒泉城说："我再也不会见到你了！"回家以后，郭瑀以被盖着脸，绝食而死。身在张掖的吕光闻讯，说："两个敌人之间相互争斗，这是消灭他们的最佳时机，我怎能因为害怕连续作战的疲劳，而失掉一劳永逸的良机呢！"于是，他率领二万步骑混合部队乘虚直扑酒泉，一举拿下了王穆的老巢，并一直往西推进到凉兴（今甘肃省瓜州县东）。此时的王穆才得知酒泉陷落的消息，他赶紧从敦煌撤围东还，企图与吕光所部决战，然而，丧失了根据地的王穆军队再无战心，就在回师的途中，士兵们就一哄而散，王穆单人匹马仓皇逃往骍马（今甘肃省玉门市东北），骍马县令郭文将其斩首，送给了吕光。就这样，吕光顺利地平定了张掖、酒泉，清理了姑臧西面的异己势力，也解除了姑臧面临东西夹击的威胁，其后，参军段业建议吕光放弃严刑峻法的治国理念，吕光却说：“商鞅、吴起均严刑峻法，却让秦国兼并天下、魏国雄霸诸侯，这难道有什么不合适的吗？”段业反驳道：“主公受到上天的眷顾，正要君临天下，以尧舜为榜样，为何要效仿法家严酷刻薄的末法呢？这岂是神州万民对主公寄予的期望？”

吕光听后，表示歉意，并下令自责，开始在凉州施行宽厚简单的政令。

二八三　苻丕之死（一）

在吕光平定凉州各地叛乱前后，秦王苻坚被姚苌所杀的消息也传到了西凉，他下令三军穿上白色的孝服，在姑臧城南为秦王苻坚举行盛大的悼念仪式。在仪式上，吕光痛哭流涕，下令凉州百石以上的官吏为秦王穿三月的斩缞孝服（五服中最重的一种孝服），所有百姓在家哭泣三天，加秦王谥号为文昭皇帝。于是，吕光大赦境内，自称使持节、侍中、中外大都督、都督陇右河西诸军事、大将军、领护匈奴中郎将、凉州牧、酒泉公。而此时，已经继位为帝的苻丕给予吕光的任命却是：车骑大将军、凉州牧。只是这时的苻丕还无暇顾及遥远的凉州，就在吕光诛杀凉州刺史梁熙的时候，苻丕还在为关中地区而忧心忡忡，让他焦虑不安的当然就是淆乱关中的那两股势力——西燕的慕容冲和后秦的姚苌。

虽然在太元十年八月苻丕继位以后，盘踞在大关中地区的前秦左将军窦冲、河州刺史毛兴、秦州刺史王统、益州刺史王广、南秦州刺史杨璧和卫将军杨定等人，均表示效忠苻丕，并请与苻丕一起夹攻长安的慕容冲和陇东的姚苌。然而，在天下大乱之际，各路诸侯首先想到的并非要勤王，而是要扩大各自的地盘、壮大自己的实力，尤其是局促于狭窄的陇右地区的前秦各位将领们，对此更是有切身感触，这里从西往东，依次有河州刺史毛兴，他以枹罕（今甘肃省临夏县）为统治中心；有临近的处于半独立状态的乞伏国仁，以苑川（今甘肃省榆中县境）为核心；有驻守在上邽（今甘肃省天水市）的前秦秦州刺史王统以及投奔其弟、益州刺史王广；有盘踞在武都的南秦州刺史杨璧，还有以历城（今甘肃省成县）的杨定。他们均各自有各自的打算：对于乞伏国仁而言，我们从他自称的官位就可以知道，他意欲兼并秦州和河州；杨定则又向东晋朝廷称臣，为的是免受来自梁州方向东晋军队的打击，以便自己在仇池一带从容占稳脚跟，而失去地盘的益州刺史王广则一直想要打回老家——王统、王广之父王擢曾长期盘踞在陇西临洮一带，况且，如今的上邽时刻面临来自后秦姚苌的威胁，因此，消灭河州刺史毛兴，占据陇西地区就成了王统兄弟的首要目标。因此，从一开始，苻丕试图依靠关中诸侯打回长安的计划就没有牢固的基础。相反地，到了太元十一年（公元386年）一月，刚刚被加封为益州牧的王广就率军西上围困枹罕，进攻同样被苻丕加封为河州牧的毛兴。毛兴命令建节将军卫平率领自己的一千七百多宗族，趁夜偷袭王广军营，大破王广军。二月，前线战败的消息传来，秦州牧王统又增派军队前去助战，将毛兴团团包围在枹罕城内。王统兄弟的军队包围了枹罕城将近两个月，到了这一年的四月，毛兴率军再次袭击王广的围城军队，王广再次被击败，逃回秦州，在途中，陇西鲜卑匹兰将王广抓获，送交后秦的姚苌。战胜之后的毛兴意欲乘胜东进，进攻上邽的秦州牧王统，但是，枹罕城内的氐族贵族都不愿意再兴兵事，一起将毛兴诛杀，共推卫平为河州刺史，并向苻丕派出使者请求任命，于是，苻丕只得任命卫平为抚军将军、河州刺史，不过，使者都被后秦阻断，任命并未送达河州。

卫平仅仅担任河州刺史一个多月，枹罕的氐族贵族又感觉卫平年事已高，在乱世之中难以成就一番大业，又开始商量废黜卫平，另立一位果决的领袖，但是，大家都忌惮卫平宗族势力强盛，因此，密谋多日却迟迟不决。氐族啖青对诸将说："大事应该早作决定，大家尽管请卫大人召集开会，看我如何处置！"七月七日，卫平召集众将饮宴，啖青拔剑在手，上前一步对卫平说："如今天下大乱，我们大家休戚与共，没有贤明之主不足以成就大事。卫大人年龄已大，应该退归本位，将刺史之位让为贤人。狄道（今甘肃省临洮县）县长苻登，虽然是疏远的皇族，但却志气高远，请求大家立其为主，奔赴国难。大家有异议者，请立即提出！"说毕，他怒目而视，挥舞着宝剑，将要立即斩杀提出异议之人，众人均不敢抬头仰视，将苻登迎立为主。

苻登，字文高，是苻坚的族孙，苻丕的族子。苻登的父亲苻敞，生前为陇东太守，后被苻生所杀，苻坚即位以后，追赠其为右将军、凉州刺史，以苻登的哥哥苻同成嗣爵，毛兴镇守上邽的时候，苻同成被引为长史，而苻登从小雄杰勇猛，苻坚看不出他有什么过人之处，只给他一个长安县令的小官，后因犯法又被贬为狄道县长。关中大乱以后，苻同成请求毛兴任命弟弟为司马，苻登常常为毛兴出谋划策，毛兴曾赞叹说："我这个小司马可以在一起讨论大事。"姚苌起兵后，姚苌的弟弟姚硕德统领羌族部众居住在陇上羌族聚居区，他听说哥哥起兵叛秦以后，即在冀城（今甘肃省甘谷县西南）招兵买马响应，任命堂孙姚详为安远将军，镇守陇城（今甘肃省秦安县东北），族孙姚训为安西将军，驻守在羌族的故乡南安赤亭（今甘肃省陇西县渭河支流大妙娥沟）。姚硕德的羌族部队处于秦州刺史王统与河州刺史毛兴之间，他与哥哥姚苌相互呼应，与王统和毛兴相持。毛兴被杀之时，将后事托付给苻同成说："卿与羌贼相持一年有余，却始终未能成功，这是多么遗憾的事情啊！可以将后事托付给你的弟弟，消灭姚硕德的，必定就是此人！你的职位可以与你弟弟交换一下，你去做司马！"直到此时，苻登终于被大家推选为使持节、都督陇右诸军事、抚军大将军、雍河二州牧、略阳公。

苻登要想奔赴国难，就必须东下，与姚硕德决战。而此时的陇西形势却十分复杂。除了与前秦政权公然为敌的后秦姚苌、西燕慕容冲以外，还有同属一个阵营但却形同敌国的秦州刺史王统，另外，在枹罕附近还有那个已经自立为大都督的乞伏国仁。前此，陇西鲜卑的匹兰就已经率领五千户部众投降了乞伏国仁，到了这一年（太元十一年），南安（今甘肃省陇西县）的变民领袖秘宜与南安的羌族、匈奴族人共计五万之众一起西上进攻乞伏国仁，当时，乞伏国仁对诸将说："要先有夺人之心，不可等待敌人到来之后再出击。应该以羸弱之兵做诱饵，让他们产生轻敌之心，这就是所谓的激怒我军、骄惰敌人之法！"他率领五千精兵，出其不意掩其不备，大破秘宜的来犯之敌，秘宜逃归南安。这时，苻登瞅准机会，立即率领五万大军东进，一举攻克了南安，秘宜和他的弟弟莫侯悌（《资治通鉴》称"莫侯悌眷"）率领南安三万多户民众，投降了乞伏国仁，乞伏国仁拜秘宜为东秦州刺史，莫侯悌为梁州刺史。而苻丕听说苻登率军东进以后，即拜其为征西大将军、开府仪同三司、南安王，苻登原来自称的都督、持节、州牧，也随之实授。同时，苻丕以徐义为丞相，留下王腾守卫晋阳，右仆射杨辅驻守壶关，而他自己则率领四万大军南下，驻扎在平阳（今山西省临汾市），欲与苻登一起夹攻关中。

二八四　苻丕之死（二）

苻丕之所以作出这一决策，是因为此时关中的局势又产生了剧烈的变化。

太元八年淝水之战以后，到该年年底慕容垂起兵，继而历经一年关中和河北的缠斗，到太元十年秦王苻坚被杀、苻丕放弃邺城，这场大乱已经过去了整整两年有余。我们暂时将河北的慕容垂放在一边不提，单说关中地区的慕容冲和姚苌。到太元十一年年初，西燕皇帝慕容冲已经占领长安将近半年，其间他曾于太元十年十月，下令尚书令高盖率领五万大军北上与后秦姚苌决战，结果，却在新平南之战中被打得大败，从此，慕容冲无力阻止姚苌在关中地区驰骋。而此时，远在河北的叔叔慕容垂已经即位为燕王，慕容冲一方面乐得在长安逍遥；另一方面因为惧怕慕容垂而不敢率众东归，下令部众在长安近郊建筑房屋，鼓励农业生产，作长久逗留长安的打算。而关中地区的鲜卑族人，当初之所以要起兵，就是渴望回到关东故乡，慕容冲的这一做法令所有的部众都十分怨恨。左将军韩延（《晋书·慕容盛载记》称：冲为段木延所杀）借着众人不满，率众诛杀了慕容冲，并立慕容冲的部将段随为燕王，这是太元十一年二月的事，此时，在遥远的凉州，张大豫正围攻着姑臧城内的吕光。段随被立为西燕燕王仅仅一个月左右，西燕左仆射慕容恒、尚书慕容永又袭杀了段随，另立宜都王慕容桓的儿子慕容凯为燕王，并率领鲜卑男女共计四十多万人离开长安东下，然而，当这支大军走到临晋（今陕西省大荔县境）时候，慕容恒的弟弟、护军将军慕容韬却又擅自将慕容凯骗至城内杀掉。慕容恒听说弟弟此举，不禁大怒，他离开慕容韬独自率众而去。慕容永与武卫将军刁云又率众进攻慕容韬，慕容韬不敌，逃奔哥哥慕容恒的军营。慕容恒又册立慕容冲的儿子慕容瑶为燕王，并追谥慕容冲为威皇帝。然而，西燕的鲜卑部众此前不久刚刚诛杀了慕容冲，此时，慕容恒又册立慕容瑶，这让大家内心十分不安，于是，大家纷纷离开慕容瑶投奔慕容永。慕容永率众又诛杀了慕容瑶，册立慕容泓的儿子慕容忠为皇帝。慕容忠以慕容永为太尉，兼尚书令，封河东公，慕容永带领这支东归的鲜卑部众来到闻喜（今山西省闻喜县），在这里，他们听说了河北的慕容垂已经称帝的确切消息，再也不敢东进，于是，就在闻喜这里构筑燕熙城，驻扎了下来。在燕熙城驻守了两个月左右，西燕君臣发现前有苻丕扼守壶关之军，后面的长安被姚苌占领，而此时黄河以南的洛阳地区也已经被东晋辅国将军杨亮占领，同时，东晋荆州刺史桓石民还派遣将军晏谦打下了弘农（今河南省灵宝市境内），东晋军队并在湖（今河南省灵宝市）、陕（今河南省陕县）驻守。此时的西燕数十万之众可谓是上天无路入地无门。思量再三，西燕高层决定一方面诛杀慕容忠，推举慕容永为主，投靠后燕慕容垂，另一方面请求苻丕借道让自己回到河北。在太元十一年六月，刁云等人又诛杀了慕容忠，推举慕容永为使持节、大都督中外诸军事、大将军、大单于、雍秦梁凉四州牧、录尚书事、河东王，向慕容垂称臣，并与同年十月，向前秦皇帝苻丕派出使者，请求借道东归。

这就是苻丕率军南下的一个重要原因，而他率军南下的第二个重要原因，当然就是为了对付另外一个大敌——姚苌。

慕容冲被杀之后，鲜卑人离开了长安，踏上了东归之路，长安城成了一座空城。前荥阳太守赵穀等人请求杏城（今陕西省黄陵县西南）卢水胡人郝奴率领四千户部众进入长安，渭河以北的不少坞堡都纷纷响应，郝奴以赵穀为丞相。扶风（今陕西省兴平市）人王驎聚众数千，据守在马嵬坡（今陕西省兴平市西），不肯投降，于是，郝奴命令他的弟弟郝多率军前往进攻。一年来，后秦主姚苌一直以安定（今甘肃省泾川县）为根据地，配合陇西的弟弟姚硕德夹击上邽的王统，此时，当姚苌看到进攻长安的时机已至，在太元十一年（公元 386 年）四月，他率军从安定一路南下，趁火打劫，突然出现在马嵬坡，将王驎击败，王驎败逃到汉中，同时，姚苌又劫持了郝多，顺势东进，劝降了长安城内的郝奴，拜郝奴为镇北将军、六谷大都督。

同月，进入长安的姚苌正式登基即皇帝位，大赦，改元建初，建国号为大秦，史称后秦、姚秦，改长安为常安；追尊其父姚弋仲为景元皇帝，立妻子虵氏为皇后，立儿子姚兴为皇太子，自以为是火德接续苻氏的木德，服饰、旗帜用红色，将安定五千多户民众迁到长安居住，并任命弟弟姚绪为司隶校尉，镇抚长安。姚苌在长安城内设宴款待百官，酒酣耳热之际，姚苌对大家说："你们大家和朕一起都曾经在前秦为臣，平起平坐，如今突然之间成为君臣，你们向我叩头，是不是有点无耻！”赵迁说：“上天不以陛下做儿子为耻，我们怎么会以做陛下的臣子为耻呢！”姚苌听了，哈哈大笑。

姚苌率领主力南下长安以后，大本营安定空虚，在安定西部的前秦平凉（今甘肃省平凉市）太守金熙与鲜卑多兰部帅、安定都尉没奕干率领鄯善王胡员吒、护羌中郎将梁苟奴等人对后秦根据地发动攻击，与后秦留后、左将军姚方成既镇远将军强京在孙丘谷（今地不详，胡三省注：在安定）会战，姚方成被击败。败报传来，七月，姚苌留下弟弟姚绪镇守长安，自己亲率主力北上回到安定，大破金熙、没奕干等人。金熙是东胡人，没奕干，我们并不陌生，在公元360年十月，他就率部与独孤部一起投降了前秦，当时被安置到了塞外，如今，大约是趁着前秦大乱而逐渐南徙到了平凉一带。

姚苌在击败平凉的金熙、没奕干等人以后，即转兵西南，与陇西的弟弟姚硕德合兵一处，进攻前秦秦州刺史王统盘踞的上邽（今甘肃省天水市）据点及其周边地区。前秦略阳（今甘肃省秦安县）太守王皮投降，天水屠各匈奴、略阳羌族、胡人投降姚苌的有一万多户。此时，前秦南安王苻登已经占领了南安（今甘肃省陇西县），虽然秘宜等人投靠了乞伏鲜卑，但在南安附近的各族民众投降苻登的，仍然超过三万户，苻登的实力也大增，因此，苻登进攻上邽、进而挺进关中平原，那是意料中的事情。在这种情况下，姚苌抢先进攻王统，其目的就是占据上邽（今甘肃省天水市）这一军事要地，阻挡苻登的东进之路。而前秦的秦州刺史王统却是个庸才，在乱世之中却十分贪财，喜欢奇珍异宝，此时，西有苻登行将到来的大军，周边是姚苌兄弟的后秦军队，眼前的部众纷纷叛逃，九月，走投无路的王统只好投降。占领了上邽，姚苌就构筑了以安定、上邽、长安三地为“铁三角”的战略布局，安定、上邽均俯瞰关中平原，并且上邽还可以抵御来自陇西方向的压力，因此，在攻下上邽以后，姚苌非常高兴，他大宴后秦将士，南安人古成诜进言道：“秦州人多地险，俊杰如林，的确是用武之国。而王统却不能收揽贤才，鼎足秦州，反而赏玩珠玉，以致落到这步田地。陛下应该将秦州的金银财宝统统赏赐给将士们，选拔表扬州郡的良善之士，让秦州民众满意。”姚苌连连称善，并提拔古成诜为尚书郎，拜弟弟姚硕德为都督陇右诸军事、征西将军、秦州刺史、领护东羌校尉，镇守上邽。姚苌本人回到了安定，他思量古成诜的话，在安定实施仁政，减少了一些不必要的费用，对于居民有一点德行的，都予以公开表彰。

然而，姚苌刚刚离开上邽，苻登就从南安率军前来，姚苌又亲自从安定回师上邽，解救弟弟姚硕德。苻登军与姚苌军在胡奴阜（今甘肃省天水市西）展开一场大战，结果，后秦军大败，被斩杀了两万多级，前秦将军啖青一箭射中姚苌，姚苌伤势严重，后秦军退保上邽，由姚硕德代其统领军队。在此前后，前秦皇帝苻丕以都督中外诸军事、司徒、录尚书事王永为左丞相，以太尉、东海王苻纂为大司马，以司空张蚝为太尉，以尚书令徐义为司空，以司隶校尉王腾为骠骑大将军、开府仪同三司，王永传檄各地，要求各地的公侯、郡守、垒主、豪杰，一起讨伐姚苌和慕容垂，命令各自率领部队，十月上旬在临晋（今陕西省大荔县）会师。于是，天水人姜延、冯翊人寇明、河东人王昭、新平人张晏、京兆人杜敏、扶风人马朗与建忠将军、高平牧马场都尉王敏等人纷纷起兵响应，各自都有数万部众，苻丕全部将其拜为郡守、将军，晋封列侯；长安城近郊的前秦名将邓羌之子、冠军将军邓景率领五千人马占据彭池（在长安西），与在长安以东兹川的前秦左将军窦冲相互呼应，威胁长安城内的后秦姚绪。在这种情况下，前秦皇帝苻丕亲自率军离开晋阳，进抵平阳，其目的就是要与各路诸侯会师临晋，合攻长安——然而，从长安出来的慕容永却挡住了苻丕的道儿，反过来说，苻丕也挡了慕容永的路。

慕容永听说苻丕亲自率军进抵平阳，他担心无力固守闻喜，派出使者表示愿意离开闻喜，请求苻丕给自己让出一条东归之路，苻丕忘记了那句“归师勿遏”的告诫，而是继续了自己的弟弟苻叡两年前所犯的错误——他拒绝了慕容永的要求。

二八五　苻丕之死（三）

有些时候，一些战争原则必须结合当时敌我形势，进行认真而又具体的分析才能得出正确而非似是而非的判断。

“归师勿遏”“穷追猛打”就是一对看似矛盾、实际统一的两个战争原则。“归师勿遏”，出自《孙子兵法》，是孙武在当时的历史条件下确定的八个战争原则之一，全文为：“高陵勿向，背丘勿迎，佯北勿从，锐卒勿攻，饵兵勿食，归师勿遏，围师遗阙，穷寇勿迫。”那么，在这里，孙武所谓的“归师”“穷寇”，又具体是指什么呢？就是不可以正面阻遏未受损失而自动撤归之敌，但并不是说就不可以对此类敌人进行侧击和跟踪追击；而对于“穷寇”，孙武在《行军篇》中有明确的定义，那就是“粟马肉食，军无悬缻，不返其舍者，穷寇也”，也就是说，所谓的“穷寇”，是特指那些宰食战马，扔掉炊具，不准备回营的敌人，而且，对于这种敌人，也不是不能进行打击，而是“勿迫”，即不应逼迫太甚——因为，欲速则不达，威逼太甚，不仅不能瓦解敌军的意志，反而让敌人置之死地而后生。

也就是说，决定是归师勿遏还是穷追猛打的重要因素是：正确地审量敌我双方的力量和军心士气，尤其是敌人是不是已经成了夺路狂逃的溃军。即便如此，为了确保全胜，内心确定要进行打击，而表面上却假装对其网开一面，待敌人夺路狂逃的时候，再予以侧击，以促使敌人形成溃散，这也是战术层面上所必需的。那么，此时的慕容永与苻丕之间的具体情势又是如何呢？在苻丕看来，关中不少部族响应自己的号召，可以说是形势一片大好；鲜卑部众脱离长安坚城，途中又多次发生内讧，已经有瓦解之势。其实，这都是似是而非的判断：关中部族尚未集结起来，还形不成战斗力，对于打击闻喜的慕容永更是毫无用处；鲜卑部众内部多次发生内讧，这是实情，但慕容永却为人宽和，深得鲜卑部众人心。相反地，假如苻丕明确拒绝慕容永的请求，前秦军队将面临很多不利：一是鲜卑从长安一路东来，就是为了回到河北，此时假如苻丕拒绝的话，人心士气将进一步高涨，肯定是要与其拼个鱼死网破；二是鲜卑出长安的时候有四十万之众，中途离散的除外，目前能够形成战斗力的至少也在数万，苻丕的阻截之军在人数上并不占优势；三是鲜卑一路前来，并未受到外在力量的打击，因此，其军势尚完，力量不容小觑。可是，不幸的是，前秦皇帝苻丕却错误地估计了形势，并且，愚蠢地明确拒绝了慕容永的借道请求。

"兵者，诡道也。"即便是企图打击敌人，也可以假装同意借道，而预先埋伏疑兵、伏兵，当敌人慌不择路抢度关隘的时候，由疑兵鼓噪惊其心魄，待敌人方寸大乱的时候，再由伏兵突然袭击，这样下来，不是比傲慢地拒绝对手通过好些吗？可是，苻丕就是如此拒绝了。孙子称军事行动当"疾如风，徐如林，侵掠如火，不动如山，难知如阴，动如雷霆"，而苻丕却恰恰违背了这一点。

他派遣左丞相王永、太尉苻纂率军进攻慕容永，以俱石子为前锋都督，两军在襄陵（今山西省襄汾县东十五里）交战，结果，前秦军队大败，左丞相王永、卫大将军俱石子均战死。我们仔细分析苻丕继位一年零两个月来的用人，可以看出，对于苻丕而言，最亲近的当然是邺城的旧属，但由于他们地位不高，开始的时候，不便给予他们很高的官职，不过，遇到机会，苻丕还是会将这些旧属放置在关键的位置。比如，首先苻丕继位之初，就任命自己的左长史杨辅为右仆射，右长史王亮为护军将军，前不久，又将杨辅调往壶关，接替苻冲扼守这一要地。其次是原幽州刺史王永和平州刺史苻冲。王永、苻冲二人是最先邀请苻丕进入并州的，可谓有佐命之功，因此，一开始苻丕就任命王永为都督中外诸军事、尚书令等职，委以重任，继而又加封其为左丞相。再次是原并州刺史王腾和骠骑将军张蚝，二人曾经拒绝出兵邺城，这是苻丕猜忌二人的根本原因，但是，毕竟强龙不压地头蛇，苻丕如今在人家的地盘之上，对二人尊崇有加，却并不十分信任，开始的时候封张蚝为司空，王腾为中军大将军、司隶校尉。最后是很晚才到来的东海公苻纂，苻纂与苻丕的关系不详，但其在长安的时候，即为尚书令，应该是太子苻宏的嫡系，因此，苻丕对其非常猜忌，在苻纂到来之后，苻丕为了平衡各股势力，一方面加封王永为丞相；另一方面则既将苻纂任命为大司马，又将张蚝任命为太尉，王腾任命为骠骑大将军，进一步分散了帝国的兵权。

当襄陵之战战败以后，苻丕更是担心被苻纂身边的三千壮士所杀，因此不敢再回晋阳，而是率领数千骑兵往南逃往东垣（今山西省垣曲县东南），打算偷袭东晋占领的洛阳。驻守洛阳的东晋西中郎将、荆州刺史桓石民得知以后，即命令扬威将军冯该自陕城（今河南省陕县）北上袭击苻丕，冯该临阵斩杀苻丕、其左仆射王孚、吏部尚书苟操等人，活捉了苻丕太子苻宁、长乐王苻寿，将其送往建康，司马曜下诏特赦，将他们交给苻宏抚养。而前秦右丞相徐义在襄陵之战中被慕容永抓获，慕容永命人将徐义的脚安上枷锁，埋在地里，将要处死。徐义暗颂《观世音经》，深夜，仿佛有人协助一般，枷锁竟然自动脱落，徐义侥幸从敌营中逃脱，遂逃奔东晋河南太守、广威将军杨佺期，杨佺期任命其为洛阳令。苻纂和弟弟苻师奴率领晋阳数万残余部众，逃离晋阳，往西逃奔杏城（今陕西省黄陵县），而其他前秦百官均被慕容永俘获，于是，慕容永率军占领长子（今山西省长治市），即皇帝位，改元中兴。慕容永将立苻丕的皇后杨氏为上夫人，杨氏拔剑刺杀慕容永，反被慕容永所杀。

至此，即到太元十一年（公元 386 年）十月，继位一年零两个月的前秦皇帝苻丕被杀，前秦政权也失去了并州这一战略要地，而山西中南部地区则被西燕皇帝慕容永所占领，于是，慕容垂的后燕政权和慕容永的西燕政权分据太行山脉的两侧。而慕容垂的小儿子慕容柔、慕容宝的庶长子慕容盛以及慕容盛的弟弟慕容会，从长安出来以后，就一直随着慕容永的西燕大军，这时也在长子。时年十四岁的慕容盛再次显示了他过人的才能，他对自己的叔叔慕容柔和弟弟慕容会说：“主上（指慕容垂）业已在幽州和冀州中兴大业，如今，东西两个燕国尚未统一，我等身处被猜疑的境地，在人家的刀锋之间生活，无论我们在此如何作为，均不能逃脱被杀的命运，应当像鸿鹄一样高飞天际，不要待在此地等着人家的罗网，不如尽快逃往冀州，不要在此成为他人的鱼肉啊！”于是，叔侄三人相继逃往后燕，途中，三人遇到强盗，慕容盛对强盗们说：“我虽六尺身躯，但入水不溺，入火不焦，你们敢挡我的锋刃吗？你们将手中的箭插在地上，百步之外我如果射中的话，你们要小心你们各自的性命；如果我射不中，那么，我们将捆绑着任凭你等所为！”强盗们将一支箭插在地上，慕容盛一箭射中，强盗们大惊连连说道：“少年是贵人之子，我们是故意试试罢了。”不仅没有杀掉三人，而且还以钱财相赠。三人找到慕容垂以后，慕容垂询问西方的情况，慕容盛边讲解边在地上画地图，慕容垂十分高兴地说：“过去魏武帝曹操曾经抚摸着明帝曹叡的脑袋，就将其封为侯爷，爷爷喜爱孙子，自古都是一样的啊！”于是，当即加封慕容盛为长乐公。过了一年多，西燕和后燕关系恶化，西燕皇帝慕容永把长子的慕容儁、慕容垂的直系子孙全部诛杀，慕容盛以自己的先见之明躲过了一劫。

二八六　谢安之死

其实，慕容垂建立后燕的日期，应该以其登基即皇帝位的日子开始计算，即太元十一年（公元 386 年）的一月。

我们知道，在慕容垂自太元八年（公元 383 年）年底起兵以来，一直并不顺利：先是企图骗取洛阳，失败后决策北上邺城；围困邺城六个多月，一直没有攻下，丁零翟斌又发动了叛乱；太元九年八月，慕容楷进攻翟真失败，翟真北居中山承营，这促使慕容垂撤围邺城，还定冀州各地；紧接着，前秦幽州刺史王永又联络独孤部刘库仁，在蓟城之南大破慕容垂北上的平规之军，将慕容垂的势力打压在邺城以北、中山以南地区；幸而，独孤部发生内乱，慕容垂逃过了被独孤部、丁零和苻丕联合打击的命运；到太元十年年初，慕容垂的军队逐渐转入反攻，慕容农和慕容麟大破丁零翟真，慕容佐、平规攻陷蓟城，迫使前秦幽州刺史王永和平州刺史苻冲率众退往壶关；然而，好景不长，在行将消灭丁零翟真之时，邺城的苻丕却得到了东晋北府兵的支援，慕容垂又将慕容农大军南调，代替他包围邺城，而自己则考虑要北上，定都中山。与此同时，在慕容垂的统治区内，由于东晋军队的到来和苻丕坚守邺城不下，也出现背叛慕容垂的狂潮，不仅原属于前秦宗室的苻定等人降而复叛，而且慕容垂的部将也看不到任何希望，如建节将军余岩也发动政变，率军北上令支，与慕容垂分庭抗礼，更有甚者，辽东的高句丽也出兵辽西，进攻立足未稳的慕容垂将领，而这一系列变故都是在丁零依然坚守、东晋军队虎视眈眈、苻丕死灰复燃的情况下同时发生的，当时慕容垂的心情可想而知。

好在是，东晋与苻丕的合作并不牢固，在苻丕酒足饭饱之后，即离开了邺城和东晋的控制，逃往了并州，东晋刘牢之的北伐，也因为朝廷内部复杂的政治斗争和刘牢之的一战之败终止，而东晋军队尤其是北府兵的北伐停滞，都归结于一个人的去世——那就是谢安。

实际上，谢安去世的日期是太元十年（公元385年）八月二十二日，四天之后，前秦天王苻坚被姚苌缢死。在谢安去世前，刘牢之已经在五桥泽之战中战败，而苻丕也与东晋军队翻脸，逃往了并州，从客观情况上来看，晋军也已经到了强弩之末，无力继续北上经营冀州，就这一点说，谢安的去世似乎与北伐是否存续没有多大关系，因为，谢安出镇广陵步丘的根本原因，还不在于具体指导北伐行动，而是借北伐之名躲避会稽王司马道子咄咄逼人的攻势、司马曜日渐增加的猜忌和朝廷中对谢氏的种种流言蜚语，对此，不仅从谢安出镇时带着全部家眷上可以看出，而且史书上也明确记载，谢安曾表示等到北方大致平定，自己就再次隐居东山。不过，随着谢安的去世和随之而来的孝武帝对谢氏家族的打压，东线徐兖军队对于后燕的进攻，实际上已经成为不可能的了。

谢安自太元十年四月十五日抵达广陵（今江苏省扬州市）的步丘，构筑新城（今江苏省扬州市北邵伯集）住下，三个月后，到八月，谢安病重。他上书孝武帝请求：一是暂时停止北伐行动。命令东晋各路北伐部队适时还师，召回儿子、征虏将军谢琰所部；命令龙骧将军朱序进入洛阳；前锋都督谢玄安抚、巩固彭城和沛县（淮北之地）。二是原定的北伐期限向后推迟。以谢玄为都督，假如明年前秦和后燕有机可乘，等到春夏河水上涨后再大举北伐。三是请求皇帝允许自己回到京师。

孝武帝下诏劝慰，并同意谢安回京。

谢安到建康后，先暂居在石头城，然后再从石头城入城，出发的时候，鼓却突然破了，而谢安从未说过错话，突然说了句错话，让周围的人十分诧异；当他听说当从西州门入城，谢安不仅怅然若失，他对身边的亲属说："过去桓温在世的时候，我常常担心自己会被杀。一天突然做梦梦见自己乘坐着桓温的轿子，走了十六里，看见一只白色的公鸡就停下来了。乘坐桓温轿子的意思是指要接替他的职务，十六里大约指的是十六年吧！白色的公鸡代表着酉年（鸡年），今年正是鸡年，我的病应该是没有救了。"不久，谢安就病逝了，终年六十六岁。

谢安去世后，立即引发了一场关于是否给予谢安高规格葬礼的争议：以司马道子等人为首的大臣以为，谢安生前已经享有尊荣，死后不应再加殊礼；而中书令王献之和中书侍郎徐邈二人则上疏皇帝，认为谢安尽忠辅弼帝室，有大功于社稷，应该加以殊礼。最终，孝武帝司马曜接受了王献之、徐邈的意见，下诏按照大司马桓温的礼仪安排丧事：孝武帝连续三天亲自在朝堂上主持哀悼仪式；赏赐东园秘器、朝服、衣服各一，赏赐一百万钱、一千匹布、五百斤蜡、赠太傅，加谥号为文靖，并按照桓温下葬时的礼仪安葬，又追封其为庐陵郡公。

谢安被后世誉为千古风流宰相，他不仅在当时，而且在后世都受到了人们的爱戴和仰慕，可以说谢安是东晋当轴风流人物的最后一人，谢安去世以后，东晋朝廷的人物大多心胸狭隘，蝇营狗苟，面目可憎，再无可圈可点之处，透露出末代王朝的迹象。王珣在谢安生前因为政见不合而受到谢安的排挤，终谢安之世，王珣由一名皇帝近臣的给事黄门侍郎而贬黜为豫章太守、散骑常侍，但王珣拒绝上任，后来才被任命为掌握图书的秘书监。据《世说新语·赏慕》记载：“谢公领中书监，王东亭（即王珣）有事，应同上省。王后至，坐促，王、谢虽不通，太傅犹敛膝容之。王神意闲畅，谢公倾目。还谓刘夫人曰：‘向见阿瓜（王珣小名），故自未易有，虽不相关，正是使人不能已已。’”王珣的秘书监在东晋时代是中书监的下属，一次，谢安与王珣一起值班，办公室座位狭窄，而王珣后到，两家虽然不通音信，但谢安依然收敛双膝，给王珣留下空位。王珣坐下以后神情闲适，谢安回家对刘夫人说：“刚才看到珣儿，真是不可多得之人，虽然两家已经断绝婚姻关系，但还是令人禁不住爱慕不已！”这就是谢安的风度，同样地，在谢安去世后，据《世说新语·伤逝》“王东亭哭谢公”记载：“王东亭与谢公交恶。王在东闻谢丧，便出都，诣子敬，道欲哭谢公。子敬始卧，闻其言，便惊起曰：‘所望于法护（王珣小字）。’王于是往哭。督帅刁约不听前，曰：‘官平生在时，不见此客。’王亦不与语，直前哭，甚恸，不执末婢手而退。”说的是，谢安去世以后，王珣听说这个消息，专门从东部地区回到京师，先去见自己的族弟、谢安的长史王献之，说要去哭吊谢公，当时，王献之刚刚睡下，听王珣此言，吃惊而起身，他叹息地说道：“这正是我希望你去做的啊！”王珣就去谢家哭吊。负责主持丧事的谢安属吏刁约对王珣说：“大人生前并不曾与你交往。”不让王珣近前，但王珣也不搭话，强行入内，失声痛哭，哭完也不与孝子谢琰握手，就离去了。这两则故事，从不同的侧面反映出东晋名士独特的风流，也体现了谢安独具的魅力。

在淝水之战前，谢安与谢玄赌博，从容赢得了一座别墅，谢安将别墅赠予了外甥羊昙。我们说过，羊昙是与桓伊、袁山松齐名的建康三绝之一，但谢安去世后，羊昙多年不再欣赏音乐，走路也从不走西州路。一次，羊昙在石头城喝酒大醉而归，一路吟唱而行，不知不觉中到了西州门。他问到哪里了，身边的人回答："西州门。"大醉中的羊昙听后，不觉悲从中来，他以马鞭敲打着州门，口诵曹植的诗歌："生存华屋处，零落归山丘。"大哭而去。温庭筠的《经故翰林袁学士居》："剑逐惊波玉委尘，谢安门下更何人。西州城外花千树，尽是羊昙醉后春。"用的就是这个典故。

同样地，王献之与谢安也是忘年之交，《世说新语》记载，在谢安主导下，太极殿建成以后，谢安曾派人给王献之送去匾额，让王献之书写。但是，王献之的字从来不轻易写给别人，当时就很难得到，这次王献之还是拒绝书写，他对谢安派来的使者说："你把它给我扔到外面去！"后来，谢安见到王献之以后，亲自对他说："要不你亲自在殿上题写？曹魏时期，韦诞等人都曾这样做过。"王献之回答："这就是曹魏国祚之所以不长久的原因。"最终予以拒绝。当时，王献之还是谢安的长史，两人关系又十分亲密，王献之的这种做法可以说是非常无礼的，但谢安不仅没有责怪，反而认为王献之所说的是一句名言。这就是谢安的魅力吧。

顺便提及的是：在谢安去世的第二年，王献之也因病去世了。与王献之同时得病的还有王献之的哥哥王徽之，兄弟情深，当时有一种说法称："一个人寿命将尽，如果遇到一个愿意用自己的寿命代替的，可以延长那个人的生命。"病中的王徽之对术士说:"我的才能不敌我弟弟，我愿意以我的余生给予弟弟。"而那位术士却说："代替别人而死的，必须自己剩余的寿命足以替代对方，而如今你自己的寿命也将走完，还代替什么！"王家世代信奉天师道，王献之临终之时，按照道规将死之人需要陈述自己生前的过失，王献之回答："没有想起别的事情，只是感到与郗家离婚（而心中不安）。"王献之一直到死还对与前妻郗道茂离婚深感内疚。王献之死后，哥哥王徽之前来奔丧，却一滴眼泪也哭不出来，他直接踏上灵床，取下王献之生前常弹的琴弹了起来，可是，弹了很久，却一直不成曲调，最后，王徽之叹息一声说道："哎呀子敬啊！人琴俱亡了呀！"说完就昏厥过去，不久也去世了。

谢安去世后，历代文人墨客写下了大量的诗词凭吊他、纪念他。唐代大诗人李白有关谢安的诗歌就有十余首之多，其中脍炙人口的诸如《东山吟》："携妓东土山，怅然悲谢安。我妓今朝如花月，他妓古坟荒草寒……"还有杜甫、苏轼、辛弃疾、王安石等等都为谢安留下了怀古诗词，从不同角度抒发对他的怀念之情。

二八七 建立后燕

人无完人。

过去我们在分析谢安执政时的种种作为的时候，对其行为颇多微词，不过，那仅仅是对其政治斗争中作为的评析。毋庸讳言，谢安在特定的历史时期，为了本家族的利益和自身的权势，也做了一些不尽如人意的事情，但是，盖棺论定，谢安能够审时度势，顾全大局，主动让出相权、军权，这在东晋历史上是绝无仅有的事情，仅此一点，他就堪称为一代伟人。况且，他还多才多艺，擅长书法、音乐，对儒家、道教、佛家和玄学都有很高的修养，在治国方面，他崇尚宽简，在个性方面，他温润娴雅，王夫之曾评价说："安三宰天下，思深而道尽，复古以型今，岂一切苟简之术所可与议短长哉！"的确是不易之论。

谢安的去世以及苻丕的弃守邺城，让几乎陷于四面楚歌之境的慕容垂长长地舒了一口气，他开始清扫冀州、幽州、辽西地区的变乱，也加快了他立国的步伐。截至苻坚、谢安去世的太元十年八月前后，在太行山以西、黄河以北，延及东北地区，慕容垂的异己势力大致分布如下：北线，高句丽攻陷了辽东（今辽宁省辽阳市）和玄菟（今辽宁省沈阳市）；建节将军余岩（他本又作馀岩、徐岩，疑为扶余国人）背叛，扰动幽州，占据令支（今河北省迁安市）。中部地区，原在中山承营的丁零翟真在年初之时受到慕容麟和慕容农兄弟的联合打击，迁往行唐（今河北省行唐县），翟真司马鲜于乞诛杀了翟真和翟氏一族，自立为赵王，很快，鲜于乞就被部众所杀，丁零部众另立翟真堂弟翟成为主；苻丕继位以后，原投降慕容垂的苻定、苻绍、苻谟、苻亮、苻鉴和前秦中山太守王兖又纷纷叛燕，其中，苻鉴和王兖在博陵（今河北省博野县一带），苻定在信都（今河北省衡水市冀州区），苻绍在高城（今河北省盐山县东南），苻谟、苻亮在常山（今河北省正定县）；在南部地区，东晋的势力已经达到黄河两岸，苻丕离开邺城以后，前秦冗从仆射光祚、黄门侍郎封孚、巨鹿太守封劝（封奕之子）、旧臣朱肃等人均投降了东晋，孝武帝下诏任命光祚等人为黄河以北各郡的太守，让他们率领部众驻屯在济北（今山东省平阴县境内）、濮阳（今河南省濮阳市西南）等地；前燕太子洗马温祥也投降了东晋，被东晋朝廷任命为济北太守，驻扎在东阿（今山东省阳谷县境内）；原表示归降慕容垂的部分郡县，由于受到东晋军队的声威和慕容垂决策北上的影响，也纷纷背叛后燕自保，这有渤海太守封放之子封懿在渤海（今河北省南皮县）、清河的宦官吴深在清河（今河北省清河县），章武（今河北省大城县）人王祖击杀章武太守白钦，渤海人张申占领高城（今河北省盐山县东南），安次人齐涉聚众八千多家占据新栅（今河北省清河县西），原来投靠慕容垂，被封为魏郡太守，后又背叛；邺城南面，是驻守在黎阳（今河南省浚县）的滕恬之。翟辽投降以后，滕恬之十分喜爱信任翟辽，而滕恬之又喜爱打猎，不爱惜士兵，翟辽暗中施舍小恩小惠，收买人心。不久，滕恬之率军进攻黎阳东南的鹿鸣城，让翟辽在黎阳驻守，谁知，翟辽等滕恬之离开黎阳之后，就紧闭了城门。滕恬之向东逃往鄄城（今山东省鄄城县），翟辽反而率军跟踪追击，将滕恬之活捉，于是，翟辽即以黎阳为根据地，四处进击，扩大自己的地盘。

在这种情况下，慕容垂确定了先北后南、稳定北中部，然后再南下的策略，他命令慕容农镇守邺城，监视南方地区，而自己则亲率主力大军北上常山，于太元十年七月顺利消灭了行唐的丁零翟成所部，此后，他以鲁王慕容和代替慕容农镇守邺城，调慕容农北上稳定北方，与此同时，又派遣慕容麟和慕容隆南下东南方向的渤海、清河，讨伐叛乱。慕容麟率军进攻渤海太守封懿，将其活捉，并转军驻守在历口（今河北省景县西南），同年年底，绎幕（今山东省平原县西北）人蔡匡背叛后燕，慕容麟和慕容隆一起进攻。东晋泰山太守任泰暗中率军北上救援，等到距离蔡匡的堡垒八里的地方，后燕军队才发现。燕军将领们都十分担心，慕容隆却说："蔡匡是依靠有外援而坚守不下，我估计任泰的军队不过几千人而已，趁着他们双方尚未会师，我们先攻击任泰军，任泰的援军被击败以后，蔡匡自然就会投降。"后燕军队暂时解除了对蔡匡的包围，而全力打击任泰的晋军，大破任泰军，斩首一千多级。任泰被击败以后，蔡匡果然投降了，但此时慕容垂却下令斩杀了蔡匡，并将蔡匡的降众全部屠杀。在消灭了蔡匡以后，慕容麟又奉命北上，进攻王兖和苻鉴驻守的博陵，博陵城中粮食吃完、箭矢用尽，功曹张猗从城中逃出，聚众响应慕容麟。王兖站在城墙上斥责张猗说："你是秦国之民，我是你的上司，你竟然起兵响应敌人，还自称是义兵，名实竟如此不符？古人说过，忠臣必定出自孝子之中，你的母亲尚在城中，你竟然弃之不顾，我又有什么可在意的呢！谁会忘记你所做过的不忠不孝之事呢！我没有想到中原礼仪之邦，竟然出现了像你这样的人！”十二月，慕容麟攻下了博陵，活捉王兖和苻鉴以后，将二人杀死。宋敞率领乌桓、拓跋之众前来救援，还没有到达，城池已经沦陷，宋敞只得回师。在慕容麟进攻博陵的同时，慕容垂又任命自己的堂弟慕容精为冀州刺史，让其率军进攻信都的苻定，却迟迟没有攻下。

慕容农奉命稳定北方局势以后，他率军马不停蹄一路北上，出居庸关，经过历城（今河北省平泉市南），火速朝龙城（今辽宁省朝阳市）进发。等到慕容农抵达龙城以后，他却下令让部队休息十天，大家都十分不解。慕容农说：“我一路火速北上的原因，是担心余岩越过了白狼山（今辽宁省喀喇沁左翼），掠夺残害良民。余岩不过是个平庸之人，诓骗饥民，乌合在一起，没有什么纪律，我如今已经卡住了他的咽喉，时间长了，他的部众自然就会离散，不会有什么作为的。现在，田野里的农作物已经成熟，等收割完毕，再去进攻，不出十天，即可结束战斗。”慕容农率领三万军队南下令支（今河北省迁安市），余岩的部众纷纷越城投降，余岩只得投降，慕容农将其兄弟全部诛杀，然后，他又率军北上，进击高句丽，顺利地收复了玄菟（今辽宁省沈阳市）、辽东（今辽宁省辽阳市）。慕容垂任命慕容农为使持节、都督幽平二州北狄诸军事、幽州牧，代替带方王慕容佐镇守龙城，而将慕容佐迁往更东的平郭（今辽宁省营口市境）。慕容农在辽西地区制定法律，鼓励农业生产，减少捐税，居民生活开始富足起来，从各地到来的难民达到数万人，为慕容垂建立了一个稳固的大后方。

到太元十一年（公元 386 年）一月，在历经两年多的拼杀以后，时年六十一岁的慕容垂正式登基即皇帝位，改元建兴，定都中山，大赦境内，立大小段氏的侄女段元妃为皇后，立慕容宝为太子，以库傉官伟为太尉，段崇为左光禄大夫，封衡为吏部尚书，慕容德为侍中、都督中外诸军事、领司隶校尉，慕容麟为卫大将军；后又改授慕容德为尚书令，以太原王慕容楷为左仆射，乐浪王慕容温为司隶校尉，封儿子慕容农为辽西王，慕容麟为赵王，慕容隆为高阳王。据《晋书·列女传附慕容垂妻段氏传》记载，段元妃是大小段氏的兄弟段仪的女儿，段元妃的妹妹叫段季妃，小的时候，段元妃就对妹妹说：“我肯定不会做普通人的妻子。”段季妃也不示弱，回答：“妹妹也不会要平庸的丈夫。”等到慕容垂称燕王以后，即纳段元妃为继室，而范阳王慕容德也娶了段季妃。慕容宝与段元妃既是表兄妹关系，又是母子。当慕容垂打算册立慕容宝为太子的时候，段元妃说：“太子容貌雍容华贵，性格优柔寡断，在太平之世自然是仁爱贤明的君主，但处于艰难之际，却不是一个能够担当起拯救世界的英雄，陛下将大业托付给他，我看不出有什么好的。高阳王慕容隆、辽西王慕容农二人，是陛下儿子们中的贤者，可以选择其一立为太子。赵王慕容麟奸诈傲慢，经常有轻视太子之心，陛下一旦有个三长两短，肯定要出现变故。这是陛下的家务事，请陛下认真考虑。”慕容垂不听。慕容宝和慕容麟听说以后，都怀恨在心。后来，段元妃再次劝说，慕容垂怀疑段氏有立自己儿子为太子的私心，他说：“你是想让我当晋献公吗？”春秋时期，晋献公杀太子申生而引起晋国大乱。段元妃哭泣而出，见到妹妹段季妃后说：“太子无能，所有的人都清清楚楚，主上却将我比作祸乱晋国的骊姬，我心里太难过了！主上百年以后，社稷肯定要亡在太子手里。范阳王有非同寻常的气度，如果燕国的国祚还没有完结，将指望范阳王了吧！”

以后，段元妃的话都一一应验，不过，她也因此而被继位以后的慕容宝逼迫自杀，付出了生命的代价。

二八八　战略收缩

慕容垂即位以后，即派遣太原王慕容楷、赵王慕容麟、陈留王慕容绍、章武王慕容宙分头进攻帝国境内的苻定、苻绍、苻谟、苻亮等人。由于慕容麟已经攻陷了博陵，诛杀了王兖和苻鉴，于是，慕容楷先给苻定等人送去劝降书信，恩威并用，苻定等人相继投降。登基以后的慕容垂心态有所变化，他赦免了苻定等人，并将他们封为侯爷，说："这是为了报答秦王过去的恩德啊！"

此时，后燕南方的形势又发生了进一步的变化。黎阳的翟辽迅速扩大自己的地盘，东晋新任泰山太守张愿也投降了翟辽，这使得在今豫东、鲁西南地区又出现了一股新的势力。翟辽势力一直阻挠了东晋军队的北上，让原本投降的黄河两岸郡县处于左右观望的境地，也让淝水之战以后谢玄主导的北伐成果——扼守黄河南岸各个据点、招诱黄河以北地区、适时渡河北伐——发生了动摇。

公元385年八月谢安去世之前，谢安曾上书司马曜，请求"量宜旋旆"，结束这次大规模的北伐，但是，谢安的意思并非戛然而止，而是命令龙骧将军朱序进屯洛阳，命前锋都督谢玄"抗威彭沛"，等到第二年再大举北伐。谢安去世以后，东晋朝廷即以司徒、琅邪王司马道子领扬州刺史、录尚书、都督中外诸军事，以谢石为卫将军。这位二十二岁的司马曜的弟弟开始主导起帝国的命运。当时谢玄请求派遣朱序驻守梁国（今河南省商丘市），而自己则率军北渡淮河，将大本营设在彭城（今江苏省徐州市），这样一来，一东一西，既能屏护淮河防线，又可以支援黄河两岸新归附的地区，还能兼顾洛阳。谢玄的计划与谢安去世前的计划不同之处，就在于朱序军的镇守位置，在谢安那里，是让豫州刺史朱序镇守洛阳，而到谢玄这里，则是梁国。那么，这两个计划的优劣如何呢？毫无疑问，从纯军事的角度上看，谢玄的计划将豫州与徐州、兖州之军集合起来，牢牢扼守着淮北地区，并以此为基点，眼睛时刻瞄着冀州，其着力点在于打击冀州；而谢安身为帝国宰相，以豫州之军镇卫洛阳，更多的还是有政治上的象征意义。而等到谢安去世以后，东晋朝廷以国家征役已久为由，打算只让谢玄在黄河以南到淮河以北地区设置留守部队，而命令朱序驻扎在寿阳，谢玄驻守在淮阴。

东晋当轴人物的这一计划，自然有江南国力较弱的问题，但毫无疑问，还有复杂的政治原因。

一是司马曜兄弟并无统一中国的雄心壮志。淝水之战的侥幸胜利，让东晋朝廷转危为安，不仅没有覆灭，而且又相继收复了益州、豫州、青州、兖州等地，东晋势力达到黄河南岸，这是司马曜等人始料不及的，对于他们而言，能够取得这样的成绩，已经足够了。

二是巩固皇权。谢安去世后，孝武帝采取了一系列巩固皇权的措施，首先，就是依靠宗室，他除了任命弟弟司马道子为都督中外诸军事之外，还重用谯王司马无忌的儿子司马恬，将其提拔为尚书右仆射。史称："恬既宗室勋望，孝武帝时深杖之。"其次，依靠江南士族。他提拔江南大族陆玩的儿子陆纳为尚书左仆射，陆纳与其父陆玩性格相仿，即不折节于权贵，陆玩曾对王导不很客气，而陆玩对谢安也曾不十分客气。最后，任用私人王雅，王雅曾任太子左卫率，是孝武帝司马曜的亲信，史称，孝武帝对其深加礼遇，每次司马曜举办宴会，王雅未到，司马曜不先举杯。

三是排挤谢氏。虽然谢安、谢玄叔侄均淡泊处事，但力图恢复皇权的司马曜仍然对于陈郡谢氏心存忌惮。谢安去世以后，司马曜长长地松了一口气，并于谢安去世后第二个月开始追论淝水之战的功劳，追封谢安为庐陵郡公，封谢石为南康公，谢玄为康乐公，谢琰为望蔡公，桓伊为永修公。这当然是对陈郡谢氏的安抚，但与此同时，司马曜又采取了一系列排挤谢氏的措施，比如，谢安死后，司马曜即提拔了谢氏的对立面王珣，史称："安卒后，迁侍中，孝武深杖之。"谢安去世以后，谢氏遭到了很大的打击，虽然谢石接替了尚书令、卫将军的职务，但是谢石却素无令誉，只是因为是谢安的弟弟而且又是淝水之战的主帅，立有大功，这才成为尚书令，可是此人却十分贪婪，任职期间与谢安的宽厚恰恰相反，是"务存文刻"，谢石曾请求在全国范围内恢复国学，但效果却很差，后来，因为公事而与司马曜的内兄、吏部郎王恭发生口角，双方均要求辞职，弄得是沸沸扬扬。

在这种大的政治背景下，如果继续实施北伐的话，一方面谢氏控制下的徐兖军队会越战越强；另一方面也会为谢氏重新赢得巨大的声誉，这应该是孝武帝司马曜没有采纳谢玄北驻彭城并让朱序北出梁国的原因。黎阳失守、张愿背叛，让谢玄深为不安，而此时的谢玄又身染疾病，他上书司马曜恳切要求治病，司马曜下诏以朱序代替谢玄镇守彭城，而让谢玄回到淮阴，不久又回到京口。

东晋军队的收缩，让逐渐安定中北部地区的慕容垂看到了机会。在其即位半年以后，到了太元十一年的八月，他即命令太子慕容宝守卫国都中山，而自己则亲自率领范阳王慕容德等人南下开拓土地，另派儿子高阳王慕容隆东进平原。

在此前后，晋阳的前秦皇帝苻丕已经被西燕慕容永击败，慕容永长子继位为西燕皇帝。关中地区，姚苌也已经在长安即位为后秦皇帝，正与苻登鏖战，关中的各个势力也都纷纷扩充自己的地盘：乞伏部以苑川为中心四处兼并各个部落，活动于金城到安定之间的鲜卑多兰部没奕干不时与后秦交战，杨定则以仇池为依托，不断兼并周边小的部落。凉州地区，吕光在此稍后即自称使持节、侍中、凉州牧、酒泉公，但凉州的张大豫还在与之相抗。

而就在慕容垂发兵南下的时候，拓跋部的使者却来到了慕容垂的军营，请求慕容垂发兵援救，那么，这个使者又是谁呢？在我们一直没有提到的代北地区，又发生了什么样惊心动魄的事件呢？